LE
MARÉCHAL DE FABERT

(1599—1662)

ÉTUDE HISTORIQUE

D'APRÈS SES LETTRES ET DES PIÈCES INÉDITES

TIRÉES DE LA BIBLIOTHÈQUE ET DES ARCHIVES NATIONALES
DES ARCHIVES DES AFFAIRES ÉTRANGÈRES, DU DÉPÔT DE LA GUERRE, ETC.

PAR LE COMMANDANT

JULES BOURELLY

OUVRAGE COURONNÉ PAR L'ACADÉMIE FRANÇAISE

PRIX THÉROUANNE

2ᵉ PARTIE

1653-1662

DEUXIÈME EDITION

PARIS

LIBRAIRIE ACADÉMIQUE

DIDIER ET Cⁱᵉ, LIBRAIRES-ÉDITEURS

35, QUAI DES AUGUSTINS, 35

1881

Tous droits réservés.

LE
MARÉCHAL DE FABERT

II

PARIS. — IMPRIMERIE E. CAPIOMONT ET V. RENAULT
6, RUE DES POITEVINS, 6

LIVRE III

FABERT ET MAZARIN.
CAMPAGNE DIPLOMATIQUE ET MILITAIRE DANS L'ÉVÊCHÉ DE LIÈGE.
SIÈGE DE STENAY.
FABERT NÉGOCIATEUR.
FABERT ET ARNAULD D'ANDILLY.
RÉFORMES MILITAIRES ET PROJETS FINANCIERS.
ESSAI DE CADASTRE EN CHAMPAGNE.

1653 — 1657.

CHAPITRE PREMIER

(1653. — Mai 1654.)

Mazarin propose à Fabert la garde du cardinal de Retz (1653). — Fabert surveille la conduite de deux gouverneurs suspects. — Est sur les rangs pour la surintendance des finances. — Refuse le cordon du Saint-Esprit que Mazarin lui a offert. — Se plaint de n'être pas remboursé de ses avances. — Proteste de son dévouement à Mazarin. — Craint que le cardinal ne méprise ses services. — S'élève contre l'abandon où on le laisse à Sedan. — Mazarin répond à Fabert par des reproches; il fait de nouvelles promesses de remboursement et les élude. — Réplique ironique de Fabert au cardinal; il s'excuse d'avoir cédé à un mouvement d'humeur. — Négocie avec l'électeur de Cologne pour chasser les Espagnols de l'évêché de Liège. — L'électeur temporise. — Turenne s'assure le concours de Fabert. — Activité de Fabert à seconder les généraux dans leurs opérations. — Fabert reçoit un brevet de retenue. — Reprend les négociations avec l'électeur de Cologne (1654). — Coopère au traité conclu entre la France et l'électeur. — Entre dans les États de Liège à la tête des troupes royales. — Écrit à l'électeur pour préciser le but de sa mission politique et militaire. — Le corps expéditionnaire s'achemine vers Liège. — Fabert tente de rallier les Lorrains au service du roi. — Première entrevue de Fabert et de l'électeur. — Les Espagnols traitent avec l'électeur à Tirlemont. — Fabert est chargé de détacher les Lorrains des Espagnols; écrit dans ce but au comte de Ligneville. — Refuse à l'électeur de sortir du Limbourg sans ordre du roi. — Retraite de l'armée qu'il commande. — Il est félicité par Mazarin. — Se plaint de nouveau de n'être pas remboursé de ses avances; se laisse désarmer par les prévenances du cardinal pour la marquise de Fabert.

Le 3 février 1653, Mazarin rentra enfin à Paris[1]. Quelques semaines auparavant, la cour s'était débar-

---

1. Le 30 janvier, Mazarin écrivait de Laon à Fabert : « Je fais

rassée sans bruit[1] du seul personnage qui aurait pu, à cette occasion, provoquer de nouvelles complications : du cardinal de Retz. Le remuant prélat expiait ses intrigues sous les verrous de Vincennes. Dès le lendemain de son arrestation, il avait été question de l'éloigner de Paris. Le Tellier ayant eu l'ordre de la reine d'écrire à Mazarin à ce sujet, signala la citadelle du Havre et les châteaux de Sedan, Doullens, Pierre-Encize, Amboise, Loches, Angers et Dijon, comme pouvant servir de prison[2]. Mazarin jeta les yeux sur le château de Sedan, comme avait déjà fait la reine, mais ne voulut pas se prononcer avant de consulter Fabert. En proposant à ce dernier de lui laisser le choix des gardes, au nombre de six, qu'il était dans l'intention de placer dans la chambre même du cardinal pour le surveiller pendant la nuit[3], il espérait le décider à se charger du prisonnier sous sa responsabilité ; mais il n'y réussit pas.

état d'être dans quatre jours à Paris, où j'ai pouvoir de mes nièces de convier Mme la marquise pour voir le plus beau ballet, à ce qu'on dit, qui ait jamais été donné. » (Cop., *Arch. aff. étr.*, *Recueil spécial des lettres de Mazarin*, t. XXX.)

1. « La renommée, qui va plus vite que les courriers, et à qui les courtisans ont accoutumé de donner des ailes, aura déjà fait savoir à S. Em. que M. le cardinal de Retz a été arrêté, ce matin, dans le Louvre, et qu'il a été conduit au bois de Vincennes. Tout cela s'est fait sans obstacle et sans émotion. » (Lettre orig. sig., de Servien à Mazarin, du 19 décembre 1652, *Arch. aff. étr.*, *France*, t. CXLIV.)

2. Lettre orig. sig., de Le Tellier à Mazarin, du 20 décembre 1652. (*Arch. aff. étr.*, *France*, t. CXLIV.)

3. Lettre (min.) de Mazarin à Fabert, du 24 décembre 1652. (*Arch. nat.*, KK, 1075.) Dans cette lettre, Mazarin dit en parlant de Retz : « Vous savez combien j'ai travaillé, dès lors que j'étais à Sedan, pour le rendre heureux, s'il l'eût voulu. »

Tout en approuvant en principe l'arrestation de Retz [1] et ne s'opposant pas à ce qu'on lui donnât le château de Sedan pour prison, Fabert déclara qu'il n'acceptait pas d'en être le geôlier [2]. Son refus de se prêter, sous ce rapport, aux vues de Mazarin, eut pour conséquence l'abandon momentané du projet de transfèrement du cardinal.

Une autre mission échut alors à Fabert : celle de maintenir dans le service du roi quelques gouverneurs de place, dont le dévouement aux intérêts du cardinal de Retz, excité par sa disgrâce, menaçait à chaque instant d'ébranler la fidélité. Le duc de Noirmoutier, à Charleville [3], et le comte de Bussy-Lamet, à Mézières, étaient plus particulièrement suspects. En apprenant l'arrestation de Retz, Noirmoutier avait écrit à Mazarin pour lui reprocher d'en être le principal auteur [4]. L'occupation, par le prince de Condé, de quelques postes voisins de Charleville et de Mézières, contribua à augmenter les soupçons [5] qui pesaient déjà sur les deux gouverneurs. Pour Mazarin, nul

---

1. « Quant à l'arrêt de M. le cardinal de Retz, on ne peut pas douter qu'il ne fût nécessaire. » (Lettre aut. de Fabert à Mazarin, du 5 janvier 1653, *Arch. nat.*, KK, 1072.)

2. Lettre (aut.) de Fabert à Mazarin, du 21 février. (*Arch. nat.*, KK, 1072.)

3. Nous avons déjà prononcé, à plusieurs reprises (voir le volume Ier), le nom de Noirmoutier. Louis de la Trémouille, marquis, puis duc de Noirmoutier (mars 1650), lieutenant général en juillet 1650. Sa fille, Anne-Marie, est devenue célèbre sous le nom de princesse des Ursins.

4. Lettre (aut.) du 29 décembre 1652. (*Arch. aff. étr., France*, t. CXLIV.)

5. Lettre (cop.) de Mazarin à Fabert, de Laon, 27 janvier 1653. (*Arch. aff. étr., Recueil spécial*, t. XXX.)

doute que la défection de Noirmoutier ne fût prochaine. Fabert ne manifesta pas la même crainte. Il se montra même disposé à croire le duc incapable de se déclarer ouvertement en faveur de Retz. Mais le spectacle prolongé des bouleversements intérieurs et des trahisons qu'ils favorisent lui avait appris la méfiance. Après avoir émis l'avis qu'un acte de rébellion n'était pas à redouter de la part du gouverneur de Charleville, il ne put s'empêcher de l'infirmer par l'aveu suivant : « Nous vivons dans un temps où tant de choses extraordinaires se voient, que je ne voudrais donner ma parole d'honneur pour personne [1]. » Il prit d'ailleurs toutes les précautions nécessaires pour retenir Noirmoutier dans le devoir.

Cependant, un des premiers actes de Mazarin fut de pourvoir à la surintendance des finances, vacante par la mort subite du marquis de la Vieuville. Fabert était au premier rang de ceux que l'on regardait, à Paris, comme ayant des chances sérieuses d'être nommés à cette charge [2]. Le cardinal la lui avait offerte, et s'était même concerté avec lui à cet égard, lorsque au mépris de ses engagements il arrêta définitivement son choix sur Abel Servien et le procureur général Nicolas Fouquet.

1. Lettre (aut.) à Mazarin, du 5 janvier 1653. *(Arch. nat.*, KK, 1072.)
2. « On est encore dans l'incertitude du successeur de M. de la Vieuville. M. Servien paraît y avoir la meilleure part. On parle aussi de M. le maréchal du Plessis, mais beaucoup croient que M. de Fabert n'en est pas éloigné, et que la surintendance pourrait être en récompense de Sedan. » (Lettre anonyme, du 3 janvier, à un destinataire inconnu, *Bibl. nat.*, F. FR., 20482.)

Quelle raison poussa Mazarin, dans cette circonstance, à violer sa promesse? C'est ce qu'on ne peut dire avec certitude. A la vérité, il fit valoir auprès de Fabert, pour s'excuser de l'avoir trompé, que le commandement en chef d'une armée lui était réservé, et que les charges de finances et d'épée étaient incompatibles [1]; mais, en admettant ces motifs comme valables, ils ne sauraient être les seuls qui l'aient guidé. N'est-il pas au moins vraisemblable qu'en présence des expédients auxquels il prévoyait qu'il serait forcé de recourir pour rétablir sa fortune personnelle, il dût craindre de se trouver aux prises avec la probité et l'intégrité bien connues de Fabert?

Quoi qu'il en soit, à la même époque, Mazarin s'efforça d'obtenir de ce fidèle serviteur la démission de sa charge de gouverneur, au prix du cordon du Saint-Esprit et d'un brevet de retenue [2] qui enrichirait ses enfants. Dès la fin de 1651, Fabert, sollicité d'une manière détournée de traiter de son gouvernement, avait repoussé toute proposition sans vouloir ajouter foi au bruit qui attribuait au cardinal l'intention de s'approprier Sedan [3]. Les offres les plus

---

1. *P. Barre.*
2. Brevet par lequel le roi accordait une certaine somme, sur le prix d'un gouvernement ou d'une autre charge, à la femme ou aux enfants du titulaire.
3. « La connaissance qu'on a du mauvais état de mes affaires, et ce que les médecins ont dit de ma santé, a donné espérance à quelqu'un que je pourrais me porter à rendre à mes enfants autant de bien que j'en ai eu autrefois, en donnant ma démission de ce gouvernement. Des moines ont voulu persuader à ma femme que sa conscience l'obligeait à me porter à cela. L'on m'en a écrit diverses fois, et l'on a fait une chose que j'ai écrite à la cour, parce que je soupçonne que

séduisantes n'étaient point parvenues à triompher de sa résistance, motivée sur ce qu'il se croyait dans l'obligation, au milieu du désordre général, de conserver au roi une place exposée à tomber entre des mains moins sûres que les siennes [1]. Un refus tout aussi caractérisé accueillit les instances directes que Mazarin fit auprès de lui dans le même but, en 1653. « J'ai quelque sujet de craindre, écrivit-il au premier ministre, qu'acceptant un brevet de retenue dans un temps auquel force gens tâchent à faire leurs affaires par de mauvais moyens, l'on ne croie à l'avenir, et lorsqu'il devrait être utile à ma famille, que je l'aurais obtenu par de mauvaises voies, et ainsi serait mis au rang de ceux qu'il faudra révoquer. » « Quant à l'ordre du Saint-Esprit, ajoutait-t-il, mon père ayant été le premier gentilhomme de sa race, je ne vois pas d'assurance que je puisse tirer de ce brevet-là plus d'avantage que de l'autre, sans faire des faussetés qui me seraient honteuses; ainsi, pour le moment, je tiens mon bien et mon honneur bornés

c'est un de ces coups d'adresse qu'on fait souvent en ce lieu-là; néanmoins, c'est un mauvais biais envers des gens aussi mutins que moi, que celui des mauvais traitements. » (Lettre à Mazarin, du 15 novembre 1651, déjà citée.)

1. « Je suis absolument résolu de garder ma charge, croyant être obligé à cela par le désordre auquel sont les affaires générales, et devoir plus au roi qu'à ma famille, à laquelle, quand l'accident dont les médecins me menacent sera arrivé, je laisserai plus de bien que je n'en ai eu de mes parents; et si mes enfants sont gens de bien, Dieu, qui a béni le service que j'ai rendu au feu roi, ne les abandonnera pas s'il lui plaît. » (Lettre aut. de Fabert à Chavigny, du 22 novembre 1651, *Arch. nat.*, K, 118 A.)

Lettres (aut.) de Fabert à Chavigny, des 1er et 26 novembre, et du 3 décembre 1651, même source.

à l'état présent de ma fortune[1]. » Mazarin lui répondit que les statuts de l'ordre lui imposaient effectivement des *preuves*, mais que le pape et les chevaliers demanderaient au roi de l'en dispenser ; il s'engageait, d'ailleurs, à conduire lui-même l'affaire ; bien plus, à réussir[2].

Non seulement Fabert éluda les offres de Mazarin, mais il s'en prit à lui, avec quelque humeur, de n'avoir jamais été remboursé des sommes considérables qu'il avait avancées depuis longtemps pour l'entretien de son régiment ; pour la subsistance de plusieurs prisonniers d'État enfermés dans le château ou la prison de Sedan, et pour d'autres objets intéressant non moins directement le service du roi[3].

Aux reproches que ces plaintes lui attirèrent de la part du cardinal, il répondit en ces termes : « Je ne saurais recevoir en ma vie de plus grand déplaisir que de savoir que je vous ai déplu. Je connais assez

---

1. Lettre citée plus haut, du 21 février 1653. — *P. Barre.*
2. *P. Barre.*
3. Dans une lettre à Mazarin déjà citée, du 21 février, Fabert se plaignait de n'avoir pas été remboursé, malgré de légitimes réclamations souvent renouvelées, des dépenses qu'il avait faites pour nourrir et habiller l'oratorien Hersent pendant près de trois ans, et le baron de Meer, pendant six ans et demi. (Voir tome Ier, note 2, p. 295, 296.) Il ajoutait : « Je sais à mes dépens que pour tirer de l'argent de Messieurs des finances, il faut avoir quelque chose de plus que le droit de leur en demander, et être fait d'autre manière que moi, qui fais en toutes choses tout du mieux que je puis. Mais je ne saurais après, sans déplaisir, souffrir une injustice ou retourner au lieu où l'on m'a rebuté, et ce fut cette humeur que je ne puis dompter qui me fit abandonner, du temps que les finances étaient encore en bon état, la sollicitation du remboursement des sommes considérables que j'avais employées à l'entretien du régiment que Votre Éminence avait voulu que je payasse. »

bien mes défauts, desquels le principal me fait souvent manquer, ce dont j'ai bien du regret. Mais, quand, d'un autre côté, je songe que ce trop vif sentiment de l'honneur, qui me jette souvent dans le chagrin, m'a fait faire en ma vie plusieurs actions qui me rendent certain que je suis incapable de faire d'autres choses que celles qu'on doit attendre d'un véritable homme de bien, je remercie Dieu de m'avoir fait tel que si toujours je fais contre moi-même, quelquefois je puis faire pour autrui.

« Ma manière d'agir m'avait acquis créance dans l'esprit de feu M. le cardinal de la Valette, pour l'intérêt duquel je me souciai peu de la haine que j'acquis de feu Monseigneur le cardinal [de Richelieu], qui sut, un peu après, par ce qui se passa avantageusement pour lui entre feu M. le Grand [Cinq-Mars] et moi, en présence du feu roi, qu'il n'y a considération aucune capable de m'empêcher de faire les choses de vertu dont j'ai donné parole.

« Mais, Monseigneur, un homme de mon humeur est sensible à la honte, il ne peut la souffrir. Je suis persuadé qu'il y a de la gloire à vous servir, et c'est ce qui m'a fait désirer passionnément en trouver les moyens; que si mon malheur ne le me peut permettre, l'affection que j'ai toujours témoignée pour cela n'en est point méprisable. Cependant, j'ai beaucoup de sujet d'être persuadé que Votre Éminence me considère moins par la passion que j'ai pour son service que par le peu d'effet que cela peut produire.

« Je n'ai jamais parlé du bien que Messieurs des

finances m'ont injustement retenu. La différence qu'on a faite entre moi et ceux qui ont été payés de leurs pensions et gages m'a été plus sensible, sans que je m'en sois plaint. Lorsque j'avais du bien, je me suis offert à Votre Éminence pour tel emploi qu'il lui plairait, avec protestation de n'avoir d'autre but que de lui plaire, et mes intentions ont toujours été si nettes à son égard, que je m'étais persuadé mériter quelque part en l'honneur de son estime. C'est, Monseigneur, ce qui maintenant me fait peine dans l'opinion où je suis de m'avoir abusé. Ne croyez pas, s'il vous plaît, que cette déclaration ait aucun autre but que celui de soulager mon cœur, que je sens oppressé par le mépris qu'en beaucoup de rencontres Votre Éminence m'a témoigné. Le roi n'a point de biens, de charges ni de dignités que je voulusse avoir, faisant le mécontent, et je me ferais horreur si j'avais la pensée d'avoir autre dessein que de faire connaître que la mort m'est mille fois plus douce que souffrir le mépris ou vrai ou apparent.

« Enfin, Monseigneur, Jésus-Christ, qui a eu, étant homme, le corps le plus parfait, l'avait avec colère ; si je n'en avais pas, ni nulle autre passion, tout me serait indifférent pour moi et peut-être pour Votre Éminence aussi. Elle considérera de là, s'il lui plaît, qu'il lui est nécessaire d'avoir des serviteurs agités de beaucoup de manières ; les uns la serviront aux choses où il faudra adresse, et les autres en celles auxquelles la fermeté et la fidélité se trouveront utiles. Des gens si sages qu'ils ne peuvent être émus, peuvent être bons pour eux, mais jamais pour autrui. Plût à Dieu, Monseigneur, que la violente passion que j'ai pour votre service pût trouver un moyen d'agir selon son étendue[1]. »

Le sentiment de l'honneur dont Fabert était si profondément animé, s'exalta à un degré encore plus élevé dans la lettre suivante, où il représentait à Mazarin les griefs qu'il avait conçus contre lui : « ... Je me jugeais, Monseigneur, par la violente passion que j'avais pour votre service, et considérant qu'ayant toute ma vie témoigné fermeté pour ma parole et choses de l'honneur, et ayant assez de biens pour ne vous pas charger, je ne pouvais pas m'imaginer que Votre Éminence pût jamais se porter à mépriser un serviteur de cette sorte et qui est établi dans une des places des plus renommées du royaume.

« Cependant, je me trouve ruiné pour avoir, par votre commandement exprès, payé un régiment inutile à tous mes intérêts. Je suis sans pension ni gages depuis neuf ans. Je me suis vu abandonné sans pouvoir

1. Aut. du 19 mars. (*Arch. nat.*, KK, 1072.) — Dans une lettre du même jour (aut., même source), adressée également à Mazarin, Fabert constate qu'il y a « un très grand avantage au service du roi d'avoir empêché la continuation du vol qui se faisait sur le pain de munition [fourni aux troupes par les munitionnaires], de deux millions et demi par an ». — « Il me semble, dit-il, que V. E. me doit pardonner si j'ai pris la liberté de lui parler avec quelque véhémence sur cela, lorsqu'il était ici [à Sedan]. L'horreur que j'ai encore d'avoir vu voler aussi impunément l'argent du roi, empêcher la fourniture du pain dans les places, et donner, pour augmenter le vol, des arrêts de retranchement de mois entiers, me ferait souhaiter de tout mon cœur qu'on vît un châtiment de ce crime. L'on en tirerait de l'argent pour le roi, et force abus cesseraient aux finances, après quoi V. E. aurait moyen peut-être de subvenir aux dépenses nécessaires et choses de plus. »

avoir justice contre un munitionnaire qui, ayant reçu l'argent du roi, laissait Sedan sans pain, et ainsi me contraignait de le fournir de mon argent. L'on m'a envoyé de la cour un pouvoir d'un style inusité, qui me comblait de honte, pour plaire à un particulier[1], et j'ai vu, dans Sedan même, Votre Éminence élever mes voisins sans faire la moindre réflexion sur moi. Quand il n'y aurait que cela, je n'aurais pas eu tort d'ajouter créance aux rapports qu'on m'a faits, mais j'ai bien plus de sujet de croire mon malheur être extrême, après avoir ouï Votre Éminence me proposer de sortir du service comme unique moyen de sauver ma famille.

« Je ne puis néanmoins ignorer qu'il eût été facile de trouver un expédient meilleur pour moi que celui-là, à une personne qui, comme Votre Éminence, a la souveraine disposition des biens, charges, dignités, bénéfices et argent du royaume. Distribuer toutes ces choses aux autres et me proposer la retraite, c'est, à mon opinion, assez me faire connaître que vous m'estimez peu.

« Je sais pourtant, Monseigneur, que beaucoup de serviteurs fidèles, comme je suis, pourraient vous être utiles. Dans le règne passé, l'on m'avait élevé pour en tirer service. J'ai toujours cherché très ardemment de pouvoir vous en rendre, jusques à abandonner mes plus chers amis qui avaient de mon bien que j'eus perdu par là.

« J'ai honte de parler de moi en cette sorte ; mais,

---

1. Voir vol. 1ᵉʳ, p. 406, note 1.

dans un rencontre si rude, ce serait me trahir de demeurer modeste. Je ne suis point de ceux auxquels la vanité persuade d'être au-dessus des hommes. Je me connais infirme ; mais toutes les passions dont je suis agité sont réglées par l'honneur, et je ne puis les haïr, leur devant une réputation que mille fois j'ai préférée à la vie. Le comble de ma gloire aurait été de vous les rendre utiles, si, Monseigneur, vous m'eussiez fait l'honneur de m'en donner les moyens par des commandements dont l'exécution eût pu faire connaître à Votre Éminence que, de tous ses serviteurs, aucun ne l'a jamais été avec plus de désintéressement pour soi ni tant de zèle et de fidélité pour elle, qu'en aura toute sa vie, etc.[1]. »

La réponse de Mazarin à cette lettre fut indigne du grand ministre qui sut, dans tant d'autres circonstances, apprécier à leur juste valeur le caractère élevé et le patriotisme de Fabert. Moins qu'à tout autre, il lui appartenait de mettre en doute le dévouement du gouverneur de Sedan, et c'est cependant ce qu'il ne craignit pas de faire[2]. Fabert releva avec vivacité cet acte d'ingratitude, et continua à se plaindre de l'injustice dont il était victime. Il écrivit, le 19 juin, au cardinal : « Je n'ai jamais fait parler d'argent à Votre Éminence avec prétention ni espérance qu'elle m'en fît donner, mais seulement pour

---

1. Aut. du 22 avril, *Arch. nat.*, KK, 1072. Un extrait (de la main de Fabert) de la même lettre se trouve à la *Bibliothèque Sainte-Geneviève*, carton Ef.

2. Voir lettre (aut.) de Fabert à Mazarin, du 24 mai. (*Arch. nat.*, KK, 1072.)

lui faire connaître qu'il faudrait être plus ou moins qu'homme pour n'être pas touché du traitement qu'on me fait en toutes choses. Il est certain qu'un rôtisseur de Paris, en donnant deux chapons, se serait fait payer de ce dont l'on fait tant de façon à me payer, et je ne sais sur quoi l'on fonde qu'un particulier est obligé de nourrir et habiller les prisonniers du roi à ses dépens[1]. »

Déjoué dans ses calculs par l'imperturbable franchise de ce langage, Mazarin protesta de ses bonnes intentions, et sembla disposé à traiter Fabert avec ménagement. Il lui fit expédier une ordonnance de dix-huit mille livres pour le dédommager des frais d'entretien des prisonniers d'État confiés à sa garde, et s'engagea à lui envoyer d'autres sommes encore plus considérables[2]. Mais ses promesses devaient, une fois de plus, n'être suivies d'aucun effet. Après lui avoir fait espérer qu'il rentrerait en possession de ses avances de 1644, 1645 et 1646, il recommença à lui dépeindre l'extrême dénuement des affaires du roi. A l'en croire, Fabert s'était désisté, autrefois, de toute prétention en ce qui concernait le remboursement des dépenses remontant à ces trois années. C'était ainsi, du moins, que le cardinal interprétait ce passage d'une lettre où, las d'adresser des réclamations sans résultat, Fabert avait paru se résigner à ne plus rien demander. Une telle fin de non-

---

1. Lettre (aut.) (*Arch. nat.*, KK, 1072.)
2. Lettre (aut.) de Fabert à Mazarin, du 26 juin. (*Arch. nat.*, KK, 1072.)

recevoir, opposée à une légitime revendication, exaspéra Fabert, et valut au cardinal la réplique que voici : « Je ne veux pas songer à cette affaire, qui ne peut avoir aucune importance, ne regardant qu'un particulier de petite considération comme je suis ; mais ce que je crains par-dessus tout, c'est que Votre Éminence ne fasse de même pour son propre compte et ne renonce aussi à ce qui lui est dû. Or, comme la plupart de ceux qui s'attachent au service du roi ne le font que pour l'honneur et les biens qu'ils en espèrent, si l'on voyait ruiné celui qui tient les deniers de l'État, la chose serait d'une très pernicieuse suite. Aussi, je croirais Votre Éminence sans excuse, si, par le peu de soin qu'elle aurait de ses affaires, un si grand mal et une si grande honte arrivaient à la France. Elle fera, je m'assure, quelques réflexions là-dessus[1]. »

La raillerie était peu déguisée. Mazarin n'y répondit point par la violence. Il se plaignit amèrement à Fabert d'être l'objet d'injustes reproches de sa part, et se remit à lui prodiguer des assurances d'estime, habilement mêlées à de nouvelles promesses de payement en restitution de ce qui lui était dû. Fabert se laissa émouvoir. Non seulement il imposa silence à

---

1. Lettre (aut.) du 20 juillet. (*Arch. nat.*, KK, 1072.) — Le 26 juillet, Colbert écrivait à Mazarin : « Il y a ici des lettres de change de M. de Fabert ; je déclare à Votre Éminence que je n'ai pas de quoi les acquitter, et qu'elles seront protestées. » (*Lettres, instructions et mémoires de Colbert*, publiés par Pierre Clément, t. 1er). On sait que Colbert servait alors d'intermédiaire entre Mazarin et les surintendants.

son mécontentement, mais il tourna contre lui-même la mauvaise humeur dont il venait de faire essuyer les accès au cardinal. « J'ai été réduit au désespoir, lui écrivit-il, par l'opinion que j'ai eue que Votre Éminence me jugeait indigne de la servir. J'avoue, Monseigneur, avoir passé les bornes du respect qu'on vous doit, mais, croyant mon honneur attaqué, la tête m'a tourné... Si de ma faute Votre Éminence m'assure n'avoir jamais aucun ressentiment, je serai en repos. Mais de ce pardon je prétends excepter tout ce dont l'on pourrait m'accuser au delà de ce que mon transport peut m'avoir fait écrire à Votre Éminence ou prié qu'on lui dise, voulant être puni, si, en aucune autre chose, il m'est arrivé de manquer[1]. »

Là-dessus, tout dissentiment s'apaisa. Mazarin dut sentir plus que jamais le prix du dévouement de Fabert. Déjà, une nouvelle occasion de le mettre à profit s'était offerte au cardinal, qui n'avait pas manqué de la saisir, à l'issue de la dernière campagne, lorsque les soldats du duc de Lorraine et du prince de Condé s'étaient établis en quartiers d'hiver, avec l'assistance des Espagnols, sur les terres de l'évêché de Liège, et, dans le voisinage, entre Sambre et Meuse. Il s'agissait de décider le prince Maximilien[2], électeur de Cologne, à prendre les armes de concert avec le roi, à chasser les troupes

---

1. Lettre (aut.) du 13 septembre. (*Arch. nat.*, KK, 1072.)
2. Maximilien-Henri de Bavière [1621-1688], fils d'Albert VI, duc de Bavière, et de Mathilde de Leuchtemberg, coadjuteur de Cologne en 1643, évêque de Liège en 1649, archevêque de Cologne et évêque d'Hildesheim en 1650.

ennemies du pays de Liège qu'elles ravageaient, et à les rejeter dans les Pays-Bas. Nul n'avait paru plus capable que Fabert de parvenir à l'entente désirable pour réaliser ce dessein. Dès la fin de 1652, il avait eu avis de la cour d'écrire au chancelier de l'électeur pour se plaindre de ce qu'au mépris de la neutralité promise à la France, les habitants de Liège traitaient avec l'archiduc Léopold, dans le but de fournir des vivres aux troupes espagnoles. Ses doléances étaient restées alors sans effet, l'électeur s'étant tiré d'embarras par une réponse évasive. Au mois de février, selon les instructions que Mazarin lui avait adressées de Laon, avant son retour à Paris, Fabert se mit en rapport avec le comte de Wagnée, gouverneur de Bouillon, que ses sympathies pour la France et le crédit dont il jouissait auprès de l'électeur recommandaient d'employer dans cette circonstance[1]. L'évêché de Liège étant terre d'Empire, il appartenait au prince Maximilien d'intéresser à sa défense les autres membres du corps germanique, et particulièrement les électeurs de Trèves et de Mayence. C'est ce que Fabert s'efforça de démontrer au comte de Wagnée. Il ne craignit pas de lui dire que « le gouverneur de Bouillon manquerait à sa patrie et à son maître, s'il n'agissait fortement sur celui-ci pour le porter à faire ce qu'il devait à l'Empire, à lui-même et aux Liégeois[2]. »

Afin d'obtenir de l'électeur qu'il armât sans ré-

---

1. Lettre déjà citée, du 30 janvier.
2. Lettre déjà citée, de Fabert à Mazarin, du 21 février.

tard, Fabert lui offrit, toujours par l'intermédiaire du comte de Wagnée, et selon les ordres qu'il tenait de Mazarin, l'appui d'un corps de secours français commandé par le comte de Grandpré¹. De plus, Maximilien était mis en demeure d'avoir ses forces prêtes pour le 1ᵉʳ avril. Fabert avertit le gouverneur de Bouillon que si, à cette date, les troupes liégeoises ne pouvaient se joindre aux soldats que le roi leur envoyait, les gouverneurs de la frontière mettraient l'évêché à rançon².

Sous la pression de la France et malgré le mauvais vouloir des Liégeois, dont une importante faction était depuis longtemps gagnée aux Espagnols, l'électeur se montra enfin disposé à agir. Il s'engagea à lever mille hommes de pied et cinq cents chevaux pour l'action concertée. Le comte de Wagnée écrivit à Fabert que les princes de l'Empire avaient conclu une ligue défensive en faveur des États de Liège, et que l'empereur³ lui-même était intervenu auprès des Espagnols pour qu'ils fissent sortir les Lorrains et les troupes de Condé des quartiers qu'ils leur avaient assignés⁴.

Quelques jours se passèrent sans que l'électeur donnât suite à sa promesse. Les Liégeois, persuadés,

---

1. Fabert et les gouverneurs de la frontière de Champagne reçurent l'ordre d'assister le comte de Grandpré de tout ce qui serait en leur pouvoir. (Lettre cop. du 31 mai, *Arch. D. G.*, t. CXXXIX.)

2. Lettre (aut.) de Fabert à Mazarin, du 12 mars. (*Arch. nat.*, KK, 1072.)

3. Ferdinand III.

4. Lettre (aut.) du comte de Wagnée à Fabert, du 15 mars. (*Arch. aff. étr.*, *Liège*, t. II.)

sur de faux avis, de la possibilité d'empêcher les courses des gouverneurs français de la frontière, se montraient plus portés que jamais à laisser l'ennemi s'établir et subsister à son gré sur leur territoire [1]. En vain Fabert les pressa d'accueillir le comte de Grandpré avec les troupes du roi : il échoua dans ses démarches. L'électeur, redoutant un conflit entre le corps germanique et la maison d'Autriche, comme suite aux hostilités partielles qu'on pourrait engager dans ses États, cherchait à gagner du temps. Son inaction paralysa les efforts du négociateur. Ce fut même sans résultat que la menace faite aux Liégeois de lever des contributions dans leur pays reçut, par ordre de Fabert, un commencement d'exécution [2] : ils réussirent à temporiser jusqu'au moment, assez avancé dans le printemps, où les troupes répandues sur la Sambre et entre Sambre et Meuse se trouvèrent prêtes à quitter leurs quartiers [3].

1. Lettre déjà citée de Fabert à Mazarin, du 22 avril. Dans cette lettre, Fabert disait au cardinal, en parlant des magistrats qui composaient, à Liège, le conseil de ville, et qui dictaient leurs volontés aux habitants : « Ces gens-là sont aussi Espagnols qu'ils l'étaient lorsqu'ils s'opposèrent à ce qu'on reçût V. E. dans Bouillon. »

2. Le chevalier de Montégu, gouverneur de Rocroi, s'empara de Couvin. Cette petite ville fut restituée plus tard à l'électeur.

3. Pendant l'hiver qui venait de s'écouler, la frontière de Champagne s'était cruellement ressentie du voisinage des troupes ennemies. La disette avait régné à Sedan, à Charleville et à Mézières. Les habitants de ces places, pour ne pas périr de faim, s'étaient vus dans la nécessité de prendre, à un prix exorbitant, du marquis de Persan, gouverneur de Réthel pour le prince de Condé, des laisser-passer sans lesquels il ne leur aurait pas été possible d'aller au dehors, en sûreté, pourvoir à leur subsistance. (Lettres aut. de Fabert à Mazarin, des 8 février et 19 mars, *Arch. nat.*, KK, 1072.)

Le 11 janvier, Vincent de Paul écrivait à M. Coglée, supérieur de

Le maréchal de Turenne, à qui le roi envoya, pour cette nouvelle campagne, les pouvoirs de commandant en chef des troupes rassemblées sur la frontière de Champagne, s'assura d'abord du concours de Fabert. Il avait su discerner les hautes qualités qui distinguaient le gouverneur de Sedan. Le témoignage suivant qu'il en rendit à Mazarin est précieux à recueillir de sa bouche : « Je serai fort aise, écrivit-il au cardinal, Votre Éminence le désirant, et, outre cela, ayant beaucoup d'inclination à estimer M. de Fabert, qu'il me croie de ses amis [1]. »

Ayant joint ses troupes à celles du maréchal de la Ferté, Turenne débuta, dans les premiers jours de juillet 1653, par l'attaque de Réthel qui fut vivement emporté. Le prince de Condé, se voyant fermé par là l'accès de la Champagne, se dirigea vers la Picardie, suivi de près par l'armée royale, et s'empara de Roye; il revint ensuite sur ses pas pour assiéger Rocroi [2]. La chute de cette dernière place [3] fut à

---

la Mission sedanaise : « Je suis fort affligé des misères de votre frontière et de la quantité de pauvres gens qui vous accablent, mais, au reste, je ne puis que prier Dieu pour leur soulagement, comme je fais..... Sedan est le seul endroit de la frontière à qui la charité de Paris continue les aumônes..... » (Cop. *Arch. de la Mission.*)

1. Lettre (aut.) du 20 juin, d'Épernay. (*Arch. nat.*; KK, 1072.)
2. « Lettre (cop.), du 8 septembre, à M. de Fabert et autres gouverneurs des places frontières de Champagne, sur l'approche des ennemis vers Rocroi, et pour donner à MM. les maréchaux de Turenne et la Ferté-Senneterre l'artillerie et tout ce dont ils auront besoin. » (*Arch. D. G.*, t. CXL.)
3. Tandis que Condé assiégeait Rocroi, le chevalier de Montégu, qui en était le gouverneur, écrivait à Fabert : « Si ceux qui ont été destinés pour entrer dans cette place eussent eu la même affection que vous, ils auraient entré facilement, car les portes sont si faibles et si

peine compensée par la prise de Mouzon et de Sainte-Menehould; mais l'avantage définitif n'en resta pas moins à Turenne, qui, sans livrer à l'ennemi, supérieur en nombre, de combat en rase campagne, réussit, par d'habiles manœuvres, à neutraliser ses efforts. Après Turenne, Fabert eut la plus grande part à ce résultat. Sa correspondance seule peut donner l'idée de la prodigieuse activité qu'il déploya pour seconder les opérations de guerre. Les Espagnols, les Lorrains et les soldats de Condé ne se mettaient pas en mouvement qu'il ne le sût. Ses émissaires allaient partout, sur la frontière, dans le Luxembourg, dans le pays de Liège, jusqu'à Namur et même au delà. Il se procurait, sur les emplacements des troupes ennemies, sur leurs marches journalières, sur leur force en hommes, en chevaux et en canons, et sur les dispositions et les projets de leurs chefs militaires, des informations détaillées qu'il transmettait sans retard, de vive voix, par écrit ou au moyen de courriers, à Mazarin, à Turenne, aux maréchaux de la Ferté et du Plessis, au comte de Grandpré, au lieutenant général marquis d'Huxelles et aux gouverneurs de place intéressés. Il complétait ces renseignements par ceux qu'il tirait des agents de l'ennemi qu'il faisait arrêter, et se tenait au courant de ce qui se passait dans les villes appartenant à l'ennemi. En même temps, il envoyait des secours

---

avantageuses, et l'armée ennemie si fatiguée et si diminuée, que l'on peut réussir encore, mais il faut se hâter. » (Copie, de la main de Fabert, du 22 septembre, *Arch. nat.*, KK, 1073.)

aux places assiégées, renforçait, dans les villes prises, les garnisons trop faibles, assurait la fourniture du pain aux régiments qui ne la recevaient pas des munitionnaires, ordonnait d'amasser des fourrages, faisait confectionner, à Sedan, des souliers pour l'armée, et passait des traités pour la fabrication de mousquets. En un mot, à lui seul, il remplissait la besogne multiple à laquelle, en ce temps-là même, plusieurs officiers diligents auraient eu de la peine à suffire, et que, de nos jours, le commandement et l'administration partageraient entre de nombreux services[1].

Mazarin n'avait pas attendu la fin de la campagne pour récompenser les efforts de ce zèle infatigable. En 1653, Fabert reçut un brevet de retenue dont les dispositions, exceptionnellement favorables à ses intérêts, ne soulevèrent pas, cette fois, les scrupules de conscience qui avaient, en premier lieu, déterminé son refus. En outre, Colbert lui annonça qu'une assignation, destinée à le rembourser des avances faites pour l'entretien de la garnison de Sedan, en 1649, avait été remise, à Paris, à son homme d'affaires[2].

---

1. Lettres (aut.) de Fabert : 1° à Mazarin, des 19, 26 et 29 juin, 6, 10, 20 et 28 juillet, 6 et 7 août et 13 septembre (*Arch. nat.*, KK, 1072); 2° au comte de Beaujeu, lieutenant général, du 18 juin. (même source); 3° à Mazarin, des 12, 20, 28 et 30 octobre, 1er, 3, 5, 8, 9, 19 et 25 novembre (*Arch. nat.*, KK, 1073). — Lettre (aut.) de Fabert au marquis d'Huxelles, du 30 octobre, et du comte de Grandpré à Fabert, du 9 novembre. (*Arch. nat.*, KK, 1073.) Plusieurs de ces lettres ont été précédemment citées ou reproduites en partie.

2. Lettre (aut.) de Fabert à Mazarin, du 12 octobre. (*Arch. nat.*, KK, 1073.)

Avant que les troupes ne gagnassent leurs quartiers d'hiver, Fabert fut mandé à Châlons, où s'était tenu le roi pendant le siège de Sainte-Menehould. Il y arriva le 29 novembre et prit aussitôt les instructions de Mazarin pour renouer avec l'électeur de Cologne les négociations de l'hiver précédent, dont l'objet était d'amener ce prince à recevoir les troupes du roi dans les États de Liège, et à leur prêter aide afin que les Lorrains et leurs alliés ne pussent s'y établir. Selon le vœu du cardinal, Fabert reprit activement ses relations avec le comte de Wagnée dès son retour à Sedan [1]. Bien que l'électeur, prétextant la crainte de rompre la neutralité promise à l'Espagne, se montrât, comme par le passé, peu empressé d'accepter le secours qu'on lui offrait [2], le roi envoya à Fabert, déjà investi du commandement des troupes logées entre Aisne et Meuse [3], les pouvoirs nécessaires pour rassembler celles qu'il destinait à l'expédition projetée et pour se mettre à leur tête [4]. L'électeur ne se tourna franchement vers la France que lorsque Condé se fut emparé de Couvin.

1. Fabert revint à Sedan le 6 décembre.
2. Lettre (aut.) du 10 décembre, de Fabert à Mazarin. (*Arch. nat.*, KK, 1073.)
3. Lettre (cop.) du roi à Fabert, du 13 décembre. (*Arch. D. G.*, t. CXL, et *Bibl. nat.*, F FR., 4187, ancien fonds Le Tellier-Louvois.)
4. Lettre (cop.) du roi à Fabert, du 26 décembre, « pour qu'il s'oppose à l'entrée des troupes du prince de Condé et du duc de Lorraine dans le pays de Liège, avec les troupes logées dans ce quartier-là. » (*Arch. D. G.*, t. CXL, et *Bibl. nat.*, F. FR., 4187, ancien fonds Le Tellier-Louvois.) Une partie des troupes mentionnées dans cette lettre comme étant placées sous les ordres de Fabert dépendait du gouvernement de Metz; le reste hivernait à Toul et à Vaucouleurs.

Néanmoins les Liégeois envoyés comme négociateurs ne parvinrent pas à s'entendre avec Fabert dans les conférences qui eurent lieu, le 26 décembre 1653, à la Chapelle, et, en janvier 1654, à Givonne et à Sedan[1]. L'électeur s'obstinait à refuser aux troupes royales des places de sûreté pour assurer leur retraite en cas d'échec[2]. Ce ne fut qu'après bien des pourparlers qu'on arrêta (6 février) les bases d'un traité[3]; encore les dispositions relatives à la garantie demandée par la France n'y furent-elles pas introduites. Une clause portait qu'après avoir délivré les États de Liège des armées étrangères qui les foulaient, les troupes de secours retourneraient en France sur l'ordre de l'électeur, et sans que ce dernier fût obligé de livrer aucune ville, même parmi celles qui seraient reprises à l'ennemi[4]. Maximilien obtint en

---

1. Les villages de Givonne et la Chapelle appartenaient aux terres souveraines. Les députés de l'électeur étaient le comte de Wagnée, le sieur Fléron, majeur de Liège, et le comte de Poitiers. Celui-ci fut chargé d'une mission à la cour, dans le courant de janvier. L'intendant Talon, qui avait la confiance de Mazarin, assistait Fabert. —Voir la lettre (aut.) de Fabert à Mazarin, du 28 janvier. (*Arch. nat.*, KK, 1073.)

2. Lettres (aut.) de Fabert à Mazarin, des 15, 26 janvier et 1er février 1654. (*Arch. nat.*, KK, 1073.)

« On savait en France que le gouverneur de Huy soutenait les Espagnols, que celui de Dinant s'entendait avec le comte de Fuensaldagne, que le prévôt de l'Église de Liège entretenait des intelligences avec l'archiduc Léopold ; tels étaient les sujets de crainte qui obligèrent les Français à demander des places de sûreté. » (*P. Barre.*)

3. On trouve aux *Archives nationales* (KK, 1073) la minute originale du traité débattu entre Fabert et le comte de Poitiers ; elle est datée de Sedan, 6 février, et contient des ratures et des additions de la main de Mazarin.

4. Cette clause faisait l'objet de l'article 1er. D'après l'article 2,

outre que le roi écrirait à l'Empereur, aux électeurs et aux princes de l'Empire, pour faire valoir l'assistance qui lui était donnée comme conforme aux obligations imposées par la paix de Munster. A peine le traité dont nous venons de parler était-il signé, que Fuensaldagne se concerta avec le prince de Condé et le duc de Lorraine pour le rassemblement de toutes leurs forces du côté de Namur¹.

Enfin, le 25 février, Fabert, muni des pouvoirs de lieutenant général, commandant en chef l'armée destinée à opérer dans le pays de Liège², franchit la Semoy à la tête d'un corps de sept à huit mille hommes, qu'il s'était appliqué, de concert avec l'in-

l'effectif du corps français devait être proportionné à la force des troupes ennemies qui entreraient dans le pays de Liège. L'article 3 stipulait que l'électeur fournirait les grosses pièces d'artillerie [celles de campagne étaient amenées de France] ; l'article 4, que les troupes du roi se pourvoiraient, à leurs frais, de munitions de guerre ; les articles 5 et 6, qu'elles seraient reçues sous le canon des places d'Huy et de Dinant, et assistées, pendant leur marche, jusqu'aux environs de Liège, par les officiers commandant les districts militaires ; l'article 7, que le commandant en chef des secours restait libre de régler son itinéraire ; et l'article 8, que l'électeur procurerait, à un prix convenable, des vivres à ses alliés. Une addition de la main de Mazarin portait que si les États de l'électeur, délivrés une première fois, étaient encore envahis, le roi lui enverrait un nouveau secours aux mêmes conditions.

1. Lettre (aut.) du comte de Wagnée à Fabert, de Bouillon, du 13 février 1654, et *passim*. (*Arch. nat.*, KK, 1073.)

2. Les provisions de « lieutenant général, commandant en chef l'armée destinée pour servir en Liège pour l'assistance de M. l'électeur de Cologne, pour M. de Fabert », sont du 4 janvier 1654. (Cop. *Arch., D. G.*, t. CXLIII, et *Bibl. nat.*, F. FR., 4188, ancien fonds Le Tellier-Louvois.) D'après une lettre du roi (en minute dans le tome CXLII des *Archives du Dépôt de la guerre*, avec les dates du 3 janvier au commencement et du 5 à la fin, et en copie dans le tome CXLIII des mêmes archives, avec la date du 4) qui accompagne ces provisions, le corps d'armée appelé à opérer dans le pays de

tendant Talon, à bien organiser[1], et atteignit Paliseul. Le but politique de sa mission est indiqué dans la lettre suivante, qu'il avait envoyée à l'électeur quinze jours auparavant : « Par la copie de la lettre que le roi a écrite à l'Empereur[2], Votre Altesse Électorale verra que le commandement que j'ai reçu de Liège, devait se composer de troupes tirées d'entre Aisne et Meuse, du Soissonnais, de la Champagne et de la Picardie.

Les services qui avaient fait désigner Fabert pour cette importante mission sont rappelés en ces termes dans les provisions :

« Étant nécessaire de confier le commandement de cette armée à un chef qui ait toutes les qualités nécessaires pour s'en acquitter dignement, nous avons jeté les yeux sur le marquis de Fabert..... comme une personne qui s'est acquis une grande expérience de la guerre, et toutes les connaissances nécessaires pour nous servir utilement dans un commandement de cette importance, ayant passé par tous les grades militaires, dans les fonctions des diverses charges tant dedans que dehors le royaume, pendant une longue suite d'années, où il a donné toutes les preuves que l'on peut désirer d'une insigne capacité, valeur, prudence, vigilance et conduite, et d'une fidélité et affection inviolables à notre service, et ayant mérité du feu roi, notre très honoré seigneur et père de glorieuse mémoire, et de nous, diverses marques de la satisfaction et des services qu'il nous a rendus, et à cet État même, en lui confiant le gouvernement de Sedan, par le moyen desquels et par les habitudes et le crédit qu'il s'est acquis dans le pays de Liège, il nous y peut servir plus utilement qu'aucun autre en cette occasion, savoir faisons, etc.

Le tome CXLIII des *Archives du Dépôt de la guerre* contient aussi, à la date du 4 janvier, un ordre (cop.) du roi au marquis de Grandpré, pour servir sous le commandement de Fabert, en qualité de lieutenant général, et des lettres aux gouverneurs de la frontière de Champagne, par lesquelles on les invitait à fournir, sur l'effectif de leurs garnisons, le nombre d'hommes qui leur serait demandé par le gouverneur de Sedan.

1. Lettres de Fabert à Mazarin, de janvier et février, *passim.* (Arch. nat., KK, 1073.)
2. Selon la promesse faite à l'électeur, le roi avait écrit à l'Empereur. Une copie de cette lettre, destinée à l'électeur, fut remise au comte de Wagnée par Fabert. (Lettre de Fabert à Mazarin, du 26 janvier, citée plus haut.)

Sa Majesté d'entrer avec son armée dans le pays de Liège n'est que pour le délivrer des violences qu'il souffre par les troupes de M. le Prince et celles de M. le duc Charles de Lorraine, au préjudice du traité de Munster. Je ne doute pas, Monseigneur, que l'intention de Sa Majesté étant d'en soutenir les conditions pour conserver le repos dans l'Empire, qu'elles y ont établies, et délivrer les sujets de Votre Altesse Électorale de l'injuste oppression qu'ils souffrent, qu'ils ne reconnaissent assez l'obligation qu'ils ont au roi du soin que Sa Majesté prend de leur conservation, pour recevoir son armée comme un secours qui doit les garantir d'une ruine absolue qu'ils ne peuvent éviter sans cela. Mais s'ils en usaient autrement, je me verrais contraint de m'ouvrir le chemin par la force, et prendre dans le pays des avantages égaux à ceux qu'en tirent les ennemis, quoique avec vérité le roi n'ait d'autre but que de les en chasser et retirer son armée incontinent après qu'ils en seront sortis. C'est, Monseigneur, de quoi je puis assurer Votre Altesse Électorale, et que je suis, etc. [1]. »

Au point de vue militaire, Fabert avait soumis à l'examen de Mazarin, dans un mémoire détaillé, porté à la cour par Talon [2], diverses combinaisons entre lesquelles il lui demandait de choisir. Le cardinal s'était cru obligé de lui répondre : « Le roi vous estimant au point qu'il fait, et ayant en vous une confiance entière, il n'est pas nécessaire de mul-

---

[1]. Copie (de la main de Fabert), du 11 février. (*Arch. nat.*, KK, 1073.)
[2]. Mémoire (aut.) du 15 février. (*Arch. nat.*, KK, 1073.

tiplier les consultations que vous faites sur les résolutions que vous devez prendre ; c'est aux occurrences à vous déterminer, surtout lorsque les moments sont précieux. C'est pourquoi vous devez savoir, une fois pour toutes, que, quelque résolution que vous preniez dans la conduite de l'armée que vous commandez, Sa Majesté l'approuvera, quand même les événements ne répondraient pas à vos bonnes intentions ; je vous prie donc de faire tout ce que vous jugerez plus à propos, et de ne pas vous mettre en peine[1]. » Toutefois, pour le cas où l'ennemi, devançant les troupes royales sur l'Ourthe, s'opposerait à leur marche du côté de Liège, le cardinal prescrivit à Fabert de prendre position dans le Luxembourg, de surveiller de là les Espagnols et les Lorrains, et d'attendre, avant de passer outre, que des renforts lui fussent envoyés de France[2].

De Paliseul où elles s'étaient portées dès le premier jour de marche, les troupes françaises se dirigèrent sur Saint-Hubert, et de là sur Hotton, où elles franchirent l'Ourthe. Le 1er mars, elles campaient à Fraiture[3], à quelques lieues de Liège, ayant traversé le Luxembourg dans un ordre parfait, sans rencontrer la moindre résistance[4]. Le 2, elles s'acheminèrent vers le val Lambert. Déjà Fabert était prévenu

---

1. *P. Barre.*
2. Lettre (aut.) de Fabert à Mazarin, du 24 février, et *passim*. (Arch. nat., KK, 1073.)
3. Aujourd'hui commune de la paroisse de Liège, arrondissement de Huy, à 27 kil. S.-O. de Liège.
4. Lettre de Fabert à Mazarin, du 24 février, citée plus haut, et lettre (aut.) de Talon à Mazarin, du 2 mars. (Arch. nat., KK, 1073).

de l'arrestation (25 février) du duc de Lorraine, ordonnée par l'archiduc d'Autriche [1], et de sa détention au château d'Anvers. Les Espagnols s'étaient hâtés d'informer l'électeur qu'ils avaient voulu, par cette mesure, mettre fin aux légitimes sujets de mécontentement que Charles IV lui avait donnés. Sans attendre d'instructions de la cour, Fabert, secondé par le comte de Wagnée et le gouverneur de Maëstricht [2], entama immédiatement d'actives démarches pour détacher des Espagnols les troupes lorraines privées de leur chef [3].

Le 3 mars, le corps placé sous les ordres de Fabert occupait la Neufville, à deux ou trois lieues de Liège [4]. L'électeur réglant d'ordinaire sa conduite sur les dispositions des habitants de cette ville, il s'agissait d'éviter que ceux-ci n'élevassent contre l'armée du roi des plaintes semblables à celles qu'avaient provoquées récemment les ravages exercés par les Lorrains; il importait même qu'ils eussent sujet de se féliciter de l'assistance que leur prêtait la France. Tel est le résultat que Fabert s'appliqua à obtenir, et il y réussit en grande partie, mal-

1. Léopold, archiduc d'Autriche, gouverneur des Pays-Bas espagnols, était le frère de l'empereur Ferdinand III.
2. Frédéric de Salm, rhingrave, était attaché au service des Provinces-Unies et gouverneur de Maëstricht, où il mourut le 25 janvier 1673. Nous ne savons pas à quelle époque et de quelle manière il entra en relation avec Fabert. Les princes de Salm formaient une branche de la famille des rhingraves ou comtes du Rhin.
3. Lettre de Talon à Mazarin, du 2 mars, citée ci-dessus, et lettre (aut.) de Fabert à Mazarin, du même jour. (*Arch. nat.*, KK, 1073.)
4. Aujourd'hui, Neuville-en-Condroz, commune de la province de Liège, arrondissement de Huy, à 17 kil. S.-O. de Liège.

gré le peu de régularité du payement des montres aux troupes. Fort heureusement, son crédit personnel lui permit, à plusieurs reprises, de contracter des emprunts et de suppléer ainsi à l'insuffisance des ressources mises à sa disposition par Mazarin.

Le jour même de son arrivée à la Neufville, Fabert se rendit auprès de l'électeur, qui l'accueillit avec beaucoup d'égards. Maximilien ne ménagea pas les témoignages de sa reconnaissance pour le roi, mais, en même temps, il représenta à Fabert l'emprisonnement de Charles IV comme une satisfaction que lui avait donnée l'archiduc, et révéla la présence, à Liège, d'un ambassadeur de Ferdinand III, envoyé de Bruxelles pour préparer les voies à un accommodement avec l'Espagne [1].

Cet événement imprévu créait à Fabert une situation des plus embarrassantes, dont il fit part sur-le-champ à Mazarin. En attendant la réponse du cardinal, il prit l'initiative de la publication d'un manifeste destiné à rallier au roi les troupes lorraines [2]. En outre, il s'occupa de rechercher, sur la Meuse, un emplacement commode pour l'établissement d'un pont, afin d'être en état de manœuvrer avec avantage d'une rive à l'autre, s'il était amené

---

1. Lettre (aut.) de Fabert à Mazarin, du 4 mars. (*Arch. nat.*, KK, 1073.) Dans cette lettre, Fabert rappelle à Mazarin les différentes circonstances de son entrevue avec l'électeur, et, entre autres, la suivante : « En dînant, M. l'électeur but votre santé, Monseigneur, tête nue et debout, ainsi qu'il avait fait auparavant pour celle du roi. »

2. Lettre de Fabert à Mazarin, du 2 mars, citée plus haut.

à combattre les forces alliées[1]. Celles-ci s'étaient retirées sur la Dyle et la Geete, vers Tirlemont et Louvain.

Cependant la médiation de l'Empereur ne tarda pas à porter ses fruits. Un traité fut conclu à Tirlemont, le 1er mars, entre l'Espagne et l'électeur, représentés, le premier par le prince de Ligne et le comte de Navarre, le second par le comte de Furstenberg[2] et deux autres envoyés. L'accommodement était un fait accompli, quand Fabert reçut, par un courrier exprès de la cour, une lettre par laquelle le roi l'invitait à protester hautement contre l'acte de violence « contraire au droit des gens, à la foi publique et aux devoirs de la reconnaissance », dont Charles de Lorraine venait d'être victime. De plus, il devait s'efforcer, par toutes les voies utiles, de gagner à la France les troupes du duc, et d'insinuer à leurs chefs qu'il était prêt à porter ses armes en Flandre, s'ils pensaient qu'une campagne de ce côté aurait pour effet d'avancer l'heure de la délivrance du prisonnier[3].

---

1. Lettre (aut.) de Fabert à Mazarin, du 6 mars. (*Arch. nat.*, KK, 1073.)

2. François-Egon de Furstenberg (1625-1682), un des principaux ministres de l'électeur, évêque de Metz en 1658, prince-évêque de Strasbourg en 1663.

3. Lettre (min.) du 7 mars (*Arch. D. G.*, t. CXLIII.); même lettre en copie à la *Bibliothèque nationale*, F. FR., 4188, ancien fonds Le Tellier-Louvois. — Une autre lettre du roi, du 13 mars, min. *Arch. D. G.*, t. CXLIII, enjoignit à Fabert de donner au sieur Dordal, que la duchesse de Lorraine dépêchait vers les troupes de son mari, « toutes les lumières et l'assistance dont il aurait besoin pour son voyage ». Cet envoyé rejoignit Fabert le 27 mars.

A cette lettre étaient jointes deux ordonnances royales (7 mars) que Fabert devait publier et faire exécuter. L'une concernait les officiers et les soldats de l'armée lorraine, et réglait les avantages qui leur seraient assurés s'ils entraient au service du roi; l'autre appelait à jouir de l'amnistie accordée par la déclaration du 22 octobre 1652, les officiers du grade de capitaine et au-dessous, ainsi que les soldats qui abandonneraient le prince de Condé[1]. Fabert était autorisé, dans le cas où les dispositions édictées par ces ordonnances lui paraîtraient insuffisantes, à publier, en son nom, ce qu'il croirait à propos d'y ajouter, « tant pour faire connaître qu'il avait pouvoir de bien traiter ceux qui se rendraient au service du roi, que pour exagérer l'énormité de l'entreprise des Espagnols contre le duc de Lorraine, et jeter, par le même moyen, dans l'esprit du prince de Condé et de ceux qui l'approchaient, les justes défiances qu'il devait avoir après le traitement qu'avait reçu des Espagnols un prince qui les avait si longuement et si utilement servis[2]. »

Lorsque les instructions de Mazarin parvinrent à Fabert, l'armée s'était éloignée de la Meuse. Après avoir constaté l'impossibilité de faire subsister ses troupes, ainsi que l'aurait voulu l'électeur, dans le pays appelé la Hasbaye, situé sur la rive gauche du fleuve, au nord et au nord-est de Liège, et com-

---

1. *Collection des ordonnances militaires.* (*Bibliothèque du ministère de la guerre.*)
2. Lettre du 7 mars, citée plus haut.

plètement dévasté par les Lorrains, il entra dans le duché espagnol de Limbourg[1]. De là, il écrivit au comte de Ligneville, qui commandait la petite armée de Charles IV, pour le porter à joindre ses soldats à ceux du roi et à venger l'affront qu'avait reçu son maître.

L'électeur connut de son côté par Fabert, qui alla le voir le 18 mars, les sentiments et les intentions du roi. Mais déjà il n'obéissait plus qu'aux instigations des Espagnols. Au mépris de ses promesses, il déclara qu'il ne pouvait seconder les Français par des levées, ni les aider à détacher les Lorrains des Espagnols, sans se compromettre aux yeux de ses nouveaux alliés; que, du reste, le comte de Ligneville et les troupes sous ses ordres, à l'exception de deux régiments irlandais, avaient prêté serment aux Espagnols[2]. Il prétendit que s'il avait préféré la guerre à des conditions de paix acceptables, il aurait encouru le blâme des princes de l'Empire, et que, d'ailleurs, le chapitre et les États de Liège s'étaient

---

1. Lettre (impr.) datée d'Herve, 19 mars. (*Arch. aff. étr.*, *Pays-Bas*, t. XXXIII; voir une lettre (aut.) de la marquise de Fabert à Mazarin, du 13 mars, de Sedan.

2. Le comte de Furstenberg ayant promis à Fabert de s'employer pour faire passer les Lorrains au service de la France, avait mandé, dans ce but, de Maëstricht à Liège, un ancien grand aumônier de Charles IV, nommé Vismal; mais le traité conclu avec l'Espagne ne lui avait pas permis de poursuivre ses démarches. (Lettres aut. de Fabert à Mazarin, des 4, 6 et 12 mars, citées précédemment.)

D'après le P. Barre, le comte de Fuensaldagne gagna les troupes lorraines à l'Espagne, en faisant des largesses aux soldats et en montrant au comte de Ligneville et aux autres officiers lorrains une lettre extorquée à leur prince, où celui-ci leur ordonnait de prendre du service dans l'armée de l'archiduc.

refusés à lui accorder les subsides nécessaires pour soutenir la lutte ; enfin il avertit Fabert d'avoir à se mettre en état de sortir du Limbourg le jour même où les alliés évacueraient les terres liégeoises, qu'ainsi le voulait un article du traité signé avec l'Espagne. Quoique cette injonction pût se justifier par les conventions faites avec la France lors de l'envoi du corps de secours, Fabert refusa de s'y soumettre, sans y avoir été expressément autorisé. Les chanceliers de Liège et de Cologne insistant pour le décider à se conformer à la volonté de l'électeur, il leur répondit « qu'il ne pouvait trouver la sûreté de son honneur ni de sa tête », s'il ramenait ses troupes en France sans prendre les ordres du roi. L'énergie avec laquelle il sut résister à toutes les instances qui lui furent faites à cette occasion, arracha à l'électeur, en présence de quelques-uns de ses serviteurs d'un dévouement douteux, cette exclamation significative : « Ah ! voilà comment il faut servir son souverain[1] ! »

Le roi ne fit pas attendre longtemps à Fabert l'ordre de retour ; il y joignit, à l'adresse de l'électeur, l'expression de son mécontentement, atténuée par des paroles qui témoignaient de l'intérêt qu'il portait d'ailleurs à ses affaires. Quant à Maximilien, il ne dissimula pas la satisfaction que lui causait le rappel des troupes françaises. « Jamais chose n'a tant touché

---

1. *P. Barre.* — Dans une de ses lettres à Mazarin, Fabert dépeint l'électeur en ces termes : « C'est un prince plein d'honneur et de tous les sentiments que la vertu peut donner. » (Lettre (aut.) de Fabert à Mazarin, du 29 mars, *Arch. aff. étr., Liège*, t. II.)

personne, écrivit Fabert à Mazarin, que ce prince l'a été de voir la sincérité et pureté avec laquelle Votre Éminence a agi pour ses intérêts. Il en a toute la reconnaissance possible, et je sais qu'il a dit que si les Espagnols retournent à le mal traiter, qu'après ce qu'il a vu de la France en sa faveur, il se jettera dans les bras du roi sans aucune condition[1] ». Ainsi, dit Montglat, l'affaire fut terminée par douceur[2].

Le 24 mars, le corps expéditionnaire commença à rétrograder. Les Espagnols s'étant portés avec toutes leurs forces vers Namur, dans le dessein de lui barrer le passage, Fabert dirigea sa retraite vers Malmédy[3], et à travers le Luxembourg, par Dreis, sur Trèves. Les troupes séjournèrent sur la rive gauche de la Moselle aussi longtemps qu'elles purent y subsister[4], et rentrèrent ensuite en France, où Le Tellier leur avait assigné des quartiers[5]. Le 20 avril, Fabert était de retour à Sedan. Il avait laissé dans le pays de Liège, selon l'expression du comte de Wagnée, « un monument éternel à la gloire des armes du roi et à celle du cardinal, et une disposition entière, en ménageant bien les esprits, à se jeter dans les bras de

---

1. Lettre (aut.) de Fabert à Mazarin, du 23 mars. (*Arch. aff. étr.*, *Liège*, t. II.)

2. *Mémoires de Montglat*, collection Petitot, 2ᵉ série, t. L.

3. Lettres (aut.) de Fabert à Mazarin, du 25 mars. (*Arch. aff. étr.*, *Liège*, t. II); lettre déjà citée, de Fabert à Mazarin, du 29 mars.

4. Lettre (aut.) de Fabert à Mazarin, du 3 avril. (*Arch. aff. étr.*, *Liège*, t. II.)

5. Lettre (min. *Arch. D. G.*, t. CXLIII) du 10 avril, du roi à Fabert, relative à l'établissement, dans leurs quartiers, des troupes placées sous ses ordres. Cette lettre se trouve en copie à la *Bibliothèque nationale*, F. FR., 4188, ancien fonds Le Tellier-Louvois.

la France, à la première occasion que ses ennemis lui pourraient donner [1] ». De son côté, Mazarin adressa de chaleureuses félicitations au général qui avait su, pendant les marches comme pendant le séjour en pays étranger, maintenir la discipline au milieu de troupes habituées à la licence et à la maraude ; en outre, il confirma l'éloge que le comte de Wagnée avait, le premier, décerné au négociateur [2].

La campagne s'était terminée sans que Fabert eût rien recouvré de l'argent qu'il avait tiré de sa caisse particulière pendant plusieurs années pour payer les montres des soldats et les gages des officiers de son régiment. Bien plus, au début de l'expédition, il s'était vu contraint de recourir à ses amis, auxquels il était déjà redevable de cent onze mille livres, afin d'être en état de pourvoir aux dépenses qui lui incombaient comme général en chef [3]. Mazarin continuait à entretenir, par d'obligeantes paroles qui ne l'engageaient pas, son espoir d'être remboursé [4]. A son retour à Sedan, Fabert renouvela ses plaintes en les accentuant. C'était à ses frais, l'intendant Talon et l'armée tout entière pouvaient en témoigner, qu'il venait de rétablir son régiment sur un bon pied, et de lever deux compagnies nouvelles. Il finit par écrire au cardinal « qu'il n'était pas homme à mettre en bourse

---

1. Lettre (aut.) de Wagnée à Mazarin, du 27 mars. (*Arch. aff. étr.*, Liège, t. II.)
2. Lettre du 9 avril, citée par le P. Barre.
3. Lettre de Fabert à Mazarin, du 24 février, déjà citée.
4. Lettre (aut.) de la marquise de Fabert à Mazarin, du 13 mars (*Arch. nat.*, KK, 1073) ; lettre de Fabert à Mazarin, du 19 mars, citée plus haut.

ce qu'on lui confiait pour employer aux choses de service [1] ». Cette fois, le débiteur se tira d'affaire en ajoutant à ses promesses et à ses assurances d'amitié ordinaires toutes sortes de civilités à l'adresse de la femme de son créancier. La marquise de Fabert étant venue à Fontainebleau, le cardinal la combla d'égards et de prévenances, la présenta à la reine, et se confondit, avec une exquise courtoisie, en protestations de dévouement à ses intérêts privés. Un pareil accueil ne pouvait manquer de flatter l'amour-propre de Fabert; sa mauvaise humeur s'en trouva désarmée, et les reproches firent place, comme par enchantement, à des remerciements reconnaissants que son naturel sensible et bon le porta à exagérer [2].

Dans l'intervalle qui sépare la campagne d'hiver exceptionnelle conduite contre les Espagnols, de la reprise des opérations ordinaires, Fabert s'employa à activer en Allemagne des levées d'infanterie et de cavalerie, et à rallier au service du roi un certain nombre de déserteurs français et lorrains amnistiés par l'ordonnance royale du 7 mars. En même temps, se poursuivaient sans relâche, à ses frais et à ceux des habitants, les travaux de fortification de Sedan.

1. Lettre (aut.) de Fabert à Mazarin, du 4 mai. (*Arch. nat.*, KK, 1073.)
2. Lettres (aut.) de Fabert à Mazarin, des 10 et 24 mai. (*Arch. nat.*, KK, 1073.)

CHAPITRE II

(Juin 1654 — Mai 1655.)

Préludes du siège de Stenay. — Pouvoir conféré à Fabert pour commander en chef. — Préparatifs du siège. — Entrée du roi et de la reine à Sedan. — Ouverture de la tranchée. — Clerville et Vauban. — Premiers travaux. — L'art de l'attaque perfectionné par Fabert. — Louis XIV visite les lignes et les tranchées. — Sorties des assiégés; mines et contre-mines. — L'ennemi bat la chamade. — Fabert parlemente avec Colbrand et Chamilly. — Capitulation de Stenay; ses conséquences. — Sollicitude de Fabert pour l'homme de guerre. — Campagne de Turenne, La Ferté et d'Hocquincourt; délivrance d'Arras. — Fabert organise les quartiers d'hiver entre Aisne et Meuse. — Traité avec Condé de l'échange des contributions entre Sedan et Rocroi. — Affaire de Mézières et des Bussy-Lamet; premières démarches de Fabert en vue d'un accommodement avec Mme de Bussy. — Attitude du duc de Noirmoutier vis-à-vis du cardinal de Retz. — Les avis de Fabert à Noirmoutier au sujet de ses rapports avec Condé restent sans grand effet. — Conduite de Noirmoutier à Charleville et Mont-Olympe, en 1650 et 1651. — Noirmoutier est tenu en défiance par Mazarin et surveillé par Fabert. — La duchesse de Chevreuse mêlée à l'affaire de Mézières. — Fabert sonde les dispositions de Noirmoutier à l'égard de Retz; il s'en inquiète. — Mazarin s'abouche avec la duchesse de Chevreuse; avances de Noirmoutier à Mazarin; mission conciliatrice de Laigues; rôle intéressé de la duchesse. — Mazarin affecte de ne pas se préoccuper de la résolution que prendra Retz (1655). — Noirmoutier offre de restituer Mont-Olympe. — Intervention directe de Fabert dans l'affaire de Mézières; i entre en pourparlers avec Mmes de Bussy; a une entrevue avec Noirmoutier. —

Mmes de Bussy s'obstinent à ne pas vouloir traiter; Fabert se retire et rend compte à Mazarin de leur refus. — Commencement d'accord entre Bartet et Noirmoutier. — Rupture entre Bartet et Mmes de Bussy. — Nouvelle intervention de Fabert; traité entre Bartet et le chevalier de Lamet. — Caractère de la médiation de Fabert.

Le projet du cardinal pour la nouvelle campagne était d'enlever à Condé la place de Stenay, que le roi lui avait donnée par lettres patentes de décembre 1648. Fabert en avait conseillé l'attaque. Une tentative de surprise de la citadelle, faite en 1654 par le comte de Grandpré et le chevalier de Créqui [1], de connivence avec quelques officiers de la garnison, avait été déjouée par un des affidés [2]. Après cet échec, il ne pouvait plus être question que d'un siège en règle. Fabert, et Grandpré sous ses ordres, y préludèrent en s'opposant autant que possible au passage des troupes et des convois d'approvisionnements que Condé et les Espagnols cherchaient à jeter dans la place pour la secourir [3]. Le sacre du roi, qui eut lieu à Reims le 7 juin, retarda l'inves-

---

1. Créqui (François de Blanchefort, marquis de), fut connu d'abord sous le nom de chevalier de Créqui; maréchal de camp en 1651, maréchal de France en 1668.

2. Lettres (aut.) de Talon, du 6, et de Grandpré, du 18 février, à Mazarin. (*Arch. nat.*, KK, 1073.)

« Le 4 février, un chirurgien de la garnison de Stenay entreprend de livrer au roi la citadelle de cette ville; quatre mille hommes, sous la conduite du sieur de Créqui et du comte de Grandpré devaient se rendre à l'heure marquée, pour entrer par la fausse porte; mais, l'entreprise ayant été découverte, l'auteur fut pendu le 6 du dit mois, et sa tête mise au bout d'une perche sur un des bastions. » (*Histoire manuscrite de Mouzon, par le P. Fulgence, Bibl. de Sedan.*)

3. Lettre (aut.) de Talon, du 7 mai, de Fabert, des 10 et 24 mai, citée précédemment, et de Grandpré, du 15 juin, à Mazarin. (*Arch. nat.*, KK, 1073.)

tissement définitif, mais servit à abuser l'ennemi sur l'entreprise qu'on méditait. Fabert, mandé à la cour, assista à la cérémonie ainsi qu'au dîner offert à cette occasion aux personnages de distinction. Dès ce moment, le roi lui annonça qu'il lui réservait la direction des opérations du siège, auxquelles il voulait prendre part en personne [1]. En effet, huit jours après son sacre, le 15 juin, il signa à Reims la lettre qui conférait à Fabert plein pouvoir pour exercer le commandement en chef des troupes destinées au siège [2].

Depuis la remise de Stenay à la France, en vertu des traités de 1632, les gouverneurs qui s'y étaient succédé n'avaient pas cessé d'en augmenter les ouvrages [3]. Après Sedan, c'était la meilleure place de la Meuse. Colbrand, colonel espagnol, gouverneur de la ville, et le comte de Chamilly [4], qui commandait dans la citadelle, passaient pour des chefs de résolution et d'expérience. La garnison se composait de

---

1. Le jour même du sacre, la princesse de Conti [Anne-Marie Martinozzi], écrivait de Reims au prince son mari : « L'on veut assiéger Stenay ; M. Fabert commandera les troupes qui feront le siège. On croit qu'on le fera maréchal de France, après la prise de Stenay. » (*La princesse de Conti*, d'après sa correspondance inédite, par Édouard de Barthélemy ; Paris, Firmin Didot, 1875.)

2. Lettre (min.) (*Arch. D. G.*, t. CXLIII.)

3. *Histoire de Montmédy et des localités meusiennes de l'ancien comté de Chiny*, par M. Jeantin, Nancy, 1863, 3ᵉ partie.

On lit dans un mémoire de l'année 1644 (cité vol. 1ᵉʳ, p. 357.), de l'ingénieur Le Rasle, sur les fortifications de la frontière de Champagne : « Stenay est composé de ville et citadelle. La ville n'est pas grand'chose. Le corps de la citadelle est des beaux qu'il y ait en France. »

4. Nicolas Bouton, comte de Chamilly.

huit cents Espagnols et de sept cents Français attachés à la fortune de Condé[1]. Quant aux troupes assiégeantes, elles se montaient à environ quatre mille sept cents hommes ; la maison du roi en avait fourni une notable partie. Le comte de Grandpré servait comme lieutenant général ; le marquis de Varennes[2], le comte de Bourlemont et M. De la Cardonnière[3] remplissaient les fonctions de leur charge de maréchal de camp.

Fabert, parti de Sedan le 18 juin, fit commencer, le 20 juin, devant Stenay, la ligne de circonvallation qu'il avait tracée lui-même ; le premier il prit un pic à la main et donna l'exemple aux travailleurs. On requit comme pionniers les paysans des gouvernements de Sedan, Donchery, Mouzon, etc., assujettis pour la circonstance à la discipline militaire[4]. Deux ponts construits avec des bateaux venus de Sedan et Verdun furent jetés l'un en aval, l'autre en amont de Stenay ; à chaque tête de pont, sur la rive droite, on établit une redoute. De Douzy à Montmédy, les gués du Chiers furent rompus. Avant l'ouverture de la tranchée, toutes les troupes avaient rejoint le camp,

1. État de la force des troupes au commencement du siège de Stenay, envoyé par Fabert à Mazarin, le 8 août. (*Arch. nat.*, KK, 1074.)
2. Roger de Nagu, marquis de Varennes, devint lieutenant général en juin 1655.
3. Balthazar de la Cardonnière fut plus tard commissaire général de la cavalerie.
4. Neuf cent soixante-quatre paysans furent rassemblés pour travailler à la circonvallation, qui ne fut achevée qu'à la fin de juillet. (Lettre (aut.) de l'abbé de Feuquières à Mazarin, du 30 juillet, *Arch. nat.*, KK, 1074.)

qui embrassait, sur la rive droite de la Meuse, les hauteurs de Servisy, de la Jardinette et de Mouzay, et, sur la rive gauche, le village de Laneuville ; le matériel d'artillerie, dont une grande partie provenait de Sedan, était à peu près au complet ; on avait reçu de nombreux envois de poudre ; plusieurs mineurs liégeois, destinés à servir sous le capitaine des mineurs de France, avaient été pris à gages par Fabert ; l'armée possédait des mousquets, des piques, des hallebardes [1], des outils, et les matériaux nécessaires pour les travaux de siège ; on s'était approvisionné de farines et de vivres en abondance ; des fours pour la cuisson de vingt-cinq mille rations de pain par jour avaient été construits à Laneuville. En un mot, le général en chef n'avait négligé aucune des mesures concernant les hommes, le matériel et la subsistance. Talon l'avait secondé avec habileté dans cette partie importante de sa tâche. Quant aux chefs assiégés, ils se préparaient à une défense énergique. Dès le 23 juin, cent maîtres firent une sortie soutenue par un feu très vif partant des dehors de la place [2]. Une lettre de Fabert à Chamilly (24 juin) pour l'engager à faire sa soumission resta sans effet [3].

1. Les piques et les hallebardes servaient aux gardes de tranchée.
2. Pour la période du siège qui précède l'ouverture de la tranchée, c'est-à-dire du 20 juin au 3 juillet, voir : Lettres (aut.) de Fabert à Mazarin, des 18, 22, 25, 29 et 30 juin ; de Talon au même, des 21, 24 et 30 juin, et lettre (cop.) de Chamilly au prince de Condé, du 21 juin (*Arch. nat.*, KK, 1073) ; lettres (aut.) de Talon au même, des 1ᵉʳ et 9 juillet (*Arch. nat.*, KK, 1074) ; lettre (min.) du roi au baron de Saint-Pé, gouverneur de Donchery, du 30 juin. (*Arch. D. G.*, t. CXLIII.)
3. Le P. Barre a reproduit un passage de cette lettre. — Une nou-

De son côté, le roi ayant quitté Reims quelques jours après son sacre, avait pris la route de Sedan par Réthel, accompagné de la reine mère, du duc d'Anjou, de la princesse de Conti, de Mazarin et de Le Tellier. La compagnie de la *Jeunesse*, une des plus brillantes de la milice sedanaise, était allée à la rencontre du jeune souverain du côté de Donchery, et lui avait fait cortège jusqu'à Sedan (25 juin). A son entrée dans la ville, au bruit des salves d'artillerie et aux acclamations enthousiastes des habitants, il avait été harangué par Daniel d'Ozanne.

De là, il était venu, par Mouzon, visiter les troupes et les premiers travaux devant Stenay, ayant laissé derrière lui, sur les confins de la Picardie et de la Champagne, Turenne et La Ferté, avec le gros des troupes royales, pour observer Condé et les Espagnols, et s'opposer à leurs mouvements, soit qu'ils se portassent en Flandre, soit qu'ils voulussent secourir Colbrand et Chamilly. L'établissement, par les Espagnols, d'un pont à Givet, avait fait croire un instant à une tentative de délivrance de Stenay, et devant cette éventualité on avait mandé à La Ferté de prendre position vers Villefranche-sur-Meuse; mais, presque aussitôt, l'on avait appris que l'intention de l'ennemi était de se servir de ce pont pour faire passer en Flandre les troupes du Luxembourg, et La Ferté

---

velle démarche de Fabert (lettre aut. à Chamilly du 12 juillet, *Arch. nat.*, KK, 1074) fut tout aussi infructueuse; voir lettre (aut.) de Fabert à Mazarin, du 14 juillet (même source).

1. *P. Norbert.*

avait reçu l'ordre de rejoindre Turenne à Marle. Pendant que s'opérait cette jonction, le prince de Condé, l'archiduc Léopold, le prince François de Lorraine et le comte de Fuensaldagne conduisaient toutes leurs forces contre Arras [1].

L'ouverture de la tranchée devant Stenay eut lieu dans la nuit du 3 au 4 juillet, après une reconnaissance des dehors par Fabert [2]. Le chevalier de Clerville [3] dirigeait, comme ingénieur en chef, les travaux d'attaque, consistant en deux cheminements en zigzag poussés contre le front de la citadelle [4]. Le service était réglé sur le pied de six cents gardes de tranchée par jour [5]. Clerville avait, pour le seconder, un jeune lieutenant du régiment de Bourgogne, faisant fonctions d'ingénieur sans en avoir le titre, et dont il annonça, en ces termes, l'arrivée à Stenay, dans une lettre à Mazarin : « J'ai amené de Sainte-Menehould le jeune homme qui était auprès de M. de Sainte-Maure, lequel est en vérité un fort brave garçon; et ce que j'en estime davantage est que, n'é-

---

1. Lettre (orig. sig.) de Le Tellier aux surintendants des finances, du 1er juillet. (*Arch. D. G.*, t. CLVII.); lettre (min.) du roi au maréchal de l'Hôpital, du 26 août. (*Arch. D. G.*, t. CXLIV.)

2. Lettre (aut.) de Talon à Le Tellier, du 3 juillet, du camp devant Stenay. (*Arch. D. G.*, t. CLVII.) Dans une lettre (aut.) du 4 juillet (même source), Talon dit à Le Tellier, au sujet de l'ouverture de la tranchée : « Il ne se peut pas commencer un ouvrage de meilleure grâce et avec plus de gaieté. »

3. Voir vol. Ier, p. 320, en note, une notice sur Clerville.

4. Voir le plan de la ville et de la citadelle de Stenay, dans l'*Atlas historique* de M. Turpin. Cette remarquable collection appartient aux *Archives du Dépôt de la guerre*.

5. Lettre (aut.) de Fabert à Mazarin, du 2 juillet. (*Arch. nat.*, KK. 1074.)

tant qu'à Votre Éminence, elle pourra s'en servir quand et où bon lui semblera. Je ne lui ai donné que peu d'argent pour s'accommoder de quelques habits ; mais comme il lui manque encore beaucoup de choses, je supplie Votre Éminence de lui faire donner les deux cents livres qu'elle m'a ordonné de lui promettre. Ce n'est pas qu'outre cela je ne sois encore obligé à le monter et à le nourrir [1]. » Ce jeune homme, auquel s'intéressait le cardinal, s'appelait Vauban. Il nous plaît de rencontrer ce nom à côté de celui de Fabert, de trouver ces deux braves soldats réunis sous les remparts d'une forteresse où ils combattent sous les yeux de leur roi, l'un au début d'une carrière remplie de brillantes promesses, l'autre ayant déjà parcouru glorieusement la plus grande partie de la sienne [2]. Fabert fut le véritable ingénieur en chef du siège. La communication établie par lui entre les cheminements au moyen de tranchées transversales [3], l'emplacement assigné aux batteries dans ces tranchées, et l'emploi de logements propres à faciliter l'occupation pied à pied, à l'abri des projectiles, des

---

1. Lettre (aut.) du chevalier de Clerville à Mazarin, du 27 juin. (*Arch. nat.*, KK, 1073.) Dans cette lettre, Clerville demandait à Mazarin l'envoi des provisions de maréchal de camp dont le brevet lui avait été accordé en 1652.

2. Le neuvième jour après l'ouverture de la tranchée, Vauban reçut une grave blessure, ce qui ne l'empêcha pas de revenir à son poste avant d'être guéri ; il fut atteint de nouveau en attachant le mineur de l'une des attaques.

3. « Le sieur de Vitermont tira une ligne de communication depuis son attaque jusqu'à celle des maréchaux de camp, et le sieur De Leboquet [peut-être Du Bosquet] en continua une autre près de la contrescarpe à droite. » (Priorato.)

différents ouvrages à partir du chemin couvert, constituent, dans l'art de l'attaque, des améliorations réelles dont le mérite lui appartient, et qui ne laissent pas, entre les moyens dont il se servait et les méthodes régulières appliquées plus tard par Vauban aux sièges de Lille, de Maëstricht et de Luxembourg, une distance aussi grande qu'on l'a cru jusqu'ici [1].

Pendant trente-trois jours de tranchée ouverte, les assiégés exécutèrent avec vigueur des sorties répétées, dont quelques-unes causèrent des pertes sensibles aux troupes royales, déjà diminuées par l'envoi de la plus grande partie de la cavalerie devant Arras [2]. Le roi se rendait fréquemment de Sedan au camp, accompagné de Mazarin ; il prenait plaisir à visiter les lignes et les tranchées, et à questionner Fabert sur le but des travaux exécutés sous ses yeux ; enfin, il assistait aux attaques [3].

---

1. Ne pouvant entrer ici dans les détails techniques du siège de Stenay, nous nous contenterons de renvoyer le lecteur aux nombreuses pièces du temps (lettres de Fabert et de Talon à Mazarin, de Mazarin et de Talon à Le Tellier, de Mazarin au comte de Brienne, etc.), qui contiennent le récit des opérations. Ces pièces se trouvent principalement aux *Arch. nat.*, KK, 1074, aux *Arch. D. G.*, t. CLVII, et aux *Arch. aff. étr.*, France, t. CLI et CLIII. Voir aussi les *Mémoires de Montglat* et l'*Histoire militaire de Louis XIV* par le général marquis de Quincy.

2. Lettre (aut.) de Talon à Le Tellier, du 8 ; lettre (orig. sign.) de Le Tellier aux surintendants, du 8 juillet, et lettres de Talon à Mazarin, *passim* (*Arch. D. G*, t. CLVII) ; lettre (aut.) de Talon à Mazarin, du 11 juillet. (*Arch. nat.*, KK, 1074.)

3. Lettre (cop.) de Mazarin à Le Tellier, du 8 juillet. (*Arch. aff. étr.*, *France*, t. CLI) ; lettre (aut.) de Le Roy au même, du 16 juillet. (*Arch. D. G.*, t. CCXLV.) Le Roy était un des commis et le

Vers le 30 juillet, on était maître de tous les dehors[1]. Le passage du fossé du corps de place se fit ensuite à découvert. Dès lors, le dénouement des opérations n'était pas douteux. Cependant, les défenseurs répondirent avec quelque avantage aux travaux de mines de l'assiégeant par un jeu de contre-mines habilement conduit. Enfin, la brèche ayant été faite au corps de place, et l'assaut étant imminent, les Français qui défendaient la citadelle furent sommés de capituler, sous peine d'être traités avec les dernières rigueurs. Effrayés par cette menace, ils entraînèrent Colbrand et les Espagnols, qui ne voulaient se rendre qu'après avoir soutenu plusieurs assauts, à cesser toute résistance. Cette détermination commune eut un prompt effet : le 5 août au matin, les assiégés battaient la chamade sur le haut du bastion ouvert par le canon[2]. La veille, Mazarin avait écrit à la reine : « Il y a trois jours que M. de Fabert n'a pas reposé une heure, et c'est un miracle qu'il n'ait pas encore été blessé, ne bougeant des mines et des lieux les plus périlleux, sans que les ordres du roi et nos conti-

---

parent de Le Tellier. — (Priorato, *Histoire du ministère de Mazarin*.) — Lettres de la princesse de Conti au prince de Conti, de Sedan, des 30 juin, 8 juillet et 1ᵉʳ août. (*La princesse de Conti*, par E. de Barthélemy.)

Pendant les attaques, le roi se tenait sur les hauteurs du village de Mouzay. A partir du 22 juillet, il logea à Laneuville. (*Histoire de Montmédy*, par M. Jeantin.)

1. Lettre (aut.) de Le Roy à Le Tellier, du 31 juillet. (*Arch. D. G.*, t. CLVII.)

2. Lettre (min.) de Mazarin à Le Tellier, du 6 août. (*Arch. aff. étr.*, France, t. CLI.)

nuelles prières puissent rien gagner là-dessus sur son esprit [1] ».

Dès que Fabert se fut assuré que les assiégés étaient bien décidés à composer, il consentit à entrer en pourparlers avec eux. Il fit savoir à Colbrand et à Chamilly que, ne pouvant rien conclure sans en référer au roi, il allait en prendre les ordres, et que son intention était de placer immédiatement une sentinelle sur la brèche, afin d'empêcher la continuation des travaux. Colbrand répondit qu'il se croyait tenu, pour le même motif, d'en mettre une au pied du bastion [2]. Ne jugeant pas qu'il fût digne du roi de traiter sur le pied de l'égalité avec des rebelles dont un grand nombre étaient ses sujets, Fabert se retira pour aller donner l'ordre de recommencer le feu des batteries. Sur ces entrefaites, le roi se rendit à cheval, accompagné de Mazarin, auprès de Fabert, auquel il laissa pleine liberté d'action. Les négociations furent bientôt reprises avec l'ennemi. On s'engagea de part et d'autre à fournir des otages comme garantie des conventions ultérieures [3].

1. Lettre (cop.) de Mazarin à la reine, du camp devant Stenay, du 4 août. (*Arch. aff. étr., France*, t. CLI.)
2. Lettre (min.) de Mazarin au comte de Brienne, du 5 août. (*Arch. aff. étr., France*, t. CLI.)
3. Bulletin de nouvelles, sans nom d'auteur et de destinataire, (*Arch. D. G.*, t. CLVII), du 5 août, du camp devant Stenay, se terminant par quelques lignes, datées du 6, de Sedan. C'est une pièce du temps, émanant d'une personne bien informée, qui devait appartenir à la cour ou à l'armée. Il nous paraît à propos de faire observer qu'un autre bulletin, sans suscription ni signature, fournissant des renseignements sur les opérations du siège pendant la journée du 28 juillet, et se trouvant également dans le tome CLVII des *Archives du Dépôt de*

L'article 1er de la capitulation signée, le jour même par Fabert et Colbrand, portait que la ville et la citadelle seraient rendues le lendemain au roi, avec le canon, les munitions de guerre et de bouche et le reste des approvisionnements, et que la garnison française et étrangère serait conduite à Montmédy, par le plus court chemin, sous escorte suffisante, avec armes et bagages, balle en bouche, mèche allumée des deux bouts, enseignes déployées et tambours battant. On laissait au comte de Chamilly et à son fils la jouissance de leurs biens et la faculté de se retirer dans leurs terres, à la condition de prêter serment de fidélité au roi. D'après une autre clause, les officiers et les hommes de troupe qui changeraient de parti ne pourraient être inquiétés [1]. La garnison ennemie, réduite de plus de moitié [2], fit place, le 6 août, à un détachement de troupes royales [3].

La chute de Stenay atteignait gravement Condé dans son amour-propre et dans son crédit de chef de parti et affaiblissait ses moyens d'action militaire, en le privant d'une place d'armes où il pouvait, avec autant de commodité que de sûreté, rallier les émigrés français et attirer les Espagnols. De plus, elle

la guerre, est en partie de la main qui a écrit le bulletin précédent, en partie de celle de Le Tellier.

1. *Gazette de France*, pages 869 à 872.
2. Chamilly et Colbrand avaient perdu vingt-trois capitaines, tués ou blessés.
3. Lettre (aut.) de Fabert à Mazarin, du 6 août. (*Arch. nat.*, KK, 1075.)

Le gouvernement de Stenay fut donné au comte de Bourlemont.

déchargeait en partie les habitants de la frontière de Champagne du poids des contributions exorbitantes dont le prince les accablait, et des incursions pillardes de ses soldats. Une médaille de l'époque, commémorative de cet heureux événement, représente Stenay sous la figure d'une femme prosternée aux genoux de la France et s'appuyant de la main droite sur un bouclier, avec l'exergue : *Stenœum captum*, et cette inscription : *Urbium gallicarum ad Mosam securitas* [1]. Il n'y manque que le nom de celui qui a pris la place, et dont ce siège venait de mettre en relief non seulement les talents militaires comme général en chef, ce qui justifiait pleinement les prérogatives exceptionnelles de commandement qu'il avait reçues du roi, mais aussi le mérite comme ingénieur. Par sa manière sagement calculée de procéder aux attaques, Fabert avait montré, une fois de plus, le prix qu'il attachait à la vie de ses soldats. Lui si audacieux dans ses reconnaissances, lui qui s'aventurait avec tant de témérité à la tête des sapes, et que l'on voyait parfois guider le mineur dans sa périlleuse opération, prenait grand soin d'éviter à ceux qui l'entouraient des fatigues et des dangers inutiles. Le rude apprentissage qu'il avait fait du métier de soldat, et le spectacle des misères inhérentes à la profession des armes, avaient développé de bonne heure dans son cœur, naturellement compatissant,

---

1. *Médailles sur les principaux évènements du règne de Louis le Grand*, avec des explications historiques, par l'Académie royale des médailles et des inscriptions. Paris, Impr. roy., in-fol., 1703.

une profonde sollicitude pour l'homme de guerre.

A la nouvelle de la reddition de Stenay, Turenne et La Ferté, fortement établis dans leur camp de Mouchy-le-Preux, à portée des lignes d'Arras, se décidèrent à attendre, pour tenter une action de vive force, l'arrivée des troupes que la prise de la forteresse meusienne rendait disponibles. Dès que ce renfort, mis en route en toute diligence par Fabert le lendemain même de la capitulation[1], lui eut été amené, Turenne obtint de la cour, qui s'était rendue de Sedan à Péronne, l'ordre de marcher contre l'ennemi. L'attaque, partagée entre lui et les maréchaux de la Ferté et d'Hocquincourt, eut pour résultat la déroute des Espagnols, la retraite de Condé sur Cambrai et la délivrance d'Arras. Cette brillante victoire fut suivie du retour du roi et de Mazarin à Paris, de la prise du Quesnoy par Turenne, et de celle de Clermont-en-Argonne par la Ferté. Après la capitulation de Clermont, qui faisait partie, comme Stenay, du domaine de Condé, les troupes royales se préparèrent à hiverner. Fabert reçut du roi l'ordre de répartir dans les localités et les postes à son choix celles qu'on envoyait entre Aisne et Meuse, d'en prendre le commandement et de pourvoir à leur nourriture et à leur payement. Faire subsister, sans fouler personne, pendant six mois et dans la saison la moins propice, au milieu d'un pays ravagé le reste de l'année, des

---

1. Lettre (aut.) de Fabert à Mazarin, du 8 août (*Arch. nat.*, KK, 1074); lettre (min.) du roi à Fabert, des 15 et 22 novembre 1654 (*Arch. D. G.*, t. CXLIV); même lettre en copie, à la *Bibliothèque nationale*, F. FR., 4189, ancien fonds Le Tellier-Louvois.

soldats oisifs, privés de la plupart de leurs chefs, et les assujettir à des règles d'ordre et de discipline capables d'assurer leur conservation, telle était la tâche imposée à Fabert, et il l'accomplit avec l'ardeur habituelle de son dévouement aux intérêts des troupes et des populations, bien différent en cela de la plupart des généraux, qui l'abandonnaient à des subalternes sans autorité, pour aller vivre à la cour ou pour se retirer, jusqu'au retour de la campagne prochaine, soit dans leurs terres, soit dans leur gouvernement.

Pendant son séjour au milieu des Sedanais, Louis XIV, à la prière de Fabert, avait consacré par lettres patentes du mois de juillet, enregistrées au Conseil souverain le 25 septembre, l'établissement définitif dans la ville, en un lieu vaste et commode, des capucins hibernois. Installés le 10 septembre 1641 par Frédéric-Maurice, dans un des faubourgs de Sedan, ces religieux avaient rendu, par leurs prédications, d'éminents services à la cause de la foi catholique [1]. Leur supérieur, le P. Joseph de Morlaix, luttait avec succès, depuis de longues années, sur le terrain de la controverse religieuse, contre l'un des plus doctes et des plus fougueux champions de l'Église réformée, qui nous est déjà connu, contre Pierre Dumoulin, professeur à l'Académie sedanaise [2].

---

1. Les lettres confirmatives de l'établissement des capucins se trouvent dans le *Registre du greffe du Conseil souverain* de Sedan. — P. Norbert, année 1654. — Baugier, *Mémoires historiques de la province de Champagne*, t. II.

2. Voir vol. Ier, p. 249 à 251.

Vers la fin de l'année 1654, le prince de Condé offrit à Fabert de se désister de son droit de lever des contributions sur le gouvernement de Sedan, en échange d'une renonciation semblable qu'il lui demandait en faveur de celui de Rocroi. A la vérité, les terres souveraines, riches et prospères, lui rapportaient plus d'argent que Fabert n'en pouvait tirer de villes sans commerce et presque sans autres habitants que des soldats, comme Rocroi et Linchamps; mais il voulait éviter aux gens de ces deux places d'en venir aux mains avec ceux de Sedan, qui les avaient malmenés en plusieurs rencontres [1]. Si l'on se rappelle que les gouverneurs de place s'appropriaient généralement le montant des impositions de guerre, on saura gré à Fabert de l'exemple de désintéressement qu'il donna, en recommandant à Mazarin la transaction proposée, à cause des avantages qui devaient en résulter pour les Sedanais [2]. Après avis favorable du cardinal, et avec l'autorisation du roi, l'échange des contributions fut réglé par une conven-

---

1. Le 2 décembre, le prince de Condé écrivait, de Rocroi, au duc de Noirmoutier : « Je souhaiterais fort de pouvoir vivre en bon voisin avec M. de Fabert; mais aussi, s'il ne m'en donne pas sujet, il perdrait assurément plus que je ne ferais, car je n'ai plus guère à perdre sur cette frontière après la perte de Clermont et celle de Stenay, les villages du gouvernement de Rocroy étant presque tous ruinés et pour lesquels je n'ai pas grand'chose à craindre. » (Orig. sign., *Bibl. nat.*, *Ms.*, F. FR., 3856.)

2. Déjà Fabert abandonnait aux habitants de Sedan sa part des contributions levées sur les places appartenant au prince de Condé. (Lettre (aut.) de Fabert à Mazarin, du 4 mai, *Arch. nat.*, KK, 1073.)

tion arrêtée, le 17 janvier 1655, entre Fabert et un délégué du prince de Condé[1].

L'hiver de 1654 à 1655 fut partagé par Fabert entre l'administration des troupes logées en Champagne et de laborieuses négociations engagées, suivant les instructions de Mazarin, avec Mme de Bussy-Lamet, veuve du comte de ce nom, gouverneur de Mézières, décédé au mois de juin 1653[2]. Il s'agissai de décider la comtesse de Bussy[3] à renoncer au gouvernement de cette place, détenu, contre la volonté

---

1. Lettre (cop.) de Mazarin à Fabert, du 15 décembre (*Arch. nat.*, KK, 1075); lettre (aut.) du même au même, du 21 décembre (*Arch. nat.*, KK, 1074); lettre du roi à Fabert, du 16 décembre (en minute aux *Arch. D. G.*, t. CXLIV, en copie aux *Archives nationales*, reg. O., 12, et à la *Bibliothèque nationale*, F. FR., 4189, ancien fonds Le Tellier-Louvois.

Voir aux *Archives nationales*, KK, 1074 : 1° lettre (aut.) de Fabert à Mazarin, du 3 janvier 1657, avec mémoire à l'appui; 2° la copie du traité d'échange, du 17 janvier 1655. Les lettres de sauvegarde accordées aux habitants de Sedan, par suite de ce traité, existent en original aux *Archives de la mairie de Sedan;* elles sont datées de Bruxelles, 29 janvier, signées du prince et contresignées par Caillet, son secrétaire. Voir aussi lettre du roi, du 23 janvier, aux gouverneurs de la frontière de Champagne, au sujet de l'observation du traité des contributions fait avec Rocroi. (Cop., *Arch. D. G.*, t. CXLV.)

Au mépris du traité du 17 janvier, des soldats appartenant aux troupes du prince de Condé, dans une *course* dirigée sur le village de Pourru-Saint-Remy, dépendant des terres souveraines, s'emparèrent du bétail des habitants (à la fin de mars ou au commencement d'avril). Le comte de Montal, prévenu par Fabert, en rendit compte au prince; sur-le-champ, des ordres furent donnés pour le dédommagement des paysans qui avaient subi des pertes. (Lettre aut. de Fabert à M. de Montal, des 9 et 22 avril, et à Condé, du 22 avril, *Arch. de Condé* t. CCCI.)

Le comte de Montal était un gentilhomme bourguignon attaché a prince de Condé.

2. Antoine-François de Lamet, comte de Bussy-Lamet, maréchal de camp en 1646, gouverneur de Mézières de 1637 à 1653.

3. Claire de Niccy-Romilly, fille de Jeanne de Duras, veuve du

royale, au profit de son fils encore en bas âge, par le vicomte de Lamet, frère du défunt [1]. Déjà le cardinal, peu après la mort du comte, avait proposé (juillet 1653) à Mme de Bussy, par l'entremise de Fabert, une forte somme d'argent, afin de déterminer sa retraite de Mézières ; mais son offre avait été déclinée [2].

Les démarches de Fabert en vue d'un accommodement avec les Bussy-Lamet, empruntaient une certaine importance à la parenté de la comtesse avec le cardinal de Retz et à l'appui qu'elle recevait directement du duc de Noirmoutier, gouverneur de Charleville et de Mont-Olympe. Celui-ci, après avoir figuré au premier rang des ennemis de la reine et de Mazarin, s'était retiré à temps de l'imbroglio de la Fronde parlementaire pour rentrer dans le devoir, ce qui ne l'avait pas empêché de continuer à entretenir ouvertement des relations avec le cardinal de Retz [3], dont il sollicitait depuis vingt et un mois la liberté, auprès du premier ministre, avec toute la chaleur d'un ami sincère. Aussi, quand la nouvelle

---

comte Charles de Lamet, gouverneur de Mézières, tué, en 1637, au siège de la Capelle.

1. Le jour même de la mort du comte de Bussy-Lamet (28 juin 1653), son frère, le chevalier de Lamet, lieutenant au gouvernement de Mézières, avait écrit à Mazarin pour lui demander de disposer du commandement de cette place en faveur de son autre frère, le vicomte [François, maréchal de camp en 1646], en attendant que leur neveu fût en âge d'en être le gouverneur effectif. (Aut., *Arch. nat.*, KK, 1072.)

2. Lettres de Fabert à Mazarin, des 6, 10 et 20 juillet, et du 6 août 1653, citées précédemment.

3. Voir ci-dessus, pages 5 et 6, année 1653.

de l'évasion de Retz [1] arriva à la cour, et avant que l'on y sût au juste la direction qu'il avait prise dans sa fuite, se montra-t-on disposé à croire qu'il s'était retiré à Charleville. On connaissait moins bien les rapports que Noirmoutier entretenait avec Condé, quoiqu'ils se fussent révélés d'une manière assez ostensible, à la fin de 1653, par certains ménagements dont le prince avait usé dans le règlement des contributions de guerre vis-à-vis du gouvernement de Charleville et de Mont-Olympe, à l'exclusion des autres gouvernements de la frontière. En voisin charitable, Fabert avait souvent montré au duc le danger d'une attitude qui permettait à Condé de le faire passer aux yeux des Espagnols pour un de ses partisans [2]; mais ses bons avis étaient restés sans grand effet, si ce n'est qu'ils avaient obligé Noirmoutier à quelque retenue dans ses relations avec le prince. Quant à Mazarin, il s'efforçait de tirer parti de l'influence de Noirmoutier sur son ancien chef de file, le cardinal de Retz, plutôt qu'il ne cherchait à la combattre. Les procédés artificieux mis en œuvre par le duc pour se maintenir à Charleville et Mont-Olympe lui étaient restés sur le cœur [3]. Il en

---

1. Retz s'était échappé, le 8 août, du château de Nantes. Il avait été transféré à Vincennes et mis sous la garde du maréchal de la Meilleraye au commencement d'avril 1653.

2. Le cardinal de Retz rapporte dans ses *Mémoires* qu'à la nouvelle de sa détention, le prince de Condé offrit aux gouverneurs de Mézières et de Charleville de faire marcher toutes les forces d'Espagne à leur secours pour le délivrer.

3. Le cardinal de Retz avance dans ses *Mémoires* qu'en janvier 1650, avant l'arrestation des princes, il obtint de Mazarin et de la

savait assez d'ailleurs sur les engagements qui liaient de Noirmoutier au cardinal de Retz et sur le but de

reine que Noirmoutier serait appelé au gouvernement de Charleville et de Mont-Olympe, et recevrait des lettres de duc.

Au mois de mars suivant, les terres de Noirmoutier furent érigées en duché. En juin, le duc venait de traiter de la charge de gouverneur de Charleville et de Mont-Olympe, avec le chevalier d'Aigueberre (d'Aigueberre se retirait par démission), lorsque Mazarin, qui projetait depuis longtemps de s'approprier le gouvernement de Charleville (voir vol. Ier, p. 326, année 1649 ; instructions de Mazarin relatives aux frondeurs, adressées à Le Tellier, en avril 1650, dans l'appendice du tome IV des *Mémoires du cardinal de Retz*, éd. Champollion-Figeac), le manda à la cour pour lui conférer celui de la Fère. Bien que le duc eût pris antérieurement l'engagement de se retirer de Charleville et de Mont-Olympe, dès qu'il aurait reçu les provisions de gouverneur de la Fère, il se montra peu disposé à tenir parole. (Lettre (aut.) de Fabert à Chavigny, des 3 et 5 juin 1650, *Arch. nat.*, K, 118, A.) Déjà il s'était installé dans Charleville et s'apprêtait à en augmenter les fortifications. Selon ce qu'il écrivit à Fabert, on n'avait rien à redouter de lui : de même que ses amis, le coadjuteur et le duc de Beaufort, il était sincèrement attaché, du moins il l'assurait, aux intérêts du cardinal.

Si l'on devait, tôt ou tard, exiger de Noirmoutier qu'il abandonnât Charleville et Mont-Olympe pour une autre place, la prudence commandait de lui signifier d'en sortir le plus tôt possible, afin qu'il n'eut pas le temps d'y organiser des moyens de résistance. Fabert en donna le conseil à Mazarin. (Lettre aut. du 11 juin 1650, *Arch. nat.*, KK, 1071.) Mais ce n'est pas ainsi que les choses se passèrent. Soit que le cardinal, à la veille de laisser derrière lui les nouveaux alliés du ministère pour aller mettre ordre aux affaires de Guyenne [juillet 1650], jugeât à propos de ménager Noirmoutier, soit que d'autres préoccupations le lui fissent oublier, il ne fut plus question, du moins pour le moment, de l'envoyer à la Fère ou ailleurs. Le zèle que le duc déploya fort adroitement, quelque temps après, au service du roi, en s'emparant de Linchamps et de Château-Regnault, sur un gouverneur infidèle, ne fut peut-être pas sans influence sur son maintien, à cette époque, dans Charleville et Mont-Olympe. (Lettre (cop.) du duc d'Orléans à Noirmoutier, du 24 juillet 1650, *Arch. D. G.*, t, CXX ; lettres (aut.) de Fabert, de l'intendant Dosny et de Noirmoutier à Le Tellier, du 8 septembre, *Arch. D. G.*, t. CXIX ; lettre (aut.) de Dosny et de Noirmoutier au même, du 12 septembre, même source ; lettre (aut.) de Fabert à Le Tellier, du 11 septembre, déjà citée ;

l'entente établie entre eux et Mme de Bussy, soutenue de ses beaux-frères le chevalier et le vicomte de Lamet, pour appréhender que Charleville, Mont-Olympe et Mézières ne devinssent un jour, entre leurs mains, les places d'armes d'une nouvelle faction ranimée des cendres de celles qui l'avaient deux fois renversé du pouvoir, au péril de l'autorité royale [1].

L'affaire des Bussy-Lamet, embrouillée déjà de

lettre (orig. sig.) de Le Tellier à Mazarin du 11 septembre. (*Arch. aff. étr., France*, t. CXXX.)

Pendant le séjour de Mazarin dans le Midi (juillet à novembre 1650), Noirmoutier eut part, quelquefois d'une manière directe, aux intrigues dont le but était de procurer le chapeau au coadjuteur (Chantelauze, *Le cardinal de Retz et l'affaire du chapeau*, t. II, lettres et pièces justificatives). En février 1651, il renouvela à Fabert l'assurance de son dévouement au roi et au premier ministre, au moment même où celui-ci, cherchant un asile au delà de la frontière, se dirigeait par la Champagne vers Bouillon. Plus tard (juillet à novembre 1651), il fut un des principaux entremetteurs de la réconciliation projetée entre Mazarin exilé, Châteauneuf, Retz et Mme de Chevreuse (voy. la note de la page 361 du volume Ier). Mais tout en recourant à ses services, le cardinal le tenait en défiance, et le faisait sans cesse surveiller par Fabert.

Ajoutons qu'en dehors de ses vues particulières sur Charleville, Mazarin attachait une grande importance à ce que cette place, celle de Mézières et la forteresse de Mont-Olympe fussent conservées au roi par des gouverneurs d'une fidélité non douteuse. Les trois places réunies formaient, en effet, une des meilleures défenses avancées du royaume. « Quand elles sont d'un même parti, dit le cardinal de Retz dans ses *Mémoires*, elles sont inattaquables. » C'était aussi l'opinion de Fabert, et ce fut plus tard celle de Vauban qui les appelait « trois bêtes de compagnie, que les loups n'osent attaquer parce qu'elles vont ensemble. »

1. Correspondance de Mazarin avec Noirmoutier, et de Noirmoutier avec le prince de Condé ; lettres de Retz et de l'abbé de Lamet (cousin du vicomte et du chevalier de Lamet), de juin 1653 à la fin de 1654, *passim*. (Expéd. orig., minutes et copies du temps, *Bibl. nat.*, F. FR., 3856, 3857.) — Lettres déjà citées de Fabert à Mazarin des 28 juillet, 20 octobre et 10 décembre 1653 ; lettre (aut). du même au même, du 9 novembre. (*Arch. nat.*, KK, 1073.)

celle qui regardait le duc de Noirmoutier, se compliquait encore d'une autre à laquelle avait part une femme passée maîtresse en l'art de l'intrigue politique. On a reconnu Mme de Chevreuse. L'âge avait, il est vrai, singulièrement calmé chez la duchesse l'ardeur aventureuse qui l'avait poussée à dépenser trente ans de sa vie en folles agitations; elle s'était même réconciliée avec la reine et Mazarin, et l'on n'avait plus à craindre qu'elle se précipitât de nouveau dans la voie des conspirations; mais, comme on va le voir, d'après le rôle qu'elle joua dans l'affaire de Mézières, elle pouvait encore devenir gênante par la passion qu'elle mettait à soutenir les intérêts de ses amis.

On sait comment les clefs de la prison de Retz échappèrent à Mazarin au moment où il s'efforçait d'obtenir, en cour de Rome, la ratification de l'acte de renonciation à l'archevêché de Paris consenti par son prisonnier. Un des premiers à essuyer le mécontentement qu'il éprouva à la nouvelle de ce rude contretemps, fut le gouverneur de Charleville et de Mont-Olympe. Il y allait de l'honneur du duc, prétendit Mazarin, de rompre avec un homme traître à ses engagements. Cependant le cardinal se garda bien de l'irriter. Il chargea Fabert de le sonder. Noirmoutier donna à entendre que Retz était tout préparé à s'acheminer vers Rome et disposé à ne rien entreprendre contre le roi, si on lui assurait la jouissance de son titre et des revenus d'archevêque. Fabert lui ayant fait observer que le récent manquement de parole dont Retz s'était rendu coupable vis-à-vis du duc de la Meilleraye excitait une légitime défiance, il ne tenta pas de justifier son ami, et se borna à répondre que Mme de Chevreuse était en mesure d'offrir, dans le cas où une transaction interviendrait, des garanties de nature à dissiper les craintes de Mazarin. C'est tout ce que Fabert réussit à tirer de Noirmoutier dans un premier entretien qui eut lieu à Charleville le 25 août[1]. Quinze jours après, dans une nouvelle entrevue, Noirmoutier soutint avec chaleur, même avec emportement, que Retz avait usé de son droit en révoquant sa démission d'archevêque. Il se déclara prêt à se porter caution pour lui, si l'on acceptait les propositions qu'il faisait en son nom[2], pourvu, toutefois, que l'évêque de Châlons[3], le premier président de Bellièvre[4] et M. de Caumartin[5] missent leur signature à côté de la sienne[6].

1. Lettre (aut.) de Fabert à Mazarin, du 26 août. (*Arch. aff. etr., France*, t. CLIII.)
2. Noirmoutier fit voir à Fabert la lettre par laquelle Retz lui donnait pleins pouvoirs « pour terminer ses affaires à la cour ». (Mémoire (aut.) à M. de Bouteville, s'en allant à la cour, le 9 septembre 1654, *Arch. aff. étr., France*, t. CLIII.)
3. Félix Vialart de Herse. Ce prélat était très dévoué à Retz, dont il défendit les intérêts auprès de Mazarin.
4. Le premier président de Bellièvre avait rapporté de Vincennes au roi la démission de Retz, son ami.
5. Louis-François Le Fèvre de Caumartin, conseiller d'État, plus tard (1667-1672) intendant en Champagne, était parent très proche de Retz et comptait parmi ses plus chauds amis. Il avait favorisé son évasion du château de Nantes. On sait que Retz a écrit ses *Mémoires* pour Mme de Caumartin.
6. « Je crois, dit Fabert (mém. du 9 septembre, cité note 2) qu'il [Noirmoutier] me nomma aussi Mme de Chevreuse. »

Les sentiments qui agitaient le duc ne laissèrent aucun doute à Fabert sur l'imminence du péril : les portes de Charleville, de Mont-Olympe et de Mézières pouvaient s'ouvrir, d'un instant à l'autre, pour recevoir le fugitif, et ensuite se refermer sur lui. Fabert, inquiet, n'était pas éloigné de croire qu'un accommodement fût possible, et, en tout cas, préférable à des mesures de rigueur. Retz venant à violer sa parole, on n'aurait pas de peine, pensait-il, à obtenir de Noirmoutier qu'il se séparât de lui, surtout s'il avait été chargé de traiter au nom du prélat.

Sur ces entrefaites, Mazarin s'aboucha avec Mᵐᵉ de Chevreuse, ainsi que Noirmoutier lui-même en avait exprimé le désir à Fabert. Mais le résultat de leur conférence ne fut pas celui que le gouverneur de Charleville attendait. La duchesse ayant intérêt à entrer, du moins pour le moment, dans les vues de Mazarin, ce fut Noirmoutier qui dut renoncer aux siennes. Aussi le dessein assez osé qu'il avait conçu de réconcilier les deux Éminences ne tarda-t-il pas à faire place à des avances sérieuses de soumission aux volontés du cardinal, avances dont Mᵐᵉ de Chevreuse fut l'interprète autorisée, après en avoir été l'inspiratrice. Un des intimes de la duchesse, le marquis de Laigues[1], lié d'amitié à Noirmoutier, alla porter à Mazarin, pendant le séjour de la cour

---

1. Le marquis Geoffroi de Laigues, ancien frondeur, avait succédé, en 1650, au marquis de Jarzé, disgracié, comme capitaine des gardes du duc d'Orléans, selon la promesse faite au cardinal de Retz, dans une conférence tenue au mois de janvier, avant l'arrestation des

à la Fère (octobre 1654), l'assurance que le duc était disposé à se retirer de Mont-Olympe au premier commandement, et à répondre de Mézières [1]. Il demanda le secret pour cette communication, jusqu'à ce que Noirmoutier eût reçu de Rome la réponse à une lettre portée par l'abbé de Lamet au cardinal de Retz [2]. Dans cette lettre, le duc consultait Retz sur ses intentions, ne voulant pas, à ce qu'il assurait, reprendre sa liberté d'action sans son assentiment. Au retour de la cour à Paris, Mme de Chevreuse confirma Mazarin dans l'espoir que lui avait fait concevoir la mission conciliatrice remplie par son ami. Cette démarche, d'apparence fort généreuse, fut accompagnée d'une requête intéressée en faveur du marquis de Laigues, qui avait témoigné le désir de traiter de sa charge de capitaine des gardes du duc d'Orléans. Si le cardinal accédait sur-le-champ et sans condition à la prière de la duchesse, il s'exposait évidemment à perdre une occasion propice de la faire servir à l'accomplissement de ses vues sur Mézières, en mettant à profit l'ascendant bien connu qu'elle exerçait sur Noirmoutier. Ainsi dut penser Mazarin, car il n'accorda qu'en

---

princes [voir, ci-dessus, la note 3, p. 57 et suiv.]. Brienne le jeune (l'auteur des *Mémoires inédits*), l'appelle le « mari de conscience » de la duchesse de Chevreuse.

1. Le cardinal de Retz apprit plus tard, à Rome, l'accommodement de Noirmoutier avec la cour. Il se plaint à plusieurs reprises, et avec amertume, dans ses *Mémoires*, de l'ingratitude du gouverneur de Charleville.

2. L'abbé de Lamet était parti de Charleville au commencement de la première quinzaine de novembre.

principe l'autorisation sollicitée, et remit la réalisation effective de sa promesse à l'époque où il serait fixé sur la réponse de Retz. Mme de Chevreuse parut d'abord se contenter de cette solution; puis elle se ravisa, et chercha à insinuer au cardinal que M. de Laigues se trouvait blessé de la restriction suspensive apportée à la faveur dont il était l'objet. Sur ses instances, Mazarin consentit à agréer la personne qui devait acheter la charge de Laigues; mais ce fut tout, et il déclara de nouveau fermement qu'il serait sursis à l'exécution de ce qu'on lui demandait jusqu'à ce qu'il eût traité avec les Bussy-Lamet[1].

Tel était l'état de l'affaire de Mézières à la fin de l'année 1654. Après la mort du pape Innocent X (7 janvier 1655), qui le débarrassait d'un ennemi incommode par la protection dont il couvrait le cardinal de Retz, Mazarin affecta de n'avoir aucune préoccupation quant à la résolution définitive du coadjuteur, quelle qu'elle dût être, à la suite des explications en cours d'échange entre Noirmoutier et lui. « M. de Noirmoutier peut se détromper, écrivait-il à Fabert (16 janvier), s'il s'imagine qu'on ait ici grand empressement pour l'accommodement du cardinal de Retz; on n'a eu aucun autre motif que sa considération, quand on a consenti au voyage de

---

[1]. Lettre déjà citée, de Mazarin à Fabert, du 15 décembre, et lettres (min.) du même au même, des 19 septembre et 23 novembre 1654, et du 28 février 1655 (*Arch. nat.*, KK, 1075); lettre (aut.) de Fabert à Mazarin, des 18 novembre, 6 et 21 décembre 1654 (*Arch. nat.*, KK, 1074); lettre (cop.) de Noirmoutier à la duchesse de Chevreuse. (*Bibl. nat.*, F. FR., 3857.)

l'abbé de Lamet à Rome, pour porter ledit cardinal à exécuter le traité de Vincennes. Le roi a cru lui faire une nouvelle grâce ; s'il ne sait pas en profiter, il y perdra plus que personne. » Il ajoutait, comme avec une intention d'ironie : « Les caresses d'un pape mourant ne changent en aucune façon les affaires du cardinal[1]. »

Enfin l'abbé de Lamet revint de Rome. Noirmoutier écrivit sans retard à Mazarin, par M. de Longuerue, lieutenant de roi à Charleville, accompagné d'un officier de la garnison de Mézières, pour lui dire qu'ayant rempli ses devoirs envers le coadjuteur, il se tenait prêt à remettre Mont-Olympe entre les mains du roi[2]. En même temps, il faisait valoir les intentions louables dont étaient animés, d'après lui, les Bussy-Lamet, pour demander, d'accord avec eux, la conservation au jeune comte de Bussy du gouvernement de Mézières. Mazarin n'épargna pas à Noirmoutier les témoignages de reconnaissance que méritait son offre de restitution de Mont-Olympe. En ce qui concernait Mézières, il déclara ne pouvoir tenir compte de sa recommandation, et se borna à renouveler la proposition de gratification pécuniaire faite dix-huit mois auparavant par Fabert à la comtesse de Bussy[3].

1. Lettre (cop.) de Mazarin à Fabert, du 16 janvier 1655 (*Arch. nat.*, KK, 1075).
2. Lettre (aut.) du 2 février (*Arch. nat.*, KK, 1074). Dans cette lettre, Noirmoutier prétend qu'il n'a pas dépendu de lui de remplir ses engagements relativement à Mont-Olympe, une première fois après la bataille de Rethel (décembre 1650), et une seconde à l'époque où Mazarin était en exil à Bouillon.
3. Lettre (min.) de Mazarin à Noirmoutier, du 16 février (*Arch.*

De son côté, Mme de Chevreuse, aussitôt après l'arrivée de Longuerue à Paris, avait tout mis en œuvre pour gagner la reine à la cause du marquis de Laigues; mais ses efforts étaient restés infructueux devant l'opposition décidée de Mazarin. Aucune des garanties nouvelles dont le cardinal offrit de fortifier ses précédents engagements ne fut du goût de la duchesse. Ce qu'elle voulait pour son cher protégé, c'était la libre disposition de la charge dont il désirait traiter, et rien autre chose. Tout en assurant au cardinal que l'affaire de Mézières était à la veille de se dénouer conformément à ses vœux, elle se défendit d'en régler les conditions avec les Bussy-Lamet, sous le prétexte que ces derniers pourraient la soupçonner de faire bon marché de leurs intérêts, pour ne s'occuper que de ceux du marquis de Laigues. En outre, elle désigna Fabert à Mazarin comme propre aux bons offices de médiation qu'elle et Noirmoutier ne se souciaient pas de remplir. Enfin, elle envoya Bartet, secrétaire du cabinet du roi[1], qui jouissait de sa confiance, dicter en quelque sorte au cardinal les ménagements à prendre, afin que sa coopération et celle du duc ne les rendissent pas suspects à leurs amis de Mézières[2].

nat., KK, 1075); lettre (cop.) de Mazarin au vicomte et au chevalier de Lamet et à Mmes de Bussy (la mère et la grand'mère du jeune comte), du 17 février (*Arch. aff. étr., France*, t. CLVI).

1. Bartet était un des agents particuliers de Mazarin. Il devait, plus tard (1660), encourir la disgrâce de Louis XIV, et rester, pendant trente ans, exilé de la cour.

2. Lettre (min.) de Mazarin à Fabert, du 28 février (*Arch. nat.*, KK, 1075.)

Invité par Mazarin, suivant le désir de Mme de Chévreuse, à intervenir directement dans l'affaire de Mézières pour la mener à bonne fin, Fabert manifesta tout d'abord la crainte qu'elle ne languît entre ses mains. Mmes de Bussy lui semblaient un peu trop persuadées que, traitant avec lui, elles pouvaient impunément faire traîner les choses en longueur. Aussi croyait-il préférable de charger de cette mission un envoyé spécial de la cour, que les dames de Bussy n'oseraient peut-être pas laisser revenir auprès du roi sans avoir rien conclu [1].

Il tenait cependant à ne point paraître reculer devant la tâche qu'on lui imposait. Sans attendre la réponse à l'observation précédente qu'il soumit au cardinal, il alla trouver Noirmoutier pour sonder ses dispositions et lui demander assistance. Le duc se montra froid et défiant. Il se plaignit qu'on mêlât les intérêts de M. de Laigues aux siens et à ceux de Mmes de Bussy, et parut médiocrement compter sur la promesse de Mazarin de lui rendre la parole par laquelle il s'était engagé antérieurement à restituer Charleville en échange d'un autre gouvernement. Après cette entrevue, Fabert entra en pourparlers avec Mmes de Bussy. Il avait ordre de Mazarin de leur offrir dix mille louis d'or pour prix de l'abandon de Mézières. Elles s'excusèrent de ne pouvoir accepter cette somme, sur ce qu'elle était trop faible eu égard aux dépenses considérables que le service

---

1. Lettre (aut.) de Fabert à Mazarin, du 21 février (*Arch. nat.*, KK, 1074).

du roi leur avait commandées dans Mézières, et insistèrent pour que le gouvernement de la place ne fût pas retiré au jeune de Bussy. Fabert s'efforça de les convaincre qu'elles n'avaient aucun droit au remboursement des avances faites par elles dans une place où elles ne s'étaient maintenues qu'en désobéissant au roi. Il leur représenta que leur faute serait jugée assez grave pour qu'elles la payassent de la vie, si leur conduite était l'objet d'une enquête. Afin qu'il ne leur restât aucune illusion quant à la portée de ses remontrances, et qu'elles ne fussent pas tentées de faire fond sur l'indulgence dont elles avaient bénéficié en d'autres temps, il eut soin de bien leur marquer la différence qu'il y a entre « tromper son roi dans un temps auquel la corruption et la révolte sont générales, et le faire dans un temps auquel l'autorité royale a repris tellement sa force qu'elle n'a plus besoin que d'un châtiment public pour la manifester à tout le monde[1] ».

Ce fut peine perdue : Mmes de Bussy ne se laissèrent pas intimider. Fabert, après leur avoir déclaré que leur insistance rendait tout accommodement impraticable, prit brusquement congé d'elles. Dans un entretien qu'il eut ensuite avec le vicomte de Lamet, il lui fit entendre sans détour qu'avant d'invoquer ses services personnels pour solliciter du roi une récompense, il devait sortir de Mézières

---

1. « Mémoire (aut.) pour servir à M. de Bouteville, allant à la cour », du 6 mars; lettre (aut.) du même jour, de Fabert à Mazarin (*Arch. nat.*, KK, 1074).

où il n'était entré que par surprise à la mort de son frère. Le vicomte repartit qu'il bornait ses prétentions à être remboursé des dépenses auxquelles montaient les levées de soldats dont il avait pris l'initiative afin de renforcer la garnison de la place. Tandis qu'il s'expliquait à ce sujet, Mmes de Bussy commençaient à s'inquiéter des suites possibles de leur opposition. Elles pensèrent les conjurer en venant elles-mêmes demander à Fabert le délai nécessaire pour établir le compte définitif des créances qui servaient de base à leurs réclamations. La réponse de Fabert fut qu'il avait à s'enquérir uniquement de leur détermination sur l'offre de gratification dont le roi l'avait chargé, sans se préoccuper d'autre chose. Là-dessus, il retourna à Sedan, d'où il envoya le sieur de Bouteville, capitaine dans son régiment, porter à Mazarin un mémoire circonstancié sur sa dernière entrevue avec les Bussy-Lamet. Il engageait derechef le cardinal à recourir à un autre négociateur que lui pour triompher du mauvais vouloir de M. de Noirmoutier et de Mmes de Bussy.

Pendant ce temps-là, Mme de Chevreuse faisait promettre à Mazarin, par l'intermédiaire du premier président du parlement de Paris, qu'elle allait user de tout son pouvoir pour accélérer le dénouement des négociations. Le cardinal, plus convaincu que jamais que la solution de l'affaire était à la merci de la duchesse, ne doutait pas qu'elle ne fût prochaine. Il écrivit dans ce sens à Fabert, et lui annonça le départ pour Mézières du sieur Bartet, à la fois envoyé officiel de la cour et mandataire particulier de Mme de Chevreuse. Dès lors, il avait pris le parti de laisser à Noirmoutier, dans l'espoir de le détacher définitivement des intérêts des Bussy-Lamet, non seulement le gouvernement de Charleville, mais aussi celui de Mont-Olympe. En faisant part à Fabert de cette dernière résolution, et en l'invitant à la communiquer à l'intéressé, il ne lui dissimula pas qu'elle était motivée principalement sur ce que le duc mettait l'échange de Mont-Olympe contre une autre place à un taux par trop élevé[1].

Le 16 mars, Bartet s'abouchait avec Noirmoutier à Charleville. Quand le duc apprit que la somme de cent quarante mille livres, proposée par Fabert au nom du roi, répondait aux prétentions de Mmes de Bussy et du chevalier de Lamet à l'exclusion de celles du vicomte, il s'emporta jusqu'à dire, à l'adresse de la duchesse de Chevreuse, que c'était se moquer de lui que de vouloir l'employer à régler de semblables conditions. Il ne craignit même pas de préjuger le refus de

---

1. Lettre (min.) de Mazarin à Fabert, des 12 et 23 mars 1655 (*Arch. nat.*, KK, 1075). — Une lettre (cop.), sans suscription ni date, tirée du recueil manuscrit F. FR, 3857, déjà mentionné, mais que l'on peut regarder comme remontant aux premiers mois de 1654 (probablement au mois de mai), prouve que Mazarin songeait alors à acheter, pour son compte, Charleville et le duché de Réthelois [dont Mézières faisait partie] (voy. la note 3, p. 57 et suiv.). Il résulte de ce document, que le cardinal n'aurait renoncé à l'acquisition du duché qu'à la suite de la réunion d'un conseil domestique, après s'être convaincu de la modicité des revenus à tirer de ce territoire. Il aurait également reculé, à la même époque, devant le prix d'achat de Charleville, qu'il trouvait excessif

Mmes de Bussy de traiter à ce prix. Bartet vit ensuite le vicomte de Lamet, et le trouva décidé à maintenir les exigences qu'il avait déjà fait valoir. Malgré ce début assez déconcertant, il parvint, dans les conférences suivantes, assisté de Fabert, à s'accorder avec Noirmoutier sur quelques points assez essentiels concernant le vicomte de Lamet [1]. Il semblait alors que le gouverneur de Mont-Olympe commençât à craindre de lasser la patience du cardinal [2]. Mais ce commencement d'entente excita les soupçons de Mmes de Bussy. En défiance de tout le monde, et s'imaginant qu'elles allaient être sacrifiées au chevalier et au vicomte de Lamet, elles tentèrent, par toutes sortes de moyens, d'entraver l'action de Bartet, tandis qu'elles poussaient leurs amis de la cour à forcer la main à Mazarin pour en obtenir de nouvelles concessions. A bout d'arguments et d'exhortations, Bartet rompit avec elles. Fabert intervint encore une fois pour leur reprocher leurs tergiversations dans des termes touchant de près à la menace ; il ne leur dissimula pas le danger qu'elles couraient d'être abandonnées de tous, si le roi faisait seulement mine de marcher sur

---

1. Lettres (aut.) de Bartet à Mazarin des 18 et 28 mars (*Arch. nat.*, KK, 1074).

2. La conduite de Noirmoutier manquait de franchise. Il n'avait jamais eu complètement la confiance de Mazarin, et s'était aliéné celle de Retz. On lit dans les *Mémoires* de ce dernier : « M. de Noirmoutier, qui n'avait pas d'ailleurs trop d'amitié pour moi, se rendit aux instances de ses amis et à celles de sa femme qui n'est pas une des meilleures de son sexe, et il donna parole à la cour qu'il ne me donnerait que des apparences et qu'il ne ferait rien en effet. Il tint sa parole. » L'ingratitude de Noirmoutier toucha Retz très vivement.

Mézières pour les réduire à l'obéissance. Aux conséquences désastreuses de leur résistance prolongée, il opposa si habilement les avantages qu'avec son aide elles tireraient de leur soumission, qu'elles commencèrent à se montrer plus traitables. Tous ses efforts de conciliation se heurtèrent cependant à une dernière difficulté soulevée par le refus de Mmes de Bussy de terminer l'affaire avec Bartet. C'était d'ailleurs sans fondements sérieux qu'elles accusaient ce dernier de leur avoir nui auprès du cardinal [1].

Mais Fabert savait ce que lui commandait le caractère de délégué du roi dont Bartet était investi. Resté seul maître de la confiance de Mmes de Bussy, il ne s'en servit que pour ménager au négociateur de la cour l'honneur d'une transaction définitive qui eut lieu le 14 avril [2]. Ce jour même fut conclu, sous sa garantie et celle de Noirmoutier, entre Bartet et le chevalier de Lamet, un traité revêtu de l'approbation de Mmes de Bussy, par lequel l'ancien lieutenant de Mézières s'engageait à remettre la place entre les mains du roi, dès que l'assurance formelle lui serait donnée que le premier président du Parlement avait reçu en dépôt la somme de cent quarante mille livres, dont vingt mille devaient lui être comptées, le reste repré-

---

1. Lettres (aut.) de Fabert à Mazarin, des 29 et 30 mars et 4 avril (*Arch. nat.*, KK., 1074); lettre (aut.) de Bartet à Mazarin, de Charleville, du 5 avril (*Arch., aff. étr., France*, t. CLIV).

2. Lettres (aut.) de Mes de Bussy à M. de Bar, gouverneur d'Amiens, du 12, et de Fabert à Mazarin, du 14 avril (*Arch. nat.*, KK, 1074).

sentant la gratification accordée au jeune comte de Bussy [1]. La clause principale de ce traité s'exécuta le 1er mai [2]. A cette date, le sieur de Bouteville, capitaine au régiment de Fabert, fut établi dans la place pour y commander jusqu'à la nomination d'un gouverneur. Cent hommes du régiment de Montégu y remplacèrent, le 15 du même mois, l'ancienne garnison. Aussitôt Fabert arrêta, avec sa prudence accoutumée, les mesures d'ordre et de sûreté qu'exigeaient les circonstances [3]. En dehors des conventions précédentes, on avait alloué au vicomte de Lamet dix mille écus d'indemnité qui étaient censés avoir été réunis par ses amis, mais qui, en réalité, sortaient de la bourse de Noirmoutier. Par cette ingénieuse combinaison due à Fabert, et à laquelle le duc s'était prêté avec une générosité qui n'était peut-être pas exempte de calcul, on sauvegardait le nom et la dignité du roi [4].

1. 1° Traité (orig.) signé par Bartet, le chevalier de Lamet, Noirmoutier et Fabert, le 14 avril; 2° approbation (pièce orig.) donnée le même jour, au traité précédent, par la mère et la veuve du comte de Bussy (Arch. D. G., t. CXLVI).

2. Lettre (aut.) de Fabert à Mazarin, du 7 novembre (Arch. nat., KK, 1074).

D'après Pinard (Chronologie militaire), le comte d'Estrades, lieutenant général, fut nommé gouverneur de Mézières, par provisions du 4 janvier 1656. — D'après le t. XX, Ms., de la Collection de Champagne (Bibl. nat.), la nomination de d'Estrades ne serait que du 5 mars 1656.

3. Lettre (aut.) de Fabert à Mazarin, du 16 mai (Arch. nat., KK, 1074).

4. Lettre déjà citée, de Fabert à Mazarin, du 28 mars.

La solution finale donnée à l'affaire de Laigues n'est pas indiquée dans les documents dont nous avons disposé, mais il est évident que Mme de Chevreuse n'aurait jamais laissé Noirmoutier acquiescer aux

Ainsi prit fin l'affaire de Mézières. La médiation de Fabert, empreinte à la fois de fermeté et de modération, en avait assuré l'heureuse issue. Loin de se glorifier de ce succès, il s'oublia lui-même pour en reporter le mérite sur Noirmoutier et Bartet. Le jour même de la signature du traité, il avait écrit à Mazarin que, sans le crédit et l'autorité de l'un, la patience et l'adresse de l'autre, on ne serait jamais parvenu à surmonter tous les obstacles. Il ne manqua pas de faire donner la sanction royale aux promesses verbales par lesquelles il s'était lié envers Mmes de Bussy pour triompher de leurs dernières hésitations. Enfin, grâce à lui, le duc de Noirmoutier reçut un aimable accueil du roi et de la reine, et non seulement recouvra les dix mille écus qu'il avait déboursés pour désintéresser le vicomte de Lamet, mais se vit doté du revenu des droits seigneuriaux de la terre de Montmirail [1].

arrangements dont nous venons de parler, si elle n'avait pas obtenu du cardinal toutes les garanties désirables en ce qui concernait son ami. Cette solution dut, par conséquent, être en conformité avec les engagements pris par Mazarin.

1. Lettre (aut.) de Fabert à Mazarin, du 16 mai (*Arch. nat.*, KK, 1074).

Montmirail (ou Montmireil), dans la Brie champenoise, élection de Château-Thierry.

CHAPITRE III

(Mai 1655. — Novembre 1656.)

Services rendus par Fabert dans son gouvernement et au dehors; quartiers d'hiver, arsenal de Sedan, visite et approvisionnement des places fortes, tours sur la Meuse, courses, contributions, recrues. — Fabert à la Fère et à Laon. — Assiste Marolles à l'attaque du château de Mussy. — Apaise à Thionville une révolte de la garnison. — Convention de neutralité entre les Lorrains et les Sedanais. — Mazarin ne tient pas les promesses de remboursement faites à Fabert. — Fabert craint que ses services ne soient méconnus. — Se révolte contre les traitements dont il est l'objet de la part de Mazarin. — La marquise de Fabert plaide la cause de son mari. — Lettre de Fabert à Mazarin pour justifier sa conduite. — Les dissentiments s'apaisent. — Fabert achète Esternay. — Son fils Louis est pourvu de la survivance du gouvernement de Sedan. — Mazarin fait entrevoir à Fabert le bâton de maréchal de France. — Idées de Fabert sur le maréchalat. — L'armée lorraine se livre au roi; part de Fabert dans ce résultat. — Il combat l'influence espagnole dans le pays de Liège. — Motifs de la jalousie des Liégeois contre les Sedanais. — Fabert appelle l'attention de Mazarin sur la situation florissante de Sedan. — Son esprit de tolérance lui suscite des ennemis (1656). — Il est accusé de traiter avec le prince de Condé, pour leur livrer Sedan; fait condamner aux galères le dénonciateur. — Demande à Mazarin le bâton de maréchal de France. — Réponse évasive de Mazarin. — Fabert échoue dans ses négociations pour l'achat du duché de Bouillon. — Prospérité des Terres-Souveraines au milieu de la misère générale. — Gentilshommes formés par Fabert au métier des armes. — Origine des relations de Fabert et d'Arnauld d'Andilly. — D'Andilly demande à Fabert de recevoir son fils à Sedan. — Accueil fait par

Fabert à M. de Villeneuve. — Remerciements reconnaissants de d'Andilly. — Les jansénistes et Port-Royal. — Débuts de la correspondance de Fabert et d'Andilly. — Opinion de Fabert sur les *Provinciales*. — Fabert se prononce en faveur des jansénistes contre les jésuites. — Du jansénisme de Fabert. — M. de Villeneuve est pourvu d'une enseigne dans l'infanterie; sa mort.

Les laborieuses négociations que nous venons de rapporter ne faisaient pas négliger à Fabert ses obligations de gouverneur, ni les soins de toute sorte qu'il croyait devoir aux affaires du roi, même en dehors de son gouvernement. Dans les quartiers d'hiver organisés en Champagne, il avait résolu, en partie, le difficile problème qui consistait à mettre d'accord les habitants et les gens de guerre[1]. Grâce à ses efforts, l'arsenal de Sedan prenait de jour en jour plus d'importance pour la fabrication et la transformation des canons[2]. Il avait, en pays étranger, des agents qui achetaient pour lui de la poudre et des grains. Quand un munitionnaire cessait, par impuissance ou mauvaise foi, de fournir du pain à une garnison, on le trouvait toujours prêt à le suppléer. Les troupes sedanaises et celles qu'il commandait en Champagne étaient sans relâche en mouvement pour rejoindre les armées opérant sur la frontière. Dès

---

1. Lettres : 1° (cop.) de Mazarin à Fabert, du 15 décembre 1654 2° (min.) du même au même, du 5 janvier 1655 (*Arch. nat.*, KK, 1075); lettres (aut.) de Fabert, du 27 décembre 1654 et de Talon du 7 mars 1655, à Mazarin. (*Arch. nat.*, KK, 1074).

2. Lettres (aut.) de Fabert à Mazarin, des 14 avril et 23 mai. (*Arch. nat.*, KK, 1074); lettre (min.) de Fabert à Mazarin, du 12 mars, et *passim* (*Arch. nat.*, KK, 1075).
On fabriquait aussi à Sedan des fusils et des pistolets.

qu'une place forte, à proximité de Sedan, était menacée par l'ennemi, ce dont ses espions bien dressés l'informaient de bonne heure, il se hâtait d'en prévenir les personnes intéressées, et aussitôt la localité exposée à être attaquée recevait des approvisionnements et du canon. Il visitait fréquemment les places de la frontière, faisait réparer les brèches et donnait des ordres pour rétablir les ouvrages détruits ou en construire de nouveaux[1]. D'après ses instructions, on travaillait sans cesse à rebâtir, sur les rives de la Meuse, jusqu'au gouvernement de Verdun, les anciennes tours défensives destinées à fermer les principaux passages de cette rivière donnant accès dans le royaume[2]. Une ordonnance (30 mai) portant défense à tous sujets du roi, en Champagne, dans les terres de Metz et dans le Verdunois, de payer des contributions aux places du Luxembourg, était le fruit des précautions qu'il avait prises pour préserver ces pays contre les incursions de l'ennemi[3]. Rien de ce qui pouvait contribuer à empêcher ou à resserrer dans d'étroites limites les courses des gens de guerre n'était négligé par lui. Il s'appliquait, par tous les moyens en son

---

1. Lettres (aut.) de Fabert à Mazarin, 1654-55, et *passim* (*Arch. nat.*, KK, 1074).

2. Lettre (aut.) de Fabert à Mazarin, du 16 mai 1655 et *passim* (*Arch. nat.*, KK, 1074). — Mémoire de Fabert (exp. orig.) sur les contributions de guerre, envoyé en 1655, à Le Tellier ; on y trouve des annotations de la main du secrétaire d'État. (*Arch D. C.*, t. CXLVI.)

3. Ordonnance (cop.) du 30 mai (*Arch. D. G.*, t. CXLV.)

pouvoir, à régulariser la recette des contributions de guerre, abandonnée trop souvent au bon plaisir et à l'avidité des gouverneurs des places[1]. Les levées de recrues, dont la plupart des chefs militaires ne s'occupaient sérieusement qu'en ce qui touchait à leurs intérêts privés, étaient de sa part l'objet de soins constants dictés par le seul souci de l'intérêt général. Si des différends s'élevaient entre les gouverneurs voisins de Sedan, c'était lui qui les apaisait. Enfin son aide était acquise à ceux qui, dans les rangs des ennemis du roi, se montraient disposés à rentrer dans le devoir, mais le crédit dont il jouissait à la cour lui servait surtout à obliger ses amis, et, pour eux, il ne ménageait ni son temps ni sa peine[2].

Son infatigable zèle trouva à s'exercer de nouveau quand le roi le manda à la Fère, à l'issue des négociations de Mézières, et l'envoya à Laon (13 juin) pour y concerter avec Mazarin, Turenne et le maréchal de la Ferté, les opérations à reprendre contre les Espagnols. Dès que le siège eut été décidé en conseil de guerre, Fabert fit approvisionner de quatre mille outils, tirés des arsenaux de Sedan,

---

1. Lettre (cop.) de Mazarin à Fabert, du 24 novembre 1654 (*Arch. nat.*, KK, 1075); lettres (aut.) de Fabert à Mazarin, du 30 octobre, des 7 et 10 novembre et du 5 décembre 1655 et *passim* (*Arch. nat.*, KK, 1074); mémoire de Fabert, déjà cité, sur les contributions de guerre.
2. Correspondance de Fabert avec Mazarin, fin 1654 et premiers mois de 1655, et *passim* (*Arch. nat.*, KK, 1074 et 1075, et *Arch. D. G.*, t. CXLVI).

l'armée qui marchait pour l'investir[1]. Revenu à la Fère, où Louis XIV continuait à séjourner, il y fut, de la part du jeune souverain, l'objet des attentions les plus flatteuses, et eut l'insigne honneur d'être chargé, en présence de plusieurs maréchaux de France, de la défense de la place, au moment où les incursions audacieuses des soldats de Condé menaçaient la sécurité du roi. C'est à cette époque que Mazarin lui promit, pour son fils aîné, Louis de Fabert, la survivance du gouvernement de Sedan, et lui confia douze mille pistoles de sa fortune particulière à mettre en dépôt dans cette ville[2].

Quand le roi quitta la Fère (juillet), Fabert rentra à Sedan, mais ce fut pour en sortir peu de temps après, et aller assister de ses conseils le lieutenant général de Marolles, gouverneur de Thionville, chargé de l'attaque du château lorrain de Mussy, près de Longuyon. Le commandant de ce poste militaire, refusant obstinément de se conformer aux articles de la suspension d'armes accordée à la duchesse de Lorraine, s'était rendu coupable de courir sur le territoire voisin, et avait tué ou fait prisonniers plusieurs paysans du gouvernement de Sedan [3].

---

1. *P. Norbert*, année 1655.
2. Cette somme s'accrut ensuite par de nouveaux envois (*P. Barre*
Dans une lettre (aut.) du 2 janvier 1656 (*Arch. nat.*, KK, 1074), Fabert prévient Mazarin qu'il lui renverra sa vaisselle d'argent.
3. Lettre déjà citée de Fabert à Mazarin, des 16 et 23 mai; lettre (aut.) de Fabert à Mazarin, du 12 juillet (*Arch. nat.*, KK, 1074); lettre (cop.) du roi au maréchal de la Ferté, du 25 mai (*Arch. D. G.*, t. CXLV).

Après la mort du pacha de la Lorraine (c'est ainsi que l'on appelait Marolles), enlevé par un boulet devant le château rebelle, Fabert fut invité à se rendre à Thionville, et à y prendre les mesures nécessaires pour le maintien de l'ordre et le payement des soldats. Toutes choses étant assurées sous ce rapport, il crut pouvoir, sans inconvénient, partir pour Metz. Avant de s'éloigner, il exposa, dans un mémoire adressé à Mazarin, l'état de la place et la situation de fortune, très précaire, à laquelle la mort de Marolles réduisait sa veuve [1]. Moins de trois jours s'étaient écoulés, qu'un envoyé de Mme de Marolles et d'un officier nommé de la Roche, qui commandait provisoirement dans Thionville [2], vint lui annoncer (12 septembre), à Metz, un soulèvement des soldats du régiment d'infanterie de Marolles. Les mutins, en armes, avaient pris possession de toutes les portes, refusaient de s'entendre avec leurs officiers, et réclamaient, outre la montre ordinaire, celle qu'ils prétendaient avoir été donnée par le roi à toutes les garnisons à l'occasion de son sacre. La promesse que leur avait faite M. de la Roche de leur payer une montre en plus de celle qui rentrait dans la solde régulière, avait amené un certain apaisement, et ils s'étaient même prêtés à ce qu'on allât à Metz avertir

---

1. Ce mémoire (aut.), daté du 10 septembre, de Thionville, a fait partie, il y a quelques années, de la collection de M. Étienne Charavay, qui a eu l'obligeance de nous en communiquer le contenu sommaire. Nous ignorons entre quelles mains il se trouve actuellement.

2. Quelques jours après, M. de la Roche fut établi en la charge de lieutenant au gouvernement de Thionville. (*Arch. D. G.*, t. CXLV.)

Fabert de ce qui se passait. En toute hâte, celui-ci repartit pour Thionville. Lorsqu'il se présenta devant la place, les portes furent ouvertes devant lui et les vingt-cinq soldats dont se composait son escorte. Avant de lui laisser franchir le dernier pont-levis, les soldats déclarèrent qu'ils étaient prêts à se conformer à tout ce qu'on exigerait d'eux, s'il s'engageait à leur payer une montre de la valeur d'une pistole et à leur accorder leur pardon. Ce fut les armes à la main, groupés derrière des barricades de charrettes élevées sur les remparts, et avec plusieurs canons en batterie ayant vue sur la rue principale, qu'ils posèrent les conditions de leur soumission. Fabert ayant accédé à ce qu'ils lui demandaient, des cris de : Vive le roi! s'élevèrent des différents postes lorsqu'il s'en approcha. Aussitôt après, il rassembla un certain nombre de soldats pris dans chacun de ces postes, et leur remontra ce que leur conduite avait de répréhensible, en les chargeant de le répéter à tous les autres. Là-dessus eut lieu une distribution d'argent. Quelques récalcitrants ayant réclamé une paye anticipée, il les renvoya, non sans les avoir admonestés sévèrement. A partir de ce moment, tout rentra dans l'ordre[1]. Plus tard, il installa dans la place, par ordre du roi, à titre de commandant provisoire, le lieutenant général du Bosquet,

---

1. Les détails qui précèdent sont tirés d'une lettre autographe de Fabert à Mazarin, du 12 septembre, de Thionville, appartenant à la *Collection* de M. Benjamin Fillon. Ils contredisent, sur quelques points, le récit des mêmes événements, tel qu'on le trouvera dans l'*Histoire de Thionville* par Teissier.

ancien gouverneur de Furnes[1]. Enfin, le fils aîné de Marolles reçut du roi une gratification de cent mille livres[2]. C'est à la suite de démarches faites à la même époque, par ses soins, auprès du duc François de Lorraine, que les anciennes conventions de neutralité qui liaient les Lorrains et les Sedanais furent renouvelées (8 novembre)[3].

Ces éminents services, rendus par Fabert avec une abnégation absolue, tirent un prix incontestable de l'abandon où l'égoïsme de Mazarin laissait languir sa fortune privée, compromise depuis longtemps par de

---

1. La commission de du Bosque pour commander provisoirement à Thionville est du 18 septembre 1655. (Cop., *Arch. D. G.*, t. CLXV.) Par provisions du 22 mars 1656, le gouvernement de cette place fut donné définitivement au maréchal de Grancey. En septembre de la même année, Fabert sollicita un commandement pour du Bosquet, qu'il recommandait à Mazarin comme un des anciens et des plus fidèles serviteurs du roi. (Lettre aut. de Fabert à Mazarin, du 17 septembre, *Arch. nat.*, KK, 1074.)

2. La copie du brevet par lequel le roi accordait cette somme à la veuve de Marolles, se trouve aux *Archives des affaires étrangères*, (*France*, t. CLIV).

3. Contrairement aux lettres de confirmation de neutralité accordées en 1646 (voy. vol. Ier, p. 281), par le duc Charles IV de Lorraine, à la principauté de Sedan, plusieurs habitants de Francheval, village des terres souveraines, avaient été faits prisonniers par un parti lorrain et ne pouvaient être délivrés que moyennant rançon. Aux plaintes que provoqua, de la part du conseil souverain de Sedan, cette violation d'un traité en règle, le duc François répondit que les soldats du roi s'étaient rendus coupables, les premiers, d'une infraction semblable vis-à-vis des habitants de Marville ; mais que, cependant, désireux de donner aux Sedanais une marque de sa bienveillance, « particulièrement à la considération du marquis de Fabert », il consentait à signer de nouvelles lettres de neutralité. (Lettre (aut.) de Fabert au conseil souverain de Sedan, du 26 septembre ; lettre (orig. sig.) du duc François, du 8 novembre, au même conseil ; lettres de neutralité (orig. sur parchemin) datées de Bruxelles, 8 novembre, *Arch. de la mairie de Sedan*.)

nombreuses avances faites dans son gouvernement et au dehors en vue de subvenir à de pressants besoins de l'État. Des protestations d'estime et de confiance, des offres incessantes de bons offices, des témoignages presque familiers de sollicitude, mêlés, dans une correspondance active, à des questions d'affaires publiques, et qui s'étendaient souvent jusqu'à Mme de Fabert malade et à ses enfants [1], enfin des promesses réitérées de remboursement, telle était à peu près l'unique monnaie dont usait le cardinal pour le rémunérer de ses sacrifices d'argent ; et il s'excusait de ne pouvoir mieux faire sur ce que les surintendants des finances, sourds à ses propres injonctions, refusaient de lui rendre jusqu'à l'argent emprunté par lui pour seconder les opérations militaires devant Stenay et Arras [2]. C'était, il est vrai, le temps de désordre financier, où les édits bursaux succédaient aux édits bursaux ; mais c'était également, on vient de le voir, celui où le premier ministre se ménageait, à distance, des ressources privées mises en sûreté

---

[1]. Mazarin, dans plusieurs de ses lettres de la fin de 1654 et des premiers mois de 1655, insiste vivement auprès de Fabert pour le décider à acheter la terre de Montmirail, où Mme de Fabert ira, dit-il, remettre sa santé ébranlée.

[2]. Lettre (min.) de Mazarin à Fabert, du 23 novembre, et lettre du même au même, du 15 décembre 1654. (*Arch. nat.*, KK, 1075.)

Un brevet de don (minute du 28 février 1655, tirée des *Archives du Dépôt de la Guerre*, t. CXLVII), en faveur de Fabert, des biens meubles et immeubles du sieur du Mont, gouverneur de Linchamps pour le prince de Condé, confisqués au profit du roi, prouve que ses intérêts particuliers n'étaient pas complètement négligés. La terre de Sourche, voisine de Doué, en Anjou, et celle de la Crilloière, près de Saumur, figuraient parmi les immeubles saisis.

sous la propre garde de Fabert. Comment, après cela, l'impuissance dont il se prévalait pour manquer à ses engagements pouvait-elle ne pas être feinte, et comment n'aurait-elle pas arraché à l'amour-propre froissé de Fabert des plaintes amères [1]?

A la crainte douloureuse de voir ses enfants appauvris ou même ruinés, qui poursuivait sans cesse ce chef de famille prévoyant, s'en joignait une autre, la plus poignante, d'après son propre aveu, de toutes celles qui l'agitaient : « c'était que le monde eût sujet de croire que le cardinal méprisât la passion qu'il avait pour son service [2] ». Ainsi, rien n'est plus cruellement sensible à Fabert que d'être menacé de devenir un objet de pitié ou de risée pour ceux qui sont témoins de l'indifférence, voisine du dédain, dont Mazarin paye son dévouement. Quelque outrée que puisse paraître cette appréhension, elle ne procède en rien, est-il besoin de le dire, de la servilité; la déférence, pleine de sincère admiration, que Fabert témoigne à chaque instant pour les mérites du cardinal, suffit à la justifier, sinon à l'expliquer. Il se console, d'ailleurs, de voir ses services méconnus par celui-là même dont sa fidélité seconde les efforts avec tant de désintéressement, en songeant à ce qu'il a fait dans son gouvernement de Sedan pour le salut et le bonheur de la France, et il sait trouver souvent pour le rap-

---

1. Lettres (aut.) de Fabert à Mazarin, des 6 et 14 décembre 1654 et du 28 février 1655. (*Arch. nat.*, KK, 1074.)

2. Lettre (aut.) de Fabert à Mazarin, du 14 avril. (*Arch. nat.*, KK, 1074.)

peler au cardinal des accents de la plus noble fierté.

C'est presque un cri de révolte qu'il fait entendre, quand, las de voir éluder ses légitimes revendications, il veut se soustraire définitivement à de nouveaux mécomptes : « ..... Puis-je sans douleur voir les autres[1] contents, lorsque après une sollicitation de deux mois et demi l'on dit à celui qui est chargé de mes affaires qu'on lui fera payer deux mille écus employés pour la considération de Votre Éminence, s'il peut indiquer un fonds sur lequel les prendre? Cette différence de traitement des autres et de moi me cause tant de honte, que je perdrais absolument l'honneur si l'on me voyait, après cela, servir comme un esclave. C'est pourquoi je supplie très humblement Votre Éminence qu'il lui plaise trouver bon que je m'applique, à l'avenir, seulement à ce qui est du devoir de ma charge de gouverneur de Sedan. Je continuerai à y servir sans gages, sans pension, et à payer de mon argent le supplément de la paye des soldats et le total de celle des officiers. Les travaux de la place s'achèveront moitié aux dépens de ce peuple, l'autre moitié aux miens, et, si je puis encore, j'accroîtrai la ville. C'est tout ce que je puis sans ruiner mes enfants, et dont je me tiendrai obligé à Votre Éminence s'il lui plaît de moi ne vouloir que cela. D'autres services me surchargent par trop, et persuadent au monde que Votre Éminence a tant de bontés pour moi que tout ce que je fais est aux dé-

---

1. Il s'agit ici du duc de Noirmoutier et du marquis de Feuquières, gouverneur de Verdun.

pens du roi. Lorsque je serai hors des apparences éclatantes où je suis, la France me saura gré de ce que je fais à Sedan plus que je ne dois pour elle, et si à la honte que je reçois de ne pouvoir être payé dans le temps où l'on baille bénéfices, argent gratis et toutes choses aux autres, l'on ajoute encore celle de me déclarer indigne des dignités en les baillant à mon exclusion à ceux qui les demandent, j'en serai moins touché, le monde ayant connu qu'en l'état où je suis, je sais ne devoir rien prétendre. Quoi qu'il puisse m'arriver, j'aurai toujours, Monseigneur, pour le service de Votre Éminence, la fidélité que je dois. Je sais que l'on ne peut lui en rendre à présent ; mais si, à l'avenir, l'occasion s'en offre, elle verra nettement que ceux qui ont tout reçu d'elle ne sont pas plus que moi, Monseigneur, votre très humble, très obéissant, très fidèle et très obligé serviteur [1]. »

La réponse de Mazarin à cette lettre ne nous est malheureusement pas connue ; mais, aux regrets pleins de confusion qu'elle arracha à l'âme sensible et droite de Fabert, on peut conjecturer qu'elle fut dure et hautaine. Mme de Fabert elle-même ne craignit pas de plaider auprès du cardinal la cause de son mari, et elle le fit avec autant de force que de noblesse [2]. Cependant, tout en confessant, dans la

---

1. Lettre (aut.) du 18 juillet. (*Arch. nat.*, KK, 1074.)
2. Voici cette lettre, qui mérite d'être rapportée :

« Monseigneur,

» Dans l'extrême déplaisir que je souffrais de voir M. de Fabert réduit au point de vous déplaire, je ne croyais pas que Dieu voulût m'infliger encore d'augmenter ma douleur par la cruelle nouvelle que

sincère humilité de son cœur, qu'il a eu le tort de laisser trop libre cours à la violence de ses impressions « en des termes qu'on ne pratique pas, parlant

M. de Termes m'a apportée. Est-il possible, Monseigneur, que je puisse avoir fait quelque chose en ma vie qui puisse avoir donné sujet à Votre Éminence de me croire assez malheureuse pour pousser mon mari à des choses qui pourraient vous déplaire ? Quel avantage pour moi ou ma famille de la voir mal auprès de Votre Éminence, lui qui ne peut avoir d'amis que de nos serviteurs, et qui a pour ses ennemis tous ceux qui ont osé se déclarer les nôtres ?

Quel appui, Monseigneur, contre cela, vous lui étant contraire? Que deviendra sa misérable famille, si elle le perd dans un si malheureux état? Nos affaires, Dieu merci, depuis peu se raccommodent, en sorte que ce que je croyais absolument perdu se ramasse petit à petit. Je vois quelque espérance à avoir de quoi donner à mes filles quelque chose pour les marier. Je sais que l'opinion qu'on a que V. Em. a bonté pour nous leur peut être utile plus que l'argent que nous pourrons leur donner. Pourquoi donc pousser M. de Fabert à perdre tous ces avantages, et le jeter dans le malheur sans ressources où tombent ceux qui sont mal avec les personnes qui tiennent la place que V. Em. tient? Je ne puis nier que je ne sois de l'humeur de toutes les autres femmes; mais ni mon ambition, ni mon avarice, ne m'ont, jusqu'à présent, fait perdre la connaissance du respect qui vous est dû. J'ai vu avec une extrême peine la lettre que M. de Fabert écrivit à V. Em., il y a quelque temps, mais je n'en avais pas une moindre de le voir dans l'horrible déplaisir où il était par l'opinion qu'il avait que V. Em. l'avait engagé dans une sollicitation envers M^{rs} des finances, sans volonté de le faire réussir. Je le voyais prendre cela comme une chose qui lui ôtait l'honneur, et me répondre à tout ce que je lui disais pour le consoler, sinon qu'il savait que cela venait de V. Em., parce que feu M. d'Émery * avait dit, lors du grand démêlé qu'il eut avec lui pour l'argent avancé pour le régiment d'infanterie, qu'il n'avait pas tant de tort de se fâcher, puisque V. Em. l'ayant engagé dans une grande dépense, l'abandonnait. Il est mon mari, Monseigneur, et je lui dois respect par cette qualité et par beaucoup d'autres raisons. Jugez donc, s'il vous plaît, ce que je pourrais faire en un si fâcheux rencontre où je le voyais résolu de tout abandonner, quitter gouvernement et toutes choses quelconques.... »

Cette lettre autographe, sans date ni nom de lieu, est placée entre une lettre du 26 septembre et une autre du 19 octobre 1655, dans le registre KK, 1074, des *Archives nationales.*

* Michel Particelli, sieur d'Émery, surintendant des finances, mort en mai 1650.

à ceux que Dieu élève sur une nation », Fabert n'entend pas qu'on lui prête d'arrière-pensée d'intérêt personnel; il tient à prouver que ses actes ne sont inspirés que par l'honneur et par la passion de servir l'État dans la personne du premier ministre. Qui le croirait? Il est réduit à se défendre contre le cardinal lui-même, du reproche d'être descendu au rang de ses ennemis! Le respect humain a d'ailleurs quelque part, on va en juger, dans l'éloquente justification qu'il présente à Mazarin de sa conduite :

« ..... Ce qui m'a fait commettre cette faute a été, Monseigneur, que j'ai en vous distingué deux personnes : la publique, à laquelle chacun doit obéir, qui ordonne les choses qu'on doit exécuter pour le bien de l'État, qui dispense les charges, les bénéfices, les biens, les dignités, et qui, dans le royaume, élève ceux qu'elle en juge dignes par grandeur de naissance, crédit dans les provinces ou services rendus. Cette personne-là est élevée de Dieu par-dessus tout le peuple, et, pour en mériter, il faut servir le roi sans aucun autre soin.

» La seconde personne que j'ai considérée en Votre Éminence a été, Monseigneur, la particulière, celle qui reconnaît la France au-dessus d'elle et qui sert le royaume si avantageusement qu'il lui doit sa conservation et son repos; celle dont les lumières rendent les armées utiles et font que celles des ennemis, sous le plus grand capitaine de ce siècle [1], ne trouvent

---

1. Le prince de Condé.

ni moyen d'entreprendre ni de rien garantir. En celle-ci, Monseigneur, j'ai plus révéré la vertu que le pouvoir en l'autre, et, passant au delà de la reconnaissance que l'on a pour les avantages que le roi a reçus de ses soins, je prends Dieu à témoin qu'on ne saurait avoir un plus ardent désir de la servir que celui que ces choses ont fait naître en mon cœur, et qu'elle n'a en France un plus fidèle serviteur que moi.

» Si je crois, Monseigneur, ce zèle méprisé, ou qu'il paraisse tel, est-il en mon pouvoir d'en être sans douleur; et si Votre Éminence, pour me faire un crime, applique à la personne publique ce que j'ai cru écrire à la particulière, fera-t-elle justice?

» Lorsqu'il n'est question que de bien, je sais me contenir, et j'aime mieux le perdre que de le recouvrer, fâchant Votre Éminence en le redemandant. Mais, aux choses d'honneur, il n'en est pas de même. Je veux fuir la honte que je crois y avoir à être refusé de ce que l'on demande, et que d'autres obtiennent avec moins de raison. Ceux qui sont préférés en ce cas le sont par la considération de leur personne, à la confusion de ceux que l'on rebute. En pareils rencontres, je perds le jugement, et, pour les éviter, cent fois Votre Éminence a été suppliée de ma part de ne me mettre pas dans des poursuites où mes longues sollicitations ne me peuvent produire qu'un déplaisir que je ne puis porter, m'étant également honteux qu'on croie que je sois jugé d'être indigne de recevoir l'effet de ses promesses, ou que je veux plus d'elle qu'on ne veut me donner.

» Je veux bien, Monseigneur, n'avoir rien, pourvu qu'il paraisse que je n'espère rien, et que chacun connaisse que de vaines espérances de choses à venir ne me font pas agir ; c'est la seule condition que je demande pour être toute ma vie très humble serviteur de Votre Éminence. Je n'y ajoute seulement pas qu'elle perde l'opinion qu'elle a, il y a fort longtemps, que mon esprit, assez faible et léger, se laisse aller à ses ennemis. Ils m'ont, dans tous les temps, plus estimé que cela, aucun n'ayant été assez hardi de me rien proposer contre votre service. Mais je ne veux contraindre Votre Éminence à rien. Je ne puis lui céler, néanmoins, que si j'étais tel qu'elle me croit, je ne me plaindrais pas du peu de cas que l'on fait de moi et de la passion sincère avec laquelle je suis, nonobstant le bon avis que l'on vous a donné, votre très humble, très obéissant, très fidèle et très obligé serviteur[1]. »

Ingrat Mazarin ! Trop heureux ministre !

A quelque temps de là, ayant appris qu'on lui réservait le commandement des troupes destinées à hiverner dans la généralité de Châlons, Fabert écrivit à Mazarin pour en être déchargé. Il croyait devoir décliner, dans l'état de fortune auquel il était réduit, un honneur que l'expérience des années passées lui avait révélé comme très onéreux. L'attitude résolue qu'il prit à cette occasion ne fut pas du goût du cardinal. Cependant, tout sujet de dissentiment

---

1. Lettre (aut.) du 2 août. (*Arch. nat.*, KK, 1074.)

entre eux ne tarda pas à disparaître, à la suite des explications qu'il vint lui donner en personne à Fontainebleau. Il rentra alors dans une partie de ses avances, ce qui lui permit d'acquérir, avant la fin de 1655, la terre d'Esternay [1]. En outre, il reçut pour son fils aîné les provisions de la survivance (datées du 19 octobre) du gouvernement de Sedan [2]. Mazarin ne s'en tint pas là : il s'engagea à poursuivre, dans le courant de l'hiver, le remboursement de ce qui lui était dû, et lui fit délivrer l'autorisation nécessaire

1. D'après l'abbé Boitel (*Recherches historiques, archéologiques et statistiques sur Esternay et son château*, 1850), Fabert acheta, le 16 octobre 1655, à Pierre Larcher *, la seigneurie d'Esternay (élection de Sézanne en Brie), érigée en marquisat en 1653. Il y joignit, en 1658, la terre de Viviers, acquise de Guillaume Clément, greffier de l'hôtel de ville de Paris, et, à une époque que nous ne pouvons déterminer, celle de Beauvais achetée au baron de Sompuis. A la mort de son fils, Louis de Fabert, la terre d'Esternay, ainsi que celle de Châtillon-sur-Morin, échurent à sa fille aînée, Anne-Dieudonnée, marquise de Vervins, et plus tard marquise de Trélon-Mérode. En 1683, Anne-Dieudonnée céda ces terres à sa sœur, Claude de Fabert, marquise de Caylus. Quatre-vingts ans après, la terre d'Esternay était encore entre les mains de la famille de Caylus. Elle fut vendue, en 1765, au marquis de Lambert, auquel M. de Saint-Martial, baron d'Aurillac, l'acheta en 1774. Le château d'Esternay, qui faisait partie de la terre de ce nom, avait été construit en 1525 par les frères Raguier ; il appartient aujourd'hui au marquis de la Roche-Lambert. Il n'en reste plus que l'avant-corps, où se trouvaient le donjon et le pont-levis. Dans la campagne de 1814, il servit d'asile à Napoléon pendant une nuit et fut ensuite pillé par les Prussiens.

2. Ces provisions figurent dans le *Registre du greffe* du conseil souverain de Sedan ; elles y sont suivies de la prestation de serment qui eut lieu, le 24 mars 1659, entre les mains du chancelier Séguier.

* On trouve aux *Archives nationales*, KK, 1070, un ordre du roi, du 9 mai 1652, « pour la défense, contre l'ennemi, du château d'Esternay-en-Brie, appartenant au sieur Larcher, conseiller d'Etat et président en la chambre des comptes ».

pour lever une compagnie de gardes entretenus en Champagne pour son service [1]. Il alla encore plus loin : il lui laissa entrevoir, comme une suprême récompense, le bâton de maréchal de France. A cette séduisante promesse, Fabert répondit par des remerciements reconnaissants, dont les termes simples et dignes excluent de sa part toute affectation de réserve comme toute feinte de désintéressement. « .... J'espère, écrivit-il au cardinal, que Votre Éminence aura agréable la liberté que je veux prendre de lui dire que je serais marri qu'elle se mît en peine pour la dignité de maréchal de France, qu'avec grand honneur pour moi elle a eu la bonté de me faire espérer. Les autres dignités sont rendues si communes qu'il faut conserver celle-là, et, contre mon intérêt, je croirais à propos, tant pour celui de l'État que pour le repos d'esprit de Votre Éminence, qu'on sût qu'aucun n'y parviendra qu'une place ne vaque par la mort d'un de MM. les maréchaux de France. Ceux qui pressent aujourd'hui pour entrer en foule ne peuvent être sans blâme en voulant abaisser ceux dont le seul honneur est d'y pouvoir monter, en préférant à soi l'intérêt du public et service du roi. Celui de Votre Éminence et sa gloire seraient seuls capables de me donner ce sentiment, si je ne le devais au bien de ma patrie.... [2] ».

---

1. Fabert était assimilé par là aux gouverneurs de province ; mais nous ne trouvons nulle part la preuve qu'il ait effectivement levé cette compagnie.

2. Lettre (aut.) du 30 novembre. (*Arch. nat.*, KK, 1074.)

L'idée émise par Fabert de ne nommer de nouveaux maréchaux de France qu'en cas de vides produits par la mort, mérite d'être remarquée. Songer à remédier à la dépréciation du maréchalat, résultant du nombre toujours croissant des dignitaires, en ne faisant de promotions qu'au fur et à mesure des extinctions, est véritablement une pensée du patriotisme le plus élevé. Par là encore Fabert devance extraordinairement son temps [1].

Le 16 novembre suivant, le roi expédiait de Compiègne à Fabert les pouvoirs nécessaires pour commander les troupes destinées à hiverner dans la généralité de Châlons et sur la frontière [2]. Nous aurons

---

1. Le nombre des maréchaux de France, depuis la création du maréchalat, a souvent varié. Il n'y en eut d'abord qu'un au douzième siècle. Au treizième siècle, on en comptait deux. Ensuite, leur nombre s'accrut et diminua alternativement, mais sans jamais dépasser sept. L'ordonnance de Blois (1579) le fixa à quatre, mais elle ne fut pas observée, et à partir de Henri III jusqu'à la Révolution, leur nombre ne fut pas limité. Ils étaient dix-neuf en 1615 et autant en 1655, à l'époque où Fabert fit à Mazarin la proposition que nous venons de mentionner. En 1693, il n'y en avait plus que six, mais en 1703 on en comptait vingt-quatre. Le décret du 4 mars 1791, rendu par l'Assemblée nationale, les réduisit à six.

En l'an XII, Bonaparte créa dix-huit maréchaux d'empire ; il y en avait vingt en 1815. Les ordonnances royales du 2 août 1818 et du 24 mai 1829 limitèrent à douze le nombre des maréchaux, mais dès 1832 il n'en était pas tenu compte. Enfin, la loi du 4 août 1839, qui régit encore le maréchalat, fixa à douze au maximum en temps de paix et à six au plus en temps de guerre le nombre de ces hauts dignitaires ; elle posa en principe que lorsque le cadre de paix serait excédé, *la réduction s'opérerait par voie d'extinction*, avec la réserve qu'il pourrait être fait une promotion sur trois vacances.

2. Pouvoir (min.) du 16 novembre, pour commander les troupes (*Arch. D. G.*, t. CXLVI), et lettre (cop.) du roi à Fabert, du 19 novembre. (*Arch. D. G.* t. CXLV.)

à revenir bientôt sur la nouvelle assiette des quartiers d'hiver, telle qu'elle résulte des dispositions adoptées par Fabert, et nous verrons alors comment elle devint, en se régularisant, le prélude d'importantes réformes dans l'ordre économique et financier.

Les troupes royales ne furent pas les seules que Fabert eut à installer et à faire vivre pendant l'hiver de 1655 à 1656. Il avait déjà assigné, au commencement de novembre, des quartiers derrière l'Aisne à plusieurs régiments de cavalerie lorraine qui avaient abandonné les rangs des Espagnols[1]. En outre, vers la fin de décembre, le gros de l'armée lorraine, rentré sur le territoire du royaume le 22 novembre, reçut des quartiers d'hiver dans les villes de Troyes, Châlons et Reims[2]. C'était en grande partie aux négociations qu'il avait nouées de longue main avec les principaux chefs militaires lorrains et, en dernier lieu, avec le duc François, que l'armée du duc Charles, détachée des intérêts de l'Espagne, s'était déclarée pour le roi. Le Tellier et le comte de Brienne,

---

1. Lettre (aut.) de Fabert à Mazarin, du 11 novembre. (*Arch. nat.*, KK, 1074.)

Dès la fin de l'année 1654 et au commencement de 1655, plusieurs colonels lorrains étaient passés, à l'instigation de Fabert, au service de la France. [Lettres (cop.) de Mazarin à Fabert, des 24 novembre et 23 décembre 1654; lettre (min) de Mazarin à Fabert, du 5 janvier 1655, et lettres (cop.) de Mazarin à Fabert, des 3 et 27 février, (*Arch. nat.*, KK, 1075.)]

2. Lettre (cop.) de Mazarin à la reine, du 22 novembre (*Arch. aff. étr., Recueil spécial*, t. XXXIII); lettre (aut.) de Fabert à Mazarin, du 5 décembre (*Arch. nat.*, KK, 1074); ordre (cop.), du 23 décembre, à Fabert et à l'intendant Voisin, pour l'établissement des Lorrains en quartiers d'hiver. (*Arch. D. G.*, t. CXLV.)

appelés à traiter avec les commissaires lorrains, avaient prudemment stipulé que cette armée resterait au service de la France jusqu'au 31 octobre 1656, même dans le cas où les Espagnols élargiraient leur prisonnier avant ce terme [1].

Tandis que les Lorrains se livraient au roi, pour ainsi dire sans conditions, Fabert, s'inspirant des instructions de Mazarin, s'efforçait de battre en brèche l'influence espagnole dans le pays de Liège. Le moment semblait propice à ce jeu de politique : Cromwell avait rompu avec Philippe IV et trente navires anglais bloquaient Dunkerque. Fabert mit en œuvre toutes les ressources de sa diplomatie pour exciter le mécontentement des Liégeois contre les Espagnols. Les arguments ne suffisant pas, il y joignit, au nom du roi, des promesses d'assistance armée. Mais l'électeur de Cologne n'osa pas se séparer de ses alliés de Tirlemont. Les sentiments de jalousie que les Liégeois avaient conçus contre les Sedanais, à cause des privilèges dont jouissaient, pour leurs transactions commerciales, les habitants des terres souveraines, n'étaient peut-être pas étrangers à sa détermination. Ces sentiments venaient précisément de se faire jour à l'occasion des ménagements dont le gouverneur de Sedan avait usé envers un parti armé rentrant à Linchamps avec un riche butin, en passant par la souveraineté, après une course en

---

1. Traité (cop.) du 19 décembre, conclu avec la duchesse de Lorraine, au nom du duc son mari et de son beau-frère le duc Nicolas-François. (*Arch. D. G.*, t. CXLV.)

territoire lorrain. Telle était, en effet, la circonstance que les Liégeois, incommodés eux-mêmes par les fréquentes incursions de la garnison de cette place, avaient relevée pour accuser Fabert d'intelligence avec le prince de Condé [1]. Non seulement il ne fut pas difficile à Fabert de se disculper, mais l'imputation mensongère dirigée contre son honneur et sa fidélité lui parut une occasion favorable d'appeler l'attention de Mazarin sur l'œuvre de la prospérité sedanaise, fruit de ses constants efforts, et il ne manqua pas d'en profiter. « ...... Je ne puis sans envie, lui écrivit-il, avoir depuis treize ans conservé ce pays, sans qu'il ait jamais donné un sol à aucun des ennemis du roi, armées, places ou partis ; et nous avons été longtemps environnés de tous les châteaux d'ici à la rivière d'Aisne ès mains des Espagnols, des Lorrains et des révoltés de France. Ce peuple a fait dépense à fortifier la place et n'est point appauvri. Il faut avoir quelque peine à faire ces choses-là, et songer aux devoirs de sa charge plus qu'à soi [2]..... »

Cette situation unique des Sedanais, conquise au prix d'une lutte de chaque jour contre des obstacles sans nombre, et dont Fabert s'enorgueillissait à si juste titre d'être l'artisan, devait lui susciter bien d'autres ennemis plus redoutables que les Liégeois.

---

1. Lettre (cop.) de Mazarin à Fabert, du 24 novembre 1654, et lettre (min.) du même au même, du 29 mars 1655. (*Arch. nat.*, KK, 1075); lettres (aut.) de Fabert à Mazarin, des 14 avril, 21 novembre et 5 décembre 1655 ; lettre (cop.) de Fabert à un de ses amis de Liège, du 3 décembre. (*Arch. nat.*, KK, 1074.)

2. Lettre (aut.) du 5 décembre. (*Arch. nat.*, KK, 1074.)

C'est au moment où l'édifice d'ordre et de paix élevé par sa sagesse achevait de se consolider, grâce à de nouveaux gages d'entente avec les habitants, que la calomnie s'apprêtait à descendre dans l'arène avec ses armes patiemment et traîtreusement forgées dans l'ombre. On la vit bientôt entrer en lice sous le masque d'ardents zélateurs de la foi catholique, habiles à trouver dans l'esprit de conciliation et les actes de tolérance du gouverneur la marque d'une tiédeur dangereuse ou même d'une complaisance coupable, confinant à la complicité tacite avec l'hérésie.

La défense faite par Fabert aux ministres de la religion réformée et aux missionnaires, de se livrer à des controverses théologiques, était le seul fondement de cette odieuse insinuation, qui se glissa subtilement jusqu'à la cour, où elle rencontra créance auprès d'Anne d'Autriche. Le gouverneur de Sedan ne tarda pas à recevoir des remontrances. Il y répondit en envoyant à la reine les dénombrements comparés de la population sedanaise à la fin de 1642 et en janvier 1656. Il résultait de ce document que, depuis treize ans, 405 calvinistes s'étaient retirés de la principauté, et que 1621 Sedanais de la même communion s'étaient convertis à la foi catholique[1]. « Cela fera voir à la reine, écrivit Fabert, que j'ai plus soin de la religion que je n'en fais paraître dans le fond,

---

1. « Extrait du dénombrement du peuple de la ville et faubourg de Sedan, fait en janvier 1656. » (*Arch. nat.*, KK, 1074.) Cette pièce se trouve classée avec celles qui portent la date de 1658.

et qu'il y a de meilleurs moyens que l'aigreur et la dispute pour ramener les hérétiques à l'Église d'où ils sont sortis[1]... » Ainsi le dernier mot resta à celui qui avait soutenu la cause de la modération et du bon sens contre les excès de l'esprit d'intolérance.

Mais la calomnie n'avait pas fini de s'acharner sur Fabert. Elle avait à son service d'autres traits empoisonnés dont elle essaya de le frapper. De la Bastille où il était enfermé pour des crimes que l'on ne connaissait pas, un religieux étranger, appartenant à l'ordre des Cordeliers-Récollets, le dénonça comme ayant traité avec le prince de Condé dans le but de lui livrer le roi, Mazarin et la place de Sedan. Quand Fabert apprit la charge terrible que l'on faisait peser sur lui, il s'inquiéta de savoir auprès de Mazarin comment il pourrait témoigner au roi qu'il n'avait jamais cessé d'être son fidèle serviteur. Dès lors, il était prêt à rejoindre à Paris la marquise de Fabert, en butte à la même accusation que lui, et à faire, « avec toute l'humilité possible, les choses auxquelles les formes de la justice obligeraient le moindre Français[2] ». Le cardinal qualifia le moine d'imposteur. Il dit à M. de Termes que « le roi signerait, sans les lire, les traités que M. de Fabert ferait ou qu'il pourrait faire avec les ennemis ». Cependant, tout en donnant à Fabert, dans cette

---

1. *P. Barre.*
2. Lettre (aut.) de Fabert à Mazarin, du 16 mars 1656. (*Arch. nat.*, KK, 1074.)

circonstance, de nouvelles preuves de sa confiance, le cardinal l'engagea à ne pas laisser se poursuivre l'instruction du procès. Il ne fallait pas, d'après lui, prendre au sérieux ce misérable; c'était la folie seule qui l'avait poussé à la délation; d'ailleurs, alléguait-il, le roi de Portugal demandait qu'on le lui livrât pour le punir des crimes qu'il avait commis en Portugal. Tel n'était pas l'avis de Fabert. Il appréhendait que la déposition du moine ne servît plus tard quelque dessein de vengeance contre lui, et surtout ne fût, après sa mort, invoquée contre ses enfants pour leur nuire[1]. Contrairement à la manière de voir de Mazarin, il persista donc à solliciter de la justice un arrêt de nature à conjurer le péril qu'il redoutait. Dans ce but, il fit le voyage de Paris vers la fin d'avril, et parvint à obtenir un jugement en forme qui condamnait le cordelier aux galères. Les dispositions à prendre pour faire sortir de leurs quartiers d'hiver les troupes placées sous ses ordres et les acheminer vers leurs rendez-vous d'armée sur la frontière de Picardie, exigeant sa présence en Champagne, il quitta Paris le 8 mai pour se rendre dans cette province.

Il était quelque peu téméraire d'être en désaccord avec Mazarin, et surtout d'avoir raison contre lui, dans un moment où son autorité, toujours grandissante depuis sa rentrée en France, devenait pour

---

1. Lettre (aut.) de Fabert à Mazarin, du 5 avril. (*Arch. nat.*, KK, 1074.)

ainsi dire souveraine. Néanmoins, sans prendre la peine de sonder les dispositions du cardinal, Fabert lui écrivit, le 9 juillet, la lettre suivante :

« Monseigneur,

« Il y a trente-sept ans que j'étais capitaine d'infanterie ; il y a quarante-trois ans que je sers. J'ai vu soixante et un sièges, beaucoup de combats et deux batailles, esquelles occasions je me suis élevé de charge en charge jusques à la première des armées et au gouvernement d'une place importante que j'ai assurée par des travaux considérables.

« Si, Monseigneur, Votre Éminence croit que cela, relevé d'une fidélité sans tache, soit assez pour lui faire approuver qu'elle élève un de ses serviteurs, je lui demande le bâton de maréchal de France qu'elle a eu la bonté de me faire espérer de son pur mouvement [1], et qu'elle peut me donner maintenant, sans crainte d'aucune conséquence, par la mort de feu M. le maréchal de Schomberg [2]. Mais si, Monseigneur, Votre Éminence ne m'en croit plus digne à présent, ou que sa volonté soit changée pour cela, je la supplie très humblement de croire que son refus ne diminuera en rien la passion que j'ai pour son service, ainsi que je l'écris à M. Le Tellier, rien n'étant ca-

---

1. Voir ci-dessus, p 92.
2. Le maréchal de Schomberg, duc d'Halluin, gouverneur de Metz, était mort le 6 juin 1656.

pable d'empêcher que je ne sois jusques au dernier soupir,

« Monseigneur,

« Votre très humble, très obéissant, très fidèle et très obligé serviteur,

« Fabert [1]. »

En demandant que l'on commençât par lui l'application de la règle dont il avait proposé l'adoption à Mazarin pour la nomination des maréchaux de France, Fabert invoquait d'abord ses services de guerre, rappelés en quelques mots d'une noble simplicité, et ensuite l'engagement que Mazarin avait pris spontanément vis-à-vis de lui de l'élever au maréchalat. A cette fière requête, qui défie tout reproche de faiblesse, l'Italien aux paroles dorées, passé maître depuis longtemps en l'art d'esquiver ses promesses par des faux-fuyants, répondit en ces termes :

« Je vous ai toujours considéré comme une personne de beaucoup de mérite, et qui a toujours très bien servi le roi avec tout le zèle et la fidélité qui lui est dû. Ce serait un grand malheur pour moi si, ayant tâché de faire paraître sans discontinuation une estime et une amitié particulière pour vous, vous

---

1. Lettre (aut.) du 9 juillet. (*Arch. nat.*, KK, 1074.)
D'après le colonel Augoyat (*Aperçu historique sur les fortifications les ingénieurs et le corps du génie de France*), la correspondance de Catinat fait foi, contrairement à l'opinion commune, que Vauban a ambitionné, comme Fabert, la haute dignité de maréchal de France. La lettre adressée au roi par Vauban, le 2 janvier 1702, ne laisse aucun doute à cet égard ; elle est rapportée par cet écrivain.

n'en êtes pas entièrement persuadé ; rien n'est capable de la diminuer. Je me suis déclaré que je ne m'emploierai jamais auprès du roi pour élever aucun officier à votre préjudice ; je vous confirme la même chose ; mais vous trouverez bon que je vous dise que, comme j'ai cru que vous ne prétendiez pas être élevé seul, je m'étais encore imaginé que vous entendiez que le roi devra attendre la vacance de quelques places de maréchaux de France pour les remplir, et il me semble que vous m'en aviez écrit dans ce sens. J'ai une entière confiance en vous, et on ne saurait rien ajouter à la parfaite estime et à la tendre amitié que j'ai pour vous et votre famille ; c'est pourquoi, étant assuré de ces vérités, vous devez aussi l'être que je profiterai avec plaisir des occasions qui me donneront lieu de vous procurer l'honneur auquel vous aspirez, et d'autres avantages qui pourront faire connaître au monde la satisfaction que le roi a de vos services, et que je suis, sans contredit, le meilleur de vos amis [1]. »

Ainsi se trouvèrent ajournées les légitimes espérances de Fabert. Mazarin voulait-il lui faire expier de cette manière la persistance qu'il avait mise, trois mois auparavant, à réclamer, en dépit de ses avis, la condamnation du cordelier portugais ? C'est ce que les amis du gouverneur de Sedan crurent entrevoir. Ou bien s'imaginait-il qu'en continuant à exciter, par

---

1. Nous n'avons pas retrouvé l'original de cette lettre ; le texte en est emprunté au P Barre.

l'appât de la récompense, le dévouement de cet incomparable serviteur, il pourrait l'exploiter plus longtemps et plus sûrement? C'est ce que son caractère et ses habitudes égoïstes n'autorisent que trop à supposer... Mais pourquoi irions-nous plus loin dans la recherche du mobile qui poussait le cardinal à retarder l'effet de sa parole, quand Fabert lui-même, au lieu de se laisser décourager par l'ingratitude, y répondait, avec son abnégation ordinaire, par un redoublement de zèle pour le bien public?

Des négociations, dont le but était d'obtenir du gouverneur de la place hollandaise de Maestricht [1] qu'il achetât de l'évêque de Liége le duché de Bouillon pour le céder au roi, occupèrent Fabert à la fin de juillet et en août 1656. « Il ne faut pas, écrivit-il à Mazarin, laisser échapper une belle occasion de pousser en avant la domination du roi et les bornes de la France. » Selon lui, l'acquisition du duché devait donner le moyen d'inquiéter les Espagnols dans leurs quartiers d'hiver du Luxembourg, et faciliter l'attaque de la forteresse espagnole de Charlemont en diminuant la distance qui séparait ce poste militaire de la frontière du royaume ; en outre, l'occupation de la ville de Bouillon procurerait le seul passage de la Semoy praticable par les fortes eaux, et fermerait ainsi à l'Espagne une porte ouverte sur la France. Mais ses efforts patriotiques, mal secondés par le

---

1. Le rhingrave Frédéric de Salm. (Voir ci-dessus, p. 30, en note.)

gouverneur hollandais, restèrent infructueux [1]. Il fut plus heureux quand il s'agit de mettre la garnison et les bourgeois de Stenay hors d'état de prêter la main à une tentative de surprise de la part des soldats de Condé [2].

Cependant l'année 1656 touchait à sa fin. Si elle avait apporté à Fabert quelques déceptions, le spectacle de la prospérité toujours croissante des terres souveraines paraissait fait pour l'en consoler. Jamais ce petit coin de terre n'avait été plus florissant au milieu de la misère générale. Administration civile

---

1. Lettre (aut.) de Fabert à Mazarin, des 28 juillet et 19 août. (*Arch. nat.*, KK, 1074.)

Frédéric-Maurice s'était, il est vrai, désisté, en 1641, de ses prétentions sur le duché de Bouillon, moyennant une somme d'argent reçue de l'évêque de Liège (voir à l'*Appendice* du 1er volume, p. 435, la notice sur le duché de Bouillon); mais une clause du contrat d'échange de 1651, en réservant les droits de l'ancien prince souverain de Sedan sur la ville et le duché, semblait n'avoir pas tenu compte de cette renonciation.

En 1657, le gouverneur de Maestricht renoua, à l'insu de Fabert, les négociations entamées en 1656; il tenta d'acheter des terres du domaine du prince d'Orange et d'autres appartenant au marquis de Trélon, sujet d'Espagne, pour les échanger contre le duché de Bouillon. [Lettre (non sign.), du 10 avril 1657, adressée à Fabert, et lettre (aut.) de Fabert à Mazarin, du 22 avril 1657. (*Arch. nat.*, KK, 1074.] Son projet ne reçut pas d'exécution.

Dix-neuf à vingt ans après (1676), la France conquit le duché, qu'elle ne posséda, d'ailleurs, qu'en passant; il fit retour, lors du traité de Nimègue, précisément en vertu des conventions de 1651, à la maison de la Tour, en la personne de Godefroi-Maurice, fils aîné de Frédéric-Maurice. La maison de Bouillon a conservé le duché de ce nom jusqu'à la Révolution.

2. Lettre (aut.) de Fabert à Mazarin, du 12 septembre 1656. (*Arch. nat.*, KK, 1074.) — M. de Givry, lieutenant de roi à Mouzon, qui se trouvait alors à la cour, fut envoyé à Fabert par Mazarin pour lui donner avis du coup de main préparé par le prince de Condé sur enay.

et administration militaire, tout y était admirablement ordonné pour contribuer au bonheur des Sedanais. Là, le peuple avait ses chartes et ses coutumes, jouissait en paix de l'immunité des impôts et des autres charges publiques, cultivait ses terres mises à l'abri de l'insulte de tous les partis et de l'étranger lui-même; se livrait sans entrave au commerce avec ses voisins, et, attaché à ses gouvernants, fidèle au roi, vivait librement dans l'ordre et l'aisance. Là, les soldats recrutés avec soin, sans cesse exercés et formés à la discipline par des chefs pénétrés de leurs devoirs, trouvaient des hôtes traitables, avec lesquels ils vivaient en bonne harmonie. Tel était le mérite de cette organisation militaire propre au gouvernement de Sedan, tel était aussi le renom de science et de courage acquis par Fabert, que les pages sortant du service du roi, de la reine et du cardinal, ainsi qu'un grand nombre de jeunes gentilshommes des meilleures familles du royaume, venaient faire, sous ses ordres, leur apprentissage du métier des armes dans les rangs de la garnison. Il suffira de citer les noms d'Arnauld d'Andilly, de la Vieuville, de Servigny, de Richemont, de Chargny et de Voisinon. A cette brillante jeunesse, parmi laquelle Mazarin comptait des protégés, il enseignait avec autorité les principes de l'art de la guerre et leurs applications, suivant ce qu'il avait écrit dans un *Traité des évolutions militaires*[1].

---

1. Nous avons fait des recherches infructueuses à la Bibliothèque

Louis XIV lui-même reconnaissait que les leçons de ce maître expérimenté portaient leurs fruits, quand il écrivait à Le Tellier que Sedan était « la pépinière de ses bons officiers [1] ».

Parmi les gentilshommes dont l'éducation militaire fut confiée aux soins de Fabert, nous venons de citer le fils d'Arnauld d'Andilly. C'est à l'occasion de la campagne de 1635, en Allemagne, que nous avons prononcé ce nom pour la première fois [2]. Robert Arnauld d'Andilly, fils de l'avocat Antoine Arnauld [3], partageait alors, avec le comte d'Argenson, l'intendance de l'armée commandée par le cardinal de la Valette. Mais l'administration militaire n'était pas son fait; il eut bientôt mis le désordre dans les

---

nationale, à la bibliothèque Sainte-Geneviève et dans un grand nombre d'autres dépôts publics, pour découvrir ce traité manuscrit. Le P. Barre, qui dit l'avoir eu entre les mains, en fait l'éloge sur la foi « des plus habiles guerriers ». D'après l'analyse qu'il en donne, on voit qu'il s'agit d'une instruction raisonnée sur le mécanisme des formations d'exercice et leur application aux opérations de la guerre. « Sous Louis XV, dit le général Bardin (*Dictionnaire de l'armée*), les manœuvres étaient propres, tout au plus, à faire de l'effet dans les parades; elles étaient sans application utile à la guerre. » On jugera par là de l'intérêt qu'aurait pour nous l'ouvrage de Fabert, composé, suivant le P. Barre, de 1634 à 1638 ou 1639, c'est-à-dire plus d'un siècle avant que le maréchal de Puységur, le premier en date des écrivains militaires français qui aient traité des manœuvres en vue de la guerre, ne publiât (1748) son livre de l'*Art de la guerre*.

1. Lettre du 7 juin, citée par le P. Barre.
2. Voir volume I*er*, p. 54.
3. Robert Arnauld d'Andilly (1588-1674), fils du célèbre avocat Antoine Arnauld, conseiller d'État en 1618, intendant général de la maison du duc d'Orléans en 1625. D'Andilly avait deux frères : Henri, abbé de Saint-Nicolas, qui devint évêque d'Angers en 1649, et Antoine, docteur de Sorbonne, surnommé le grand Arnauld.

comptes [1]. Ses goûts l'appelaient ailleurs ; il obtint de se retirer de l'armée [2].

Les premières relations d'Arnauld d'Andilly et de Fabert remontent à cette époque. Interrompues pendant sept ans, elles se renouèrent, mais d'une manière passagère, sur des avances de d'Andilly, lorsque Fabert fut nommé au gouvernement de Sedan [3]. Treize ans s'écoulèrent ensuite avant que d'Andilly rompît de nouveau le silence. Le plus jeune de ses quatre fils, Jules de Villeneuve [4], âgé d'environ vingt et un ans, ayant annoncé son intention d'embrasser la carrière des armes, il demanda à Fabert de le re-

---

1. Lettre de M. de Bullion au cardinal de la Valette, du 10 octobre 1635, dans *Aubery*.
2. Lettre (aut.) de d'Andilly au comte de Chavigny, du 29 septembre 1635, de Metz. (*Arch. aff. étr., Lorraine*, t. XXVI.)
3. Lettre (aut.) de Fabert à d'Andilly, du 27 octobre 1642. (*Bibliothèque de l'Arsenal, Correspondance privée de la famille Arnauld*, t. Ier. — *Mémoires de d'Andilly*.)

La correspondance privée des Arnauld que possède la *Bibliothèque de l'Arsenal* se compose de sept volumes ; les volumes I, II et III de cette collection renferment : 1° 122 lettres de Fabert, dont 119 à d'Andilly, 1 à Pomponne, 1 à Mazarin et 1 au marquis de Feuquières ; 2° 17 lettres adressées à Fabert, dont 15 de d'Andilly, 1 de Mazarin, et 1 de Feuquières. Les lettres de Fabert à d'Andilly sont autographes. Dans celles de d'Andilly à Fabert, on distingue des minutes autographes et des duplicata ; quelques-uns de ces derniers sont peut-être d'une autre main que la sienne.

Ces lettres, qui faisaient partie d'une collection beaucoup plus considérable formée par d'Andilly lui-même et par son fils Pomponne, ont été mises en œuvre, pour la première fois, par Pierre Varin, dans son livre intitulé : *La vérité sur les Arnauld* (Paris, 1847, 2 vol.), et, depuis, par M. Sainte-Beuve, dans la 2e édition (1860) de son *Histoire de Port-Royal*.

4. L'aîné était Antoine (abbé de Chaumes) ; le second, Simon de Briottes, plus tard marquis de Pomponne ; le troisième, Charles-Henri, appelé Henri de Luzancy.

cevoir à Sedan. « Considérant tous les amis que Dieu m'a donnés, lui écrivit-il, ne voulez-vous pas bien, Monsieur, que j'aie jeté les yeux sur vous pour vous supplier très humblement de trouver bon que mon fils aille apprendre auprès de vous, comme en la meilleure école du monde à mon gré, le métier qu'il a résolu de suivre [1] ? » Ce n'est pas qu'il approuvât la détermination de son fils ; loin de là, il avait tout d'abord essayé de la combattre. Mais, quoiqu'il le trouvât dépourvu de ces avantages physiques qui sont, jusqu'à un certain point, une condition de succès dans la profession militaire [2], il tenait à ne pas le contrarier dans ses aspirations. Son espoir était qu'après avoir porté quelque temps le mousquet, M. de Villeneuve ne tarderait pas à revenir, désillusionné, sur sa première résolution.

Dans une seconde lettre adressée à Fabert (11 décembre 1655) [3], il ne lui dissimulait rien de ce qu'il pensait à cet égard. « La connaissance que j'ai de lui [M. de Villeneuve], disait-il, et du siècle auquel nous vivons, où il faut avoir un mérite aussi extraordinaire qu'est le vôtre pour contraindre la fortune de céder quelque chose à la vertu, me fait vous renouveler ma très humble supplication de n'épargner, s'il vous plaît, à mon fils aucune de toutes les fatigues des moindres soldats, afin que

---

1. Lettre de d'Andilly à Fabert, du 18 novembre 1655. (*Bibl. Ars.*, *Corresp. des Arnauld*, t. Iᵉʳ.)
2. M. de Villeneuve était atteint de myopie prononcée.
3. *Bibl. Ars.*, *Corresp. des Arnauld*, t. Iᵉʳ.

l'expérience d'un métier si rude faisant dans son esprit l'impression que mes raisons n'y ont su faire, qu'il surmonte toutes les peines par une violente inclination pour la profession qu'il n'embrasse, à mon avis, que manque de la connaître, ou qu'il s'en rebute et revienne auprès de moi pour en choisir une la plus heureuse du monde. »

De chaleureuses protestations de dévouement de la part de Fabert accueillirent la requête de d'Andilly [1]. M. de Villeneuve arriva à Sedan dans les derniers jours de l'année 1655, et fut immédiatement adjoint au groupe de jeunes gens de condition élevés sous l'œil du gouverneur [2]. Quelques jours après, tout ému de reconnaissance, d'Andilly écrivait à Fabert : « Vous me faites bien voir que l'on a très grande raison de dire que l'amour est ingénieux, puisque l'amitié dont vous m'honorez est si ingénieuse à m'obliger... Je vous avoue que je souffre avec quelque peine de n'apporter dans le commerce de la chose du monde la plus estimable, à mon avis, que des paroles au lieu des effets que je reçois de votre bonté. Mais cette peine est mêlée d'une joie secrète de ne m'être pas trompé dans la croyance d'avoir acquis en vous un ami qui n'avait pas besoin d'être cultivé par tous ces petits devoirs qui entretiennent les affections ordinaires, et que je puis dire avec vérité

---

1. Lettre de Fabert à d'Andilly, du 5 décembre 1655. (*Bibl. Ars., Corresp. des Arnauld*, t. Ier.)

2. Lettre de Fabert à d'Andilly, du 1er janvier 1656. (*Bibl. Ars., Corresp. des Arnauld*, t. II.)

avoir toujours regardé comme une personne qui fait grand honneur à un siècle tel qu'est le nôtre. » En même temps, il conviait Fabert à venir le visiter à Port-Royal des Champs. « On ne se contentera pas, lui disait-il, de vous en ouvrir toutes les portes ; mais on ira même au-devant de vous, comme au-devant d'un homme de l'autre monde, qui vit dans la guerre avec plus d'ordre que d'autres ne font dans la paix, qui reçoit autant de bénédictions des peuples que les autres en reçoivent de malédictions, et qui, pour dire tout en un mot, montre que l'on peut faire son salut dans une profession qui n'est aujourd'hui qu'une source trop féconde de toutes sortes de crimes[1]. » Dès lors la correspondance de Fabert et de d'Andilly se poursuivit à peu près sans discontinuer[2].

Cependant, l'entreprise religieuse tentée depuis quelques années par les Jansénistes commençait à attirer sur eux des mesures de rigueur. Une lettre du docteur Arnauld venait d'être censurée par la Sorbonne, et les *Petites Écoles*, où enseignaient Le Maistre, Lancelot et Nicole, étaient dispersées[3]. Un ordre de la cour arrachait en même temps les solitaires de leur retraite du *Désert* et reléguait d'An-

---

1. Lettre (min.) de d'Andilly à Fabert, du 9 janvier 1656. (*Bibl. Ars.*, *Corresp. des Arnauld*, t. II.)
2. Du 18 novembre 1655 au 27 mars 1662.
3. On sait que les *Petites Écoles* avaient été fondées, en 1638, par l'abbé de Saint-Cyran. M. de Villeneuve y était entré en 1641, et avait eu pour condisciples les neveux de l'abbé, le fils de M. Bignon et celui de Mme de Saint-Ange.

dilly à Pomponne. En vain celui-ci s'était placé sous la protection de Mazarin, en protestant contre l'intolérance des ennemis de son frère [1]. C'est à ce moment critique pour Port-Royal que d'Andilly et Fabert commencèrent à échanger leurs impressions sur les questions de morale et de religion qui se débattaient publiquement. D'Andilly envoya à Fabert les ouvrages de son frère le docteur, et sut l'intéresser à tout ce qui se disait et se faisait pour ou contre les jansénistes. Les pensées charitables dont il l'entretenait se transformèrent bientôt en conseils de piété. Loin

---

[1]. Lettre (aut.) de d'Andilly à Mazarin, du 12 février 1656. (*Arch. aff. étr., France*, t. CLVIII.)
Fabert écrivit à d'Andilly à l'occasion de son exil de Port-Royal : « J'espère que la bonne disposition où l'estime particulière dans laquelle vous êtes auprès de la Reine et de Son Éminence a mis leurs esprits, fera, Monsieur, que votre sortie de Port-Royal des Champs sera plutôt un voyage dans une maison [Pomponne] qui vous doit ce qu'elle est et ce qu'elle a d'admirable, qu'un exil d'un lieu qui vous est cher. La lettre de Son Éminence fait voir qu'elle a eu soin de vous consoler, en vous ordonnant une chose qui allait vous faire de la peine, et, si dans ce temps-là il a eu ce sentiment, il est à espérer, après la manière de laquelle vous avez usé en ce rencontre, et cette lettre si respectueuse, si humble et si touchante que vous lui avez écrite, que ces choses achèveront de tourner entièrement sa volonté pour vous. Je ne doute pas, Monsieur, que Son Éminence ne trouve de grands obstacles à mettre en œuvre les bons mouvements qu'elle peut avoir pour vous. Vos ennemis sont nombreux, puissants et violents, et il faut une vertu aussi haute, aussi ferme et autant connue que la vôtre pour leur résister. Je ne doute pas qu'ils n'aient de la joie de vous voir obligé à sortir d'un lieu que vous avez préféré à toutes choses. Mais cette joie de petite durée leur sera bien rendue par le déplaisir où je les crois, peut-être dès à présent, de vous voir y rentrer. » (Lettre du 9 avril, *Bibl. Ars., Corresp. des Arnauld*, t. II).
On sait que d'Andilly rentra à Port-Royal au commencement du mois de mai ; les autres solitaires l'y rejoignirent peu après.

de se soustraire à cette espèce de direction spirituelle, Fabert parut l'accepter avec empressement, même avec reconnaissance. Dès le 26 mars 1656, il lui accusait réception des premières *Lettres à un provincial* [1], mais sans les désigner par leur nom. Il semble résulter d'une autre de ses lettres à d'Andilly, du 9 avril [2], que quelques-unes des *Provinciales* suivantes lui furent envoyées manuscrites. Le 8 mai, faisant allusion à ces dernières, il écrivait à d'Andilly : « Je vous confesse n'avoir jamais rien vu de si beau, de si fort ni de si convaincant que cela. J'admire que les hommes résistent si opiniâtrément à la lumière, et ai pitié de ce que la plus grande partie aime mieux suivre les opinions impertinentes de gens qui s'insinuent par quelque complaisance, que la règle donnée par Jésus-Christ et la raison que Dieu donne à tout homme [3]. » Et le 28 mai : « Il y a longtemps que ce que ces lettres détruisent avait été soutenu devant moi par des docteurs qui m'avaient bien fort scandalisé, et j'avais toujours, du depuis, souhaité passionnément que Dieu arrêtât le cours de si méchantes maximes [4]. »

Les treizième et quatorzième lettres *provinciales* [5],

---

[1]. La première des fameuses lettres de Pascal est datée du 23 janvier 1656. Fabert ne les nomme expressément pour la première fois que dans une lettre du 23 août à d'Andilly.

[2]. Nous avons reproduit, note 1, p. 111, un passage de cette lettre.

[3]. *Bibl. Ars., Corresp. des Arnauld*, t. II.

[4]. *Bibl. Ars., Corresp. des Arnauld*, t. II.

[5]. *Lettres sur l'homicide et sur la politique des jésuites*, des 30 septembre et 23 octobre 1656.

particulièrement, excitèrent l'admiration de Fabert[1].
Bientôt, avec leur auteur, il se mit à tonner contre
ce que l'on appelait alors la morale des jésuites. Dans
une lettre à d'Andilly, du 7 décembre, à propos
de l'envoi qu'il le priait de lui faire de tous les
ouvrages publiés par les jansénistes depuis l'apparition du livre *De la fréquente communion*[2],
il s'exprimait ainsi : « Les choses qui se glissent
dans la religion par les passions de ceux qui l'administrent sont si dangereuses, et c'est un poison si
doux à recevoir, que non seulement je suis bien
aise de connaître ce mal pour l'éviter, mais je le désire autant pour mes enfants, qui, ayant à passer par
des âges qui les rendront susceptibles de temps en
temps de toute cette corruption, je veux, s'il m'est
possible, leur fortifier l'esprit contre cette contagion,
et, à mon avis, rien ne peut être égal aux lettres et
aux choses dont, à mon opinion, j'ai le tout à peu
près. C'est un ouvrage excellent pour le temps présent ; mais, à l'avenir, il sera toujours bon, car toujours les hommes mélangeront les intérêts humains
et temporels avec les choses saintes ; et quoique le
crime qu'il y a en cela soit aussi évident que le châtiment en est à craindre, je ne puis assez admirer que
non seulement il se trouve des gens capables de cette
faute, mais qu'il y en ait tant, et qu'ils aient quasi

---

1. Lettres (aut.) à d'Andilly, des 24 septembre et 18 octobre. (*Bibl. Ars., Corresp. des Arnauld*, t. II.)
2. Le livre *De la fréquente communion* est d'Antoine Arnauld ; avait paru en 1643.

tous assez de hardiesse pour soutenir cet horrible dévoiement. Mais, Monsieur, je ne sais comment un soldat ose entreprendre de vous dire une parole seulement sur une chose si éloignée de son métier. Il est pourtant du devoir d'un chrétien, de quelque profession qu'il soit, de crier contre cela, et je l'ai pratiqué depuis plusieurs années tout le mieux que j'ai pu, avec dessein d'échauffer les autres à crier comme moi, et, par ce scandale, ôter celui que l'Église reçoit de ces choses mauvaises qui corrompent les mœurs[1]. » Cette vive sortie contre la morale de ces mêmes jésuites que nous le verrons plus tard appeler à Sedan comme prédicateurs, et auxquels il confiera l'éducation de son fils aîné, obtint, comme l'on pense, l'entière approbation de d'Andilly. « Si chacun vous ressemblait, Monsieur, lui disait-il, ces dangereuses maximes qui, en empoisonnant les esprits, perdent les âmes, n'entraîneraient pas, comme un torrent, tant de personnes dans l'abîme[2]. »

Continuant à accepter comme des vérités toutes les assertions de Pascal, et admirant sans scrupule son admirable langage, Fabert apprécia en ces termes la dix-septième *Provinciale*[3]: « Si toutes les lettres n'étaient telles qu'on ne peut dire d'aucune que ce ne soit la plus belle chose du monde, on dirait

---

1. *Bibl. Ars.*, *Corresp. des Arnauld*, t. II.
2. Lettre du 28 décembre. (*Bibl. Ars.*, *Corresp. des Arnauld*, t. II.)
3. Dans la dix-septième lettre, datée du 23 janvier 1657 et adressée au P. Annat, jésuite, Pascal cherche à établir que les jansénistes ne sont pas hérétiques, que l'Église est faillible dans les questions de fait, et que les maximes des jésuites sont contraires aux décisions des conciles.

que la dix-septième est la plus belle qui ait jamais été écrite[1]. » Son enthousiasme ne fut pas moindre quand il reçut la dix-huitième[2]; il écrivit à d'Andilly : « La dix-huitième est une chose à admirer et que chacun doit savoir, ce me semble. Il y a beaucoup de choses à apprendre en sa lecture, et, à mon avis, une seule à craindre, qui est qu'elle ne donne aux jésuites autant d'aversion pour saint Bernard qu'ils en ont pour Jansénius[3]. »

Le caractère de Fabert et les actes de sa vie qui ont passé jusqu'à présent sous nos yeux suffisent à le défendre du soupçon d'avoir voulu jouer le rôle d'opposant politique et religieux, en prenant parti pour les jansénistes dans la lutte engagée contre les jésuites. Il subissait évidemment le charme des beaux esprits qui l'honoraient de leur confiance, et pour qui la persécution était, à ses yeux, un mérite de plus. D'ailleurs, à l'époque où il accueillait si chaleureusement les doctrines nouvelles sur la morale, ceux-là mêmes qui s'en étaient faits les champions protestaient avec autant de sincérité que d'énergie de leur fidélité au roi et de leur soumission à l'Église[4].

---

1. Lettre à d'Andilly, du 7 mars 1657. (*Bibl. Ars.*, *Corresp. des Arnauld*, t. II.)
2. Le sujet de la dix-huitième lettre adressée également au P. Annat, est le même que celui de la dix-septième.
3. Lettre du 16 mai 1657. (*Bibl. Ars.*, *Corresp. des Arnauld*, t. II.)
4. Sainte-Beuve, *Port-Royal*, *Discours préliminaire*.
« Mon frère a protesté solennellement, Monseigneur, et je proteste encore pour lui, devant Dieu, à Votre Éminence, que rien sous

A la vérité, les tendances violentes des gouvernants s'étaient déjà accusées dans les faits par des mesures graves, telles que l'exil de Saint-Cyran, la destruction des *écoles* et la dispersion des solitaires de Port-Royal des Champs, mais on peut dire que jusque là l'unité politique du pouvoir et l'autorité temporelle du catholicisme n'avaient pas été attaquées d'une manière ouverte. La révolte couvait encore au fond des cœurs, et les rigueurs exercées contre les jansénistes étaient surtout de nature préventive.

Esprit curieux et méditatif, Fabert prenait un vif intérêt à la controverse religieuse et en suivait les phases avec attention. Passionné pour la justice et la vérité, quelque peu philosophe et idéologue, il croyait entrevoir dans la tentative des disciples de Saint-Cyran une sorte de régénération morale. Au milieu des ardentes aspirations de son âme honnête, Port-Royal apparaissait comme le foyer du véritable esprit chrétien. Ses lettres à d'Andilly, dont nous venons de reproduire les principaux passages, sont comme le cri de sa conscience alarmée. Ainsi comprenons-nous Fabert janséniste, du moins tel que nous le révèlent ses premières lettres à d'Andilly.

le ciel n'est capable de l'arracher du sein de cette divine mère. » Lettre aut., de d'Andilly à Mazarin, de Port-Royal des Champs, 12 février 1656, *Arch. aff. étr.*, t. CLVIII.)

« Je ne vois rien de plus beau que cette fermeté inébranlable de rester attaché au saint-siège, nonobstant la créance que le pape fait pour vos parties tout ce qu'elles demandent. Sa chaire sera toujours, mais une même personne n'y sera pas toujours assise ; ainsi, c'est par la patience gagner votre procès. » (Lettre de Fabert à d'Andilly, du 2 janvier 1658. (*Bibl. Ars., Corresp. des Arnauld*, t. II.)

Le reste de cette curieuse correspondance, disséminé sur les cinq dernières années de sa vie, nous apportera des données nouvelles propres à éclairer plus complètement nos appréciations.

La dernière en date des lettres de Fabert à d'Andilly, citées précédemment, est du 16 mai 1657. Nous n'avons un peu dépassé les limites auxquelles notre étude s'arrête d'autre part, que dans l'intention d'embrasser en une seule fois tout ce qui se rattache au début des relations de Fabert avec d'Andilly, et en particulier aux impressions que son esprit reçut de la lecture des *Provinciales*. Il importe maintenant de reprendre cette étude au point où nous l'avons laissée, c'est-à-dire à la fin de 1656. Cependant, pour n'être pas tenu de revenir en arrière, ayant fait à peine quelques pas en avant, épuisons dès à présent le sujet en ce qui concerne M. de Villeneuve, dont l'envoi à Sedan, dans les derniers jours de l'année 1655, avait fourni à d'Andilly l'occasion de renouer ses rapports d'amitié avec Fabert. Plus d'une année s'écoula entre l'arrivée de la jeune recrue et le moment où elle reçut une enseigne (mars 1657) dans la garnison sedanaise. Avant de l'en pourvoir, Fabert avait demandé et obtenu le consentement paternel. Lorsqu'il fut bien prouvé que, malgré sa vue basse, M. de Villeneuve était décidé à poursuivre la carrière qu'il avait embrassée, Fabert lui donna une enseigne (fin juillet) dans une des quatre compagnies de son régiment d'infanterie récemment levées et envoyées sur la frontière de Flandre du côté de Mardick. Au mois de décembre suivant, le fils de d'Andilly mourait à Calais[1].

[1]. Entre le 10 février 1656 et le 23 décembre 1657, le tome II de la *Correspondance des Arnauld* contient une vingtaine de lettres de Fabert à d'Andilly et trois de d'Andilly à Fabert, où il est question de M. de Villeneuve. Pierre Varin s'appuie sur ces lettres, qu'il a reproduites en grande partie, pour faire peser sur le père la responsabilité de la mort de son fils. Selon la remarque de Sainte-Beuve, d'Andilly était peut-être un père moins tendre qu'on ne l'eût voulu, mais c'est aller trop loin que de le représenter comme un père dénaturé. Fabert ayant secondé avec un constant dévouement les vues de d'Andilly à l'égard de son fils, nous ne pouvons nous dispenser de signaler au moins comme outrée l'opinion, sur ce point, de l'ancien conservateur de la bibliothèque de l'Arsenal.

CHAPITRE IV

(Décembre 1656. — 1657.)

Fabert envoie à Mazarin un mémoire sur l'établissement du cadastre en Champagne. — L'organisation des quartiers d'hiver des troupes, point de départ de Fabert dans son plan de réformes financières. — Coup d'œil sur l'organisation des finances en France au milieu du dix-septième siècle : taille personnelle, taille réelle, impositions indirectes. — Le régime financier sous Sully, Richelieu et Mazarin. — La Fronde ; désordre des institutions militaires ; impuissance des intendants à réprimer le mal. — Inefficacité des règlements ; licence des troupes en quartiers d'hiver.— Fabert s'applique à rétablir l'ordre et la discipline parmi les gens de guerre. — Du logement militaire qui pèse sur les plus pauvres. — Dispositions de l'ordonnance de novembre 1655 relative aux quartiers d'hiver de la cavalerie ; ses effets en ce qui concerne les rapports des habitants avec les troupes; Fabert l'applique en Champagne. — Ordonnance d'octobre 1656 sur les quartiers d'hiver de l'infanterie. — Résultats de a visite des quartiers d'hiver en Champagne par Fabert et Voisin. — Fabert s'attaque à la répartition de la taille par les élus.— Propose d'établir en Champagne la taille réelle avec le cadastre. — Mazarin approuve le projet de Fabert. — Rôle effacé pris par Fabert dans l'intérêt de la réalisation de ses vues (1657). — Téruel est appelé à procéder aux enquêtes locales, base de la réforme de la taille; rend compte à Fabert du début de ses travaux et des moyens d'exécution.— Objets sur lesquels portent les enquêtes locales. — Fabert ne s'émeut pas de l'opposition qu'il rencontre. — Les registres cadastraux des élections de Reims, Réthel et Sainte-Menehould ; données qu'ils fournissent, leur importance. — Chiffre élevé des contributions de guerre payées aux Espagnols et à Condé. — Fabert justifie l'échange des contributions de Rocroi contre celles de Sedan. — Conséquences, pour l'agriculture, des enquêtes de Téruel. — Fabert n'obtient pas de diriger le siège de Montmédy ; assiste le maréchal de la Ferté. — Séjour de Louis XIV à Sedan et à Metz. — Mariage de la fille aînée de Fabert avec le marquis de Vervins. — Extension de la juridiction du conseil souverain de Sedan. — Ajournement du siège de Linchamps. — Fabert tente de faire rentrer dans le devoir les gouverneurs de Linchamps, Rocroi et le Catelet.

Cependant, l'homme qui avait assuré aux Sedanais des jours prospères ne se contentait pas de ces bienfaits ; semblable à ce père de famille qui, après s'être acquitté avec amour de ses devoirs envers ses enfants, cherche à faire des heureux parmi ses plus proches, il demandait à adoucir les maux de ses voisins, les pauvres habitants de la Champagne. Dans ses vues charitables, il allait encore plus loin, il embrassait tous les sujets du roi. Le 9 décembre 1656, il adressa à Mazarin le mémoire suivant :

Mémoire que M. de Termes fera voir à Son Éminence, en lui présentant la carte de Champagne faite par M. Téruel.

« Il est connu à Son Éminence que la ruine du peuple procède de ce que l'argent qu'il paye continuellement est diverti pour la plus grande partie, et que la moindre va seulement au roi ; que cette moindre partie ne pouvant suffire aux dépenses nécessaires, qu'il faut faire d'autres impositions qui, étant sujettes aux mêmes accidents, mettent le peuple dans l'impossibilité d'y satisfaire et la nécessité d'abandonner leur demeure ou de désobéir ; et ce dernier est appuyé des seigneurs des villages pour conserver leur bien, et l'esprit de révolte passe ainsi du menu peuple aux autres, dont les grands profitent dans leurs mauvais desseins.

» Il semble qu'on peut éviter ce mal-là en perfectionnant l'ouvrage que Son Éminence a si heureusement et si glorieusement commencé par l'établissement des quartiers d'hiver comme ils sont à présent, par le moyen desquels le peuple ne paie pas un sol de ce qui lui est ordonné qu'il ne soit employé en choses nécessaires et au bien de l'État.

» Mais, comme la corruption est extrême parmi les officiers établis pour les tailles, ils ont trouvé moyen de continuer leurs vols, donnant des mémoires faux de la force des lieux, prenant argent de ceux qu'ils ont fait taxer bas, et cela avec tant d'insolence qu'ils ne le nient pas, quelqu'un d'eux ayant dit à des personnes qui sont dans le service et de condition, que leurs villages étaient à des taxes plus haut que d'autres parce qu'ils n'avaient soin que de ceux qui les considéraient, ayant égard qu'ils n'avaient plus de gages.

» Cette manière d'agir des élus met les élections de Reims, de Réthel et de Sainte-Menehould en danger de ne pouvoir payer ce qui leur est imposé pour le quartier d'hiver, car les villages bons deviennent insolvables par l'excès de leur taxe, et les mauvais, bien loin de se remettre, seront bientôt déserts. Tout le pays sera ainsi inculte, les gens de guerre prenant les chevaux de labour; étant certain qu'en ruinant cette année les villages surchargés ainsi par les élus, que la prochaine année les autres seront ruinés par la charge trop grande qu'ils auront à porter, ou il faudra réduire la taxe à moins de la moitié, qui serait une grande perte au roi.

» Pour éviter cela, il semble nécessaire de prendre une autre voie que celle des élus pour faire la répartition de la taille, laquelle ne peut être que d'employer un homme de bien et habile à connaître la force de chacun lieu par la grandeur du territoire et nombre des habitants, avec les circonstances sur ces deux choses qui seront nécessaires; et l'on mettrait ensuite, si l'on voulait, ces deux susdites choses sur le billet qu'on baille aux gens de guerre, sinon l'on le tiendrait secret; mais mon avis serait que tout se fît à découvert pour la satisfaction générale des peuples. J'ai communiqué ma pensée à M. Voisin, qui n'y est pas contraire, comme il paraît par la réponse ci-jointe qu'il y a faite.

» Pour l'exécution, je ne connais personne capable de cet emploi que M. Téruel, qui va porter à Son Éminence la carte de Champagne qu'il a faite, à laquelle, pour la rendre parfaite, il faudrait ajouter la force des villages et en faire un extrait à un coin sur lequel Son Éminence verrait l'état de la province et pourrait d'elle-même ordonner toutes choses. Comme l'on ne peut pas mettre sur le papier les pensées que l'on a pour un dessein bien plus grand en effet qu'il ne paraît d'abord, j'ai dit mes visions à M. Téruel pour les communiquer à Son Éminence.

» Je ne doute nullement que si Son Éminence se résout à faire pratiquer cette proposition, le peuple n'en soit tellement soulagé en cette frontière, qu'aux autres élections l'on ne demande qu'il en soit fait ainsi ; et cela établi dans la Champagne, le peuple le requérant, il sera bien aisé de l'établir ailleurs sans autre contrainte ; et cela est proprement le cadastre que feu Son Éminence le cardinal de Richelieu avait tant souhaité d'établir dans les lieux de la taille, ainsi qu'il est en Dauphiné ; mais l'on n'osa jamais le proposer. Présentement, il sera reçu comme une grâce pour ôter les surcharges que donnent les élus, ou pour affranchir les paysans de ce qu'ils en exigent. Un village taxé à une place[1] a baillé à un élu six cents livres, et il y a des lieux taxés à quatre mille francs qui ne sauraient payer le quart, cela fait à dessein de les contraindre d'aller se cotiser envers les élus pour les quartiers d'hiver à venir.

» Comme il est certain que les provinces payent beaucoup sur les ordres du roi, il est certain aussi que le roi aura plus d'avantage en empêchant les vols et les partis qui se font sur cela, que de vouloir augmenter sa recette par de nouvelles impositions dont, pour un sol qui en revient au roi, les partisans en tirent plus de cent et ruinent le pays. Et si le roi reçoit ce que la France paye et que le peuple le paye également, chacun selon ses facultés, Sa Majesté aura

---

1. Comme nous le verrons ci-après, la *place* était constituée par l'obligation du logement militaire et une redevance en argent.

de quoi soutenir la dépense de la guerre, le peuple ne sera point foulé; et Son Éminence, sur la fin d'une longue guerre étrangère et ensuite d'une civile, dont toutes les parties du royaume ont été agitées, fera voir à toutes les nations qu'il n'appartient qu'à son génie de trouver des moyens pour continuer les horribles frais à quoi l'État est engagé pour soi et ses alliés, et en même temps faire sentir au peuple du soulagement. Cela fera admirer sa conduite et le bénir des peuples dont il tient la fortune en sa main. J'estime que Son Éminence, lisant ceci, me fera bien l'honneur de croire que je l'écris sans aucune pensée que celle que doit avoir pour sa gloire un homme aussi attaché à son service que je suis, et elle se souviendra, s'il lui plaît, qu'elle m'a commandé de ne lui rien cacher de ce que je croirais à propos pour rendre plus parfait l'établissement des quartiers d'hiver.

« Fabert. »

« Fait à Sedan, le 9 décembre 1656 »[1].

Le point de départ de Fabert dans son plan de réformes financières n'est autre, on le voit, que l'établissement, sur un nouveau pied, des quartiers d'hiver des troupes. En rattachant ainsi à l'ordre et à la discipline parmi les gens de guerre la régularité et l'économie dans les finances, Fabert saisissait à une hauteur où ne pouvait atteindre un homme à courte

---

1. Aut., *Arch. nat.*, KK, 1074. Ce mémoire a été publié, pour la première fois, dans la *Revue historique des Ardennes*, par M. Alph. Feillet.

vue, le véritable, le seul rapport capable de conduire alors à une solution pratique du grand problème qu'il s'était posé, à savoir, « que le peuple ne paye pas un sol de ce qui lui est ordonné, qu'il ne soit employé en choses nécessaires et au bien de l'État ». En faisant valoir l'intérêt du trésor de l'épargne, il présentait son projet par le côté le plus pratique et en même temps le plus séduisant pour Mazarin ; mais le côté qui l'avait séduit, lui, le large cœur, c'était l'intérêt public. Aussi, tandis que, pour le malheur de ces temps, toute entreprise, bonne ou mauvaise, était plus ou moins couverte d'ombre et de mystère, ce fut au grand jour qu'il voulut que la sienne parût « pour la satisfaction générale des peuples ».

Avant de préciser le véritable sens des propositions contenues dans le mémoire du 9 décembre 1656, et de nous prononcer définitivement sur leur haute portée, il convient de revenir un peu en arrière, afin d'éclairer nos appréciations. Un rapide coup d'œil jeté sur l'organisation financière en France, dans la première moitié du dix-septième siècle, et particulièrement sur le système d'impositions qui y était suivi, paraît indispensable pour l'intelligence du dessein conçu par Fabert. Nous dirons ensuite quelques mots sur l'état de l'administration militaire pendant et après la Fronde. Enfin, nous exposerons les principales réformes projetées ou accomplies par Fabert avant l'envoi de son mémoire à Mazarin, et auxquelles il subordonnait les changements à introduire dans l'administration financière du royaume.

Dans l'ancienne administration financière de la France, l'impôt direct affectait, quant à l'objet sur lequel reposait la taxation, deux formes principales, ayant nom de *taille personnelle* et de *taille réelle*, la première portant sur les facultés des contribuables tant mobilières qu'immobilières, et se payant au lieu du domicile, l'autre assignée sur les biens-fonds, indépendamment du domicile, et d'après une évaluation convenue dans un registre cadastral.

En principe, la taille personnelle était une véritable imposition générale de tous les revenus et répondait assez bien aux prescriptions de l'équité; mais ce caractère, emprunté aux premiers impôts directs et permanents levés en France, s'effaça peu à peu dans la pratique, sous l'action des privilèges et des abus auxquels elle offrait une large prise. Tout le terrain qu'elle perdit dans l'opinion des peuples, la taille réelle le gagna, malgré les inconvénients inhérents à sa nature et ceux qu'avait développés l'application.

Cependant, chacun de ces systèmes, éloigné de ses formes primitives, consacrait l'inégalité devant le fisc. D'un côté, la taille personnelle ne se levait, parmi les roturiers, que sur ceux qui, ne jouissant d'aucune exemption, habitaient les lieux taillables; de l'autre, la taille réelle atteignait seulement les terres en roture, soit que celles-ci fussent possédées par des nobles, soit qu'elles appartinssent à des roturiers [1].

---

1. Le contingent général, dans les pays de taille réelle, comprenait souvent une partie levée distinctement sur les biens meubles et les

En tout cas, une barrière fixe entre les terres était préférable à une barrière entre les personnes, que les intérêts et les passions tendaient sans cesse à rendre plus haute et plus difficile à franchir. Qui n'aurait, d'ailleurs, préféré à un privilège en quelque sorte légal une injustice entée sur l'arbitraire?

Aussi la taille réelle fut-elle enviée de bonne heure au petit nombre de provinces méridionales de droit écrit où elle était en usage. Les légistes la préconisèrent dans leurs écrits bien avant qu'elle trouvât des défenseurs au sein des assemblées politiques. La démonstration la plus énergique dont elle fut l'objet eut lieu en Dauphiné, à la fin du seizième siècle; le tiers état, représenté par quelques hommes de bien, y soutint avec autant d'éloquence que de courage, contre la noblesse, le clergé, la chambre des comptes et le bureau des finances de la province, une lutte d'un demi-siècle, dont le prix fut, en 1639, un règlement royal qui déclara définitivement la réalité de l'impôt.

Mais la taille réelle n'était que l'exception, et la plus grande partie de la France, régie par le droit coutumier, était assujettie à la taille personnelle ou mixte. Ce système, avec l'arbitraire et l'inégalité aux différents degrés de la répartition, revêtit toutes les formes sous lesquelles peuvent s'exercer les calculs de l'intérêt personnel. Les innombrables abus dont il fut la source amenèrent la ruine des classes pau-

---

revenus de l'industrie. Un registre spécial, analogue au cadastre, se rapportait à l'évaluation de ce contingent particulier. (Parieu, *Histoire des impôts généraux sur la propriété et le revenu*, Paris, 1856.)

vres, principalement des populations rurales, et le dépérissement de l'agriculture.

La plaie de l'arbitraire et du privilège n'épargna pas davantage les impositions indirectes exploitées par une armée de fermiers corrompus, insatiables, assez riches pour acheter l'impunité; les aides, d'une assiette inégale, d'une perception compliquée, sujettes à des crues, portèrent moins sur les objets de consommation volontaire que sur ceux de première nécessité, moins sur les riches que sur les pauvres; l'excès de la taxation et les mesures oppressives auxquelles donnèrent lieu les gabelles dans le plus grand nombre des provinces, firent de cet impôt un des plus odieux; enfin, la multiplicité et l'exagération des traites foraines et des douanes créèrent des obstacles presque insurmontables au développement de l'industrie et du commerce intérieur et extérieur.

Tel se présentait dans son ensemble, avant Louis XIV, le système des impositions, avec les principaux inconvénients et les vices attachés à chacune d'elles en particulier; les besoins du trésor et la force des choses, bien plus que la volonté des hommes, l'avaient ainsi fait. Une longue suite de règlements, d'édits et d'ordonnances attestent, malgré leur impuissance, les efforts de la royauté pour prévenir et atténuer les maux qu'il engendra. Dans un but plus désintéressé que les rois, le tiers état indiqua d'utiles réformes à accomplir dans l'ordre financier, mais ses remontrances, parfois très vives, ne furent pas toujours prises en considération.

Entre les ministres dévoués au bien public, Sully témoigna aux classes pauvres et aux populations agricoles, plus profondément lésées que les autres, une sollicitude éclairée qui se traduisit par des actes. Quoique Richelieu considérât trop les finances de l'État comme une caisse militaire destinée exclusivement à subvenir aux immenses nécessités de la guerre, il manifesta des intentions généreuses en faveur des classes populaires, et satisfit quelquefois aux vœux émis dans les cahiers du tiers état [1]. Sous Mazarin, le parlement, dont la résistance à l'autorité royale suscita la première Fronde, fit de sérieuses propositions d'amélioration du régime financier en vue de l'intérêt général ; mais l'égoïsme et la timidité de ses magistrats, les mesquineries de l'esprit de corps et la vaine recherche de la popularité voilèrent bientôt ce noble but.

Vint ensuite la Fronde aristocratique, qui vit le comble de tous les excès ; la misère s'étendit alors sur les provinces comme une plaie béante que la charité héroïque de Vincent de Paul, de ses disciples et de ses émules, s'appliqua à panser sans pouvoir la guérir, et qui amena un épuisement général, dont les effets se prolongèrent bien au delà du terme assigné par l'histoire à cette sanglante comédie.

---

1. On trouvera aux *Archives des affaires étrangères* (FRANCE, t. XCV) une pièce manuscrite, de 1640, sans nom d'auteur, intitulée : « *Complainte du laboureur à Monseigneur le cardinal de Richelieu* », où sont exposés, d'une manière saisissante, avec les abus auxquels donnait lieu, à cette époque, l'assiette de la taille, les moyens d'y remédier.

Le désordre général dont la Fronde avait jeté les semences s'était étendu nécessairement aux institutions militaires. Les intendants de police, justice et finances envoyés dans les provinces, ne pouvaient à eux seuls, malgré l'étendue et l'importance de leurs attributions, suppléer à une hiérarchie administrative complète, chargée de la transmission et de l'exécution des ordres du pouvoir central. Si, malgré leur suppression prononcée en 1648, quelques-uns de ces administrateurs étaient parvenus, au milieu des troubles civils, à se maintenir en Picardie, en Champagne et dans quelques autres provinces, ce n'avait été que pour y jouir du triste spectacle de leur impuissance en face d'infractions continuelles aux règlements, et de désordres flagrants que, par leur institution même, ils étaient appelés à prévenir ou à réprimer. L'absence d'hiérarchie explique comment, à cette époque, l'oubli menaçait d'atteindre les nombreux règlements par lesquels Richelieu était entré au vif des questions les plus importantes dans toutes les branches de l'administration militaire naissante; comment aussi l'ordonnance royale du 4 novembre 1651, qui rappelait à l'égard du logement et de la subsistance des gens de guerre les meilleures dispositions des ordonnances passées, n'était plus que lettre morte; comment enfin restaient sans effet les prescriptions prévoyantes édictées depuis plusieurs années par le secrétaire d'État de la guerre, le laborieux Le Tellier. Ce vice radical devait durer longtemps encore, — aussi longtemps que l'ancien régime monarchique, — et rendre inefficaces les plus sages mesures. Le sévère et tenace Louvois lui-même, qui trouva plus tard, à son arrivée au ministère, le plus dur de la besogne taillé par son père, ne passa-t-il pas sa vie à se plaindre de l'inobservation d'ordonnances et de règlements sans cesse rappelés ou renouvelés, et, faute de moyens réguliers d'impulsion et de contrôle, ne resta-t-il pas toujours à la fois et la tête et le bras du système que son génie opiniâtre avait fondé?

A cette première cause d'inefficacité des règlements militaires s'en joignait une autre, également capitale : c'est que, pour arrêter les abus, on s'attachait bien plus à accumuler les palliatifs et les mesures répressives qu'à remonter aux vraies sources du mal, en donnant satisfaction aux légitimes besoins des gens de guerre. Aussi, qu'arrivait-il lorsqu'à l'issue d'une campagne au delà des frontières, les troupes rentraient dans les villes de garnison du royaume? Pendant la trêve de cinq mois, si propre à éterniser la guerre, qui succédait à la période des opérations, la plupart des officiers abandonnaient leurs charges avec ou sans congé de leurs chefs ; les soldats, dont l'activité n'était pas entretenue par des exercices assez fréquents et réguliers, restaient exposés aux dangers de l'inaction ; mal recrutés, irrégulièrement soldés, victimes des retenues illicites que les capitaines, sous prétexte de l'habillement, de l'équipement et de l'armement, mis à leur charge, faisaient sur les allocations réglementaires, ils recherchaient par la violence ce que les ordonnances ne leur attribuaient pas et ce que leurs chefs leur extorquaient. Que pouvaient devenir ces malheureux soudoyés, une fois engagés dans la voie de la révolte et des rapines? Les uns désertaient, les autres passaient sans congé d'une troupe à une autre pour toucher deux fois le prix de l'enrôlement. Ceux-ci escortaient les faux-saulniers, ceux-là faisaient publiquement la contrebande du sel, ruineuse pour la ferme des gabelles. Au mépris des peines les plus sévères, cavaliers et gens de pied, forçant la garde montée par les bourgeois aux portes des villes et des bourgs, s'en allaient dégradant les cultures, arrêtant les convois, pillant les maisons et les églises, incendiant les fermes, forçant les châteaux forts, enlevant les bestiaux, les chevaux, les charrues, les meubles et jusqu'aux outils de travail et aux instruments de labour des pauvres habitants.

Fabert avait vu de près ces maux et ces abus; de longue date il en avait cherché le remède. Pendant l'hiver de 1653 à 1654, pourvu du commandement des troupes en quartiers d'hiver entre Aisne et Meuse, il s'était appliqué à faire respecter la discipline et à rétablir l'ordre dans tous les services, notamment dans ceux de la solde et des subsistances. Nous avons rapporté plus haut comment, envoyé dans le Limbourg au commencement de l'année 1654, pour obliger le duc de Lorraine et le prince de Condé à évacuer les terres de l'électeur de Cologne, il avait réussi à assurer la subsistance d'un corps d'armée de sept à huit mille hommes sans fouler les habitants de ce pays, alliés du roi, et avait reçu, à cette occasion, de Mazarin, ce témoignage flatteur, que peu de généraux eussent été capables d'en faire autant en pays étranger. En novembre de la même année, le héros de Stenay, appelé comme l'hiver précédent au commandement des troupes logées sur la frontière de la province de Champagne, avait donné de nouvelles preuves de ses talents administratifs. Au mois de septembre 1655, il s'était rendu à Thionville, après la mort du marquis de Marolles, et là, grâce à des avances personnelles, à des emprunts tels qu'il en faisait souvent dans son propre gouvernement, au risque de voir le surintendant des finances protester par impuissance ses lettres de change, il était parvenu à assurer le payement de la garnison révoltée et avait rédigé un règlement sur la solde, devenu bientôt exécutoire, par ordre du roi, dans le gouvernement de Thionville. Le 16 novembre suivant, il avait reçu pouvoir pour commander et établir en quartiers d'hiver sur la frontière de Champagne et dans la généralité de Châlons, les troupes qu'on lui désignait. En même temps, une ordonnance royale sur les quartiers d'hiver, rendue le 20 novembre 1655, à Compiègne, avait consacré d'une manière définitive les réformes dont il avait pris antérieurement l'initiative en Champagne pour la subsistance et la discipline des gens de guerre [1]. Le moment est venu d'exposer ces réformes.

---

1. Arch. D. G., t. CXLVII, *Collection des ordonnances militaires.*

De toutes les charges militaires, celle qui excitait le plus d'aversion était le logement des gens de guerre. Assigné presque exclusivement sur les mêmes villes et bourgs, ordinairement lieux fermés et les plus importants parmi ceux que n'atteignait pas le privilège de l'exemption collective, il emportait, pour les communautés qui y étaient astreintes, la fourniture de l'*ustensile*[1] et l'avance de la subsistance. L'inégalité prenait encore pied dans le régime des quartiers d'hiver par le grand nombre des exemptions individuelles qui, dans chaque lieu, provoquaient la surcharge des plus pauvres habitants. Les gens de guerre ne trouvant pas leur compte à un système qui n'exploitait à leur profit qu'une faible partie des ressources du pays, se donnaient à eux-mêmes satisfaction ; favorisés d'ailleurs par leur rassemblement en grande masse, ils étaient facilement en mesure de soutenir par la force les prétentions les plus audacieuses.

L'ordonnance du 20 novembre 1655, inspirée par Fabert, apporta le premier remède à cette organisation vicieuse. La cavalerie, d'une installation plus difficile que l'infanterie, et dont la subsistance nécessitait des dépenses plus élevées, fut l'objet des principales

---

1. L'*ustensile* s'entendait le plus souvent de la place au feu et à la chandelle de l'hôte, et des fournitures de sel, vinaigre et autres menues denrées. Le prêt des ustensiles de cuisine indispensables faisait partie tantôt de l'*ustensile*, tantôt du *couvert*. Celui-ci consistait alors en « lit garni de linceuls, pot et écuelle ». Quelquefois, on suppléait à la place au feu et à la chandelle par des fournitures de combustible, et à l'ustensile lui-même, en totalité ou en partie, par une prestation en argent.

mesures. Elle devait être distribuée dans tous les lieux taillables de la généralité de Châlons, et ceux non taillables de la frontière de Champagne, sans exception, proportionnellement à la quote-part que ces lieux payaient de la taille ou selon leur force présente ou future. Il appartenait à Fabert, en qualité de lieutenant général commandant en Champagne, et, en son absence, au maître des requêtes Voisin, récemment appelé à l'intendance de la justice, police et finances, près des troupes, de redresser les erreurs et les illégalités commises par les syndics ou notables dans l'assiette des logements. La même ordonnance imposait aux communautés d'habitants l'obligation de payer à ceux qu'elles logeaient une somme déterminée par jour, représentant les fournitures réunies des vivres, des fourrages et de l'ustensile [1], et constituant avec le couvert ce qu'on appelait une *place* [2]. Chaque communauté était taxée par l'intendant à un certain nombre de places qu'elle acquittait, sous le contrôle de ce fonctionnaire, entre les mains des parties prenantes, par décade et par avance, durant les cinq mois du quartier d'hiver, à partir du 1er décembre, et dont il devait être fait déduction sur sa quote-part des tailles de l'année suivante [3].

1. L'ordonnance faisait consister l'ustensile dans « le pot et écuelle, place au feu et à la chandelle ».
2. La *place* était de 20 sols dont 16 pour la subsistance et 4 pour l'ustensile. Le cavalier avait droit à une place, le maréchal des logis à deux, le cornette à trois, le lieutenant à quatre, le capitaine à six.
3. L'ordonnance du 20 novembre 1655 prescrivait que le rappel aux communautés, de leurs avances, porterait seulement sur la subsis-

Fabert, et l'intendant en son absence, avaient seuls pouvoir de délivrer de nouveaux billets de logement et de payement aux hommes de troupe et officiers qui demandaient, pour des motifs légitimes, à passer d'une paroisse dans une autre. Moyennant le payement des places qui leur étaient attribuées, les cavaliers, les officiers des compagnies et ceux de l'état-major des compagnies devaient payer de gré à gré ce qui leur était fourni, ne rien exiger au delà des prestations fixées par l'ordonnance, et même refuser les dons volontaires, les officiers sous peine d'être poursuivis comme concussionnaires et privés de leur charge, les cavaliers sous peine de la vie. Outre les places, les capitaines recevaient, sous forme de demi-montres payées sur les fonds de l'épargne, le prêt des cavaliers et leurs propres appointements, consacrés en grande partie à l'achat de chevaux, d'armes et d'effets et à des levées de recrues. Le capitaine qui ne présentait pas à la revue du commissaire des guerres l'effectif réglementaire était arrêté et condamné à restituer, sur ses propres biens, les sommes perçues pour l'entretien de sa compagnie. Enfin, un chef militaire et un commissaire des guerres pour une ou deux élections, rendaient compte à Fabert et à l'intendant de l'état des troupes avec lesquelles ils étaient tenus d'être en rapport immédiat

tance. Un arrêt du conseil du roi (*Arch. D. G.*, t. CXLVII), de date postérieure à celle de l'ordonnance, appliqua ce rappel à la *place* entière. On trouvera aux *Archives du Dépôt de la Guerre*, tome CLI, la teneur ordinaire d'une ordonnance d'intendant portant taxation d'une paroisse pour frais de subsistance et d'ustensile.

et constant pendant la durée des quartiers d'hiver.

Quant à l'infanterie, elle devait être établie dans quelques villes de la généralité de Châlons et de la frontière de Champagne ; les habitants lui fourniraient le couvert, et pour l'ustensile, le pot et l'écuelle, avec place au feu et à la chandelle ; la subsistance et la solde lui seraient payées sur les fonds du trésor de l'épargne.

L'ordonnance du 20 novembre 1655 assurait à l'intendant une intervention plus puissante que jamais dans l'organisation des quartiers d'hiver ; elle prescrivait nettement la délégation d'une partie des pouvoirs de ce fonctionnaire aux commissaires des guerres ; elle recherchait par des moyens sérieux la décharge des pauvres, ce grand bien qu'avaient fait entrevoir seulement pour la forme les préambules de la plupart des règlements antérieurs ; elle visait à l'égalité dans la répartition de la charge du logement entre les personnes et entre les centres de population ; enfin, en disséminant les troupes par petits groupes dans l'étendue d'une généralité, elle leur procurait l'isolement qui devait les porter à vivre en bonne intelligence avec les habitants, et en même temps les rendre impuissants à exécuter de mauvais desseins. L'homme de guerre devenait ainsi le défenseur de son hôte qui lui rendait en bons offices ce qu'il en recevait en protection, et avait surtout intérêt à le payer exactement de ce que les règlements mettaient à sa charge. A la vérité, un tel système augmentait les difficultés de la surveillance, mais l'ordonnance obviait en partie à cet inconvénient par l'envoi, dans chaque élection, de chefs militaires chargés de représenter l'autorité du général en chef. Sur la frontière, là où l'éparpillement des troupes pouvait gravement nuire à leur sûreté, l'ordonnance leur donnait le droit de chercher asile, au moment du danger, dans les châteaux forts des seigneurs et les enclos fortifiés des églises.

Fabert, qui avait dicté ces sages mesures, en poursuivit lui-même l'exécution. Dès le commencement de l'année 1656, il se rendit avec l'intendant Voisin dans les cantonnements des troupes en Champagne, afin de veiller à l'observation de l'ordonnance [1]. Avec un esprit d'impartialité et de justice dont les chefs militaires s'inspiraient bien rarement dans leurs décisions, il provoqua la cassation, par ordonnance royale du 4 février 1656 [2], de deux capitaines de son propre régiment de cavalerie, coupables d'avoir contrevenu à l'ordonnance du 20 novembre 1655, en exigeant des habitants un nombre de places supérieur à celui qui leur était dû. Ici, il réprimandait vivement l'officier négligent dont l'indifférence laissait libre cours au désordre; là, il frappait de peines sévères le capitaine qui, par sa complicité, avait favorisé les méfaits de ses soldats. Dans son horreur du vol et de la rapine, et dans le but d'imprimer aux

---

1. Lettre (aut.) de Fabert à Mazarin, du 9 février 1656 (*Collection de M. Guérin-Boutron*).

2. *Collection des ordonnances militaires du Dépôt de la Guerre*, et *Recueil Cangé*, à la *Bibliothèque nationale*.

troupes une crainte salutaire et durable qu'on n'obtenait pas avec des rigueurs ordinaires, il fit pendre à Vitry un soldat reconnu coupable d'avoir dépouillé un paysan[1].

Toutefois, la répression n'était que l'exception. Fabert agissait surtout par la persuasion. Avec l'autorité et le prestige que lui donnait une bravoure éprouvée au feu de plusieurs batailles et d'un grand nombre de sièges et de combats, le soldat devenu général s'efforçait de répandre au milieu des gens de guerre ces sentiments d'humanité, de justice et d'honneur dont il n'avait cessé d'offrir le modèle pendant quarante-trois ans de fidèles services.

Une ordonnance royale du 25 octobre 1656[2] étendit les réformes inaugurées, dès la fin de 1655, dans les généralités de Châlons et de Soissons, à la généralité d'Amiens et à quelques élections des généralités voisines. Les quartiers d'hiver de l'infanterie, à l'égard desquels on n'avait pris, durant l'hiver de 1655 à 1656, qu'une faible part des nouvelles mesures, allaient être désormais organisés, dans ces généralités, sur le même pied que ceux de la cavalerie.

L'ordonnance d'octobre 1656 visait à rendre à l'infanterie le rôle prédominant qu'elle lui attribuait fort justement dans la guerre. Ainsi, elle répartissait dans les paroisses du pays taillable, imposées du nombre de places qu'elles pouvaient porter, les gens de pied distribués jusqu'alors dans les villes de la

---

1. *P. Barre.*
2. *Bibl. nat.* (Fonds des Cinq-Cents Colbert, n° 255).

frontière où ils avaient eu beaucoup à souffrir de l'excessive cherté des vivres, et elle augmentait leur solde de neuf cents livres par compagnie, ce qui entraînait un accroissement de quinze cent mille livres pour toute l'infanterie. Les places [1] tenaient lieu aux gens de pied de solde, de subsistance et d'ustensile; elles étaient payées par les habitants à titre d'avance sur ce qu'ils devaient des impositions de l'année suivante. La même ordonnance déterminait le taux et le nombre des places attribuées aux chevau-légers, aux gendarmes, aux carabins et aux dragons, et fixait les effectifs réglementaires de chaque arme [2].

L'ordonnance de 1656 prescrivait aussi de fréquentes visites des quartiers d'hiver par les généraux d'armée, les autres généraux, les intendants et les commissaires des guerres. Enfin, parmi les mesures qu'elle recommandait comme propres à prévenir les violences et les crimes habituels aux

---

1. La place était de six sols. Le soldat avait droit à une place, l'anspessade à sept sols, le caporal à huit sols, le sergent à deux places, l'enseigne à trois, le lieutenant à quatre, le capitaine à six.

2. Afin d'introduire autant que possible l'ordre et l'égalité dans la répartition du logement entre les paroisses, on devait se conformer à la règle suivante :

« .... Que si une compagnie de quarante hommes de pied ou de chevaux effectifs est assignée par les billets de l'intendant, pour le payement de ses places, sur quarante paroisses, dont chacune soit capable de payer une place pendant cent cinquante jours, il y ait un homme logé en chacune des quarante paroisses pendant tout l'hiver, bien qu'elle se trouve taxée inégalement au payement des places des gens de guerre. Que si la compagnie se trouve composée de moins de gens effectifs qu'il n'y aura de paroisses taxées pour son payement, ils soient distribués, premièrement dans les paroisses les plus fortes et, conséculivement, dans les moindres, le tout par les billets de l'intendant, lequel marquera en iceux

gens de guerre, elle appuyait avec force sur la défense de porter des armes à feu en dehors des services commandés.

Au moment où cette ordonnance était rendue, Fabert commençait à recueillir le fruit de ses premiers efforts. Ses tournées en Champagne avec l'intendant Voisin avaient profité à tous, et particulièrement aux paysans, que la crainte du brigandage exercé par les gens de guerre avait éloignés des champs et contraints à se réfugier dans les villes. La campagne se repeuplait ; on se livrait de nouveau aux travaux de culture. Avec la sécurité renaissaient quelques industries locales depuis longtemps abandonnées ; les transactions commerciales, quoique restreintes encore et entravées par des droits multipliés, reprenaient aussi un peu de vie. Pour toutes ces causes, le rendement de la taille en Champagne tendait à suivre une progression ascendante ; en même temps, les fonds, au lieu d'arriver au trésor de l'épargne, après avoir subi d'énormes remises qui en

---

les lieux où les gens de guerre doivent loger, et en quel nombre en chaque lieu, selon la connaissance qu'il prendra de la force de chaque corps et compagnie, sans qu'il puisse être départi et logé deux soldats de pied ou de cheval dans une paroisse, qu'auparavant il n'y en ait un de logé en chacune de celles qui en pourront porter un, ni en loger trois en aucune paroisse, qu'il n'y en ait deux auparavant en chacune de celles qui les devront porter, et ainsi proportionnellement en distribuant et faisant loger en cette manière, à l'entrée des troupes en quartier d'hiver, tout ce qu'il y aura de gens de guerre de pied ou de cheval, présens ou effectifs en chacune compagnie, et puis les faisant loger avec le même ordre et par augmentation à mesure que les absens retourneront dans leurs quartiers ou que les compagnies se fortifieront d'hommes, le tout eu égard à la taxe qui aura été faite sur eux pour le payement des troupes pendant l'hiver prochain. »

absorbaient une notable partie, passaient presque en totalité des mains de l'habitant dans celles de l'homme de guerre [1].

Cependant le mal n'était, en réalité, que circonscrit dans ses ravages. Fabert crut l'heure propice arrivée pour mettre à nu le cœur de la plaie. C'est alors qu'il fit présenter au premier ministre le mémoire (du 9 décembre 1656) que nous avons rapporté précédemment.

La répartition de la taille par paroisse, livrée à l'odieux arbitraire des élus, tel était l'objectif capital de ses vues de réforme. L'institution des intendants de police, justice et finances, administrateurs révocables, remplaçant dans les pays d'élection, pour la répartition de la taille, les officiers des bureaux de finances, magistrats inamovibles, n'avait pas eu pour conséquence de dépouiller complètement ces derniers de leurs attributions. Ainsi, à l'époque qui nous occupe (c'est-à-dire vers la fin de 1656), c'était encore le plus souvent d'après les avis combinés des intendants et des bureaux de finances, que le Conseil dressait l'état d'imposition par généralité; l'état par élection était établi par l'intendant, assisté des élus. Ceux-ci avaient également pour mission de vérifier et de signer le rôle de chaque paroisse remis par les collecteurs. Les vices radicaux de l'administration financière n'avaient pas encore eu le temps d'amener le relâchement des intendants. Investis,

---

[1]. C'est à tort que l'on a quelquefois attribué à Turenne l'organisation des quartiers d'hiver.

dès l'origine, des attributions les plus étendues, et chargés principalement de la répression des abus qui se manifestaient au détriment des contribuables et du Trésor royal dans la répartition et la perception des impôts, ils s'efforçaient de répondre à ce que la royauté attendait d'eux. Fabert espérait donc trouver aide dans ces nouveaux agents dévoués comme lui au bien de l'État, et aucun n'était plus capable que l'intendant de Champagne de lui prêter un concours efficace. Voisin, homme de sens et de lumière, auquel appartenait pleine autorité en matière de taille, seconda activement ses intentions généreuses.

Déjà Fabert avait tenté d'atténuer les données vicieuses fournies par les rôles de répartition de la taille, au moyen de renseignements qu'il recueillait lui-même, avec le plus grand soin, sur la population, la valeur des terres et les ressources des habitants[1]. Mais ces sortes d'enquêtes auxquelles il procédait lors de l'inspection des quartiers d'hiver des troupes, n'étaient pas régulières et ne s'appliquaient qu'à un nombre restreint de localités. Le mal étant général et constant, il ne s'agissait rien moins, pour le couper à la racine, que de supprimer les élus, véri-

---

1. « J'ai mandé à M. Le Tellier de me faire venir à Châlons les ordres qui me sont nécessaires pour faire exécuter la résolution que l'on prendra à la cour sur un mémoire et procès-verbal qui y a été envoyé, contenant la force des villes et des villages de cette frontière. » (Lettre aut. de Fabert à de Varennes, lieutenant général dans les armées du roi, commandant les troupes logées dans les élections de Troyes et Bar-sur-Aube, du 1er janvier 1656 (*Bibl. Ars.*, *Ms.*, *Autographes historiques*, 6613.)

tables sangsues publiques, et de substituer, pour l'appréciation des ressources et des revenus locaux, à leur témoignage entaché de mauvaise foi, de passion et de mensonge, l'autorité d'un registre descriptif des paroisses et estimatif des propriétés. En d'autres termes, Fabert se proposait d'établir en Champagne la *taille réelle* avec le *cadastre*.

Aucun doute n'est possible à l'égard du projet de Fabert. « Cela est proprement, dit-il lui-même, le *cadastre* que feu Son Eminence le cardinal de Richelieu avait tant souhaité d'établir dans les lieux de la taille, ainsi qu'il est en Dauphiné; mais on n'osa jamais le proposer. » De ces lignes il ressort que Richelieu aurait eu le dessein de soumettre tout le royaume à la taille réelle. Si ce n'était le témoignage bien précis de Fabert sur ce point, on admettrait difficilement que Richelieu ait pu songer à entreprendre une réforme condamnée comme dangereuse par l'assemblée des notables de 1626. Rien, soit dans les actes du cardinal, soit dans les écrits où il a manifesté ses vues, ne laisse supposer qu'il ait jamais eu cette intention. La concession dont le Dauphiné lui était redevable ne prouve pas qu'il était disposé à la renouveler ailleurs; du reste, il l'avait fait chèrement payer à cette province de la perte de ses États, et on le voyait plus préoccupé d'amoindrir ou de faire disparaître les assemblées provinciales que de défendre les intérêts du peuple contre les empiétements des classes privilégiées. Quant à Fabert, la grandeur de son dessein l'effraya-t-il, qu'il n'osa le communiquer à Richelieu ? Ne serait-ce pas plutôt qu'il redoutait de se heurter à la susceptibilité ombrageuse d'un ministre peu disposé à souffrir qu'on se mêlât avec lui de réformer l'État...?

Quoi qu'il en soit, Mazarin approuva le mémoire de Fabert, comme nous l'apprend la lettre suivante que celui-ci lui écrivit de Sedan, le 3 janvier 1657 :

...... « Ayant pour le service de Votre Éminence et pour la gloire de son gouvernement la passion que j'ai, je ne puis m'empêcher de lui faire savoir les pensées qui me viennent pour soulager le peuple et lui donner moyen de payer ce qu'il faut pour la guerre. Mais mes lumières étant courtes, je ne saurais être beaucoup utile. Je vous suis obligé, Monseigneur, que vous vouliez recevoir cela avec la bonté que vous me témoignez. Puisque Votre Éminence approuve le mémoire que M. Téruel lui a porté, il faut travailler par deçà à le mettre en effet, à quoi il est nécessaire qu'il ne paraisse point que j'y sois employé. Tous les principaux de cette frontière sont de mes amis, avec lesquels, par un simple entretien, je serai plus utile que je ne pourrais l'être s'ils me voyaient des ordres du roi en main. M. Voisin, qui doit avoir la seule autorité en cette affaire, pourrait aussi en prendre de l'ombrage ; il désire savoir la force des villages, lui seul leur imposant la taxe de la taille. Ainsi, en cette affaire, il s'y trouvera moins de difficultés qu'on a dit à Votre Éminence ; mais il faut qu'elle écrive à mon dit Sr Voisin, à M. de Grandpré, et profiter du mécontentement que chacun dit avoir de la répartition qui vient d'être faite sur les avis des élus[1] »

Ainsi, tant que Fabert ne faisait qu'entrevoir le but de ses efforts, il avait largement payé de sa personne pour assurer le triomphe de ses vues d'innovation; mais aujourd'hui qu'il obtenait gain de cause, il prenait le rôle effacé qui convenait à sa modestie, et, en même temps, dégageait sa personnalité, grandie par le succès, du milieu où elle pouvait susciter des idées d'opposition et des sentiments de jalousie funestes à la réalisation de ses désirs.

Téruel, appelé à mettre à exécution le projet de Fabert, était capitaine au régiment de Podewiltz[2]. En 1655, après le siège de Landrecies, sur la proposition de Fabert et l'ordre de Mazarin, il avait abandonné sa charge pour aller préparer en Champagne la distribution des troupes dans les quartiers d'hiver[3]. « L'homme de bien » que Fabert avait initié à ses desseins, reçut une commission lui donnant pouvoir de procéder aux enquêtes locales qui devaient désormais servir de base à la répartition de la taille en Champagne. Il se mit à l'œuvre sans retard. Dès le 3 janvier 1657, il rendit compte à Fabert, dans la

---

1. Aut., *Arch. nat.*, KK, 1074.
2. Le comte de Podewiltz, né en Poméranie et ancien officier de l'armée du duc de Weymar, avait été attiré au service de la France par Turenne. En 1652, il avait levé le régiment qui portait son nom. C'est peut-être au siège de Stenay, auquel ce régiment avait pris part, que Fabert avait connu et apprécié Téruel.
3. Lettres (aut.) de Fabert à Mazarin, des 12 juillet 1655 et 25 février 1660 (*Arch. nat.*, KK, 1074). Fabert avait déjà employé Téruel pendant l'hiver de 1654 à 1655.

lettre suivante, datée de Buzancy, des premiers résultats de sa tournée :

« Monsieur,

» J'ai l'honneur de vous écrire celle-ci, y étant obligé pour vous faire savoir les progrès de ma commission et de quelle façon j'ai été contraint d'en user pour travailler en quelque manière avec fruit. Je pris la liberté de vous dire, Monsieur, avant que partir de Sedan, ce que j'avais écrit à M. Voisin touchant une déclaration, laquelle, pour savoir au vrai l'étendue du terroir de chaque paroisse, eût dû précéder ma visite, pour donner le temps aux habitants de s'en instruire, qui m'allèguent partout n'avoir plus de papiers, ains qu'ils ont été perdus quant et leurs meubles pendant ces guerres. Mais comme le temps semble presser, je ne m'arrête pas tout à fait sur ce point, et m'informe seulement, là où le pied terrien manque, du nombre de charrues qu'ils avaient autrefois au bon temps, et ce qu'elles labouraient l'une portant l'autre, m'arrêtant plus précisément sur ce qu'à présent il y a de charrues, habitants et ménages dans chaque village, et quelles sont leurs facultés [1]. C'est ce que

---

[1]. Quoique imparfait, le procédé d'induction mis en œuvre par Téruc pour connaître la superficie des terres en culture, était loin d'être sans fondement. Chose étrange, plus d'un siècle après, Lavoisier, auquel l'Assemblée nationale avait demandé de trouver une base rationnelle pour l'assiette de l'impôt, recourut à la même méthode. L'illustre savant ne se borna pas à déduire du nombre de charrues existantes la mesure des terres arables, il en fit encore découler les données relatives à la production et à la consommation.

j'espère découvrir au net, par le moyen dont je me sers depuis le second jour de ma procession, outre la connaissance que j'en puis prendre d'ailleurs de faire parler deux ou trois personnes de chaque communauté, les obligeant d'affirmer par serment et signer les choses qui tendent au but de ma commission et de mon instruction. Et cela va si bien que je commence à y prendre plaisir, quoiqu'il y ait beaucoup de travail; tout ce que je puis faire par jour, demeurant depuis le matin jusqu'à la nuit, c'est de visiter six, sept, huit ou neuf villages au plus, selon qu'ils sont proches l'un de l'autre. Je trouve beaucoup d'inégalité tant en l'imposition de la taille qu'au logement des troupes.

» J'écris à M. l'intendant et lui mande la *forme* de laquelle je me sers pour être éclairci de ce qui est nécessaire, dont j'ai joint ici un modèle, afin que s'il vous plaisait, Monsieur, de m'ordonner quelque chose de plus, j'aie l'honneur de recevoir vos ordres avant d'aller plus loin.

» Je suis, avec tout le respect que je dois,

» Monsieur,

» Votre très humble, très obéissant et très obligé serviteur,

» TÉRUEL [1]. »

A cette lettre était joint ce que Téruel appelait la *forme*, c'est-à-dire le tableau d'ensemble des princi-

---

1. *Bibl. Sainte-Geneviève*, liasses manuscrites des armoires.

pales données qu'il recherchait conformément aux instructions de Fabert. Voici ce tableau avec son titre :

Forme observée par Téruel dans la visite des paroisses pour l'éclaircissement de l'état présent des villages.

Savoir :

l'étendue du terroir labourable, à peu près, et la fertilité, la quantité des prés, les vignobles, bois, aisances ou usages communs ; ce qui est affermé ou en propre aux habitants ;

le nombre de charrues ;

le nombre d'habitants et ménages pleins ou à demi, leur commerce, ce qu'ils payent aux ennemis ;

le tout affirmé par serment et signé par deux ou trois habitants [1].

Une réforme aussi fondamentale ne pouvait manquer de provoquer les clameurs et la résistance de tous ceux qu'elle atteignait dans leurs privilèges ou ruinait dans leurs intérêts. Fabert, sans trop s'inquiéter de cet émoi qu'il avait prévu, écrivit à Mazarin, le 18 février 1657 : « Je suis toujours dans la créance qu'on peut pousser la chose à en tirer un bien grand avantage au service du roi par la connaissance certaine qu'on aura de la force des provinces et des horribles abus dont on les acca-

---

[1]. *Bibl. Sainte-Geneviève*, liasses manuscrites des armoires.

blait; mais bien des gens s'opposent à cela et veulent éteindre la chandelle [1]. »

Le dévouement intelligent de Téruel triompha de tous les obstacles, si bien qu'à la fin d'avril Fabert put annoncer au cardinal l'heureuse issue des opérations entreprises dans les élections de Reims, Réthel et Sainte-Menehould, et faire valoir la nécessité de les continuer dans les autres élections et les lieux non taillables de Champagne [2].

Nous avons eu la bonne fortune de retrouver l'extrait authentique, dû à Téruel lui-même, des registres où il consigna sur place les résultats de son enquête dans les trois élections citées [3].

Le premier de ces extraits a pour titre :

Registre contenant les paroisses de l'élection de Reims, situées entre Aisne et Meuse.

Par lequel se voit l'étendue du terroir de chacune d'icelles et l'état où Téruel les a trouvées en sa visite du pays d'entre Aisne et Meuse, aux mois de janvier et février de l'année 1657. — Extrait de l'original vérifié, affirmé par serment et signé de deux ou trois anciens habitants de chaque paroisse.

Les deux autres registres se rapportent, avec des titres analogues au précédent, aux paroisses de l'élection de Réthel situées entre Aisne et Meuse, et à celles de l'élection de Sainte-Menehould [4].

---

1. Aut., *Arch. nat.*, KK, 1074.
2. Aut. du 29 avril, *Arch. nat.*, KK, 1074.
3. *Bibl. Sainte-Geneviève*, liasses manuscrites des armoires.
4. La généralité de Châlons comprenait onze élections, savoir

Les registres de Téruel, véritables procès-verbaux de visite des paroisses, dispensent de recourir à une description détaillée, en langage ordinaire, de l'état des populations de la frontière de Champagne et des charges multiples qu'elles supportaient. Ils mettent en relief, pour chaque paroisse et ses dépendances : sa population ; — le nombre des ménages, c'est-à-dire des feux, et celui des charrues tenues par les habitants, les seigneurs ou leurs fermiers ; — les principales professions des habitants ; — les noms des communautés religieuses et des seigneurs en même temps suzerains et propriétaires ; — l'étendue, en arpents, des prés, vignes, bois et usages communs et terroir labourable, avec mention de ce qui appartient au clergé, aux habitants du lieu, aux bourgeois des villes voisines, aux censiers et aux forains, et du nombre d'arpents engagés ou vendus ; — le degré de fertilité du sol ; — la proportion des terres vaines et vagues et des terres cultivées ; — les différentes impositions militaires ; — la nature ou le montant des contributions et prestations de toutes sortes, dues aux seigneurs, au clergé et à l'ennemi ; — le chiffre de la taille réglé pour 1657 par Téruel, et celui qui est tiré des rôles de répartition antérieurs ; — les exemptions et réductions collectives de tailles et autres subsides ; — enfin les dommages causés

---

Châlons, Reims, Troyes, Langres, Chaumont, Bar-sur-Aube, Sézanne, Réthel, Épernay, Vitry et Sainte-Menehould, soit, en tout, 2093 paroisses. L'élection de Reims comptait 240 paroisses, celle de Réthel 226 et celle de Sainte-Menehould 120.

aux biens mobiliers et immobiliers par l'ennemi et les gens de guerre [1].

Ces procès-verbaux, éloquents dans leur simplicité, nous apprennent que le chiffre des contributions annuelles exigées par l'ennemi s'approche souvent de celui de la taille et le dépasse quelquefois. Ni les garnisons placées dans les châteaux forts voisins de Rocroi, ni le rétablissement des tours sur la Meuse, ni les ordonnances royales portant défense aux habitants de payer contribution et aux seigneurs et gentilshommes de donner retraite ou assistance aux partis ennemis, n'avaient pu soustraire la Champagne aux onéreuses levées faites par les Espagnols et les partisans du prince de Condé. Ces mesures étaient restées à peu près sans effet par l'égoïsme des gouverneurs de places, habitués à trouver dans les contributions la meilleure part de leurs revenus, et peu soucieux d'y renoncer pour assurer la prospérité des sujets du roi. On en avait même vu d'assez audacieux et cupides pour enlever à main armée les contributions destinées à leurs voisins; leur coupable conduite avait arraché à Fabert ce cri d'indignation : « Il est honteux à la France que l'envie que chacun a d'avoir de l'argent lui donne la liberté d'en prendre où il en peut avoir, et que les étrangers voient que le roi ne peut être obéi [2]. » C'est encore Fabert qui, pour se défendre des accusations calom-

---

1. Voyez, à l'*Appendice (I), des extraits des registres cadastraux* dressés par Téruel.
2. Aut. du 10 novembre 1655, *Arch. nat.*, KK, 1074.

nieuses portées contre lui à cause de son traité d'échange des contributions de Rocroi contre celles de Sedan, avait écrit à Mazarin, le 3 janvier 1657 :

« ... Je crois, Monseigneur, ne pouvoir plus différer à vous faire voir l'avantage qu'a le roi au traité que j'ai fait avec Rocroi, et je demande à Votre Éminence cette unique obligation, qu'elle prenne dans quelque temps celui de lire le mémoire, après quoi je m'assure qu'elle n'approuvera pas qu'on lui propose plus qu'elle me fasse la honte de rompre une chose bien faite, la condamnant comme pernicieuse au service du roi. Si ceux qui disent que j'ai, en cette affaire, trop déféré aux intérêts de M. le Prince, avaient fait comme moi, lui ni les Espagnols ne tireraient pas les sommes immenses qu'ils tirent sur les sujets du roi. Ceux qui sont sous ma charge ne payent rien ni à l'un ni aux autres, et il n'y a nul échange pour cela, puisqu'en traitant avec Rocroi en 1654[1], de moi seul je chargeai son gouvernement du premier quartier d'hiver qu'il ait jamais porté, lequel monte plus haut que la contribution que MM. les gouverneurs eussent pu en tirer, d'où l'on peut voir que cet échange, qui en effet n'en était point, fut seulement le prétexte que ceux de Rocroi et Linchamps prirent pour n'avoir plus à craindre les gens qui, à mes frais, étaient le

---

[1]. Le traité proposé à Fabert par Condé avait été approuvé par Mazarin en 1654, et signé le 17 janvier 1655 (Voyez plus haut, année 1655, p. 54 et 55). Les gouvernements de Sedan et Luxembourg étaient liés également par des conventions d'échange.

long des bois depuis dix-huit mois, et qui, en plusieurs combats, les avaient malmenés. Ceux qui sont éloignés de ces deux places-là auraient plus de soin, en imitant mes soins, d'empêcher l'argent qu'on porte aux ennemis pour les contributions, que de me condamner pour avoir empêché qu'on n'en paie de Sedan. *Je tiens à grand honneur que les armées d'Espagne étant même à nos portes*, et tant de garnisons laissées par elles entre Aisne et Meuse n'aient pu m'y forcer.

» Je prends la liberté de dire ces choses à Votre Eminence qui a bonté pour moi, afin qu'elle en confonde mes envieux lorsqu'ils me blâmeront[1].... »

Dans le mémoire joint à cette lettre, il était dit que Rocroi, place sans commerce et presque sans autres habitants que sa garnison, aurait beaucoup à gagner et peu à perdre au maintien du régime des contributions vis-à-vis des gouvernements de Sedan, Mézières et Charleville[2], qui possédaient des ressources, et que la rupture du traité d'échange, en laissant les paroisses à la merci de l'ennemi, les mettrait dans l'impossibilité de pourvoir à la subsistance pendant le quartier d'hiver. C'était démontrer clairement que le système existant des contributions portait un grave préjudice à la nouvelle organisation des quartiers d'hiver, d'où dépendait la réforme de la taille récemment approuvée par Mazarin. Nous verrons

---

1. Lettre déjà citée (*Arch. nat.*, KK, 1074).
2. Les gouvernements de Charleville et de Mézières avaient aussi traité avec Rocroi.

bientôt Fabert, désireux de procurer à toute la frontière les avantages dont il avait su faire jouir depuis longtemps les Sedanais, s'appliquer à obtenir un traité général d'échange des contributions.

Cependant, l'enquête de Téruel ne tarda pas à produire de bons résultats. Le paysan, ce paria de l'ancien régime [1], reprit un peu confiance dès qu'il reconnut que l'on avait souci de ses intérêts; la culture, protégée par les gens de guerre, disposa de quelques bras de plus; l'ouvrier industrieux se livra au travail avec l'espoir d'en recueillir les fruits; les marchés des bourgs trouvèrent plus de facilités à s'approvisionner; en un mot, de toutes parts, on vit naître des germes inespérés de fécondité et de vie, là où le passé n'avait jeté que des semences de stérilité et de mort.

Frappé de ces avantages, Mazarin écrivit à Fabert, en mai 1657, pour lui demander d'introduire en Bourgogne le nouveau système des quartiers d'hiver, prélude nécessaire des autres réformes. A cette invitation, le gouverneur de Sedan répliqua par ces mots : « Monseigneur, j'ai conduit les troupes à table, il est juste que je les mène ensuite au combat [2]. »

On aurait tort d'induire de cette réponse que

---

1. Un écrivain de finances, pour démontrer l'état d'infériorité et de compression auquel l'organisation générale de la société d'autrefois avait réduit les paysans, a fait judicieusement remarquer que parmi les parvenus qui, soit dans les lettres, soit dans le clergé, ont illustré le dix-septième et le dix-huitième siècle, on trouve beaucoup de fils d'artisans, tandis qu'aucun n'est sorti d'un village.

2. *P. Barre.*

Fabert jugeait son œuvre achevée; au contraire, se sachant encore loin du but, il continuait à y aspirer de toutes les forces de ses convictions généreuses. Mais, à ce moment, il visait à obtenir le commandement en chef du siège de Montmédy, où il espérait conquérir sur la brèche le bâton de maréchal de France. Son ambition, modérée par l'honneur, était excitée par l'injustice de Mazarin qui trompait depuis longtemps son attente, en faisant miroiter à ses yeux, par un jeu coupable, l'éclatante récompense promise à ses services. Cette fois encore, satisfaction ne fut pas donnée à ses désirs. On désigna le maréchal de la Ferté, assisté du marquis d'Huxelles et du duc de Navailles, pour commander devant la place espagnole.

Fabert n'en prêta pas moins un concours des plus dévoués au cardinal pour préparer le succès de ses desseins sur Montmédy. Les magasins de Sedan, bien approvisionnés, s'ouvrirent sans retard pour livrer passage à des canons, des boulets, des grenades, de la poudre, des mèches, des outils de pionniers, etc., destinés à l'armée assiégeante. Avant l'investissement, Fabert fit connaître à la Ferté et à ses lieutenants la marche de l'ennemi. Les Espagnols et le prince de Condé n'avançaient pas d'une étape, ne franchissaient pas une rivière, n'occupaient pas une position, qu'il ne le sût et n'en rendît compte. Il avait l'œil partout : ici par ses courriers, là-bas par ses espions, plus loin par les amis qu'il avait gagnés à la France en pays étranger. Une fois les opérations commencées, il redoubla d'activité pour tenir la Ferté au courant des moindres mouvements des troupes ennemies, et communiquer à Mazarin les nouvelles qu'il en recevait. Ses avis allèrent trouver également Turenne, qui avait mission de couvrir le siège, et les corps volants chargés de garder les approches de la place [1].

Le siège de Montmédy était assez avancé quand Louis XIV, désireux d'être à portée de ses troupes, quitta la Fère, où se tenait la cour depuis le commencement de la campagne, pour venir se mettre à Sedan sous la garde de Fabert. Il entra dans la place le 23 juillet. Le même jour, une ordonnance royale, rendue à Stenay [2], attribuait à l'intendant Voisin, à l'exclusion des receveurs royaux, le droit d'ordonner des poursuites et contraintes contre les contribuables de la généralité de Châlons, pour le recouvrement de l'arriéré des tailles antérieur à 1656. La remise pure et simple de cet arriéré eût été préférable, mais il s'agissait surtout de satisfaire « aux plus pressants besoins de l'État ». Néanmoins, comme l'ordonnance avait pour conséquence de mettre un terme aux

---

1. Lettres (aut.) de Fabert à Mazarin, des 29 avril, 20 et 27 mai, 18 et 22 juin et 21 juillet 1657 ; lettre (aut.) du gouverneur de Maëstricht à Fabert, du 7 mai ; lettre (aut.) de Talon à Mazarin, du 15 juin (*Arch. nat.*, KK, 1074) ; lettre (aut.) de Fabert à Mazarin, du 12 juin (*Collection* de M. le marquis de Flers) ; lettre (aut.) du même au même, de 1657, datée du 18, sans nom de mois [probablement du 18 juin] (*Collection* de M. Cunin-Gridaine, à Sedan) ; lettre (aut.) de Fabert à Mazarin, du 2 juillet (*Collection* de Mme Ve Chambry) ; lettre (aut.) du chevalier de Clerville à Mazarin, du 13 mai (*Arch. aff. étr.*, *Lorraine*, t. XXXVII).

2. Exp., *Arch. D. G.*, t. CLI.

odieuses violences dont les contraintes les plus anciennes étaient l'occasion de la part des receveurs des tailles et de tous ceux qui en tiraient indûment profit, elle dut procurer un soulagement réel aux populations taillables de Champagne.

Pendant le séjour de la cour à Sedan [1], le roi et la reine mère honorèrent Fabert, à plusieurs reprises, de leur présence à sa table. Le jeune roi s'en faisait accompagner dans ses promenades et dans ses visites au camp devant Montmédy, et se renseignait auprès de lui sur les progrès des travaux du siège; à sa prière, il posa à Sedan la première pierre d'un couvent destiné aux capucins irlandais établis dans la ville, et dont il avait autorisé la construction, dès 1654, par lettres patentes [2]. En s'éloignant de Sedan (22 août), Louis XIV se rendit à la Fère [3], puis à Pé-

---

1. Le roi, la reine et le duc d'Anjou occupaient les appartements du haut-château ; Mazarin, ses nièces et quelques autres personnages habitaient le bas-château. Le reste de la cour avait des logements dans la ville. (P. Norbert).

2. Fabert devait être inhumé, en 1662, sous le chœur de l'église de ce couvent édifié à ses frais.

Dans une lettre du 25 juillet 1657, Vincent de Paul recommande à M. Cabel, supérieur de la mission lazariste à Sedan, de prendre conseil de Fabert et de sa femme, pendant le séjour du roi dans cette ville. (Aut., *Arch. de la Mission*). — Quelques jours auparavant, il avait écrit au même prêtre, à l'occasion d'un différend survenu entre les habitants et la Mission : « Demandez au gouverneur son sentiment, il est juste et ne vous ordonnera rien qui ne soit raisonnable. » (Aut. du 10 juillet, même source.)

3. Dans le trajet de Sedan à la Fère, le roi courut quelque danger à la rencontre d'un parti ennemi sorti de Rocroi, et qui avait déjoué la surveillance organisée par Fabert (Lettre aut. de Fabert à Mazarin, du 30 août 1657, *Arch. nat.*, KK, 1074). Déjà, le lendemain de la capitulation de Montmédy, une bande armée, à la solde de Condé, battant la campagne, s'était portée audacieusement au-devant du roi revenant de Stenay à Sedan, et avait fait feu sur un des carrosses de

ronne, et de là, en traversant la frontière de Champagne et les Trois-Évêchés, à Metz, où il pensait pouvoir soutenir, par sa présence dans le voisinage de la frontière d'Allemagne, au moment de l'élection du successeur de Ferdinand III au trône impérial, les intérêts de la France, représentés à la diète de Francfort par de Lionme et le maréchal de Gramont. Fabert s'y trouva, à la même époque, à l'occasion du mariage de sa fille aînée, Anne-Dieudonnée, avec Louis de Comminges, marquis de Vervins, premier maître d'hôtel du roi [1]. Mazarin, dont le jeune marquis était le protégé, avait préparé les voies à cette union [2], et invité Fabert à la faire célébrer pen-

---

sa suite. Mlle de Montpensier, dans ses *Mémoires*, raconte avec détails cet incident qui est rappelé par le P. Fulgence, et auquel Fabert fait allusion dans sa lettre à Mazarin du 30 août.

1. Le marquis de Vervins était le petit-fils de Roger de Comminges, seigneur de Soboles, qui commandait à Metz au commencement du dix-septième siècle pour le duc d'Épernon, et dont Henri IV vint, en personne [en 1603], réprimer l'insupportable tyrannie.

2. « M. de Termes, Monseigneur, m'a dit les bontés que Votre Éminence lui a témoignées pour moi et ma famille ; elle est maître absolu de tout, et elle en disposera comme il lui plaira. Je n'ai nul dessein, dans la crainte que l'âge de mon fils me donne de ne le voir pas en état de pouvoir être capable de recevoir les avis que je voudrais lui donner pour vivre ainsi que j'ai vécu, que de lui laisser un beau-frère en mourant, qui le soutienne dans le zèle et la fidélité à laquelle il est si obligé, et dans la reconnaissance que nous devons à Votre Éminence. La seconde pensée qu'elle a eue pour le mariage de ma fille est si obligeante, que je ne puis, Monseigneur, m'empêcher de vous en témoigner ma reconnaissance ; mais, quoique la personne sur laquelle elle a jeté les yeux soit celle de France que j'estimerais autant et choisirais par préférence à toute autre, je n'ai rien à dire à Votre Éminence, sinon que je ne veux que celui qu'il lui plaira de me donner, étant dans le dernier abandonnement. » (Lettre de Fabert à Mazarin, du 12 juin, citée plus haut.)

D'après Courtilz de Sandras, Fabert aurait été tout d'abord disposé

dant le séjour de la cour à Metz. Les fiançailles eurent lieu, le 3 octobre, dans la maison appelée la Haute-Pierre, habitée par le roi, en présence de Leurs Majestés, de Mazarin, de la princesse de Conti (Anne-Marie Martinozzi) et d'un grand nombre d'autres personnages. Le roi et la reine signèrent le contrat dressé par Le Tellier [1]. Le lendemain, la cérémonie du mariage se fit sans aucune pompe à l'église Saint-Victor [2]. Peu après (13 octobre), un édit royal apporta à Fabert un certain accroissement d'autorité, en étendant la juridiction du Conseil souverain de Sedan aux prévôtés d'Yvoy, de Montmédy, de Virton, de Chauvency-le-Château, et à quelques autres localités récemment conquises sur les Espagnols [3].

à donner sa fille en mariage au fils de feu M. de Chavigny. Tel était le vœu de Mme de Villesavin, aïeule maternelle du jeune homme, et l'historien que nous venons de citer nous montre Fabert parfaitement résolu à y souscrire, même contre le sentiment de Mazarin, afin de n'avoir pas à se reprocher d'agir, après la mort de son ami regretté, autrement qu'il n'eût fait de son vivant. Mais la famille paternelle de l'ancien secrétaire d'État, en mettant pour condition à cette union, de la part de Mlle de Fabert, un apport de dot au-dessus des ressources de son père, aurait, paraît-il, fait échouer ce projet et rendu à Fabert sa liberté d'action.

1. Nous avons découvert, à la mairie de Plomion (Aisne), une copie du contrat de mariage de Mlle de Fabert avec le marquis de Vervins, datée de 1710 et collationnée sur l'original. (Voy. à l'*Appendice* (*II la généalogie de la descendance d'Abraham et de François de Fabert*.

2. *Actes de mariage de la paroisse Saint-Victor* (Arch. municip. de Metz, portefeuille 1036). — *Boîtes grises de d'Hozier* à la Bibliothèque nationale.

3. Les « lettres d'attribution de juridiction en dernier ressort au Conseil souverain de Sedan, sur les prévôtés de Montmédy, Yvoy, Virton, Chauvency-le-Château, la Ferté, Herbeumont et Orchimont », du 13 octobre 1657, furent enregistrées le 9 novembre suivant au greffe du Conseil souverain (Voy. *registre du greffe*, Arch. du tribunal de

Tandis que la cour revenait à Paris, Fabert, rentré dans son gouvernement, y fut tenu quelque temps en haleine par un projet d'attaque de la petite place de Linchamps, une de celles qui, selon l'expression du chevalier de Clerville, « entretenaient la cuisine » du prince de Condé. L'entreprise nouvelle n'ayant pas l'importance de celle qui avait réussi contre Montmédy, Fabert se montra peu soucieux d'accepter l'offre que lui faisait le maréchal de la Ferté de lui en abandonner l'exécution ; il témoigna qu'il préférait, dans cette circonstance, borner son action à l'office de pourvoyeur du commandement, et déclara être prêt à ouvrir au maréchal sa bourse, celle de ses amis et ses magasins. Sur ces entrefaites, le renvoi du siège à une saison plus favorable, décidé à la suite d'une reconnaissance de la place par Clerville, dispensa fort à propos Fabert d'une assistance qui était, sans aucun doute, à la hauteur de son dévouement, mais qui pouvait néanmoins réveiller en lui, à chaque instant, le souvenir d'un récent froissement d'amour-propre [1].

Au moment où l'on renonçait à attaquer Linchamps, c'est-à-dire vers le commencement de dé-

---

Sedan.) Il semble ressortir d'une lettre du 15 octobre, de Metz, de Le Tellier à Mazarin (Orig. sign., *Arch. aff. étr.*, *France*, t. CLXIV), que celui-ci n'approuva pas tout à fait sans objections l'extension de pouvoirs dont le Conseil souverain était l'objet, et, en outre, trouva à redire à la teneur des lettres qui la consacraient.

1. Lettres (aut.) de Clerville à Mazarin, du 7 novembre, et de Fabert à Mazarin, des 21 novembre et 9 décembre (*Arch. nat.*, KK, 1074); lettre (orig.) de La Ferté à Mazarin, du 24 novembre (*Arch. aff. étr.*, *Lorraine*, t. XXXVII).

cembre, le gouverneur de cette place et ceux de Rocroi et le Câtelet, inquiets de l'issue d'une maladie grave dont le prince de Condé venait d'être atteint, faisaient mine d'entrer en arrangements avec le roi. Fabert se servit habilement de la confiance qu'ils lui témoignaient pour les détourner de toute entente avec l'Espagne, et obtint d'eux que si leur maître mourait, « ils se conduiraient en bons Français et hommes d'honneur ». Leur réconciliation avec la cour n'était peut-être pas éloignée, quand le rétablissement du prince, les rappelant à leurs obligations de fidélité, mit brusquement à néant les efforts de Fabert et recula l'heure à laquelle les places rebelles devaient faire retour au roi [1].

1. Lettre citée plus haut, de Fabert à Mazarin, du 9 décembre.

LIVRE IV

RÉSISTANCE OPPOSÉE AUX RÉFORMES FINANCIÈRES.

SOLLICITUDE DE FABERT POUR LES CLASSES PAUVRES.

BIENFAITS RÉPANDUS EN CHAMPAGNE.

FABERT MARÉCHAL DE FRANCE.

APOGÉE DE LA PROSPÉRITÉ DE SEDAN.

DOCTRINES ÉCONOMIQUES DE FABERT.

FABERT ET FOUQUET.

LE CORDON DU SAINT-ESPRIT.

REMANIEMENT DE LA CONSTITUTION SEDANAISE.

PROJET DE RÉUNION DES ÉGLISES CATHOLIQUE ET PROTESTANTE.

DERNIERS MOMENTS DE FABERT.

FABERT ET COLBERT.

1658 — 1662.

CHAPITRE PREMIER

(1658.)

Résistance de la cour des aides à la réforme de la taille dans l'élection de Troyes. — Ordres du roi pour maintenir aux intendants leur autorité. — Ordonnance royale de novembre 1657 sur les quartiers d'hiver. — Inscription des soldats sur les rôles des tailles (1658). — Arrêt du conseil du roi, du 30 mars, déchargeant les habitants des frontières du payement des arrérages de leurs dettes. — Téruel continue son enquête en Champagne. — Fabert recommande Téruel à Mazarin. — Craint que ses projets ne soient entravés. — Commission délivrée à Téruel pour visiter la généralité de Châlons. — L'autorité des élus n'est qu'amoindrie. — Indécision de Mazarin en ce qui concerne la réforme de la taille. — Fabert objet des bienfaits de Mazarin. — Il est élevé à la dignité de maréchal de France. — Écrit à Mazarin pour obtenir de prendre rang avant le comte de Montdejeux ; lettre de Le Tellier à ce sujet — Fabert insiste auprès de Mazarin relativement à la prééminence qu'il a demandée sur Montdejeux. — Le chevalier de Montgaillard remet à Fabert les pouvoirs de maréchal de France. — Fabert remercie Mazarin. — Ses services sont rappelés dans ses provisions. — Réflexions sur la promotion de Fabert au maréchalat. — Députation messine à Sedan. — Fabert et Bossuet. — Lettres patentes pour l'agrandissement de Sedan ; desseins de Louis XIV sur cette place, son importance militaire. — Fabert traite avec le prince de Condé pour la cessation des *courses* en Champagne. — Soumet à Mazarin un projet de traité d'échange des contributions de guerre entre la France et les Pays-Bas. — Doctrines économiques de Fabert en matière de contributions de guerre. — Il fait valoir les avantages du traité proposé. —

Abandon des négociations entamées avec les Pays-Bas. — L'œuvre de Fabert et de Téruel est menacée de ruine.

L'année 1657 était près de finir, et déjà la réforme qui consistait à faire faire la répartition de la taille au moyen d'enquêtes locales dirigées par les intendants, se heurtait à de sérieux obstacles. A l'arrêt du conseil du roi prescrivant à l'intendant Voisin de procéder à cette opération dans la généralité de Châlons, la cour des aides de Paris n'avait pas craint d'opposer ses propres arrêts, destinés à frapper de nullité le département des tailles effectué par l'administrateur royal dans l'élection de Troyes, et à remettre les élus de ce territoire en possession de leurs anciens droits[1]. Si l'on négligeait de combattre les prétentions de la cour des aides en ce qui concernait l'élection de Troyes, on pouvait craindre que le mal contre lequel on venait de réagir ne reprît rapidement son premier cours, non seulement sur ce point, mais encore dans les autres élections de la généralité de Châlons et dans les généralités voisines où avait été introduit le nouveau régime de répartition de l'impôt. C'était, à brève échéance, la ruine de ce régime et de tous les avantages qui en découlaient pour les hommes de guerre et les habitants des campagnes.

Le roi, sous les yeux duquel Voisin préparait, à cette époque, en Champagne, les prochains quartiers

---

1. La cour des aides interprétait les ordonnances relatives aux impositions de toute nature.

d'hiver, s'émut des conséquences possibles de la tentative de résistance de la cour des aides. Aussitôt Mazarin fut invité à prendre, avec l'avis de Fouquet et de Servien, telle résolution qu'il jugerait propre à maintenir aux intendants des provinces l'autorité dont ils avaient besoin pour réduire les élus à l'impuissance [1]. Les ordres du roi à cet égard datent de la fin de juillet 1657; nous n'avons pas trouvé trace des mesures dont ils furent suivis. Quoi qu'il en soit, le 30 novembre, une ordonnance royale renouvela les dispositions adoptées l'année précédente pour le logement, la solde, la subsistance et la police des troupes en quartiers d'hiver dans les généralités de Châlons, Soissons et Amiens, et dans quelques élections de la généralité de Paris [2]. Fabert veillait en Champagne au fonctionnement régulier du nouveau système avec une ardente sollicitude, qui commençait à se traduire, pour les soldats par un bien-être inconnu jusqu'alors, et pour les habitants par une sécurité éminemment favorable aux intérêts si compromis de l'agriculture. Aussi, l'hiver extraordinairement rigoureux de 1657 à 1658 servit-il de sanction, en quelque sorte, au mécanisme administratif qui lui était dû.

La frontière de Champagne reçut un nouvel allègement de l'ordonnance de l'intendant Voisin, du 6

---

1. Lettres (orig.) de Mazarin à Le Tellier du 23 et de Le Tellier à Mazarin du 24 juillet. (*Arch. aff. étr., France*, t. CLXIV.)
2. *Collection des ordonnances militaires du Dépôt de la Guerre* t. XX.

février 1658[1], et de l'arrêt du conseil du roi du 30 mars suivant[2]. Voisin prescrivait d'inscrire les soldats sur les rôles des tailles; il comprenait dans cette mesure non seulement ceux qui étaient régulièrement enrôlés, et auxquels, d'ailleurs, les règlements n'accordaient pas le privilège de l'exemption, mais aussi les habitants qui obtenaient la qualité de soldats à prix d'argent et par connivence avec les gouverneurs de places et autres chefs militaires. Malheureusement, l'ordonnance dont il s'agit ne supprimait qu'un nombre bien infime d'exemptés, et nullement les plus riches et les plus puissants au milieu de la masse de ceux qui fraudaient le Trésor.

Quant à l'arrêt du Conseil, il nous paraît d'un si grand intérêt que nous croyons devoir en rapporter ici le préambule et les principales dispositions :

« Sur la requête présentée au roi par les habitants et communautés des villes et villages de ses provinces de Champagne, Picardie, frontière du Luxembourg, Franche-Comté, Flandres et autres terres ennemies, ecclésiastiques, religieux et religieuses, gentilshommes, justiciers, nobles et gens du tiers-état, contenant que depuis la guerre déclarée entre la France et l'Espagne, lesdites provinces ont été le théâtre de toutes les misères, violements et cruautés que peuvent souffrir de pauvres peuples exposés au passage et séjour de tant d'armées fran-

---

1. 2. *Collection des ordonnances militaires du Dépôt de la Guerre*, tome XX, et *Recueil Cangé* (Bibl. nat.), tome XXIX des *ordonnances militaires*.

çaises et ennemies, qui ont fait un dégât général en icelles, en sorte que les terres sont demeurées incultes par l'abandon des villages entiers et des laboureurs qui faisaient valoir, et les pauvres habitants n'ayant pas de quoi suffire à leurs vivres, non seulement n'ont pas pu payer les arrérages et intérêts des rentes dont leur bien était chargé, mais ont été nécessités d'emprunter diverses sommes de deniers pour leur nourriture et celle de leur famille, et, dans la continuation de leurs misères, n'ayant pu satisfaire leurs créanciers, ils les ont, sans aucune considération de leur pauvreté, rigoureusement poursuivis, et par longue suite de procès augmenté leurs misères, faisant vendre leurs meubles et adjuger leurs immeubles à vil prix et constitué plusieurs prisonniers, en sorte qu'à présent ceux qui étaient les plus aisés et grands terriens se voient à la veille de mendier leur pain; c'est pourquoi ils ont recours à Sa Majesté à ce qu'il lui plût les décharger du payement des arrérages et intérêts qui ont couru depuis le 1ᵉʳ janvier 1635 jusqu'à la publication de la paix, et les débiteurs constitués prisonniers faute de payement de leurs dettes, tant à l'égard du principal qu'intérêts, avec défense à leurs créanciers de faire procéder par aucune saisie sur les chevaux et bestiaux qui servent au labourage et engraissement des terres.

» Vu ladite requête......., et tout considéré, le roi, étant en son Conseil, ayant égard à ladite requête, a ordonné et ordonne qu'en payant par lesdits suppliants étant à dix lieues des frontières ennemies et au delà des rivières de Somme, Aisne et Meuse, même dans toute l'élection de Réthel, à leurs créanciers la moitié de l'année courante des rentes et intérêts qu'ils leur doivent, et continuant le payement de ladite moitié les années suivantes jusques à la paix générale, ils ne pourront être contraints à payer lesdites sommes principales ni les arrérages qui sont échus depuis le mois de janvier 1635, et ceux qui se trouveront être dus au jour de la paix, tant pour arrérages de rentes foncières et constituées à prix d'argent que pour intérêts d'obligation, promesses, cédules et jugements, fors et excepté les pensions viagères assignées aux filles religieuses, lesquelles seront payées sans diminution; faisant Sa Majesté défense auxdits créanciers de faire vendre les biens immeubles de leurs débiteurs par décrets forcés, ni faire attenter à leurs personnes, cautions certificateurs, ni même faire saisir ni prendre leurs chevaux et bestiaux à peine de nullité, cassation de procédures, mille livres d'amende et de tous dépens, dommages et intérêts, et qu'en cas qu'aucuns immeubles ayant été vendus par décrets forcés depuis le mois de janvier 1635, Sa Majesté permet auxdits débiteurs d'y rentrer deux ans après la paix, en remboursant aux acquéreurs le fort principal, loyaux coûts, frais et mises, et si aucuns d'eux sont détenus prisonniers pour leurs dettes, Sa dite Majesté ordonne qu'ils soient mis en liberté en vertu du présent arrêt, si ce n'est pour crime de stellionnat, dol ou divertissement ou autres causes privilégiées par nos ordonnances..... Fait au Conseil d'État du roi, etc. »

Ces débiteurs insolvables pour lesquels la royauté prenait fait et cause, n'étaient autres que les propriétaires roturiers du sol écrasés par la taille et les autres impositions. Contre quels créanciers les défendait-elle ? Contre les seigneurs, les gens de finances, contre tous ceux qu'avait enrichis l'immunité acquise ou usurpée et qui, grâce à leurs capitaux, absorbaient, puis retenaient comme en une vaste mainmorte la propriété territoriale. Sans doute le remède appliqué au mal était énergique, mais aussi combien large et profonde s'ouvrait la plaie qui épuisait les populations agricoles de la Champagne !

Pendant que s'accomplissaient ces actes si importants, Téruel continuait en Champagne l'enquête ouverte au commencement de 1657 ; aucun document ne nous apprend dans quelles élections il opéra ; nous savons seulement que sa tournée était achevée avant la fin de mars. Mais Fabert connaissait le ministre aux belles promesses, l'homme « aux tergiversations italiennes » qui ne se pressait jamais de prendre franchement une décision. Il lui écrivit, le 24 mars 1658 :

.... « M. Téruel a fait un travail fort utile pour connaître la force des élections qu'il vient de visiter. Il croit que l'an qui vient l'on peut, en suivant son projet, soulager le peuple de Champagne et augmenter la taille de trois cent mille livres et de cinq cent mille livres l'année 1660 ; mais pour cela il faut à M. Voisin les choses qu'il a demandées et auxquelles on s'oppose, je ne sais pourquoi, et audit sieur Téruel une commission pour connaître la force des villages et en faire rapport à l'intendant qui demande cela. Si l'on ne peut avoir les choses nécessaires à bien servir le roi, je crains que M. Voisin ne demande à retourner chez lui. M. Téruel ne fera pas de même, car il n'a pas de bien, mais si Votre Éminence ne lui donne chose qui vaille autant que les deux charges qu'il a perdues, il tombera sur mes bras, puisqu'il n'a été cassé, étant troisième capitaine en tous les deux régiments, que pour son absence, laquelle j'ai causée, le nommant à Votre Éminence pour l'emploi qu'elle lui a donné[1]..... »

Mazarin répondant à Fabert le 30 mars, approuvait les travaux de Téruel et disait de lui, dans un accès de reconnaissance : « C'est un ange du ciel, tant il a de lumières et de bonnes intentions[2]. »

Le 10 avril, nouvelle lettre de Fabert au cardinal :
« J'ai bien de la joie que le travail de Téruel ait donné de la satisfaction à Votre Eminence. C'est un homme qui a toutes les qualités qu'il faut pour se bien acquitter de ce que Votre Eminence lui commande de faire. Plût à Dieu en pouvoir donner encore quelques autres à Votre Eminence capables comme lui ! Mais, Monseigneur, il n'est pas bien aisé de trouver des gens de bien et intelli-

---

1. Aut., *Arch. nat.*, KK, 1074.
2. *P. Barre.*

gents. Je me suis déjà donné l'honneur de vous mander là-dessus ce que je crois que l'on peut faire ; mais je n'ai pas dit que je crains que bien des gens ne s'opposent à cet ouvrage. Je rends très humblement grâce à Votre Eminence de l'établissement qu'elle veut avoir la bonté de donner au S' Téruel ; j'avoue que j'ai été sensiblement touché d'avoir été la cause de la perte de ses charges, qui étaient tout le bien qu'il avait en ce monde. Il m'écrit qu'il espère de ravoir sa compagnie en Podwitz, mais il servira bien plus utilement aux choses auxquelles Votre Eminence le destine [1]..... »

Le jour même où Fabert remerciait Mazarin de ses bonnes intentions à l'égard de Téruel, le roi signait la commission [2] de ce précieux serviteur, et y attachait un brevet de six mille livres d'appointements annuels. Téruel devait continuer à visiter, jusqu'à nouvel ordre, les lieux taillables et non taillables de la généralité de Châlons. Il avait à s'informer « de la consistance ou qualité des terroirs, du nombre des habitants, de leurs biens, facultés, industrie et commerce, des charges ordinaires et extraordinaires auxquelles ils sont sujets, de leurs dettes communes, et du tout dresser un état au vrai »..Sur sa requête,

---

1. Aut., *Arch. nat.*, KK, 1074.
2. Commission (min.) du 10 avril 1658 (*Arch. D.-G.* t. CLIII). La même pièce se trouve en copie à la *Bibliothèque nationale*, F. FR., 4193, ancien fonds Le Tellier-Louvois ; elle figure également dans le *Recueil Cangé*, t..XXIX, à la *Bibliothèque nationale*, et dans le tome XIX des *Ordonnances militaires du Dépôt de la Guerre*.

les maires et échevins, syndics et collecteurs seraient tenus de lui représenter les rôles originaux des tailles. Les renseignements recueillis devaient servir de fondement à la répartition, entre les paroisses, de la taille et des autres levées, ainsi que du logement des gens de guerre. Il lui était prescrit d'opérer cette répartition, « le plus également et équitablement qu'il se pourrait » et « sans aucune grâce, exemption ni faveur ». Téruel devait, en outre, assurer le maintien de l'ordre et de la discipline dans les quartiers d'hiver et passer des revues des corps et des compagnies, en s'attachant particulièrement à exiger des capitaines les effectifs prescrits par les ordonnances et des soldats en état de servir.

Malgré l'étendue des pouvoirs conférés à Téruel, malgré les efforts de Voisin et de Fabert, les élus continuèrent à intervenir dans la répartition de la taille et des logements militaires. Ainsi, les racines profondes et vivaces de l'abus que l'on avait voulu détruire se fortifiaient de nouveau. En réalité, l'autorité des élus n'était qu'amoindrie. Mazarin paraissait, du reste, peu résolu à les supprimer tout à fait ; il ne se hâtait pas non plus d'étendre aux autres généralités le régime financier qui commençait à fonctionner dans la généralité de Châlons. Son indécision persistante était de mauvais augure.

Mais si le cardinal faisait voir un assez médiocre empressement à répondre aux vœux de Fabert en ce qui concernait l'intérêt général, il ne négligeait, en revanche, aucune occasion de lui donner satisfaction quant à ses intérêts particuliers. Depuis l'époque où Fabert avait manifesté, par des paroles de vive amertume, le mécontentement que lui causaient les retards apportés au remboursement de ses avances, Mazarin s'était préoccupé de le dédommager par des envois de fonds plus réguliers et plus fréquents, par des gratifications personnelles souvent élevées[1], et aussi par des prêts d'argent. Le frère de la marquise de Fabert lui devait d'avoir hérité des charges de son père. C'était encore le cardinal qui s'était entremis, nous venons de le voir, pour cimenter le mariage de la fille aînée du gouverneur de Sedan avec un des premiers officiers de la maison civile du roi, auquel il réservait des faveurs spéciales[2]. Enfin, au commencement de 1658, le régiment de Lorraine acheté, sur sa proposition, aux héritiers du maréchal de camp de Couvonges, avait été donné au fils aîné de Fabert, Louis de

---

1. Nous trouvons, par exemple, dans le tome CXLVII des *Archives du Dépôt de la Guerre*, des lettres patentes (min.) du 3 juin, contenant don, en faveur de Fabert, « de toutes les amendes, confiscations et restitutions qui ont été ou seront ci-après adjugées au roi et qui n'ont pas été payées, et ce tant contre les officiers qui ont juridiction sur les forêts de Traconne et du Gand en la maîtrise de Sézanne, que contre aucuns gentilhommes et autres particuliers et communautés desdits lieux pour raison des délits, dégradations et malversations commises par eux depuis dix ans ès dites forêts ».

2. Lettres (cop.) de Mazarin au marquis de Vervins, du 26 août 1658 (*Arch. aff. étr., Recueil spécial*, t. XL); lettre (orig.) de Le Tellier à Mazarin, du 30 août 1659 (*Arch. aff. étr., France*, t. CLXVII); lettre (aut.) de Fabert à Le Tellier, du 15 septembre 1659 (*Arch. D. G.*, t. CLVIII); lettre (aut.) de Fabert à Mazarin, du 18 mai 1659 (*Arch. nat.*, KK, 1074).

Fabert, déjà pourvu d'un régiment de cavalerie [1].

C'était surtout à la situation privée de Fabert que s'adressaient les bienfaits que nous venons d'énumérer. Mais l'éclat de ses services militaires et administratifs appelait depuis longtemps une autre récompense, supérieure à toute satisfaction d'intérêt particulier, et, par conséquent, plus digne des nobles aspirations de son ambition. Les légitimes prétentions qu'il avait élevées au mois de juillet 1656, en s'autorisant de la promesse même de Mazarin, pour obtenir cette glorieuse récompense, étaient restées sans effet. Du moins pouvait-il croire son honneur sauf aussi longtemps que le roi ne ferait pas de nouvelles promotions au maréchalat sans l'y comprendre. Mais quand il eut été informé que le comte de Montdejeux, gouverneur d'Arras [2], avait reçu l'assurance d'être nommé prochainement à cette dignité, il se sentit vivement atteint dans son amour-propre. Mazarin l'ayant mandé auprès de lui, précisément à cette époque, il lui annonça sa résolution d'attendre une nouvelle injonction de sa part pour se mettre en

---

[1]. Lettres (aut.) de Fabert à Mazarin, des 9 décembre 1657, 23 janvier et 24 mars 1658 (*Arch. nat*, KK., 1074). Les deux régiments (infanterie, cavalerie), dont Fabert avait la propriété, étaient désignés chacun sous le nom de *Vieil Fabert*, pour les distinguer du régiment de cavalerie de son fils, qui s'appelait *Petit Fabert*.

Dans le courant de l'année 1658, le régiment d'infanterie de Fabert fut licencié, à l'exception de 3 compagnies que l'on incorpora dans celui de Lorraine composé de 15 compagnies. (*Arch. D. G.*, t. CLIV, *Quartiers d'hiver des armées de Flandre et du Luxembourg*.)

[2]. Jean de Schulemberg, comte de Montdejeux, appartenait à une famille d'origine allemande. Il avait étudié à l'Académie de Sedan, probablement à l'*Académie des exercices*.

route, en ajoutant, non sans quelque intention de reproche, que l'appeler à la cour en un pareil moment, c'était l'exposer à l'humiliation d'y rencontrer celui qu'on lui avait préféré[1]. Cependant, son départ de Sedan ne fut différé que de quinze jours environ. Il rejoignit Mazarin à Mardick, où le roi signa, le 28 juin, cinq jours après la capitulation de Dunkerque, les provisions de maréchal de France qui lui étaient destinées. C'était un acte de justice, sans plus, et encore un acte de justice tardif.

Trois jours plus tard, Louis XIV tombait malade en revenant de Mardick à Calais[2]. Fabert attendit le moment de la convalescence du roi pour s'éloigner de la cour (20 juillet)[3]. De passage à Nesle, le 24 juillet, il écrivit à Mazarin la lettre suivante :

« Monseigneur,

» Ayant appris, en passant à Amiens, que quelques officiers d'Arras y avaient dit que M. de Montdejeux prétendait, étant fait maréchal de France, être le premier de ceux qui seraient faits,

---

1. Lettres (aut.) de Fabert à Mazarin, des 9, 16 et 23 juin (*Arch. nat.*, KK, 1074).

2. Le roi commença à se sentir malade le 29 juin au soir. Le trajet de Mardick à Calais se fit le 1er juillet. (Lettres (cop.) de Mazarin à la reine, des 30 juin et 1er juillet, *Arch. aff. étr., Rec. spécial*, t. XXXVIII.)

3. Mazarin apprit à Calais, de la bouche de Fabert, le désir d'un des fils du comte de Chavigny, l'ancien secrétaire d'État, son rival, d'être attaché à son service. De retour à Sedan, Fabert voulut savoir s'il devait dissuader ce jeune homme de solliciter la charge de cornette des chevau-légers du cardinal, vacantée par la mort du comte Drouyn, ou bien l'y encourager. Voici dans quels termes il fit appel, dans cette circonstance, aux sentiments de générosité de Mazarin : « Feu

j'ai cru, Monseigneur, qu'il ne serait pas mal à propos d'avertir Votre Éminence de ce bruit, et de lui dire les raisons qu'elle a de ne lui pas accorder cette prétention, si, contre ce qu'il m'a fait dire ci-devant, il l'avait à présent.

» Je suis, Monseigneur, beaucoup plus ancien officier que lui, ayant été capitaine d'infanterie en mars de l'an 1619 [1]. Depuis, j'ai continuellement servi et monté de charge en charge, en sorte qu'il n'y en a aucune dans l'infanterie, dans la cavalerie et dans les publiques, qu'on appelle de hauts officiers, que je n'ai exercée. J'ai commandé en chef des armées pour l'exécution de deux desseins faits par Votre Éminence, dont l'un, en ôtant aux ennemis les quartiers d'hiver qu'ils prenaient dans le pays de Liège, a réduit leur armée de Flandre dans la faiblesse où elle était avant qu'ils eussent perdu la bataille de Dunkerque, et l'autre a assuré au roi la province et le revenu de Champagne par la prise de Stenay.

» M. de Montdejeux a été capitaine dans le régi-

---

monsieur son père, lui écrivit-il, avait de deux manières agi envers Votre Éminence en des différents temps. En prenant soin du fils, elle fera connaître qu'elle a de la mémoire pour ce qui s'est bien fait, et qu'elle n'en a pas pour ce qu'on ne devait pas faire. » (Lettre (aut.) du 25 août, *Arch. aff. étr.*, *France*, t. CLXV.) Fabert, dans cette lettre, désigne le fils du comte de Chavigny sous le nom de marquis de Chavighy. Il s'agit probablement du fils cadet du secrétaire d'État, Gaston-Jean-Baptiste, qui fut mestre de camp d'infanterie et mourut en 1718. Nous n'avons trouvé, ni aux Archives des affaires étrangères ni ailleurs, la réponse du cardinal.

1. Le comte de Montdejeux était aussi capitaine en 1619, mais au service du duc de Bouillon, dans les troupes que ce prince avait envoyées au roi de Bohême.

ment de Phalsbourg, lorsqu'il fut mis sur pied; depuis, il a été mestre de camp d'infanterie et fut mis dans Coblentz, qu'il garda autant qu'il put avoir de vivres; en le quittant, il se jeta, avec feu M. de Bussy, dans Hermestein[1], qui fut pareillement rendu faute de vivres. Ensuite, M. de Montdejeux eut le gouvernement de Rue[2], où il a demeuré jusqu'à ce que Son Éminence l'en tirât pour le mettre dans Arras[3]. Il en soutint le siège en 1654, et lorsque, après que Votre Éminence l'eût délivré, il lui demanda le bâton de maréchal de France, et qu'elle lui eût dit qu'il m'avait été promis, Stenay étant réduit, il ne trouva nullement à redire que Votre Éminence me fît l'honneur de me donner le pas. Il me fit dire par M. de Vandy qu'il y avait donné les mains, et cela a continué depuis, jusqu'à ce qu'ayant refusé de joindre des instances à celles qu'il faisait pour avoir le bâton, non seulement ses amis n'ont plus continué à me parler, mais j'ai su qu'il a dit que je devais être content, puisque Votre Éminence m'avait donné la survivance du gouvernement de Sedan pour mon fils.

» Sur ces choses, Monseigneur, Votre Éminence peut elle-même juger qui doit être le premier, de M. de Montdejeux ou de moi; ou si quelque raison l'empêchait de vouloir prononcer, MM. les maréchaux de France ou bien des commissaires nous règleront.

1. Aujourd'hui Ehrenbreitstein.
2. Montdejeux fut pourvu, en 1637, du gouvernement de Rue et du Crotoy.
3. En 1652.

J'ai un si grand intérêt que l'on ne croie pas que Votre Éminence veut bien me faire tort pour plaire seulement à M. de Montdejeux, que je ne puis m'empêcher de la supplier très humblement d'avoir en considération mes raisons. Par respect ou pour ne pas donner sujet à mon dit sieur de Montdejeux de penser que je présume avoir plus de faveur que lui, je ne mets point dans ce qui fait pour moi que Votre Éminence me promit positivement à Reims, lorsqu'elle m'en fit partir pour assiéger Stenay, qu'aucun ne passerait devant moi. Je crois même, Monseigneur, que vous aviez ratifié cela par lettres que je verrai lorsque je serai arrivé à Sedan. Je puis néanmoins ajouter que la prise de Stenay ayant précédé la défense d'Arras, que cela seulement me doit donner le pas, car si Votre Éminence, qui a la bonté de se servir de ces deux actions pour le prétexte de notre élévation, les eût récompensées lorsqu'elles s'achevèrent, M. de Montdejeux eût marché après moi.

» Si, Monseigneur, je ne savais qu'il y a des hommes qui désirent les choses pour les avoir à quelque condition que ce soit, et qui ensuite croient que l'on doit leur donner suivant leur fantaisie, je me serais gardé d'importuner Votre Éminence par cette longue lettre. Je sais non seulement que je ne dois rien craindre dans de justes prétentions, mais encore que je dois espérer des grâces en tous rencontres. Je n'en veux pas ici, Monseigneur, parce que cela affaiblirait l'obligation que Votre Éminence donne à M. de Montdejeux. Je souhaite seulement qu'on lui fasse connaître la vanité de sa prétention, et qu'il ne doit pas désirer qu'on ait sujet de dire que pour avoir moins de respect que moi, je sois de Votre Éminence moins considéré que lui.

» Ce que je me donne l'honneur d'écrire à Votre Éminence contre l'injuste dessein de M. de Montdejeux n'aura, Monseigneur, nul rapport, s'il vous plaît, au bâton. Je sais et je l'avoue que j'en serais indigne, si la bonté que Votre Éminence a pour moi ne suppléait aux choses qui me manquent, et c'est sincèrement que je proteste que je tiendrai cet honneur en pure grâce et ainsi qu'une chose donnée sans mérite en celui qui reçoit. Mais, avec cela, je ne saurais être à l'avenir plus que je l'ai été dans le passé et que je ne suis présentement,

» Votre très humble, très obéissant, très fidèle et très obligé serviteur,

» FABERT [1]. »

Le bruit qui avait motivé cette requête était parfaitement fondé. En effet, le jour même où Fabert avait pris congé du cardinal pour rentrer dans son gouvernement, une lettre royale, envoyée de Calais, portait commandement au chancelier de France de sceller les provisions du comte de Montdejeux, du marquis de Fabert et du marquis de Castelnau-Mauvissière [2]; or, le premier était nommé par état du

---

1. Lettre (aut.) du 24 juillet (*Arch. nat.*, KK, 1074).
2. Lettre (cop.) du roi au chancelier Séguier, du 20 juillet 1658 (*Arch. aff. étr., France*, t. CLXVI.); même lettre, en minute, aux *Archives nationales*, registre O, 12.

26 juin, tandis que la promotion du second portait la date du 28 [1].

La réponse que Mazarin fit aux observations de Fabert est restée introuvable pour nous, mais nous avons celle de Le Tellier qui l'accompagnait, et qui mérite d'être rapportée :

« Du 30 juillet, à Bergues Saint-Winoc.

» Monsieur,

» Vous verrez par la lettre que Monseigneur le cardinal vous fait l'honneur de vous écrire que, lors de la dernière promotion [2], l'ancienneté ni la qualité des services n'ont pas réglé le rang de MM. d'Albret et de Clérembault, à quoi je peux ajouter une chose que j'ai fort observée, qu'en la précédente [3] M. d'Aumont fut nommé devant M. d'Hocquincourt, bien que celui-ci fût plus ancien maréchal de camp et lieutenant général que l'autre. Aussi le roi en a-t-il usé en telles rencontres selon son bon plaisir, sans

---

1. « Provisions (cop.) de maréchal de France pour M. le marquis de Fabert, du 28 juin 1658, à Mardick. » (*Bibl. nat.*, F. FR., 4193, ancien Fonds, Le Tellier-Louvois.) Voyez ces provisions à l'*Appendice* (III).
Le même volume contient les provisions de maréchal de France pour les lieutenants généraux de Montdejeux et de Castelnau-Mauvissière ; ce dernier, nommé du 30 juin, mourut, le 15 juillet, des suites d'une blessure reçue un mois auparavant dans une reconnaissance, au siège de Dunkerque. Les provisions qui lui étaient destinées furent remises à sa veuve par Colbert. (Lettre (aut.) de Colbert à Mazarin du 8 août 1658, *Arch. aff. étr.*, France, t. CLXV.)
Le comte de Montdejeux prit, lors de sa promotion, le nom de maréchal de Schulemberg.
2. Août 1652.
3. Janvier 1651.

augmentation ni diminution de la réputation de ceux qui y ont eu intérêt [1], et comme Son Éminence ne règle point l'estime qu'elle a pour vous sur la date des provisions de maréchal de France qui vous ont été accordées, il semble, Monsieur, que vous pouvez sur cela avoir l'esprit absolument en repos... [2] »

Il est vraisemblable que dans la lettre que nous n'avons pu découvrir, le cardinal tenait à peu près le même langage que le secrétaire d'État de la guerre. Cependant, si pour rassurer Fabert dans son amour-propre et pour se mettre lui-même hors d'inculpation, il se servait, comme Le Tellier, de l'argument tiré « du bon plaisir du roi », il dut y ajouter quelques reproches, à en juger par la réponse suivante qu'il reçut de Sedan, où Fabert était rentré depuis le 27 juillet :

1. L'observation de Le Tellier relative à la prééminence accordée à d'Aumont sur d'Hocquincourt, c'est-à-dire au plus jeune maréchal de camp et au plus jeune lieutenant général sur le plus ancien dans ces deux grades, n'avait de valeur que comme preuve de l'indépendance absolue du roi, en ce qui concernait le choix des hauts dignitaires de l'armée, mais elle n'était pas, dans le fond, applicable à Fabert qui se trouvait, par rapport à son compétiteur, dans la même situation que d'Aumont vis-à-vis d'Hocquincourt. (Le comte de Montdejeux était maréchal de camp du 1ᵉʳ juillet 1639 et lieutenant général du 10 mars 1650, tandis que la nomination de Fabert au premier de ces grades ne datait que du 4 février 1644 et, au second, du 20 septembre 1650.) Fabert aurait même pu, jusqu'à un certain point, arguer du cas des deux maréchaux cités plus haut, pour obtenir le pas sur le comte de Montdejeux. Seulement, comme il rapportait ses prétentions à une question d'ancienneté de service, il lui était, pour ainsi dire interdit, sous peine de se mettre en contradiction avec lui-même, d'invoquer le précédent rappelé par Le Tellier.

Castelnau était maréchal de camp du 16 août 1645 et lieutenant général du 12 septembre 1650.

2. Aut., *Arch. nat.*, KK, 1074.

« Le 3 août 1658.

» Monseigneur,

» La lettre que Votre Éminence m'a fait l'honneur de m'écrire, le 30 du passé, vient de m'être rendue ; la mienne du 24 n'avait pas eu pour but de diminuer en façon quelconque l'obligation que je vous ai, Monseigneur, de l'élévation où Votre Éminence me met. Mais j'avais cru qu'elle pourrait s'en servir pour faire voir à M. le comte de Montdejeux qu'il était vrai ce que j'avais dit à Calais à Votre Éminence, qu'il m'avait cédé le pas et me l'avait mandé par M. de Vandy. J'avais cru encore que Votre Éminence ne serait pas marrie de lui faire voir par d'autres raisons, qu'il n'en avait point de vouloir avoir le pas sur moi. Et comme je sais certainement que je suis bien plus votre serviteur qu'il ne l'est, et que Votre Éminence en est persuadée et a plus de bonté pour moi que pour lui, je ne croyais pas déplaire à Votre Éminence de lui donner moyen de faire une chose à laquelle je la croyais portée ; ou si, par quelque raison cachée, elle ne pouvait en cela faire ce qu'elle eût désiré, je lui donnais le moyen de faire valoir la grâce qu'elle faisait à mon dit sieur de Montdejeux.

» Pour ce qui est de moi, Votre Éminence a tort, ce me semble, d'alléguer d'autres choses que sa pure volonté ; elle doit croire qu'étant persuadé de sa bonté comme je le dois être, que je le suis aussi qu'elle me préfèrera, lorsqu'elle le pourra, à ceux qu'elle aime moins que moi, et que je tiendrai à grâce, lorsque la nécessité le voudra, qu'elle donne à d'autres ce qu'elle me ferait l'honneur de me donner si elle le pouvait sans quelque embarras. En ces rencontres, je lui demande seulement qu'elle agisse avec une entière confiance que j'aurai joie de voir qu'elle croira que tous mes intérêts cèdent à l'honneur de lui plaire; de cette sorte, je serai toujours heureux, préféré à beaucoup par la bonté que Votre Éminence me fait l'honneur d'avoir pour moi, où d'autres l'étant par la connaissance que j'aurai que ce sera par nécessité, et que Votre Éminence sera persuadée que pour lui plaire je m'y serai accommodé même avec quelque joie.

» Si, Monseigneur, en ce rencontre, vous en usez ainsi, bien loin de me persuader que je croie diminuée l'obligation si grande que j'ai à Votre Éminence, elle l'augmentera, y ajoutant la marque qu'elle est pleinement assurée que de bon cœur et même avec joie je fais ce qu'il lui plaît, quand elle me fait l'honneur de me dire qu'elle veut que je fasse les choses pour cela. Si j'ai eu tort d'avoir prétendu le pas devant M. de Montdejeux, n'en a-t-il pas, Monseigneur, de l'avoir prétendu contre moi qui ait tant de raison sur lui qu'il me l'avait cédé. La survivance pour mon fils, qu'il allègue, est balancée par le gouvernement d'Arras que vous lui avez donné. Mais, Monseigneur, qu'il demeure avec l'avantage du pas et donnez-moi celui de savoir vous obéir en tout; point de raison, s'il vous plaît, de Votre Éminence à moi ; un absolu pouvoir est tout ce que je connais. Et Elle, en usant avec confiance en mon obéissance, elle ne trouvera de difficulté à rien et j'aurai honneur en tout. Si, Monseigneur, jusques à présent, j'ai cru n'en pouvoir avoir de plus grand que celui de vous servir, que peut aujourd'hui penser mon esprit après la grâce que Votre Éminence a la bonté de me faire? Chacun voit que c'est une créature qu'elle fait, et je serais infâme si je n'étais à elle sans réserve quelconque. Les remercîments, Monseigneur, n'ont plus de lieu en pareilles obligations. Il n'y a qu'une entière soumission, une obéissance aveugle, une fidélité candide et une profession publique de reconnaissance qu'on puisse y employer. C'est, Monseigneur, à quoi je ne manquerai de ma vie, et d'autant plus que Votre Éminence m'a élevé par-dessus mon mérite et le commun des hommes, d'autant plus je serai à l'avenir, plus que du passé, soumis à vos commandements et à vos volontés; c'est, Monseigneur, ce dont je supplie très humblement Votre Éminence de prendre une entière créance, et en m'honorant, pour toutes choses, de ses commandements, me donner le moyen de faire voir au monde que je suis comme le dois être, Monseigneur,

» Votre, etc. »

Si au respect dont Fabert était profondément pénétré pour l'autorité royale dans la personne de son représentant le plus élevé, on ajoute l'admiration convaincue qu'il professait pour les mérites de Mazarin et la confiance en quelque sorte absolue que lui inspirait son patriotisme, on n'attachera pas trop d'importance au ton exagéré de soumission qu'il prend vis-à-vis de lui dans la lettre que l'on vient de lire. Dépouillée des circonlocutions qui l'embarrassent et des formes obséquieuses dont Fabert use à l'égard du cardinal, cette lettre peut se ramener aux termes suivants : « Le droit que je revendique est parfaitement légitime, vous n'avez pas à le contester ; dites-moi plutôt que vous voulez passer outre, et je n'aurai pas à discuter vos ordres mais à m'y conformer ; seulement ne me faites pas l'injure de croire que mes prétentions ôtent quoi que ce soit à la reconnaissance que je vous dois. » C'est le soldat discipliné qui veut avant tout être commandé, c'est le serviteur fidèle qui ne souffre pas que l'on fasse planer le moindre soupçon sur son dévouement.

Le jour même où s'éloignait le courrier qui emportait cette lettre, Fabert recevait des mains du chevalier de Montgaillard les pouvoirs de maréchal de France. Il dépêcha aussitôt un gentilhomme à la cour pour apporter au roi et à la reine ses remerciements, puis il écrivit au cardinal la lettre suivante :

» Monseigneur,

» Depuis ma lettre ci-jointe écrite, M. le chevalier de Montgaillard m'a rendu, de la part de Votre Éminence, les provisions de la charge de maréchal de France, dont il lui a plu m'honorer. Si, Monseigneur, je pouvais exprimer la reconnaissance que j'ai de l'honneur dont il lui plaît me combler, elle serait bien moindre que je ne dois l'avoir. Le sieur de Servigny[1], que j'envoie pour en rendre très humbles grâces à Votre Éminence, lui dira qu'elle n'a jamais élevé personne qui soit plus à elle que moi, ni qui souhaite avec une plus ardente passion de lui en donner des preuves. Je sais, Monseigneur, que la pure bonté de Votre Éminence m'a fait monter où je suis élevé, et que je dois suppléer au mérite qui me manquait pour y parvenir, par un attachement fidèle au service de mon bienfaiteur. C'est, Monseigneur, de quoi je m'acquitterai en sorte que si en moi elle n'a un homme avantagé par des dons de nature et capable de la servir utilement, elle aura du moins une créature si zélée pour son service et si fidèlement reconnaissante, que de tous ceux qui lui doivent leur fortune personne ne sera l'égal de moi.

» Votre très humble très obéissant et très obligé serviteur,

« FABERT[2]. »

Les provisions de maréchal de France envoyées à Fabert, rappelaient le succès de son expédition militaire et de ses négociations diplomatiques dans le pays de Liège, en 1653 et 1654, ainsi que la prise glorieuse de Stenay ; elles faisaient ressortir les services signalés qu'il avait rendus non seulement à la

---

1. Lieutenant de roi à Sedan.
2. Lettre (aut.) du 3 août (*Arch. nat.*, KK, 1074).

tête des armées, mais encore dans le gouvernement de Sedan et dans les nombreux emplois qui lui avaient été confiés ; enfin, elles relevaient les qualités qui l'avaient désigné au choix du souverain pour obtenir cette haute dignité : c'étaient sa bravoure à toute épreuve, son intelligence élevée des affaires politiques et militaires, ses connaissances étendues, sa vigilance qui défiait toute surprise, sa prudence qui ne se démentait jamais, le tout rehaussé par une immuable fidélité sortie sans tache des redoutables épreuves des temps troublés. Combien ce dernier témoignage dut toucher le cœur de Fabert [1] !

Pour la première fois, un Français qui n'était pas né gentilhomme et avait porté la hallebarde, recevait le suprême insigne du commandement des armées [2]. Quelque résistante que fût l'épaisse muraille

---

1. Mazarin, préoccupé de ne pas laisser l'opinion s'égarer sur les motifs de la nomination de Fabert et de Montdejeux, écrivit de Calais à la reine mère, le 7 août : ....« Vous devez parler de la promotion de ces deux personnes comme d'une chose qui aurait été arrêtée auparavant de partir d'ici, comme il est vrai en effet ; et comme il pourrait y avoir quelqu'un qui voudrait gloser là-dessus, le confident (?) et vous, devez relever le mérite de ces deux personnes, comme il a sujet et justice de faire ; et de ce que le roi leur ayant promis de récompenser par cette marque d'honneur les services qu'ils avaient rendus en la présence de Leurs Majestés, l'un en défendant si courageusement Arras, qu'il avait donné moyen aux armes du roi d'acquérir tant de gloire par la défaite des ennemis, et l'autre ayant pris une aussi importante place, comme Stenay, avec si peu de monde, le roi, dis-je, leur avait tenu sa parole. » (Cop., *Arch. aff. étr.*, *Recueil spécial*, t. XXXVIII.)

2. Fabert était donc jusque-là le seul auquel eût été appliqué, à peu près, l'article suivant (229) du *Code Michaud* (Ordonnance de janvier 1629) : « Le soldat, par ses services, pourra monter aux charges et offices des compagnies, de degré en degré, jusqu'à celle de capitaine,

du privilège, sur ses fondements plusieurs fois séculaires, le mérite de Fabert y avait fait une brèche assez large pour que d'autres vaillants soldats, fils de leurs œuvres, pussent désormais y passer après lui [1].

Le cadet aux gardes, élevé au maréchalat, trouva

---

et plus avant s'il s'en rend digne. » Déjà, d'après une ordonnance de François Ier, tout soldat pouvait arriver au grade de lieutenant; s'il y parvenait, il était anobli et par conséquent susceptible d'atteindre les grades plus élevés. Trois capitaines aux gardes françaises ont été élevés au maréchalat avant Fabert, ce sont : Jean de Bonet, seigneur de Toiras (1630) ; J. B. Budes, comte de Guébriant (1642) et César-Phœbus d'Albret, comte de Miossens (1752). Après lui, nous trouvons Catinat, en 1693, et Vauban en 1703.

Aucun document ne nous permet d'indiquer la date à laquelle Fabert prêta le serment de maréchal de France. On lit ce qui suit dans une lettre, du 8 juin 1659, de Fabert à Denis Godefroy : « Vous trouverez ci-joint la copie de l'acte de prestation de serment que je prêtai lorsque j'étais à Paris. Comme je vois que c'est pour remplir une page que vous le demandez, j'y ai fait joindre ledit serment, ne sachant si vous l'avez, ni si vous serez bien aise d'en remplir le papier vide qui vous reste, à quoi cela peut seulement servir ; et peut-être serait-il mieux de le mettre que l'acte de mon serment qui est chose inutile à un lecteur qui aimera mieux savoir ce que tous les maréchaux de France jurent, que d'apprendre d'eux qu'un tel jour l'un a fait son serment... » Le registre O, 12, aux *Archives nationales*, donne la formule de ce serment.

En qualité d'historiographe, Denis Godefroy recueillait des renseignements biographiques et héraldiques sur les personnages de son temps. C'est ainsi que Fabert lui écrit le 2 février 1659 : « Je vous suis bien obligé que vous pensiez à moi dans les ouvrages que vous faites si utiles au public. » Dans une lettre du 12 février, il lui envoie la description de ses armes. Dans une autre du 12 mai, il le remercie de lui faire part de ses travaux. Toutes ces lettres sont autographes et appartiennent à la *Collection Godefroy, Bibliothèque de l'Institut*. Denis Godefroy a consacré à Fabert, dans son *Histoire des Connétables, Chanceliers, Maréchaux, Amiraux*, etc. (in-f°, Paris, Imprimerie royale, 1658), quelques lignes de notice, où il lui applique ce que l'on disait du connétable de Lesdiguières : « Omnia virtuti, vix quidquam natalibus debuit. »

1. « Il est inconcevable combien la fortune *d'un* maréchal de Fabert.... a fait faire de grands efforts pour le service à une infinité

au premier rang de ceux qui le complimentèrent sur sa nomination les généraux qu'il aurait pu avoir pour rivaux, mais dont aucun ne lui disputa ouvertement cette haute récompense[1]. « Nul autre, dit d'Andilly dans ses *Mémoires*, n'a mieux fait connaître la vérité de cette belle parole d'un ancien, qu'il y a un certain

de braves officiers qui n'étaient point nés gentilshommes, et ont mérité de l'être. » (*Ouvrages politiques de l'abbé de Saint-Pierre*, t. VIII, Rotterdam, 1734.)

1. Dans une lettre du 15 août 1658, Mazarin répondit au reproche que lui faisait la comtesse d'Estrades de persécuter son mari : « Le roi s'est acquitté d'une dette quand il a fait maréchaux de France M. de Montdejeux et M. de Fabert.... et je ne doute pas que ce soit une médiocre preuve de l'estime et de l'amitié que j'ai pour M. d'Estrades, d'avoir fait temporiser insensiblement Sa Majesté jusqu'à présent pour l'exécution de cette promesse, afin de voir si, pendant cet intervalle, je ne pourrais point faire faire à M. d'Estrades quelque action qui le distinguât de beaucoup d'autres prétendants, et obligeât Sa dite Majesté à le comprendre en cette promotion. Mais la conjoncture ne s'en étant pas rencontrée, et cette promotion n'ayant pu être différée davantage, c'est de son malheur et non pas de moi qu'il doit se plaindre... » (Cop., *Arch. aff. étr. Recueil spécial*, t. XL.) Ajoutons que le comte d'Estrades ne reçut le bâton qu'en 1675 ; il fut un des huit maréchaux de la promotion qu'on a appelée la monnaie de M. de Turenne.

Le duc de Navailles attendit la fin de 1658 pour témoigner à Mazarin le mécontentement que lui causait la nomination de Montdejeux et de Fabert. « Son ancienneté, son assiduité dans le service » et le succès de la campagne qu'il venait de conduire en Italie, auraient dû, prétendait-il, lui assurer le pas sur deux hommes « qui se contentaient de servir dans leurs gouvernements ». — Le cardinal se montra disposé à lui donner le bâton, s'il faisait la remise de ses lettres de duc. Mais cette condition ne fut probablement pas du goût de Navailles, car il n'obtint satisfaction, comme le comte d'Estrades que dix-sept ans plus tard. (*Mémoires du maréchal de Navailles*, à la suite de ceux du marquis de Chouppes. Paris, Techener, 1861.)

D'après *Montglat*, le marquis d'Huxelles, qui avait reçu une blessure laissant peu d'espoir de guérison, et qui comptait être traité comme le lieutenant général de Castelnau, mourut à Calais, « outré de dépit » de n'avoir pas fait partie de la même promotion que ce dernier.

degré de mérite si élevé que l'envie même la plus furieuse n'ose entreprendre d'y donner atteinte, puisque, lorsque le roi l'honora de la charge de maréchal de France, il ne se trouva personne assez hardi pour dire qu'il y eût dans cette action plus de faveur que de justice, et que, d'un autre côté, jamais homme, en s'abaissant, ne s'est tant rehaussé que lui par son incroyable modestie. » Les amis que Fabert comptait à la cour, en province et à l'armée, et ils étaient nombreux, s'empressèrent de lui donner, à cette occasion, des marques de leur estime affectueuse. Metz, sa ville natale, justement fière de l'illustration conquise à un nom déjà cher et vénéré, lui envoya porter par un ecclésiastique, un gentilhomme et deux échevins, le tribut de félicitations qu'elle lui devait. Le délégué du clergé n'était autre que Bossuet, fils d'un conseiller au Parlement de Metz, alors grand archidiacre du chapitre de Metz, et membre de l'Assemblée des Trois Ordres[1]. C'est à lui que fut dévolu l'honneur de présider la mission. Ses vertus, sa science et ses talents oratoires lui avaient fait une réputation extraordinaire pour son âge : il n'avait pas encore trente et un ans. Comme celui qu'il venait haranguer, il n'était redevable de son élévation

---

1. « Sur la proposition qui regarde la promotion de Mgr le maréchal de Fabert, il a été arrêté qu'il serait député de la part de messieurs des Trois Ordres pour lui témoigner l'extrême joie qu'ils ont reçue de sa promotion à la charge de maréchal de France.

» Et, pour cet effet, ont été nommés, de la part du clergé, M. le grand archidiacre Bossuet, M. de Rennetz et MM. Goffin et Darmène, conseillers échevins.... » (*Archives municipales de Metz*, extraits des registres des Trois Ordres, carton 241, délibération du 14 août 1658.)

qu'à l'ascendant de son mérite, et, comme lui aussi, animé au plus haut degré de la passion du bien public, il avait donné des preuves non équivoques de son dévouement aux intérêts messins. De quelle bouche le nouveau dignitaire aurait-il pu recevoir un hommage solennel plus éloquent et plus autorisé? Malheureusement, le discours prononcé par Bossuet dans cette circonstance mémorable, n'a pas été conservé. Les registres de l'assemblée des Trois Ordres mentionnent seulement, d'après le récit qu'il en fit lui-même à ses collègues, les ovations qui accueillirent la députation messine à son arrivée à Sedan, les témoignages de sympathie que lui prodiguèrent, pendant leur séjour dans cette ville, les notables, les fonctionnaires et les habitants, et les honneurs qui lui furent rendus par la famille du maréchal [1]. Ajoutons que les représentants des villes de Champagne et même d'autres provinces s'associèrent spontanément à ces réjouissances.

L'apogée de la fortune de Fabert marque le plus haut degré de la prospérité de Sedan. Avant même sa nomination à la dignité de maréchal de France, des lettres patentes [2] étaient venues apporter aux

---

1. « Sur le rapport qui nous a été fait par messieurs le grand archidiacre Bossuet, de Rennetz, Goffin et Darmène, échevins, députés, de l'accueil et bonne réception dont le détail serait trop long, qui leur a été fait par monseigneur le maréchal de Fabert et madame, etc..» (*Arch. munic. de Metz, reg. des Trois Ordres*, carton 241, délibération du 3 septembre.)

2. Ces lettres sont du mois de février, et figurent dans le *registre du greffe du Conseil souverain* de Sedan, à la date du 2 décembre 1661, qui est celle de leur enregistrement. On en trouve des copies dans la

nombreuses mesures qu'il avait prises de longue date pour assurer le bien-être et la sécurité de ses administrés, une éclatante sanction. Dans ces lettres, le roi rendait hommage à l'esprit de concorde et de dévouement des habitants, dû en grande partie à « la prudente et vertueuse conduite » du gouverneur ; il faisait ressortir le chiffre élevé et toujours croissant de la population, l'importance de plus en plus grande des manufactures « en tous arts et métiers » (particulièrement des manufactures d'armes et d'étoffes), et le développement progressif des institutions militaires et des établissements destinés à l'instruction de la jeunesse [1] ; il constatait « non seulement avec approbation et contentement, mais avec étonnement », que les immenses travaux entrepris pour fortifier Sedan avaient été accomplis « avec un si bon ordre et économie, que la dépense n'en avait été à aucune charge pour les finances, ni à la moindre foule des sujets, et avec tant de grandeur, d'étendue, de beauté et de bonté solide, qu'il n'y avait point de

---

Collection Godefroy, t. MMMDCCLXXXVI (*Bibl. de l'Institut.*), aux *Archives du dépôt de la guerre*, t. CCCXXXVIII bis, et aux *Archives nationales*, registre O, 11.

1. Les lettres patentes font allusion à l'*Académie* sedanaise, à celle des *exercices* (Voy. vol. 1ᵉʳ, appendice (X), *notice historique sur la principauté de Sedan*, p. 434), et à deux écoles catholiques de jeunes filles, dotées en 1652 par Louise de Malval, dame de Neuville : la maison des sœurs de l'*Ouvroir* et celle des sœurs de la *Propagation de la foi*. La première suivait la règle du tiers ordre de Saint-Dominique et s'occupait exclusivement d'éducation. La seconde était destinée à instruire les jeunes filles en général, particulièrement celles qui voulaient embrasser la religion catholique. A l'époque dont il s'agit, l'une et l'autre étaient en voie de prospérité.

place plus forte et meilleure en Europe[1] », enfin il donnait à l'œuvre commune de Fabert et des Sedanais un digne couronnement, en ordonnant d'agrandir la ville et ses fortifications par l'adjonction du village voisin de Torcy[2], situé sur la rive gauche de

[1]. Depuis 1647, Fabert faisait travailler, presque sans interruption, aux fortifications de Sedan. Les ouvrages (cornes) dits du Grand Jardin, des Ecossais, de la Rochette, du Palatinat et de Floing haut avaient été agrandis et améliorés. La corne haute de Floing ou des Capucins étant à peu près achevée en 1658, les bourgeois firent placer à la poterne de cet ouvrage, située derrière le jardin et la terrasse des Capucins, l'inscription suivante : « Les bourgeois de Sedan.... Ce serait un grand sujet d'affliction, si la dépense employée à cet ouvrage contre les ennemis leur servait à corrompre un gouverneur faible et le rendre méchant. Dieu ! détournez ce malheur, en inspirant toujours au roi le choix, pour cette charge, de gens incapables d'être traîtres. Et vous, nos descendants, sachez que dans un temps de maladie, de disette et de guerre, notre amour pour la France nous a fait inventer les moyens de rendre cette place imprenable, de faible qu'elle était, et cela à la vue des ennemis qui forçaient nos voisines. Marchez dessus nos pas. Préférez à la vie et aux biens que vous tiendrez de nous, l'honneur que nous vous laissons d'être estimés fidèles serviteurs du roi. C'est ce que vous commandent absolument vos pères, achevant cet ouvrage, l'an 1658, régnant Louis XIV, paisible en son royaume, triomphant par ses armes en Flandre et Italie, et tenant par sa force l'empire en liberté. »
A l'autre poterne du même ouvrage, on lisait cette inscription : « Du règne de Louis XIV, roi de France et de Navarre.... La France travaillée d'une détestable rébellion, les ennemis maîtres des principales provinces et villes de l'Etat, le roi, jeune, détenu dans Paris, ce peuple nouvellement sujet, pour se conserver à son roi et pour la sûreté du premier ministre retiré en ce lieu, commence cet épouvantable ouvrage contre les ennemis qui l'environnaient par places et par armées. Admire, toi qui le vois, le zèle qui l'a fait entreprendre, la constance qui l'a fait achever, et qu'après une si prodigieuse dépense faite dans le temps d'une extrême misère, Sedan s'est vu plus riche qu'avant de le commencer. Reconnais par là que bien servir son roi est agréer à Dieu et attirer sur soi des bénédictions durant la vie, un honneur immortel après la mort, et raison d'espérer de sa miséricorde le repos dans le ciel. » (*P. Norbert.*)

[2]. Le projet d'enfermer Torcy dans la même enceinte que Sedan n'a reçu d'exécution qu'en 1846, sous le règne de Louis-Philippe.

la Meuse. Suivant les intentions de Louis XIV, Sedan devait être, avec la Fère pour succursale comme place de dépôt, le grand arsenal de la frontière du Nord et le pivot de toutes les opérations offensives ou défensives que ses armées tenteraient de ce côté.

Dans le fait, le dessein du roi était presque complètement réalisé. Avec ses défenses naturelles, puissamment secondées par de nombreux ouvrages fortifiés, avec ses magasins pourvus d'un riche matériel et d'abondantes munitions de guerre et de bouche, avec ses manufactures en pleine activité, sa fonderie de canons toujours prête à répondre aux commandes du grand maître et aux réquisitions des commandants d'armée, Sedan pouvait dès lors, et mieux qu'aucune autre place confinant aux possessions espagnoles, remplir le rôle auquel on la destinait.

Parvenu au faîte des honneurs, mais profondément pénétré des obligations que lui imposait la haute distinction dont il venait d'être l'objet, Fabert ne se relâcha pas de son zèle pour la chose publique. On le vit, pour ainsi dire au lendemain de sa promotion au maréchalat, poursuivre activement les négociations entamées depuis longtemps avec le prince de Condé, dans le but de régler la question des contributions de guerre. Il réussit à obtenir un traité qui fut signé à Sedan le 13 août[1], approuvé par le

---

[1]. « Copie (orig.) du traité fait pour les contributions des places de M. le Prince, du 12 août 1658. » (*Arch. D. G.*, t. CLI.) Ce titre est écrit, au verso, de la main de Fabert.

roi le 15 septembre[1], et d'après lequel les courses devaient cesser de part et d'autre dans l'étendue de la Champagne. Désormais, grâce à Fabert, les marchands de cette province pourraient aller et venir en toute liberté pour les besoins de leur commerce. Cependant, en cas de guerre, et si les hostilités étaient ouvertes par le prince de Condé, les troupes du roi auraient droit de *courir* et de lever des contributions sur les places du gouvernement de Rocroi. Sous ces conditions, la Champagne avait à rembourser au prince quinze mille livres à titre d'arriéré, et à payer chaque année une contribution de six mille sept cent vingt-huit pistoles[2]. Les parties contractantes maintenaient les conventions particulières qu'avaient stipulées, à une date antérieure, les villes de Reims, Châlons, Réthel et Château-Porcien, les habitants des terres de Grandpré, de Beaulieu, des gouvernements de Charleville, Mézières, Donchery et Mouzon, et les fermiers des gabelles, des cinq Grosses Fermes et des aides. On limitait pour la Picardie, le Soissonnais et le Laonnais, la zone soumise aux courses des gens de Rocroi et du Câtelet ; on déterminait aussi le montant des contributions que ces pays auraient à acquitter dans le cas où ils accepteraient les clauses du traité. Enfin, les Espagnols ne devaient plus tirer

---

1. Lettre du roi (min.) (*Arch. D. G.* t. CLIII). La même lettre se trouve en copie à la *Bibliothèque nationale*, dépêches de l'année 1658, F. FR., 4193, Ms. Le Tellier-Louvois.

2. La pistole, monnaie d'or espagnole, avait cours en France et valait dix livres. (Déclaration du 20 mars 1652.)

des places dépendant de leurs alliés « aide, gens de guerre ou guide pour entrer en France ». Il faut convenir qu'on ne pouvait exploiter plus habilement le besoin d'argent chez le prince de Condé, pour mettre ce voisin dangereux autant que possible hors d'état de nuire.

Fabert ne croyait pas avoir encore assez fait pour le repos de la Champagne et des populations des frontières. A peine avait-il achevé de négocier avec les mandataires du prince de Condé, qu'il demandait à Mazarin d'approuver un projet de traité général d'échange des contributions entre la France et les Pays-Bas depuis la Moselle jusqu'à la mer, suivant lequel, dans chaque pays, des commissaires spéciaux devaient être délégués pour évaluer la somme à laquelle monteraient les contributions levées par les sujets du pays voisin[1]. Le payement de cette somme se ferait en bloc, à une date et en un lieu déterminés. Les avantages résultant de ces conventions étaient exposés en ces termes dans le mémoire adressé au cardinal : « L'argent des contributions étant payé en gros, le roi en serait le maître ainsi que de celui qui est porté à l'épargne. Les garnisons recevant leur payement par les officiers de Sa Majesté, lui deviendraient fidèles, et l'on ne verrait plus refuser d'être au roi pour s'attacher aux

1. Ce projet de traité se trouve aux *Archives nationales*, KK, 1074, sous le titre suivant : « Propositions faites aux gens des finances de Bruxelles, pour un traité réciproque des contributions, depuis la Moselle jusques à la mer, après qu'ils l'eurent demandé général et refusé le particulier pour la Champagne. »

gouverneurs, dont quelques-uns font souvent comparaison de ce qu'ils donnent aux officiers qu'ils disent être à eux à ce que reçoivent ceux qui étant au roi le servent dans ses armées.

» L'argent des contributions que le roi a voulu tirer par des gens établis pour cela, pour en payer les garnisons des places nouvellement conquises, ne serait plus diverti, et Sa Majesté en recevrait jusques au dernier sol.

» Il ne se ferait plus de courses par les ennemis dans la France; les terres s'y cultiveraient; la liberté du commerce serait à la frontière comme au cœur du royaume; les gens de guerre y seraient l'hiver près des conquêtes pour les soutenir, et tirant eux-mêmes du peuple l'argent qu'il doit payer au roi, Sa Majesté profiterait de ce prodigieux gain que font les partisans, lorsqu'ils en font la levée.

» Le peuple vivant dans cette douceur augmenterait son bien, le bétail engraisserait les terres qui rapporteraient beaucoup plus qu'elles ne font à présent, et le seul profit que les paysans feraient en vaches, brebis, poules et autres ménageries, pourrait les acquitter de la taille, si, comme il est commencé en Champagne, l'on ôtait les abus qui s'y font par les élus.

» Le peuple ayant augmenté son bien pourrait donner au roi plus qu'il ne donne à présent qu'il est dans la misère et le péril des ennemis. Ainsi, l'argent destiné aux gens de guerre augmentant, la force des compagnies de cavalerie et d'infanterie augmenterait, et dans la guerre les ennemis verraient croître les revenus et les armées du roi.

» Pour eux, il n'en saurait être de même ; ce n'est pas des places qui sont au roi qu'on pille leur pays, les gouverneurs qui l'ont mis à contribution s'intéressent à sa conservation ; ce sont les troupes de leurs armées qui, durant le quartier d'hiver, couvrent les grands chemins et font mille dégâts, et, durant la campagne, désolent en corps d'armée ce qu'ils essayent de conserver contre celles de France qui, d'un autre côté, ravagent leur pays.

» Quoique leur pays fût ruiné, ils ne pourraient diminuer la somme dont ils auraient convenu, et il faudrait qu'ils rejetassent sur d'autres lieux la cote de ceux qui auraient été ruinés par les armées, ce qu'ils ne sauraient faire sans diminuer notablement le fond de la subsistance de leurs troupes.

» Plus la France prendrait de places, plus les ennemis seraient obligés à bailler d'argent, ce qui rendrait si odieux ceux par l'ordre desquels ces levées se feraient, qu'il semble impossible qu'enfin le peuple, pressé de tant de maux, ne se révoltât contre ceux qui la leur feraient et ne se donnât à ceux qui ne leur en feraient point ; du moins il verrait la conquête des places avec le plaisir qu'ont ceux qu'on tire d'une extrême oppression. »

Qu'elles s'appliquent à la taille ou aux contributions de guerre, on voit que les doctrines économiques de Fabert sont toujours les mêmes. Nous les connaissons déjà. Pour lui, non seulement les intérêts du trésor se confondent avec les intérêts du roi, dispensateur né des ressources nationales, mais ceux du roi ne font qu'un avec ceux de ses sujets. De l'aisance du peuple dépend la prospérité de l'État. Rendre le roi maître de l'argent des contributions constitue donc l'avantage essentiel qu'il trouve au traité proposé, ou du moins celui qu'il s'empresse de signaler tout d'abord à l'attention de Mazarin. Il importe que l'État fasse lui-même ses affaires ; c'est le seul moyen d'éviter le gaspillage. Ici, comme dans son projet de réforme de l'impôt foncier, Fabert s'en prend aux intermédiaires, aux rongeurs du fisc, à tous ceux qui détournent le courant des recettes de l'État pour le faire aboutir à leur caisse particulière. En proposant de mettre directement le produit des contributions aux mains des officiers pour le payement des gens de guerre dans les garnisons, au lieu d'en abandonner l'emploi à des gouverneurs intéressés à l'exploiter contre le roi lui-même, Fabert envisage sans aucun doute les bons effets que peut avoir la régularisation de la paye des soldats sur le nombre et la qualité des troupes, et, partant, sur la marche des opérations de guerre. Toutefois, l'intérêt militaire considéré à part, quelle que soit son importance, ne le préoccupe pas exclusivement. Ses visées portent plus loin ; il songe à introduire dans l'économie financière de l'État un élément d'ordre souvent négligé, un élément capable de contribuer à la décharge des pauvres, au soulagement de la classe agricole et à la sécurité des transactions commerciales. L'homme de guerre est, il est vrai, l'objet immédiat de la réforme demandée à Mazarin ; mais, par le rôle qui lui est assigné dans l'organisation projetée, il en est en même temps l'instrument. C'est en le relevant de l'état d'infériorité et de misère où il végète, qu'on fera du soldat le protecteur du paysan, le défenseur des habitants des campagnes, dont il a été jusque-là le fléau. Tel est le point de vue auquel Fabert s'est déjà placé quand il a donné pour point de départ à sa réforme de la taille l'établissement, sur un nouveau pied, des quartiers d'hiver des troupes.

Bien convaincu que la conclusion de ce traité procurerait de grands avantages à l'État, Fabert en parla à Mazarin comme du plus grand service qu'il pût rendre au roi. « Je mourrais de regret, lui écrivit-il, si quelqu'un portait Votre Éminence à ne pas m'approuver [1]. » L'ardeur généreuse qui lui dictait ces paroles ne l'aveuglait pas cependant sur les obstacles à vaincre pour l'accomplissement de son dessein [2]. Il souleva lui-même, avec une entière franchise, les objections que l'on pourrait élever contre ses vues et se mit à les réfuter. Le gouvernement des Pays-Bas, sondé sur ses dispositions, se montra favorable aux nouvelles combinaisons. Le sort du traité d'échange reposait donc sur Mazarin. Mais, tout en acceptant en principe les articles du projet et autori-

---

1. Lettre (aut.) de Fabert à Mazarin, du 4 septembre 1658 (*Arch. nat.*, KK, 1074).

2. Lettre (aut.) de Fabert à Mazarin, du 13 novembre. (*Arch nat.*, KK, 1074).

sant les avances de Fabert au conseil des finances de Bruxelles, ainsi qu'au marquis de Caracène, commandant les troupes espagnoles en Flandre, le cardinal ne tenta rien de sérieux pour donner aux négociations entamées le caractère officiel qui comportait une solution définitive. Espérait-il que la paix avec l'Espagne serait prochaine et le dispenserait de s'occuper de la réglementation des contributions? On le croirait volontiers, à en juger par le vif désir qu'il avait depuis longtemps de voir cesser la guerre. Quoi qu'il en soit, l'offre de mariage de la fille de Philippe IV avec le roi, faite peu après par l'Espagne, d'une manière assez inopinée, vint fort à propos répondre à ses vœux. Dès que cette union, gage de la réconciliation des deux couronnes, parut certaine, il ne pouvait plus être question d'atténuer les maux de la guerre, en tirant parti de la guerre elle-même pour améliorer le sort des soldats et des paysans; la pacification générale allait nécessairement mettre un terme à l'oppression des habitants des frontières organisée sous le nom de contributions de guerre. Ainsi, la tâche que Fabert s'était imposée prenait fin à ce moment. Une lettre du 22 décembre 1658, relative aux contributions, est la dernière que nous ayons trouvée où il entretienne Mazarin de ce sujet[1].

Cependant on touchait à la fin de l'année 1658. Tandis que la grande œuvre de la paix, mystérieusement préparée entre Mazarin et l'ambassadeur de Sa Majesté Catholique, était près de voir le jour, une

---

1. Lettre (aut.), *Arch. aff. etr.*, *France*, t. CLXV.

autre œuvre embrassant seulement, dans ses débuts modestes, un petit coin de la France, mais grande aussi par l'idée généreuse qui lui avait donné la vie et par les efforts qu'elle coûtait à ceux qui en poursuivaient l'accomplissement, se trouvait menacée d'une ruine prochaine. On a déjà nommé la réforme de la taille, dont Fabert s'était fait l'ardent initiateur, Voisin et Téruel les instruments dévoués, et dont les élections de Reims, Réthel et Sainte-Menehould étaient appelées à recueillir, les premières, les heureux fruits. Les privilégiés, ceux qui, selon l'expression de Fabert, « voulaient éteindre la chandelle, » commençaient à faire tourner à leur profit l'irrésolution habituelle du cardinal. Aussi la commission accordée à Téruel pour continuer son enquête en Champagne semblait-elle être la dernière satisfaction accordée aux vues de Fabert sur ce sujet. Il n'était pas jusqu'à l'organisation des quartiers d'hiver qui n'eût reçu une grave atteinte. Mazarin, déférant aux plaintes du duc de Longueville, gouverneur de Normandie, avait décidé (décembre 1658)[1] que les gouverneurs de provinces partageraient à l'avenir avec les intendants les pouvoirs dont ces fonctionnaires étaient investis depuis plusieurs années en matière de logement militaire[2].

1. *Bibl. nat.*, F. FR., 4237, Ms. Le Tellier-Louvois.
2. En 1658, le domaine-apanage de Sézanne en Brie (châtellenies de Chantemerle, Esternay et Tréfols) avait été *engagé* à Fabert. (Lettre (aut.) de Fabert à Mazarin, du 18 mai 1658, *Collection* de M. du Brunfaut; *Baugier*; *Brulley de Marnay, mémoires historiques sur Sézanne*; *mémoires* (ms.) *sur la Champagne*, Bibl. nat., F. FR., 14314.)

CHAPITRE II

(1659)

Déclaration du 22 juin 1659 relative à l'aliénation des biens communaux; son but. — Traité des Pyrénées, suspension des hostilités. — Fabert facilite à Mazarin la conservation de la prévôté d'Yvoy. — Demande la réunion d'Yvoy à son gouvernement. — Expédient qu'il emploie pour acquérir Champneuville à la France. — Son opinion sur la paix conclue avec l'Espagne. — L'inertie de Mazarin est funeste aux réformes fiscales entamées sous l'impulsion de Fabert. — Fabert prend la défense de Téruel. — Un accident met en danger la vie de Fabert. — Suite de la correspondance de Fabert et de d'Andilly. — D'Andilly entretient le prosélytisme de Fabert; il lui insinue de briguer le pouvoir. — Fabert refuse les ouvertures de d'Andilly; il accentue son refus de rechercher le ministère. — Offre à Mazarin de conduire contre les Turcs, les gens de guerre licenciés à la suite de la paix. — Donne part à D'Andilly de son projet d'expédition et des motifs qui ont dicté sa résolution. — D'Andilly répond à Fabert que la croisade projetée contre les Turcs pourrait se tourner contre les Anglais. — Fabert fait justice des propositions de d'Andilly, et persiste dans son dessein de se croiser contre les Turcs. — Entrevoit les progrès des musulmans en Europe. — Résiste à de nouvelles instances de d'Andilly. — La France assiste Venise contre les Turcs en 1660. — d'Andilly sollicite l'amitié de Fabert pour son fils, M. de Pomponne. — Insuccès des démarches de d'Andilly pour faire obtenir à M. de Pomponne la charge de chancelier du duc d'Anjou. — Fabert recommande Pomponne à Mazarin.— La réponse de Mazarin à Fabert ne donne pas satisfaction à d'Andilly. — Fabert expose à d'Andilly les raisons qui l'empêchent de mettre à exécution ses intentions de retraite. — D'Andilly tente de nouveau d'obtenir de Fabert qu'il se rapproche du pouvoir. — Fabert se délivre des obsessions de d'Andilly par une réponse significative.

Tout en renonçant à donner suite aux idées de Fabert sur un cadastre général, Mazarin continua à s'occuper des intérêts de la Champagne ; si l'on en doutait, la déclaration du 22 juin 1659 [1] suffirait à le prouver. On exposait au nom du roi, dans cette pièce, le misérable sort auquel la guerre, en se prolongeant, avait réduit les populations champenoises, ainsi que les remèdes employés jusque-là pour l'adoucir, tels que la réduction de la gabelle, l'introduction des règles de justice dans la répartition de la taille, l'atténuation des rigueurs exercées contre les paroisses pour les obliger à acquitter le restant dû des tailles

---

1. Recueil des anciennes lois françaises d'Isambert, Decrusy et Taillandier, tome XVII.
Les cinq premiers mois de l'année 1659 ne nous ont apporté aucun fait digne d'être mentionné. Nous savons seulement, par quelques vers de Loret, que Fabert se trouvait à Paris vers la fin de février, et qu'il y fut très bien accueilli à la cour. Voici ces vers, extraits de la *Muse Historique* (Livre X, lettre 9e, du 1er mars) :

« M. Fabert, ce personnage
Si plein d'esprit et de courage,
Ce véritable homme d'honneur,
Qui de Sedan est gouverneur,
Que pour son bon sens et vaillance,
On a fait maréchal de France,
Que rien n'a jamais abattu,
Et dont le titre et la vertu
Ont paru des fois plus de mille,
Est de présent en cette ville,
Où, par ce commun bruit j'ai su

et de la gabelle des années passées, la surcéance accordée aux communautés d'habitants des pays frontières pour le payement de leurs dettes, et enfin l'organisation des quartiers d'hiver. Mais un examen attentif de la province avait révélé, observait-on, « un mal caché » préjudiciable aux bons effets de ces mesures et provenant de l'aliénation par les paroisses, aux seigneurs des lieux et autres personnes puissantes, de leurs droits d'usages et biens communaux, aliénation obtenue à vil prix sans permission du roi ni formalités judiciaires. En conséquence, on autorisait les communautés de la généralité de Châlons à entrer de plein droit dans les bois et tènements communs par elles aliénés depuis vingt ans, pour quelque cause et à quelque titre que ce fût, à la charge de rembourser en dix ans aux acquéreurs le prix payé

>Que la cour l'a fort bien reçu,
>Il a plusieurs fois fait paraître
>Qu'il aimait feu Schomberg mon maître,
>Et mon maître, pareillement,
>L'avait en grand prédicament.
>Tous les gens de bien le révèrent,
>Nos Majestés le considèrent,
>Et l'Éminence en fait état,
>Autant que d'autre de l'État.
>C'est pourquoi ce cœur magnanime
>Est tout à fait dans mon estime ;
>Et j'en fais ici mention
>Avec bien de l'affection,
>Car enfin, c'est là ma coutume,
>De donner quelque trait de plume
>A ceux qui servent bien le roi,
>Et dont le mérite et la foi,
>Après d'évidents témoignages,
>Ont l'approbation des sages. »

de l'aliénation ; enfin, les mêmes communautés ne pourraient, dorénavant, engager ou vendre leurs biens et usages sans le consentement du roi.

Cette mesure radicale complétait l'arrêt du conseil du 30 mars 1658 ; celui-ci sauvegardait la propriété individuelle, celle-là la propriété collective ; les deux actes tendaient au même but : empêcher la dépossession des classes rurales. Remarquons que l'abus attaqué par la déclaration du 22 juin était à peu près général dans le royaume et remontait à une époque très éloignée [1] ; seulement la Champagne, épuisée par la guerre dont elle était fatalement le théâtre depuis de longues années, continuait à en souffrir peut-être plus que les autres provinces. Sans aucun doute, l'enquête approfondie de Téruel lui avait valu d'être secourue dans sa détresse [2]. Ajoutons que la royauté, en prenant sous sa tutelle les droits de propriété et de jouissance des biens communaux, con-

---

[1]. Les édits d'avril 1567, de mai 1575 et l'ordonnance de Blois de 1579 prescrivaient des mesures propres à empêcher l'aliénation des biens communaux. L'article 57 de l'ordonnance de 1600 autorisait les communautés à racheter, en quatre ans, les usages et communaux aliénés, même sans clause de rachat. Aux États-Généraux de 1614 et aux assemblées des notables de 1617 et 1626, des plaintes s'élevèrent contre les usurpations des biens communaux par les seigneurs. L'article 206 de l'ordonnance de janvier 1629 (code Marillac) défendait aux seigneurs d'usurper les communes des villages et de les appliquer à leur profit, de les vendre, engager ou bailler.

[2]. Un règlement général sur les biens communaux aliénés, dû à l'initiative de Colbert, appliqua, en 1667, à toute la France, l'ordonnance publiée en 1659 au profit des villages de Champagne.

La haute portée de ce règlement a été appréciée par M. Henri Martin dans son *Histoire de France*.

fondait ses intérêts avec ceux des plus pauvres habitants.

Le 7 novembre 1659, Mazarin signait le mémorable traité des Pyrénées, qui stipulait la paix entre la France et l'Espagne et faisait rentrer le prince de Condé dans ses biens, charges et privilèges. Six mois auparavant (8 mai) avait eu lieu, en vertu d'une suspension d'armes, la cessation des hostilités. La Champagne allait être désormais à l'abri de l'invasion des armées espagnoles et des courses de leurs partis, et ne payerait plus de contributions de guerre au gouvernement des Pays-Bas ni à Rocroi qui était restitué à la France avec Linchamps et le Câtelet.

Au nombre des places fortes dont le traité des Pyrénées consacrait la possession définitive en faveur de la France, se trouvait celle d'Yvoy-sur-Chiers, où Fabert avait détaché, pendant la guerre, deux cents hommes de la garnison de Sedan [1]. Grâce à cette précaution qui sortait des limites ordinaires de la prévoyance, grâce aux renseignements de toute sorte qu'il s'était attaché à fournir sur Yvoy, il contribua à faciliter à Mazarin la tâche de négocier la conservation de cette place à la France [2]. D'après le Père

---

1. *Annales civiles et religieuses d'Yvois-Carignan et de Mouzon*, par Delahaut. Paris, 1822.
La place d'Yvoy, après avoir appartenu, alternativement et à plusieurs reprises, à la France et à l'Espagne, pendant plus de deux siècles, subit, en 1639, un siège à la suite duquel elle fut rasée jusque dans ses fondations.
2. Fabert avait envoyé à Mazarin, le 22 octobre 1659 (aut., Arch. nat., KK, 1074), un mémoire sur les dépendances des prévôtés d'Yvoy, Montmédy, Chauvency-le-Château et Marville dans le Luxem-

Barre, le cardinal, reconnaissant des services que Fabert lui avait rendus à cette occasion, n'aurait même pas attendu la conclusion de la paix pour lui faire entrevoir comme récompense le don d'Yvoy. A la vérité, Fabert avait demandé de bonne heure et avec instance, que l'on adjoignît Yvoy et sa prévôté, comprenant trente villages, au gouvernement de Sedan ; mais, dans ses efforts pour obtenir gain de cause sous ce rapport, il n'avait jamais cédé à aucune préoccupation d'intérêt personnel. Les habitants d'Yvoy, chassés sans pitié de leur ville à la suite du siège de 1639 par le maréchal de Châtillon, commençaient à y rentrer ; le moment paraissait donc propice à Fabert pour étendre à Yvoy les bienfaits d'une organisation administrative et militaire dont il avait fait l'expérience dans la principauté. Les avantages qui devaient en résulter pour Yvoy, et ceux qu'il comptait trouver dans la réunion à Sedan de la prévôté ainsi reconstituée, étaient propres à le séduire. Il était singulièrement tourmenté de la crainte que cette vallée fertile d'Yvoy, confinant aux terres de son gouvernement, ne servissent un jour à faire les frais d'un cadeau destiné à quelque personnage plus soucieux de son profit particulier que du bien

---

bourg. La possession de ces places ou postes militaires, stipulée par le traité des Pyrénées (art. 38 et 41), eut pour effet d'assurer à la France la ligne de défense du Chiers, en avant de celle de la Meuse, de couvrir Sedan et Stenay à l'est, d'élargir de plusieurs lieues la zone protectrice du nord-est de la Champagne, et enfin de resserrer la trouée lorraine entre Meuse et Moselle, par où les Espagnols pouvaient facilement pénétrer en France.

général, par exemple au marquis de Vandy, gouverneur de Montmédy, serviteur suspect et administrateur incapable [1]. Aussi, la paix signée, renouvela-t-il ses sollicitations. Le 24 décembre, il écrivait à Mazarin « qu'il aurait tort de donner aux personnes ce qu'il devait aux places [2] ». Le 4 janvier 1660, nouvelles instances auprès du cardinal. « La demande réitérée que j'ai faite de la prévôté d'Yvoy est si désintéressée à mon égard et tellement fondée sur le bien du service du roi, que je consens, après que cela sera fait, de sortir de Sedan, soit pour servir ailleurs, soit pour une retraite. Je vous dis, Monseigneur, lorsque toute la France était dans la confusion, que rien ne pouvait m'obliger à sortir de ce poste qui était assuré en mes mains, mais que l'autorité étant une fois rétablie, un billet de deux lignes m'en tirerait. Présentement je confirme cela, et il sera exécuté quand Votre Éminence le voudra [3]. » Malgré tout, ses vœux désintéressés ne devaient pas être remplis. Dix-huit mois s'écoulèrent après la signature de la paix ; puis, ainsi qu'il l'avait prévu ou

---

1. Lettres (aut.) de Fabert à Mazarin, des 16 février, 25 mai, 28 juin et 23 juillet 1659. (Arch. nat., KK, 1074).
Fabert ne pardonnait pas à M. de Vandy d'avoir cherché, par de calomnieuses insinuations, à le faire passer pour un gouverneur infidèle, capable de trahison. Sa correspondance avec Mazarin, en 1659 et au commencement de 1660, est remplie des récriminations les plus vives contre ce dangereux voisin.

2. Aut., *Arch. nat.*, KK, 1074.

3. Aut., *Arch. nat.*, KK, 1074.
Dans une lettre (aut.) à Mazarin du 19 mars 1660, (*Arch. nat.*, KK, 1074), Fabert insiste encore sur l'urgence de la réorganisation de la prévôté d'Yvoy.

plutôt appréhendé, ce ne fut pas à une place, mais à un homme qu'échut la prévôté d'Yvoy; l'ancienne châtellenie luxembourgeoise devint l'apanage d'un grand seigneur, d'un prince de maison souveraine, marié à Olympe Mancini, cette nièce de Mazarin sur laquelle le jeune roi avait fait, en d'autres temps, ses premiers essais d'amour [1].

Dans un but semblable à celui qui lui avait fait mettre garnison dans Yvoy, Fabert avait profité, avant la suspension d'armes du 7 mai, de ce que les Espagnols n'occupaient pas les villages luxembourgeois de Champ ou Chomme et Neuville [2], pour y envoyer une trentaine de soldats. Ces deux localités, situées en amont de Stenay, à trois lieues environ au nord-ouest de Verdun, à peu de distance de la rive droite de la Meuse et formant enclave au milieu du territoire de la France, ouvraient aux armées espagnoles un débouché facile dans le royaume. Fabert connaissait bien l'importance de ce poste militaire capable à lui seul de rendre inutiles les tours ou redoutes établies depuis longtemps par ses soins le long de la Meuse. L'expédient auquel il eut recours pour l'acquérir à la France eut le succès qu'il en attendait. Lorsque, la paix conclue, les Espagnols

---

1. Louis XIV donna Yvoy et les villages qui en dépendaient, par lettres patentes de mai 1661, à Eugène Maurice, prince de Savoie, comte de Soissons (père du prince Eugène). En 1662, la prévôté fut érigée en duché-pairie sous le nom de Carignan; la maison de Savoie la posséda jusqu'en 1751.

2. Aujourd'hui Champneuville, canton de Charny, arrondissement de Verdun.

redemandèrent Champ et Neuville, il leur fut répondu qu'ils ne pouvaient prétendre se faire restituer que des localités spécifiées dans le traité, et que la prise de possession par les armes, des deux villages en question, était dûment définitive [1].

Tandis que Turenne, tourmenté par des regrets ambitieux, se plaignait que le traité interrompît le cours de ses succès en Flandre, tandis que Saint-Évremond [2] blâmait Mazarin de s'être montré trop généreux envers l'Espagne en lui accordant la paix qu'elle demandait, et lui reprochait d'avoir songé à

1. Notes manuscrites du P. Barre, intitulées : *Documents sur l'histoire des villes et des provinces* (Bibl. Sainte-Geneviève).
Annales civiles et religieuses d'Yvois-Carignan et de Mouzon, par Delahaut.
Les Espagnols, se ravisant plus tard au sujet du village de Champneuville, contestèrent au roi la légitimité des titres au nom desquels il en avait pris possession. En octobre 1661, Fabert fournit à Le Tellier un mémoire justificatif des prétentions de la France sur cette seigneurie. Vers la fin de décembre, le président Morel eut ordre d'empêcher les habitants de payer l'impôt à l'Espagne. A la même époque, le prince de Chimay, gouverneur du Luxembourg, ayant fait installer dans Champneuville un petit détachement de cavalerie, Fabert fut invité à prendre des mesures pour que les droits du roi fussent respectés. Le 19 avril 1662, Louvois écrivait au maréchal pour approuver la modération de sa conduite vis-à-vis du prince de Chimay. Après la mort de Fabert, les instructions de Le Tellier, en ce qui concernait Champneuville, furent envoyées au président Morel et à M. de Termes. On voit par une lettre du roi, du 24 octobre 1662, adressée aux sieurs Courtin et Talon, commissaires chargés du règlement des limites en exécution du traité des Pyrénées, que le conflit soulevé à l'occasion de Champneuville n'avait pas encore pris fin à cette époque. (Lettres min. de Le Tellier à Fabert, au président Morel, à M. de Termes, à Courtin et Talon, et lettre (min.) de Louvois à Fabert, Arch. D. G., t. CLXX, CLXXII, CLXXIII et CLXXV.)
2. Charles Denis de Saint-Evremond, maréchal de camp en 1652, était au nombre des courtisans qui avaient accompagné Mazarin, lors de son départ pour l'île des Faisans.

couvrir la frontière au moment où il devenait possible de la reculer par la conquête des Pays-Bas tout entiers[1], la voix de Fabert s'élevait pour offrir au cardinal le témoignage d'une admiration aussi clairvoyante que sincère, et vraiment digne de l'œuvre glorieuse de la pacification. Cependant, tout en reconnaissant que l'alliance des deux couronnes et la soumission du prince de Condé procureraient à la Champagne quelques-uns des bienfaits qu'il avait longtemps appelés de ses vœux, il ne se faisait pas illusion sur la paix au point de croire qu'elle était le baume souverain qui guérirait tous les maux. Eût-il d'ailleurs conservé jusqu'alors l'espoir de relever la Champagne de ses ruines accumulées, qu'il se voyait

---

[1]. Nous faisons allusion ici à la lettre adressée à M. de Créqui, lieutenant général, et devenue fameuse, où Saint-Evremond critique avec une causticité qui fait tort à son sens politique le traité des Pyrénées. Une copie de cette piquante mazarinade fut envoyée à Fabert par Saint-Evremond lui-même ; elle se trouve à la Bibliothèque Sainte-Geneviève (Z. 530⁸), et se termine par les quatre vers suivants que nous croyons inédits :

> « On a grand tort de s'étonner
> Que cette paix ne soit pas bonne ;
> C'est Dieu qui la doit donner,
> Et c'est le diable qui la donne. »

Le Père Barre, dans une note manuscrite, nous apprend que Fabert était lié avec Saint-Evremond, et que la copie en question faisait partie des papiers du maréchal.

D'après l'auteur anonyme de l'*Histoire* (manuscrite) *du roi par es négociations de ses ministres dans les cours étrangères* [depuis la paix des Pyrénées jusqu'à celle d'Aix-la-Chapelle], Arch. aff. étr., *France et divers États*, t LXII, le parti qui désirait la continuation de la guerre en 1659, avait pour chef le surintendant des finances, « fâché de n'avoir eu aucune part à la négociation et irrité des traverses que mettait à sa fortune une créature du cardinal [Colbert], celle-là même qui enfin perdit Fouquet ».

maintenant contraint de l'abandonner devant l'inertie de Mazarin, devenue, en se prolongeant, aussi funeste à ses desseins de réforme fiscale que la résistance la plus active. Mais si le sacrifice de ses idées était déjà chose accomplie, il n'entendait pas que celui auquel il en avait confié l'application et dont le dévouement s'était toujours montré à la hauteur de cette tâche, en devînt l'innocente victime. Au moment où le silence se faisait autour de son œuvre inachevée, il écrivit en ces termes à Mazarin pour lui rappeler ce qu'il devait à Téruel : « M. Voisin m'écrit qu'il a ordre de rétablir au régiment de Podewiltz un appelé Briet, cassé par le colonel qui voulait conserver le sieur Téruel par l'estime qu'il en fait. Cependant, Monseigneur, ce vieil et brave soldat s'en va quitter la place à un homme de si peu, si Votre Éminence n'a la bonté de l'empêcher. M. de Turenne est fâché qu'il ait quitté l'armée, mais ç'a été Votre Éminence qui le lui a commandé, et c'est moi qui le lui ai proposé pour chose plus utile que ce qu'il y eût fait. Je serais affligé au dernier point si j'étais l'auteur de son malheur, et je supplie très humblement Votre Éminence de l'empêcher [1]. » Il faut le dire, cet appel à la justice, à la reconnaissance de Mazarin, resta sans écho....

Ce fut sans dépit, non sans amertume, que Fabert retira sa main secourable de la plaie profonde et envenimée de l'arbitraire administratif et financier.

---

1. Lettre (aut.) de Fabert à Mazarin, du 25 février 1660, déjà citée.

Néanmoins, le découragement ne pouvait gagner l'homme qui avait à un si haut degré le sentiment de ses devoirs à l'égard de ceux qui souffraient. D'autres misères que celles dont il avait cherché le remède s'offraient à lui en grand nombre, demandant à être sinon guéries, du moins soulagées. Nous allons voir comment, pendant les dernières années de sa vie et dans le vaste champ qui restait ouvert aux maux à adoucir et aux bienfaits à répandre, il continua à se prodiguer lui-même en efforts généreux pour le bien public et pour l'amélioration du sort de ses concitoyens.

Au mois de novembre 1659, à la suite de l'explosion d'un magasin à poudre du château, qui avait coûté la vie à un soldat et aurait pu avoir des conséquences encore plus terribles [1], il prit l'engagement de faire élever, sur l'emplacement même de la catastrophe, une chapelle pour la garnison [2].

En décembre, quelques officiers des troupes du prince de Condé destinées à être licenciées, le solli-

---

1. A cette occasion, Vincent de Paul écrivit (17 septembre) à M. Cabel, supérieur de la Mission de Sedan : « Dieu soit loué, Monsieur, d'avoir préservé Mgr le maréchal et toute sa famille de l'éclat du feu causé par la poudre. La protection de Dieu paraît manifestement sur cette illustre famille, en cet accident qui n'a pas eu les mauvais effets qui en arrivent pour l'ordinaire. » (Cop., *Arch. de la Mission.*)

2. Lettres de d'Andilly à Fabert, des 26 novembre 1659 et 4 janvier 1660 (*Bibl. Ars., Corresp. des Arnauld*, t II). — Lettre déjà citée, du 24 décembre 1659, de Fabert à Mazarin (*Arch. nat.*, KK, 1074).

Cette chapelle fut construite ainsi que Fabert en avait fait le vœu ; c'est à tort que l'abbé Prégnon, dans son *Histoire de Sedan*, en attribue l'édification au prince Frédéric-Maurice.

citèrent d'intervenir auprès de Mazarin pour obtenir l'autorisation de reprendre du service dans l'armée royale[1]. Il s'empressa de souscrire à leur désir. Mais le cardinal était décidé à n'accorder cette faveur qu'aux officiers pourvus d'une recommandation de la reine mère; il développa plus tard à Fabert les motifs de sa résolution, tirés du peu de confiance que lui inspirait la soumission encore récente du prince, et aussi de la crainte de refaire à celui-ci trop de crédit, en prodiguant les charges militaires à ses anciens partisans.

La dernière moitié de l'année 1658 et l'année 1659 sont marquées par un redoublement d'activité dans la correspondance de Fabert et d'Arnauld d'Andilly. Nous avons ménagé cette place à l'étude de leurs relations pendant cette période. Mais comblons tout d'abord une lacune en remontant jusqu'au mois de mai 1657, c'est-à-dire jusqu'au moment où nous avons laissé Fabert sous l'influence des dernières *Provinciales*.

A partir de cette époque jusqu'en mai 1658, la plupart des lettres qu'échangèrent Fabert et d'Andilly, n'ont pour nous qu'un médiocre intérêt : elles se rapportent généralement aux débats assez confus d'un procès pendant entre le fils du marquis

---

1. Les lettres patentes d'abolition que le roi devait faire expédier d'après l'article 85 du traité des Pyrénées, aux adhérents du Prince de Condé, ne remettaient pas de droit (article 87 du même traité) ceux qu'elles concernaient, en possession des charges, offices et gouvernements qui leur avaient appartenu avant leur sortie du royaume.

Feuquières et l'un des beaux-frères de Fabert, qui se disputaient une succession. Celles qui suivent jusqu'à la fin de 1658, nous font rentrer avec Fabert dans le vif des questions agitées par les jansénistes et les jésuites, et qui ont déjà fourni le sujet de ses premiers entretiens avec d'Andilly. C'est le moment où les curés de Paris, d'accord avec Nicole et le docteur Arnauld, incriminent dans des factums auxquels Pascal a part d'une manière directe, les maximes attribuées aux jésuites, et où l'*Apologie pour les casuistes contre les calomnies des jansénistes*, œuvre du Père Pirot, essuie la censure de la Faculté de théologie. D'Andilly continue à entretenir le prosélytisme de Fabert en lui envoyant régulièrement tous les écrits jansénistes. Après en avoir pris connaissance, le maréchal les lit en présence des ministres de Sedan et en distribue des exemplaires; en outre, dans ses lettres à d'Andilly il en apprécie la portée et le mérite, ainsi qu'il l'a déjà fait pour les *Provinciales*. Il se range alors, sans réserve, du parti des curés dont il loue « le zèle et la fermeté pour le bien de l'Église », contre les évêques auxquels il reproche de laisser se répandre, sans les flétrir, les doctrines corruptrices. Des évêques il passe au pape, pour se plaindre que « Rome, chargée des choses saintes, se mette si peu en peine du salut des chrétiens ». En un mot, le

---

1. Feuquières soutint les prétentions de son fils et Fabert celles de ses proches. D'Andilly fut pris comme arbitre, ce qui n'empêcha pas l'affaire de traîner jusqu'au mois d'août 1658, tant la chicane était puissante en ce temps-là.

jansénisme de Fabert, loin de s'attiédir, semble se fortifier[1].

C'était beaucoup pour d'Andilly de trouver écho dans Fabert et de se savoir un pareil ami là où l'influence janséniste pouvait s'exercer sur des religionnaires nouvellement convertis, mais ce n'était pas encore assez. L'ancien courtisan, dont le rôle le plus important consistait à rechercher des défenseurs ou des adeptes de Port-Royal dans le monde et surtout dans les régions élevées du pouvoir, ambitionnait de faire servir le gouverneur de Sedan à ses vues de sectaire. Il ne s'agissait rien moins que de le décider à briguer le ministère. La première démarche qu'il tenta dans ce but date du 16 août 1658. Elle est donc postérieure de douze à treize jours à la nomination de Fabert au maréchalat[2]. Il est vrai de dire que d'Andilly la préparait depuis longtemps par d'habiles insinuations, et que Fabert lui-même y avait aidé, jusqu'à un certain point, en multipliant les protestations de dévouement et les offres de services. Quoi qu'il en soit, d'Andilly échoua dans ses ouvertures. Fabert lui écrivit le 26 août :

« Je ne sais si à quelque autre homme j'oserais dire ce que vous me forcez à vous dire, par ce que vous m'avez fait l'honneur de m'écrire le 16... C'est

---

1. Lettres de Fabert à Arnauld, des 2, 12 et 26 juin, 18 août, 9 octobre, 22 et 25 décembre 1658, et *passim* (*Bibl. Ars.*, *Corresp. des Arnauld*, t. II). Voyez aussi lettre (aut.) de Fabert à Arnauld, du 8 octobre 1659 (même source).

2. On a vu plus haut que les provisions de maréchal de France furent remises à Fabert le 2 août.

que je suis persuadé que l'abus qui se commet dedans les charges vient de ce que ceux qui les possèdent veulent être honorés par ce seulement qu'ils les ont, et veulent se faire craindre ès choses qui les regardent parce qu'ils ont en main l'autorité du roi. Je suis d'une autre opinion, croyant, il y a fort longtemps, que les charges sont des servitudes qui obligent ceux qui les possèdent à faire ce pourquoi elles sont établies, et qu'on se doit plutôt croire un serviteur public que le maître de ceux de qui il faut qu'on prenne soin, et pour l'autorité, qu'il faut bien se garder de jamais s'en servir pour l'appliquer à son propre intérêt.

» Sur cela, vous jugerez, Monsieur, s'il peut être vrai ou non que jamais je n'ai eu de nouvel emploi que je n'ai tremblé de crainte de m'en acquitter mal. J'ai cru, commençant une charge, que je ferais des fautes parce que je n'ai pas les qualités qui y étaient nécessaires, ni une expérience qui fait que l'on s'échappe de la plupart des choses que l'on a à faire. J'ai vu ce que chacun demande comme une élévation, pour moi un grand sujet de craindre de tomber dans la honte, n'en croyant pas de plus grande que celle de se charger d'une chose de laquelle l'on ne peut s'acquitter, et d'avoir de cela pour témoins perpétuels ceux avec lesquels vous avez à vivre et desquels plus que d'autres vous voulez avoir l'estime. Je crois encore qu'on a un compte à rendre à Dieu, bien grand, d'empêcher l'avantage du public, en empêchant un homme qui le ferait, d'avoir la place que l'on veut occuper indignement.

» Les choses que j'ai gravées dedans l'esprit m'ont empêché de demander jamais aucune charge pour moi ni mes amis, m'ont donné de la peine lorsqu'on m'en a donné de plus grandes que celles que j'avais, et m'ont empêché d'avoir aucune joie de l'honneur que Son Éminence m'a obtenu du roi. Vous croirez, je m'assure, que je vous parle sincèrement, et je prends Dieu à témoin que cela est ainsi, sur quoi vous pouvez juger de l'effet qu'a fait dedans mon âme ce que vous avez eu la bonté de m'écrire[1]. »

Cette lettre, où Fabert dépouillait la forme élogieuse dont il usait d'ordinaire dans sa correspondance avec d'Andilly, revêt un caractère de simplicité et de modestie qui n'exclut pas la fermeté. Le sentiment vrai de ses devoirs comme homme public la lui avait dictée. Mais d'Andilly ne se laissa pas ou ne voulut pas se laisser persuader. Une nouvelle tentative de sa part, semblable à la première, lui attira la réponse suivante : « Je vous dirai, Monsieur, que je ne puis espérer rien d'égal à ce que vous dites attendre de moi. Il faut, dans le monde, ajuster tant de choses ensemble pour en faire quelqu'une qui ne soit pas dépendante du grand courant qui entraîne les actions des hommes, et j'ai en moi si peu de ce qui est absolument nécessaire pour cela, que je ne songe pas à faire ce que pourrait faire le moindre de

---

1. *Bibl. Ars., Correspondance des Arnauld*, t. II. Comment cette lettre si intéressante a-t-elle échappé aux investigations de Pierre Varin ? C'est ce que nous ne nous expliquons pas, à moins qu'elle n'ait jamais fait partie de la collection du marquis de Paulmy.

tous les hommes. Quand j'aurais dans quelques affaires l'autorité sans laquelle on est toujours forcé de céder à la manière corrompue d'agir, laquelle est en pratique, je n'ai pas assez d'esprit pour me bien démêler des difficultés qu'on m'y ferait naître. Cela est une chose éprouvée par moi depuis plusieurs années, en tant de rencontres différents, qu'il ne me resté aucun lieu d'en douter; et mille fois j'ai admiré de voir les oppositions que j'ai rencontrées en agissant, et, après l'action, le blâme public que j'ai reçu pour des choses bien faites et utiles à ceux qui me blâmaient, autant qu'indifférentes à moi et à mes intérêts. Je vous assure, Monsieur, que la peine que j'ai eue de me justifier de ce que j'ai fait de bon en cette frontière m'a si fort dégoûté d'entreprendre plus rien, que je crains les affaires plus que je ne saurais vous dire. Je connais bien que cela provient de ce qu'en agissant pour le bien de quelques-uns, l'on s'attire les autres pour ennemis, et que c'est aller contre un furieux torrent que d'aller contre ce que disent tous les autres, et je ne me sens pas assez fort pour n'être pas renversé par de si rudes chocs que ceux qu'il me faudrait souffrir.

» Vous savez mieux que moi que la cour ne voit pas de ses yeux, et que c'est par ses oreilles qu'elle connaît les gens. Ainsi, quand chacun parle d'accord contre un homme, il faut qu'il succombe, même en réussissant quant aux affaires qu'il aurait entreprises. Et j'ai déjà couru tant de fois ce péril, que vous en seriez étonné si vous le saviez avec les circonstances qui l'ont accompagné. Mais, Monsieur, il n'est pas ici question de ma volonté ; quand elle serait d'entreprendre quelque chose, je n'y suis pas destiné ; je ne vois pas qu'on ait de pensée que de se servir de moi en de petites choses auxquelles cette frontière a besoin d'un homme d'esprit commun, et d'un peu d'expérience ès choses de ce pays.

» Voilà, Monsieur, l'étendue dans laquelle je puis mouvoir, et laquelle, pour les raisons dites ci-dessus, je serais marri de voir s'agrandir. Il faut servir les hommes pour être agréable à Dieu, mais il faut le faire avec connaissance de soi qui empêche d'entreprendre ce qu'on ne pourrait achever, et, à mon avis, il faut être bien aise que nous ne soyons employés qu'à rendre le service duquel nous nous sentons capable. Je suis bien éloigné d'avoir de moi l'opinion avantageuse que vous en avez, et je connais n'avoir rien en quoi je puisse me confier qu'en l'honneur de votre sincère amitié qui vous porte à me parler avec tant de soin et de cordialité de mon salut et de mon honneur. Je ne saurais faire ce que vous me conseillez, mais je vous promets, Monsieur, de ne rien faire qui y soit contraire[1]. »

La réplique était péremptoire, mais, sans se rebuter, d'Andilly renouvela ses sollicitations. En vain Fabert s'efforça de lui faire entendre qu'il n'était « nulle-

---

1. Lettre du 15 septembre 1658 (*Bibl. Ars., Corresp. des Arnauld*, t. II). Cette lettre est la seconde et non pas la première, ainsi que Pierre Varin l'a avancé, où d'Andilly insinue à Fabert de se rapprocher du pouvoir.

ment capable de choses de cabale, d'intrigues de partis, d'artifices dont on use pour faire par des ressorts cachés ce qu'on veut faire sans paraître y agir[1] », il ne parvint pas à décourager la poursuite à outrance dont il était l'objet.

A la suite d'une visite qu'il rendit à d'Andilly, à Port-Royal, en mars 1659, sa résolution n'était pas ébranlée ; il lui écrivit, en effet, quelques jours après : « J'ai conçu de ce que j'ai vu dans le lieu où vous êtes un si grand mépris de ce que je puis faire dans le monde, que j'ai bien plus de peine à résister au désir que cela m'a donné d'en sortir que je ne puis jamais avoir le dessein de m'y engager plus que je n'y suis à présent..... Il faut des qualités et des appuis que je n'ai pas, pour faire un bien considérable. Vous savez, mieux que je ne puis le dire, ce que c'est des affaires, et ce que c'est d'un homme qui veut agir contre les intérêts de plusieurs en faveur d'un public dans lequel on ne trouve nul appui. Ces considérations auxquelles la pensée donne une si grande suite, m'ont fait résoudre à me tenir ici avec la volonté d'y faire tout mon possible pour suivre mon devoir, et attendre avec tranquillité d'esprit ou la mort, ou que l'âge de mon fils me permette de me décharger sur lui de l'emploi que j'ai pour le roi en ce lieu.... » Il terminait par ces quelques mots : « Il y a bien à tirer à un homme comme moi pour en venir à bout[2] ».

---

1. Lettre du 22 décembre 1658 (*Bibl. Ars., Corresp. des Arnauld*, t. II).
2. Lettre du 2 avril 1659. (*Bibl. Ars., Corresp. des Arnauld*, t. II).

Il est à peine croyable que d'Andilly ait persévéré dans son premier dessein, après ce nouveau et formel refus opposé à ses instances réitérées. C'est néanmoins ce qui eut lieu. Le soldat désintéressé continua à se trouver aux prises avec l'ambitieux et tenace solitaire, comme en témoigne la lettre suivante, qu'il lui écrivit le 20 avril :

« Certainement, Monsieur, il s'en manque bien que j'aie de moi l'opinion que vous en avez. Je me connais d'humeur à ne pouvoir agir avec le monde qui hait la liberté de dire ce que l'on pense, et veut en toutes choses être trompé. Un homme sans liaison d'intérêt, sans cabale, sans intrigues, doit fuir tout emploi, si l'on voulait lui en donner, et, à plus forte raison, doit-il s'empêcher d'en rechercher. Votre modération est un si bel exemple, que j'aurais honte de paraître présomptueux, quand j'aurais le cœur porté à cela. L'on vous a vu réussir partout dans les emplois que le feu roi vous a donnés, et attirer sur vous l'estime et l'amitié de tout le monde. Les finances vous ont donné plus de gloire et d'éclat que de richesse à ceux qui vous ont succédé ; et après tant de choses faites pour votre patrie, après une réputation si établie, vous voulez achever votre vie dans un désert. Vous voulez que Dieu voie qu'il y a des hommes tout à lui, et que par ceux-là il s'empêche de haïr ceux qu'il a faits et qui le traitent avec ingratitude. Vous faites voir que vous craignez le monde ; vous laissez les affaires rouler ès mains de ceux qui en mendient les emplois ; vous qui pourriez parmi eux arrêter le cours de ce qui a gauchi, avez l'humilité de ne croire pas cela. Et vous jugez d'un homme comme moi, nourri dedans l'infanterie, qu'il pourrait plus que vous! Vous ne pouvez avoir cette pensée qu'en vous faisant beaucoup de tort et en mettant sur moi ce que vous vous ôtez. Je connais mes défauts qui sont grands, mais, autant que je puis, ils ne sont pas volontaires. Je serais peu sincère si je ne vous avouais ingénument que je me sens bien différent à ce que vous croyez de moi. J'avoue que je souhaite ardemment le bien du service du roi, qui est celui de ma patrie, mais je confesse aussi n'avoir pas de quoi mettre cela en œuvre, les vertus me défaillant qui rendent un zèle utile [1].... »

Sur ces entrefaites, le roi annonça à ses armées la suspension d'armes destinée à préparer les voies à la paix définitive avec l'Espagne. La première pensée de Fabert à cette nouvelle fut de proposer à Mazarin de prendre le commandement des gens de guerre, soldats et officiers, que la pacification générale allait laisser sans solde et sans emploi, et de les mener au secours de Venise contre les Turcs [2]. Quoique l'enthousiasme guerrier dût encore animer le vieux soldat de Royan, du Pas de Suse et de Vaudrevange, l'attrait des expéditions lointaines n'était plus suffi-

---

1. *Bibl. Ars., Corresp. des Arnauld*, t. II.
2. Lettre de Fabert à Mazarin, du 18 mai 1659 (*Arch. nat.*, KK, 1074).
Les Vénitiens soutenaient depuis longtemps en Dalmatie, à Candie, dans l'archipel et dans les Dardanelles, une guerre ruineuse contre les Turcs.

sant pour lui faire tirer l'épée. Nouveau Duguesclin, il entrevoyait les calamités que le licenciement des armées menaçait de déchaîner sur les populations sans défense, et ce n'était pas trop de s'offrir lui-même pour épargner à la France le malheur d'être rançonnée par ses propres enfants [1]. D'Andilly fut le premier auquel il donna part de ses intentions. Il lui écrivit le 11 mai : « Avant que mourir, j'ai fort dans la tête de faire un voyage contre le Turc. La paix que voilà établie entre France et Espagne me doit persuader que ceux de mon métier sont dès à présent inutiles au roi. Je suis tout à fait résolu, si Sa Majesté veut envoyer une armée à Venise, de demander d'y aller. De là l'on peut, tout le long de la côte de la mer et de la Dalmatie, entrer dans l'empire ottoman ; et l'on aurait des vivres en Italie, n'y ayant que le golfe à passer. En France, l'on serait libre de ceux qui viendraient avec moi avec joie pour conserver les emplois où ils sont ; et s'ils étaient cassés, ils pourraient, dans les provinces, près des princes et des grands seigneurs, souffler une révolte qui serait peut-être d'autant plus dangereuse à craindre qu'elle serait soutenue par des gens aguerris s'il y en a au monde. Je vous demande pardon de vous importuner de mes rêveries. Il me semble que je vous

---

1. La suspension d'armes n'empêchait pas les gens de guerre de continuer à donner cours à leurs instincts de licence. Dans une lettre (aut.) à Mazarin, du 23 juillet 1659 (*Arch. nat.*, KK, 1074), Fabert se plaint vivement de la dévastation de la frontière de Champagne par les troupes du maréchal de la Ferté.

dois un compte de mes seules pensées. En ceci je crois être obligé par les grâces que j'ai reçues de Dieu. Je n'ai plus que peu de temps à vivre ; je voudrais le passer servant contre les ennemis de Jésus-Christ [1]. »

D'Andilly ne répondit pas à cette confidence. Le 18 mai, Fabert l'informa qu'il avait soumis à Mazarin son projet d'expédition contre les Turcs. « Ceux qui voudront continuer la guerre, disait-il, trouveront là à la faire pour Dieu. J'ai tant vécu et si heureusement, que j'ai à espérer que je pourrai mourir travaillant pour sa gloire [2]. » Malgré cette nouvelle communication, d'Andilly s'obstina dans son mutisme.

L'ambassadeur de Venise, Francesco Giustinian, était déjà saisi de la question par le cardinal et en avait référé au sénat de la république, lorsque Fabert écrivit à d'Andilly : « L'on me fait sentir que beaucoup de gens suivant la cour et d'ailleurs blâment ma fantaisie, disant rien n'être plus contre mes intérêts. J'ai tant de biens au-dessus de ce que mon père m'a laissé, j'ai de la fortune si fort au-dessus de ma naissance, et l'on me persécute que je ne veux pas considérer ma famille. Ne diriez-vous pas, Mon-

---

1. *Bibl. Ars.*, *Corresp. des Arnauld*, t. II.
2. *Bibl. Ars.*, *Corresp. des Arnauld*, t. II.
Dans une lettre à M. Cabel, du 11 juin 1659, Vincent de Paul s'écriait : « Dieu soit loué du secours que Mgr le maréchal procure aux Vénitiens et des services qu'il rend à l'Eglise en tant de manières ! Plaise à sa divine bonté de le conserver et de bénir de plus en plus ses intentions et sa conduite ! » (Cop. *Arch. de la Mission.*) Il est probable qu'à cette date Vincent de Paul devait être persuadé que l'exécution du dessein formé par Fabert était décidée en haut lieu.

sieur, que chacun est d'accord que c'est perdre son temps de l'employer pour Dieu? Je pense combien de fois j'ai hasardé visiblement ma vie, étant soldat et simple officier, pour m'élever un peu au-dessus de ce que j'étais alors, sans penser à ce que Dieu a fait pour moi. J'ai tant fait dans une longue vie pour monter au degré posé sur celui auquel j'étais ; pourrais-je maintenant m'efforcer d'éloigner un désir dans lequel je vois quelque reconnaissance envers Dieu pour les biens qu'il m'a faits, outre la vie et les membres qu'il m'a conservés en tant d'occasions où je pouvais être tué ou estropié avec tant d'autres qui l'ont été? Et quand la cause de Dieu ne serait pas celle-ci, pourrais-je mieux employer ma vie, si inutile ici, que de l'offrir à employer des gens qu'il faut casser après tant de services, ou bien donner de la besogne hors du royaume ? Il serait, à mon avis, dangereux de les répandre mécontents par la France et sans moyen de vivre ; et j'aurais peu de zèle pour l'État si, craignant cela comme je le crains, je ne m'offrais à faire ce qui dépend de moi pour l'éviter[1]. »

A la fin du mois de juillet, Fabert n'avait pas encore reçu de réponse catégorique de Mazarin[2]. Cependant il put communiquer à d'Andilly, qui avait enfin rompu le silence pour exprimer le désir d'être tenu

---

1. *Bibl. Ars., Corresp. des Arnauld*, t. II.
2. M. Henri Martin (*Histoire de France*) fait observer que Mazarin souciait peu de déclarer la guerre aux Turcs, à cause du commerce que la France faisait avec le Levant.

au courant de l'affaire, les renseignements suivants :
« De la manière que Son Éminence a parlé à un de mes amis, il pourrait bien proposer à don Luis de Haro la guerre contre le Turc[1]; l'empereur y entrant avec les deux couronnes, il a dit qu'il avait des moyens de faire de grands progrès contre les infidèles[2]. Si la maison d'Autriche ne veut pas s'en mêler, cet ami m'a dit qu'il croit que la France n'enverra point d'armée, mais seulement qu'elle donnera aux Vénitiens des régiments particuliers qui reconnaîtraient tous leurs hauts officiers[3]. »

Loin d'aider d'Andilly à triompher de la résistance de Fabert, la paix annoncée menaçait de ruiner à jamais l'espoir qu'il avait conçu de le gagner à ses vues. En remettant au fourreau l'épée de Stenay, le nouveau maréchal de France songeait à ceindre celle de Godefroi de Bouillon ! Le rêve si longtemps caressé par d'Andilly allait-il donc s'évanouir ? Son ambition lui conseilla un dernier effort. Lorsqu'il vit Fabert bien décidé à ne pas renoncer à la gloire du champ de

---

1. En 1658, Mazarin avait contribué personnellement (pour cent mille écus) à l'assistance que les membres du Sacré Collège s'étaient engagés à donner aux Vénitiens.
Par une clause de son testament (3 mars 1661), le cardinal légua au Pape soixante mille livres destinées à être consacrées au même usage.
2. Léopold Ier vit se constituer sous ses yeux, l'année même (1658) où il succéda à son père, Ferdinand III, la *ligue du Rhin*, dont Louis XIV faisait partie avec les électeurs de Mayence, de Cologne et de Trèves, et qui devait fournir cinq ans plus tard (1664) les contingents envoyés en Hongrie contre les Turcs, sous le commandement des comtes de Coligny et de Hohenlohe.
3. Lettre du 27 juillet 1659 (*Bibl. Ars.*, *Corresp. des Arnauld*, t. II).

bataille, il lui insinua que la croisade projetée contre les Turcs pouvait se tourner contre les Anglais. Nous n'avons pas à rechercher comment il en était arrivé là, sous prétexte de réformation de la morale des Jésuites. Laissons la parole à Fabert. C'est à lui qu'il appartient de faire justice de l'étrange proposition de son ami; il lui écrivit le 6 août :

« Je n'ai osé rien proposer contre l'Angleterre, qui est en alliance avec la France[1], et le roi gouverné par des gens fort suspects et peu capables, à ce que l'on m'a dit. De plus, je ne vois pas grand avantage pour la religion, qu'on calme un État divisé en une infinité d'opinions unies contre les catholiques. Si le roi était personne à se convertir, s'il avait un parti qui se pût appuyer, et qu'il fût de manière qu'il faut être pour changer la religion entière du royaume, peut-être pourrait-on à la cour avoir quelque pensée pour son établissement. Mais en l'état auquel sont les choses, en vérité, Monsieur, c'est la conquête de l'Angleterre qu'il faudrait proposer, pour ensuite faire un présent à celui qui ne se peut aider en rien[2].

---

1. Les jansénistes faisaient un grief à Mazarin de cette alliance; ils lui reprochaient particulièrement d'avoir livré à un hérétique, au protecteur Olivier Cromwell, la ville catholique de Dunkerque.

2. A cette époque, Charles II résidait à Bruxelles au milieu des Espagnols, et attendait que l'anarchie qui avait éclaté à la mort d'Olivier Cromwell lui facilitât les moyens de ressaisir le trône. A quelque temps de là, il devait se transporter à Fontarabie, pour demander à Mazarin et à don Luis de Haro d'aider à son rétablissement; mais, dit le président Hénault : « l'ombre de Cromwell épouvantait encore; le cardinal Mazarin pria ce prince de ne pas le voir, et il ne fut fait aucune mention de lui dans le traité des Pyrénées. »

« Mais quand ces choses ne seraient pas, je n'eusse pas préféré ce dessein à celui de la Turquie. Ce sont des ennemis de Jésus-Christ. Ils nous ont ôté tout l'Orient et le Midi. Ils nous viennent chercher dans l'Occident. Leur laisser faire progrès en Dalmatie est les appeler en Italie par l'État de Venise. Ils sont forts. Le hasard leur peut donner pour chef un homme de vertu qui, tournant ses armes contre nous, ne trouvera de résistance aucune si nous sommes en guerre comme nous étions l'année passée. Ceux qui sont éloignés d'eux ne font aucun effort pour soutenir ceux qui leur sont voisins. Ils sont venus de loin. Ils nous ont ôté tous les saints lieux, la côte d'Afrique, la Grèce et la Hongrie, qui sont à présent leurs limites contre nous. S'ils les passent, jugez où ils seront et ce qui restera de chrétiens pour leur faire barrière [1]. Enfin, Monsieur, je crois qu'on ne saurait trop ménager les temps qu'on peut les reculer, ou du moins leur faire voir de si grandes oppositions à des progrès contre nous, qu'ils jettent ailleurs leur pensée. Les hérésies ne sont pas à craindre comme cela. Il y en a eu en tout temps. Elles reviennent enfin au giron de l'Église [2]. »

Après cette éloquente réplique, d'Andilly ne craignit pas d'insister. Fabert accentua son refus dans la lettre suivante, du 20 août : « Je ne vous répondrai rien sur l'Angleterre ; je crois votre pensée fort

---

[1]. Fabert était loin d'exagérer, l'histoire le prouve, les dangers que les bandes musulmanes faisaient courir à l'Europe.
[2]. *Bibl. Ars., Corresp. des Arnauld*, t. II.

juste ; mais si l'on y faisait la guerre, je n'y aurais nulle part, et je ne crains pas l'hérésie comme l'infidélité. Si les Turcs poussaient leurs conquêtes en Dalmatie et de là en Italie, jamais l'on ne les en chasserait, et ils pourraient ensuite, conduits par un brave homme, ruiner ce qu'ils ont laissé de chrétiens, ayant détruit ceux qui étaient en Orient et même aux saints lieux. Les hérétiques ne sont pas tant à craindre, et je ne doute pas qu'ils revinssent à l'Église, si l'on la conduisait avec un peu plus de soin que l'on a du spirituel, et moins d'attachement et de profits que l'on tire d'être aux premiers lieux [1]. »

Cette fois, le dernier mot resta au soldat chrétien. Quant à l'expédition qu'il avait proposé de conduire contre les Turcs, elle eut lieu plus tard, mais avec un effectif très restreint, et il n'en obtint pas le commandement. Au mois de juin 1660, un corps français de quatre mille hommes, où figurait une partie des troupes de Condé que la paix avait rendues au service de la France, débarquait à Zante, où il rejoignait le contingent vénitien placé sous les ordres d'Alméric d'Este, frère du duc de Modène [2], et destiné à opérer contre les Ottomans dans l'île de Candie. Transportées dans cette île, les troupes de secours furent mises en déroute par les Turcs ; la peste acheva de moissonner leurs débris.

Tandis que d'Andilly, après avoir échoué dans son

---

1. *Bibl. Ars.; Coresp. des Arnauld*, t. II.
2. Alphonse d'Este, duc régnant de Modène et frère d'Alméric, avait épousé Laura Martinozzi, une des nièces de Mazarin

dessein de faire de Fabert un ministre, tentait de vains efforts pour l'empêcher de se croiser contre les Turcs, d'autres mécomptes, suscités par son ambition, étaient près de l'atteindre. Environ un an auparavant (août 1658), il avait sollicité tout particulièrement l'amitié de Fabert pour son second fils, Simon, plus tard marquis de Pomponne[1]. Cette protection une fois acquise, et l'on s'imagine sans peine l'empressement que le maréchal mit à l'accorder[2], d'Andilly, désireux d'obtenir pour celui qui en était l'objet la charge de chancelier du duc d'Anjou, avait commencé à circonvenir Anne d'Autriche[3]. La paix des Pyrénées, ou plutôt la suspension d'armes qui la précéda, lui fournit bientôt une occasion propice de flatter à la fois la reine et Mazarin, afin d'arriver plus sûrement à ses fins[4]. Il ne manqua pas d'en profiter. Néanmoins, toute son habileté ne put avoir raison de la méfiance du cardinal et des scrupules de la reine. Au moment où Fabert l'encourageait à prendre es-

1. M. de Pomponne, intendant d'armée à Casal en 1642, conseiller d'État en 1644, intendant de l'armée navale de Naples en 1647.
2. « ....Je vois bien que Dieu veut qu'après tant d'autres obligations, je vous aie encore celle-là, d'ajouter pour moi l'amitié d'un fils incomparable, à celle d'un père sans pareil. Usez-en, Monsieur, tout comme il vous plaira. Donnez-moi à M. votre fils ; j'y suis déjà, puisque vous n'êtes qu'un.... Je crains seulement qu'il ne puisse pas avoir pour moi des sentiments approchant de ceux que vous avez, mais je serai content pourvu qu'il me croie aussi fidèlement son serviteur que vous l'assurerez que je le serai. » (Lettre de Fabert à d'Andilly, du 1er septembre, *Bibl. Ars., Corresp. des Arnauld*, t. II.
3. Lettres de d'Andilly au roi et au duc d'Anjou, du 17 octobre 1658, et à la reine, du 29 mai 1659 (*Bibl. Ars., Corresp. des Arnauld*, t. II).
4. Lettres de d'Andilly à la reine et à Mazarin, du 2 juin 1659 (*Bibl. Ars., Corresp. des Arnauld*, t. II).

poir, c'en était fait de la candidature de son fils à la direction de l'héritier présomptif du trône. En niant le jansénisme de Pomponne et en représentant le sien comme une chimère, il avait cru un instant calmer les alarmes religieuses de la reine; il dut bientôt reconnaître qu'il s'était trompé. Fabert, sincèrement affecté de l'insuccès de son ami, intervint directement et avec l'ardeur de son dévouement habituel, auprès de Mazarin, pour le rendre favorable aux intérêts de Pomponne. Il lui écrivit le 27 juillet :

« Monseigneur, je ne crois pas blesser le respect que je dois avoir toute ma vie pour Votre Éminence, en prenant la liberté de lui écrire, sur une affaire d'autrui. M. d'Andilly est mon ami depuis le voyage de l'armée du roi nommé *la retraite de Mayence*. Feu Monseigneur le cardinal de la Valette, dont la mémoire me doit être chère, me le donna pour tel, et moi à lui. Sa mort nous lia encore plus étroitement par notre affliction commune et par la considération qu'il nous avait laissés l'un à l'autre. Les lettres soutiennent cette amitié il y a vingt-quatre ans. Les dernières que j'ai reçues d'un si ancien ami, m'ont surpris... J'avais cru, Monseigneur, Votre Éminence satisfaite des services, rendus par M. d'Andilly fils, et qu'elle aurait plaisir, trouvant occasion de l'employer en choses considérables, de lui donner des marques de son estime pour lui et de sa confiance. Je sais que le père et le fils ont cru certainement cela, et je sais ce qu'on ne peut ignorer, qu'il vous est, Monseigneur, de la dernière importance, aussi bien qu'à la France, d'avoir pour chancelier de Monsieur un homme assuré.... Sur quoi j'oserais vous dire, Monseigneur, que s'il ne m'avait paru pour Votre Éminence tel que ceux qui s'intéressent au bien du royaume doivent être, que je serais bien moins intéressé pour lui que je ne suis. Je laisse le jansénisme, dont de ma vie je n'ai ouï parler au fils, et dont le père m'écrit la reine être éclaircie, et être prêt d'en éclaircir Votre Éminence aussi [1].... »

Mazarin répondit à Fabert, le 25 août, de Saint-Jean-de-Luz :

« Monsieur, je vous ai déjà mandé plusieurs fois que non seulement je ne trouverais jamais mauvais que vous me parlassiez des intérêts de vos amis, mais que cette qualité leur servirait d'une puissante recommandation auprès de moi, parce que je sais que vous ne la donnez qu'à des personnes de mérite. Après cela, je vous dirai ingénument sur le sujet du sieur d'Andilly fils, que c'est une personne pour qui j'ai de l'estime et de l'affection, et qu'il a grand tort de croire que je lui ai été contraire dans l'agrément qu'il sollicitait pour la charge de chancelier de Monsieur, parce que j'ai tâché de l'y servir. Mais j'y ai rencontré une grande opposition dans l'esprit de la reine, à qui diverses

---

[1]. *Bibl. Ars.*, *Corresp. des Arnauld*, t. II. Fabert soumit la minute de cette lettre à d'Andilly qui en modifia la phrase finale ainsi qu'il suit : « Je laisse le jansénisme dont de ma vie je n'ai ouï parlé au fils, et auquel ayant été assuré d'une manière qui ne me permet pas d'en douter, qu'il n'a jamais pris et ne veut jamais prendre aucune part, il serait bien malheureux si cela seul était la cause de la ruine de sa fortune.... »

personnes de piété, qui ont l'honneur d'avoir quelque accès auprès d'elle, avaient représenté justement que quand le sieur d'Andilly n'aurait aucune teinture des sentiments de M. Arnauld, ce qui était problématique, il n'était ni de la bienséance, ni de la délicatesse de la conscience de Sa Majesté, de souffrir qu'on établît dans une charge si considérable, auprès d'un prince comme Monsieur, le fils d'un homme de la réputation dudit sieur Arnauld, que tout le monde tenait pour le chef d'une nouvelle secte ; et je vous avoue que j'ai trouvé cette considération si juste, que je n'ai pu me résoudre à la combattre avec opiniâtreté, outre que je sais que je l'aurais fait inutilement. Cependant elle ne donne pas audit sieur d'Andilly l'exclusion pour toute sorte d'emplois.... Si M. Arnauld a la douleur de servir en cela d'obstacle à la fortune et à la satisfaction de son fils, il ne s'en doit prendre qu'à lui-même d'avoir affecté d'être à la tête de ceux qui ont voulu introduire et soutenir une opinion condamnée par le pape, dont la constitution a été reçue non seulement par le roi et l'assemblée générale du clergé, mais de toute l'Église[1]... »

En communiquant à d'Andilly la lettre du cardinal,

---

1. Cop. *Bibl. Ars., Corresp. des Arnauld*, t. II. Cette lettre a été imprimée, pour la première fois, dans les *Mémoires de Coulanges* publiés par M. Monmerqué.

2. Lettre du 10 septembre 1659 (*Bibl. Ars., Corresp. des Arnauld*, t. II). Voyez aussi la lettre de Fabert à d'Andilly, du 12 octobre (même source). Dans cette dernière, Fabert loue la beauté des *Œuvres chrétiennes* de d'Andilly.

Fabert lui exprima le regret de n'avoir pas réussi dans ses démarches². A son tour, d'Andilly remercia Fabert d'avoir plaidé sa cause avec un généreux empressement... « La plus grande consolation que je pouvais espérer, lui écrivit-il, est de recevoir cette preuve de l'amitié de l'homme du monde pour qui j'ai le plus de respect et d'estime tout ensemble, dans le même temps que j'en reçois une de la mauvaise volonté d'un autre, de qui je devais attendre un traitement tout contraire à celui que vous voyez que je souffre[1]. »

Cet échec rouvrit la blessure encore mal fermée que la reine avait faite à d'Andilly, quinze ans auparavant, en repoussant ses prétentions à la charge de précepteur du roi. Il se mit à dépeindre le monde, d'où venaient ses plus cruelles disgrâces, sous des couleurs telles, que Fabert, croyant à de nouvelles insinuations destinées à lui en inspirer le dégoût et à l'attirer dans la solitude, ne put s'empêcher de lui écrire : « Je ne doute pas, Monsieur, qu'étant entièrement détaché de la terre comme vous l'êtes, vous ne souhaitiez que ceux que vous aimez se missent en état de jouir du repos dans lequel vous êtes. Mais si Dieu n'eût fait les hommes de différentes inclinations, ç'aurait été un grand malheur pour eux, étant aussi nécessaire qu'il l'est que les uns soient utiles aux autres par les choses différentes auxquelles ils

---

1. Lettre du 20 septembre 1659 (*Bibl. Ars., Corresp. des Arnauld*, t. II).

s'adonnent. De plus, le repos dans lequel vous croyez être, serait pour tout autre que pour vous un travail accablant. Vous comptez pour rien des veilles continuelles et des jours employés sans relâche pour le bien du prochain. Un autre qui n'a pas eu de Dieu le zèle et la capacité que vous avez, serait fort empêché de passer force années auprès de vous. Je ne parle pas pour moi en vous disant cela, car bien loin d'aimer la vie du monde, je la hais à un point que je n'oserais dire. Je crois même que dans une retraite j'ai mille badineries dans l'esprit qui pourraient m'occuper. Mais ma famille me retient parce que je ne crois pas qu'elle pût se consoler de la chute qu'elle ferait si je ne la soutenais plus. Voilà la seule chose qui me retient dans la vie que je mène sans y prendre aucun goût. Il y a soixante ans que je suis dans le monde. J'y ai monté de degrés en degrés jusqu'où me voilà. Dieu m'a donné du bien, et je ne sais comment. Je n'en ai quasi point de naissance ; point de parents de considération. J'ai fait seul ma fortune. Je n'ai nulle incommodité de blessures ni de maladies, point d'ennemis, point de mauvaise affaire, ni dedans ma maison rien qui me donne sujet de déplaisir. Combien d'hommes en France s'estimeraient heureux d'être comme je me trouve ! Et combien de fois songé-je chaque jour au bonheur que j'aurais, si je pouvais achever le peu que j'ai encore à vivre éloigné des affaires que j'ai pour autrui ou pour moi !.... Mais cette passion que j'ai pour la retraite est combattue par ce que je vous dis de ma famille.

Le regret de vous être inutile m'augmente infiniment le dégoût où je suis des choses que tant d'autres estiment[1]. »

Pour se défendre contre les soupçons de Fabert, d'Andilly n'eut qu'à rappeler les sollicitations qu'il lui avait adressées en d'autres temps, afin de le décider à prendre dans les conseils du roi une place prépondérante. Aussi était-il parfaitement autorisé à lui répondre : « Je pense que vous n'aurez pas peine à croire que ce que je vous ai dit touchant la retraite ne regardait que mon fils et moi, et nullement vous, lorsqu'il vous plaira de vous souvenir de la passion avec laquelle je me suis donné l'honneur de vous écrire tant de fois, combien je souhaiterais de vous voir dans les grands emplois dont votre mérite vous rend si digne..... Il faut des hommes extraordinaires pour faire des choses aussi extraordinaires qu'est celle de remédier aux maux que la corruption du siècle, jointe à la vieillesse d'une monarchie, ne saurait pas ne pas avoir contractés. Et où trouve-t-on des personnes qui aient tout ensemble, comme vous, la capacité, la générosité, le désintéressement et l'amour pour leur pays qui sont nécessaires pour cela ? Voilà avec vérité, et sans nulle flatterie, ce qui me fait si fort désirer de vous voir remplir l'une de ces principales places qui donnent moyen de tant contribuer, après Dieu, à la félicité des empires, et vous savez com-

---

1. Lettre du 28 septembre 1659 (*Bibl. Ars.*, *Corresp. des Arnauld*, t. II).

bien de fois là-dessus j'ai combattu votre excessive modestie [1]..... »

C'était Fabert lui-même qui, sans le vouloir, avait offert à d'Andilly l'occasion de revenir sur ses instances d'autrefois. Il s'excusa de bonne grâce de s'être trompé [2], mais avec quelque embarras dont d'Andilly s'empressa de profiter pour rentrer en ces termes dans un sujet qu'il n'avait abandonné qu'à regret : « Plus je considère les sentiments qu'il a plu à Dieu de vous donner..., plus je m'affermis dans la créance que le public aurait besoin d'une vertu, d'une activité et d'un désintéressement tels que sont les vôtres pour rétablir cet ordre qui fait les bons siècles et la félicité des empires. Ainsi, quelque peine que votre extrême modestie vous fasse prendre pour me faire changer d'opinion, pardonnez-moi si je vous dis qu'au lieu d'en venir à bout vous l'avez encore augmentée, parce que cette créance que vous avez que, pour réussir, il faudrait, au milieu de mille difficultés, aller chercher toutes choses dans leur source est, selon mon sens, la seule conduite capable de produire ces merveilleux effets qui font changer de face à tout un royaume. J'avoue que pour cela il faut remplir une grande place, et la remplir avec une grande autorité. C'est aussi ce que je vous souhaite, non pas pour votre particulier, mais pour le bon-

---

1. Lettre du 7 octobre 1659. (*Bibl. Ars.*, *Corresp. des Arnauld* t. II.)
2. Lettre du 12 octobre, citée plus haut.

heur de la France, qui a tant de sujet de le désirer[1]. »

A cette sommation en règle, le vieux guerrier répondit par une fin de non-recevoir d'une brièveté significative : « Je ne veux plus, Monsieur, contester contre vous. Je vous ai dit, selon que je le sais, tout ce qui est de moi. J'ai peine que vous vous soyez trompé dans l'opinion que vous en prenez meilleure que vous ne devez l'avoir. Mais l'honneur de votre amitié, que vous n'accordez qu'à l'estime, m'est si cher, que pour me le conserver je donnerais les mains que vous m'estimiez plus que je ne vaux[2]. »

Là-dessus, d'Andilly mit fin à ses obsessions. Sa correspondance avec Fabert éprouva ensuite un ralentissement sensible. Elle devait s'interrompre presque complètement pendant treize mois (11 janvier 1660 — 13 mars 1661).

1. Lettre du 18 novembre 1659. (*Bibl. Ars., Corresp. des Arnauld,* t. II.)
2. Lettre du 26 novembre 1659. (*Bibl. Ars., Corresp. des Arnauld,* t. II.)

CHAPITRE III.

(1660 — Mars 1661.)

Fabert réorganise les troupes sous sa charge. — Il fait exécuter en Champagne le traité des contributions. — Reçoit Rocroi et Linchamps des mains des Espagnols. — Négocie avec Condé. — Correspond avec l'électeur de Cologne, le gouverneur de Maëstricht et les États de Liège. — Signale à Mazarin une occasion de réunir à la France le duché de Bouillon. — Rédige des mémoires sur divers abus. — Mazarin laisse la haute main à Fabert pour traiter en Champagne les affaires de l'État. — Projet de réforme financière dû à Fabert; ses vues économiques s'étendent à toute la France. — Il est d'avis de maintenir la gabelle; moyens qu'il conseille pour la convertir en impôt direct. — La gabelle transformée équivaut à une capitation graduée par classes, assise sur le revenu. — Mise en régie de la gabelle transformée; son recouvrement et son rendement; elle est favorable aux classes pauvres. — Motifs probables de l'exemption de la gabelle, accordée par Fabert à la noblesse et au clergé. — Répugnance de l'aristocratie à se laisser assujettir à l'impôt; Vauban en tiendra compte plus tard dans sa *Dixme royale*. — Fabert condamne les aides et les douanes intérieures. — Examen de l'ensemble de son projet : abus contre lesquels il proteste, remèdes qu'il propose, vérités qu'il proclame. — Fabert est le précurseur de Boisguillebert et de Vauban. — Il encourage l'industrie sedanaise. — Projette la réunion des Églises catholique et protestante. — Principes sur lesquels il voudrait asseoir l'unité de croyance. — Obtient l'envoi à Sedan du P. Adam, jésuite. — Résultat des prédications du P. Adam; hommage qu'il rend aux actes de Fabert dans son gouvernement.—Services rendus par le Père Adam aux ministres réformés. — Deuxième mission du Père Adam, à Sedan. — Le Blanc de Beaulieu. — Maladie de Fabert; intérêt que prend le roi au rétablissement de sa santé. — Fabert assiste à l'entrée du roi et de Marie-Thérèse à Paris. — Mort de la marquise de Fabert (1661). — Origine du *point de Sedan.* — Mort de Mazarin, jugement d'ensemble sur son caractère et sa politique. — Mazarin d'après sa correspondance et ses rapports avec Fabert; son amour pour la France; il était capable d'amitié; il n'est pas resté insensible au sort des pauvres; tolérance religieuse dont il s'est montré animé. — Testament et fortune de Mazarin. — Lettre de Fabert à d'Andilly sur la mort du cardinal. — Il répond aux condoléances de d'Andilly sur la mort de la marquise de Fabert. — Premières relations de Fabert avec les jésuites. — Projet d'érection, à Sedan, d'une église pour les jésuites. — Fabert correspond avec le Père Bacio, de Châlons. — Son fils aîné est élevé au collège des jésuites de Reims. — L'enthousiasme de Fabert pour les jansénistes fait place à la méfiance.— Il entre dans la voie des concessions vis-à-vis des jésuites. — Prend à partie les théologiens. — Fabert dans sa retraite de Barricourt.

Dans les premiers mois de 1660, nous trouvons Fabert occupé de soins divers où se révèle une activité qui n'a d'égale que son dévouement au service du roi. Il poursuit la réorganisation des troupes placées sous sa charge, commencée en 1659 d'après les instructions de Le Tellier [1]. Les clauses du traité de paix relatives aux contributions de guerre sont l'objet de son attention particulière en ce qui concerne leur mise à exécution en Champagne [2]. C'est

1. *Arch. D. G.*, lettre (aut.) de Fabert à Le Tellier, du 8 janvier 1659 (t. CLVIII); lettres (min.) de Le Tellier à Fabert, de janvier 1660 (t. CLXI); lettre (min.) de Le Tellier à Fabert, du 16 avril 1660. (t. CLXII.)
2. Lettre (aut.) de Fabert à Mazarin, du 4 janvier (*Arch. nat.*, KK, 1074); lettre (min.) de Le Tellier à Fabert, du 30 janvier (*Arch. D. G.*, t. CLXI).

lui qui, au nom du roi, reçoit Rocroi et Linchamps des mains des Espagnols (24 février)[1]; il établit des garnisons dans ces places et éclaire Mazarin sur l'état et le parti à tirer de leurs ouvrages de défense. A Rocroi, il installe comme gouverneur le comte de Montégu, qui lui fait la remise de Châteauregnault[2]. A Marienbourg, il résout des difficultés locales survenues à la suite de l'incorporation de cette place à la France[3]. Il entre en négociations avec les délégués du prince de Condé, afin d'obtenir la cession au roi, à des conditions avantageuses, du matériel d'artillerie provenant de Rocroi et de Linchamps[4]. L'électeur de Cologne est invité à s'adresser à lui pour avoir les secours en hommes nécessaires à l'exécution d'une entreprise de guerre dont l'Allemagne doit être le théâtre[5]. Les rapports qu'il entretient avec le gou-

---

1. Il est question du retard apporté à la remise de ces deux places à la France dans des lettres de Fabert à d'Andilly, du 28 décembre 1659 et du 4 janvier 1660. (*Bibl. Ars.*, *Corresp. des Arnauld*, t. II.)

2. *Arch. D. G.*, lettre (min.) du roi à M. de Montégu, du 12 décembre 1659 (t. CLVI); lettre (min.) de Le Tellier à M. de Montégu, du 24 janvier 1660 (t. CLXI); Lettre déjà citée, de Le Tellier à Fabert du 30 janvier 1660. — Lettre (aut.) de Fabert à Mazarin, du 25 février 1660. (*Arch. nat.*, KK, 1074.)

3. Lettre (min.) de Le Tellier à Fabert, du 21 mai. (*Arch. D. G.*, t. CLXII.)

4. Lettre (aut.) de Fabert à Mazarin, du 5 février. (*Arch. nat.*, KK, 1074.) — Lettre déjà citée, de Fabert à Mazarin, du 25 février. — Extrait (reproduction autographique) d'une lettre de Fabert à Turenne, du 15 janvier 1660, dans les *Œuvres de Louis XIV*, t. Ier.

5. Lettre (min.) de Le Tellier à Fabert, du 19 février (*Arch. D. G*, t. CLXI); lettre (aut.) de Fabert à Mazarin, du 14 mars. (*Arch. nat.* KK, 1074.)

L'expédition pour laquelle Mazarin avait promis son concours à l'électeur de Cologne, resta à l'état de projet; le but n'en est pas

verneur de Maëstricht et les États de Liège, et les communications qu'il en reçoit, sont parfois d'une aide précieuse pour la politique suivie par Mazarin.

En définitive, l'œil toujours ouvert sur ce qui se passe dans le voisinage de Sedan, et l'oreille constamment tendue aux bruits qui ont cours à la frontière, il ne laisse échapper aucune occasion de se rendre utile. Ce qu'il ne peut voir par lui-même, il le sait par des agents à sa dévotion ou par ses nombreux amis. Les indices et les renseignements qu'il recueille ainsi de toute part, lui servent à appuyer les avis qu'il envoie sans cesse à Mazarin et à Le Tellier. Ses observations ont souvent une haute portée. Il est informé, par exemple, que les Espagnols paraissent disposés à se concerter avec le chapitre de Liège pour acquérir la place de Thuin [1], sur la Sambre ; aussitôt, il signale à Mazarin cette circonstance comme favorable à des ouvertures nouvelles à faire à don Louis de Haro, afin qu'il consente à laisser négocier la cession à la France du duché de Bouillon [2] ; son avis est qu'on peut, sans ajouter grand'chose à la défense de la frontière espagnole, laisser aller Thuin à ceux qui le convoitent, tandis que la possession de Bouillon augmentera sérieusement la valeur défensive de la frontière française. Il caractérise ensuite, en peu de mots et avec

---

indiqué dans les lettres de Mazarin, de Le Tellier et de Fabert que nous avons consultées.

1. Thuin appartenait à l'électeur de Cologne comme évêque de Liège.

2. Lettre (aut.) de Fabert à Mazarin, du 4 avril. (Arch. nat., KK, 1074.)

une remarquable sagacité, les avantages à retirer de la réunion du duché à la France[1].

La haute main laissée à Fabert pour traiter les affaires de l'État en Champagne, sur la frontière et même au-delà, équivalait à une délégation immédiate de l'autorité de Mazarin. Non seulement aucun autre gouverneur de place forte ne jouissait d'autant d'initiative en dehors de son gouvernement, mais les gouverneurs de provinces eux-mêmes n'étaient pas en mesure de prêter au roi une assistance aussi directe et aussi décisive. Son bon sens et son patriotisme, en le défendant contre tout soupçon de prétention ambitieuse ou de calcul d'intérêt, donnaient, en quelque sorte, cours forcé à ses avis et garantissaient ses actes. Quant à l'indépendance qui lui était nécessaire pour résoudre et agir, elle avait sa source dans la fermeté de ses convictions et trouvait ses limites dans le dévouement respectueux qui l'attachait au premier ministre.

Fabert participait encore dans une large mesure à l'action gouvernementale par les mémoires qu'il rédigeait sur divers abus préjudiciables au bien de l'État

---

[1]. Il s'agit d'avantages stratégiques. On remarquera d'abord la saillie prononcée, en forme de bastion, que le duché de Bouillon faisait dans le Luxembourg espagnol.

L'acquisition du duché aurait eu pour résultats : de diminuer la distance qui séparait la frontière française des points de passage du cours moyen de la Meuse (Givet, Dinant, Namur, Huy et Liège); de donner à la France une partie importante du cours d'eau encaissé de la Semoy, parallèle à celui de la Meuse, et de couvrir, vers le nord, la place de Sedan, déjà masquée en partie, à l'est, par la portion du Luxembourg devenue française le 7 novembre 1659 (Yvoy, Montmédy, Marville et leurs dépendances).

et sur les remèdes à y apporter. Les vices du régime financier, la vénalité des offices de justice et les excès de dépenses auxquels se livraient les officiers d'armée pendant leur séjour à la cour, tels sont les principaux sujets sur lesquels s'exercèrent, en 1660, ses méditations de réformateur. Aucun des mémoires relatifs à ces questions n'est parvenu jusqu'à nous [1]; mais nous croyons pouvoir suppléer à celui qui traitait de l'administration financière par un autre sur le même objet, dû à un contemporain de Fabert, religieux admirateur de ses conceptions, qui l'adressa, en 1679, à Le Tellier [2]. En s'effaçant, dans ses propositions de réforme, derrière la sagesse et l'expérience de Fabert, et en faisant reposer, en grande partie, sur l'estime dont le chancelier de France honorait le maréchal le succès de ses rêves patriotiques, l'auteur de cette lettre-mémoire, resté anonyme, nous dispose à une entière confiance dans la véracité de ses témoignages. Pouvait-il, en effet, ignorer que Le Tellier eût été associé à tous les des-

---

1. Le Père Barre a eu ces mémoires entre les mains; ils se trouvaient joints à la correspondance du maréchal, dont disposait le père génovéfain. On peut s'étonner qu'il se soit borné à les citer sans en faire connaître les points essentiels.

2. Ce mémoire, qui se trouve en manuscrit (in-4° de 42 pages) à la *Bibliothèque nationale*, F. FR, 1859, et que nous reproduisons intégralement à l'*Appendice* (IV), débute ainsi qu'il suit : « Pendant le ministère de feu monseigneur le cardinal de Mazarin, la fortune m'ayant confié, pour un temps, quelques mémoires de M. le maréchal Fabert, qui regardaient les affaires du royaume les plus considérables, j'en ai tiré un extrait que j'ai conservé très soigneusement jusqu'à cette heure par l'estime particulière que méritent des conceptions qui partent de l'esprit d'un si grand homme. »

seins, à tous les travaux de son ami le gouverneur de Sedan, et aurait-il osé, un seul instant, présenter à l'ancien secrétaire d'État de la guerre, comme venant de Fabert, ce qu'il tirait de son propre fond ? Hâtons-nous d'ajouter, pour achever de dissiper tout doute à cet égard, qu'il reproduit fidèlement, au sujet de la taille, ce que nous savons déjà des idées et des intentions de Fabert. Au point où nous en sommes arrivés de la vie du maréchal, nous ne saurions donc mieux faire que de résumer, d'après cette lettre, les doctrines économiques qu'il soutenait en matière fiscale.

Les vues de Fabert n'embrassaient pas seulement les intérêts des populations champenoises ; nous avons dit ailleurs, en faisant connaître son projet de réforme de la taille, qu'elles s'étendaient à tout le royaume. Sous le pourpoint du soldat battait un cœur de patriote, animé d'une inépuisable charité. L'homme public s'occupait sans cesse de chercher des remèdes aux misères de son pays, aux abus dont il avait été le témoin, et de fournir ainsi à l'État, personnifié par le souverain, les moyens de remplir sa mission d'ordre et de justice.

Au premier rang de ces remèdes il plaçait le cadastre foncier, qui était pour ainsi dire le flambeau dont les rayons devaient pénétrer les replis ténébreux de l'organisation financière. Mais là ne se bornaient pas ses projets de rénovation. A ses yeux, le système des impositions en usage, par la pernicieuse influence qu'il exerçait sur le régime administratif tout entier, créait un obstacle presque insurmontable à l'action bienfaisante de l'État. Aussi se prononçait-il pour la suppression d'une partie des charges publiques et pour la réforme des autres. La taille, la gabelle, les douanes à la frontière et le domaine, telles étaient les institutions qu'il se proposait de modifier plus ou moins profondément. Quant aux aides et aux douanes intérieures, il en faisait table rase.

Nous savons que la taille réelle reposant sur un cadastre régulier était le moyen fiscal par lequel il atteignait la propriété territoriale entre les mains de tous les sujets du roi, nobles et roturiers.

A côté de la taille réelle, il plaçait la gabelle. Le maintien d'une imposition aussi lourde et aussi impopulaire provoque tout d'abord la surprise ; mais il est facile de reconnaître, après examen attentif du mémoire, que ce n'est qu'après l'avoir convertie, de taxation indirecte qu'elle était, en une sorte d'impôt direct sur le revenu, que Fabert la laissait subsister.

Voici comment il arrivait à opérer cette transformation. Dans les vingt millions d'habitants qu'il donnait à la France [1] (quarante mille paroisses [1], cha-

---

1. D'après les recherches de M. Moreau de Jonnès (*État économique et social de la France, depuis Henri IV jusqu'à Louis XIV*, Paris, 1867), la France avait une population de 15 234 000 habitants à la mort de Louis XIII. De 1643 à 1660 (c'est à l'année 1660 que nous avons rapporté le projet de réforme de l'impôt dû à Fabert), la France s'était accrue de l'Alsace (1648), mais l'auteur du mémoire prévient, par une note marginale, qu'il n'a fait entrer dans ses calculs ni cette province, ni la Flandre et la Franche-Comté, conquises en 1667 et 1678. En supposant que de 1643 à 1660 la population se soit accrue naturellement d'un individu sur 500 (c'est la proportion admise par M. Moreau de Jonnès pour la période de 1643 à 1700), on obtient un

cune de cinq cents âmes en moyenne), il comptait trois millions au minimum de chefs de famille non nobles (soixante-quinze par paroisse)[1]. Ces trois millions étaient répartis en trente catégories de cent mille individus chacune, échelonnées « selon leur rang et leur faculté », et groupées en trois classes, la *basse*, la *moyenne* et la *haute*, de telle sorte que la première catégorie de la basse classe et la dernière de la classe haute comprenaient, celle-ci les chefs de famille les plus riches, celle-là les plus pauvres. Chaque individu devait recevoir une quantité de sel plus ou moins considérable selon la catégorie à laquelle il appartenait ; enfin, à chaque catégorie cor-

---

accroissement total d'environ 518 000 habitants pour cette période de 17 années, ce qui donne pour la population de la France, en 1660, 15 752 000 habitants. Nous sommes loin, on le voit, du nombre de 20 000 000 calculé par Fabert. Au commencement du dix-huitième siècle, Vauban, en totalisant dans sa *Dixme royale* (parue à la fin de 1706 ou au commencement de 1707) les dénombrements opérés par les intendants de 1698 à 1700, n'obtenait que 19 094 146 habitants.

Les suppositions de Fabert, en ce qui concerne le nombre de paroisses, sont conformes aux données officielles du tableau de l'assemblée du clergé tenue à Paris en 1655, cité par M. Moreau de Jonnès, et d'après lequel la France royale comprenait alors 40 000 curés de villes et de campagnes.

1. Ce chiffre est probablement entaché d'erreur dans la même proportion que celui de la population. Au reste, Fabert demandait que les évêques fussent chargés de dresser des cartes de géographie de leur diocèse, et de faire « un état au vrai » du nombre et des facultés de tous les sujets du roi, de l'étendue des biens-fonds, ainsi que « des deniers sortis de la bourse du peuple, tant des villes que des campagnes, depuis deux ans, pour et au nom de Sa Majesté, et de tous les frais faits en conséquence ». Les résultats obtenus devaient à la fois éclairer le roi sur les monstrueux abus auxquels donnait lieu l'administration financière et lui permettre d'asseoir avec précision et d'une manière équitable les impositions qui étaient maintenues.

respondait une part de contribution. Par exemple, les cent mille sujets de la première catégorie de la basse classe étaient imposés d'une livre; ceux de la deuxième catégorie de la même classe, de deux livres, et ainsi de suite jusqu'à la dixième catégorie. qui supportait un impôt de dix livres. Dans la classe moyenne, la première catégorie devait payer quinze livres, la seconde vingt, la troisième trente, etc., jusqu'à la dixième, qui payait cent livres. Des dix catégories de la classe haute, la première était taxée à cent dix livres, la dernière à deux cents livres. En additionnant les parts contributives des trois classes, déterminées, comme nous venons de le dire, d'après l'échelle des fortunes, on obtenait un total de deux cent seize millions de livres, représentant le rendement brut de la gabelle. Le clergé, la noblesse, les commensaux et les officiers de robe longue et de robe courte étaient exempts de cette imposition [1].

L'auteur du mémoire se borne à indiquer que les sujets du roi sont classés « selon leur rang et leur faculté », mais sans s'expliquer sur l'espèce des revenus visés par l'imposition, et dont le taux devait servir à déterminer leur situation dans chaque classe [2].

---

1. « A l'avenir, le clergé, la noblesse, les commensaux et tous les principaux officiers auraient la liberté d'acheter toute leur provision de sel publiquement, en plein marché, comme le blé, et les roturiers même en pourraient user ainsi, s'ils voulaient avoir du sel au-delà de leur impôt. »

2. L'impôt projeté se levait-il sur les facultés mobilières seulement, ou sur la totalité des revenus mobiliers et immobiliers? Le mémoire reste muet sur ce point. Il est évident que, dans le second cas, il y a double emploi avec la taille réelle; nous penchons donc pour le pre-

En outre, il ne dit rien des moyens auxquels Fabert entendait recourir pour se procurer la connaissance exacte ou approximative de la fortune des individus. Malgré l'absence de ces données, on se rend compte que le système proposé n'était autre qu'une capitation graduée par classes, assise sur la qualité des personnes et sur le revenu en général. Le sel, dont la consommation pouvait être considérée, jusqu'à un certain point, comme proportionnelle aux ressources de chacun, se prêtait assez bien à une combinaison basée précisément sur la répartition de l'impôt entre les sujets du roi, proportionnellement à leur aisance; mais, en réalité, il n'était que le prétexte de l'impôt[1].

mier. Selon toute vraisemblance, taille et gabelle devaient répondre, pour chaque individu imposé, à l'ensemble de ses ressources.

1. Chaque catégorie étant fixée d'avance au nombre de 100 000 sujets, il est évident qu'il n'y avait pas proportionnalité rigoureuse entre le revenu des chefs de famille et la taxation afférente. En d'autres termes, la gabelle proposée par Fabert n'était pas un impôt de quotité. Elle rappelle à certains égards la *Classensteuer* adoptée en Prusse à partir de 1820, et sur laquelle M. de Parieu (*Histoire des impôts généraux sur la propriété et le revenu*) a fourni, avec sa haute compétence, des renseignements pleins d'intérêt.

L'auteur du mémoire dit que, pour arriver, sans rien innover, à simplifier le régime d'impositions en usage, Fabert croyait « que l'on ne pouvait pas se servir *d'un prétexte plus spécieux qu'est celui de l'ancien établissement des gabelles*, par le moyen duquel il est aisé d'assujettir au sel, *sous forme de capitation*, tout ce qu'il y a de chefs de familles non nobles dans le royaume ».

Ces quelques lignes sont à rapprocher des considérations suivantes, tirées de la *Dixme royale* : « Le sel est une manne dont Dieu a gratifié le genre humain, sur lequel, par conséquent, il semblerait qu'on n'aurait pas dû mettre de l'impôt. Mais, comme il a été nécessaire de faire des levées sur les peuples pour les nécessités pressantes des États, *on n'a point trouvé d'expédient plus commode pour les faire avec proportion que celui d'imposer sur le sel*, parce que chaque ménage en consomme ordinairement selon qu'il est plus ou moins accommodé ».

Comme, d'autre part, Fabert proposait d'effacer toute trace d'inégalité entre les provinces du royaume soumises jusque-là à des régimes de gabelle très divers[1]; comme enfin son dessein était de mettre en régie l'impôt nouveau, ce qui donnait le moyen de remplacer l'armée des commis de perception, tyranneaux insolents et cupides, par un petit nombre de receveurs royaux bien choisis, il ne restait, en définitive, de l'ancienne gabelle que son nom.

Le recouvrement de la gabelle devait avoir lieu conjointement avec celui de la taille. Cinq receveurs par diocèse (cent vingt évêchés et archevêchés), dont quatre ambulants et un sédentaire, appointés par le roi, en étaient chargés[2]. Selon les évaluations de Fabert, les frais pour gages de ces employés, ajoutés à ceux que nécessitait le transport au trésor des deniers perçus, et enfin les dépenses d'achat du sel

---

1. Sous le rapport de la gabelle, les provinces étaient divisées en *pays de grandes* et *petites gabelles, provinces franches, provinces rédimées* et *pays de quart bouillon*. Nous n'avons pas à nous étendre ici sur la manière d'administrer la gabelle dans les différentes provinces. Bornons-nous à rappeler que, dans les pays de grande gabelle, l'achat du sel était obligatoire sous des formes diverses, que l'impôt perçu y était le plus élevé, et que la Champagne était de grande gabelle.

2. Fabert évaluait à cent mille individus le nombre de financiers, contrôleurs, receveurs, commis, sergents et archers, etc. (20 000 pour la taille, 40 000 pour la gabelle et 60 000 pour les autres impositions), « qui partageaient avec le roi, par égale portion, tout ce qui sortait d'argent de la bourse du peuple au nom de Sa Majesté ». Ce nombre ne paraît pas exagéré. Au commencement du dix-huitième siècle, Boulainvilliers ne comptait pas moins de cent mille hommes employés à la perception des taxes de toute espèce. D'après les supputations de Fabert, sept ou huit cents receveurs devaient suffire pour opérer les rentrées de tous les impôts nouveaux.

devaient rester assez sensiblement au-dessous de seize millions de livres pour permettre de trouver encore sur cette somme un fonds destiné au payement des rentes de l'Hôtel de Ville assignées sur les gabelles, et un autre « pour faire subsister les huguenots convertis à la foi catholique, afin de détruire en peu d'années, par la voie des bienfaits, tout ce qui reste dans le parti de la religion prétendue réformée ». Comme à ce dernier trait on reconnaît bien Fabert !

D'après ce qui précède, le rendement net de la gabelle devait être de deux cent millions de livres[1]. Ce total est calculé sur un chiffre qui dépasse de beaucoup celui de la population effective de cette époque[2]; mais, ici, le plus ou moins d'exactitude des résultats numériques n'a qu'une importance relative et n'ôte rien à la valeur économique du projet. La gabelle transformée par Fabert présentait l'incontestable avantage de décharger presque complètement les familles pauvres, le menu peuple, d'une imposition jusqu'alors très onéreuse, et de ne faire peser sur les riches eux-mêmes qu'une charge modérée. Les contribuables de la basse classe, au nombre d'un million, étaient imposés de une à dix livres[3], tandis

---

1. Les impositions en vigueur à l'époque où Fabert en proposait la réforme rapportaient ensemble moins de 100 millions. La taille, à elle seule, formait environ la moitié des recettes de l'État.
2. Voir ci-dessus, p. 250, note 1. En 1661, d'après M. Moreau de Jonnès, la gabelle levée était de 14 750 000 livres, dont l'État ne touchait que 1 400 000 livres.
3. Dans le système de capitation établi par la déclaration du 18 janvier 1695, la dernière classe des contribuables payait aussi une livre. On sait que la capitation s'ajoutait à la taille.

qu'auparavant, selon l'auteur du mémoire, le plus pauvre vigneron du royaume payait plus de dix écus (trente livres) de sel et taille. « Il y a aujourd'hui à la campagne, dit le même auteur, une infinité de pauvres fermiers du bien des particuliers qui payent en taille et en sel jusqu'à cinq ou six cents livres tous les ans pour Sa Majesté, et qui ne laissent pas, outre cela, d'être sujets à tous les autres impôts comme le reste du peuple, outre les exactions que font sur eux les financiers. Et, à l'avenir, le plus riche sujet du royaume en serait quitte pour deux cents livres par an en toute sorte de subsides. »

Malheureusement, il était fait brèche, dans le projet dont nous nous occupons, au principe de l'égalité contributive de tous les sujets du roi. Pourquoi Fabert, qui avait admis largement ce principe en matière de taille, ne l'appliquait-il qu'avec des restrictions à la gabelle transformée? Comment le bénéfice de l'exemption, si légitimement accordé aux mendiants, aux enfants, aux femmes et aux vieillards, était-il étendu aux nobles, au clergé, aux commensaux[1] et aux officiers de robe longue et de robe courte? C'est ce que ne nous apprend pas le mémoire. Nous sommes réduits à faire des suppositions. Il n'est pas invraisemblable que, trouvant les nobles et les ecclésiastiques suffisamment atteints par la taille réelle comme propriétaires fonciers[2],

---

1. Les commensaux étaient les officiers qui avaient droit de prendre place aux tables de la cour.

2. La noblesse et le clergé possédaient d'immenses biens fon-

Fabert ait voulu les soustraire à la gabelle. Peut-être aussi redoutait-il leur résistance pour le succès de son projet. Les franchises du clergé en matière d'imposition avaient déjà rencontré des contradicteurs et des ennemis, mais elles leur avaient survécu [1]. Quoique la royauté eût ruiné la noblesse comme corps politique, elle recherchait encore son concours et tenait à lui conserver un rang élevé dans l'État ; supprimer ses immunités, c'était, dans les idées du temps, la diminuer, l'abaisser, par conséquent compromettre son prestige et aussi l'appui qu'elle pouvait prêter au trône. Favorisée, jusqu'à un certain point, par le roi, encouragée par les partisans, cette répugnance de l'aristocratie à se laisser assujettir aux impôts était encore assez vive près d'un demi-siècle plus tard pour que Vauban se crût obligé d'en tenir compte. C'est ainsi qu'en échange de la participation à la *Dixme royale*, demandée aux nobles, il stipulait en leur faveur un grand nombre de privilèges [2], tels que : exemption de l'arrière-ban et du

ciers. Le clergé tirait en outre des dîmes et du casuel des revenus considérables.

Nous n'avons trouvé aucun renseignement précis sur le nombre de nobles et ecclésiastiques en 1660. D'après M. Moreau de Jonnès, on comptait, vers la fin du dix-septième siècle, 266 000 ecclésiastiques séculiers et réguliers, et 250 000 nobles des deux sexes, soit ensemble environ le 1/38ᵉ de la population totale. Un dénombrement fait par ordre de Colbert, en 1664, prouva que 45 780 charges procuraient ou pouvaient faire obtenir la noblesse.

1. Les subsides accordés librement au roi par les assemblées générales du clergé n'avaient pas peu contribué à sauvegarder les privilèges des ecclésiastiques.

2. Plusieurs de ces privilèges avaient été demandés par la noblesse aux états généraux de 1614.

logement des gens de guerre, attribution de tous les emplois de la maison du roi [1] et des princes de sang royal, de toutes les charges d'officiers des gardes du roi, des gardes françaises, des gardes du corps, de la gendarmerie et des vieilles troupes de la couronne, ainsi que des charges de premier président, avocats et procureurs généraux dans les cours et parlements, etc. [2]. On voit que malgré sa courageuse indépendance et ses larges vues, l'illustre ingénieur, lui aussi, ne s'affranchissait pas toujours complètement des préjugés de son temps.

Avec la taille réelle et la gabelle transformée, Fabert laissait subsister, comme source de revenus, le domaine et les droits qui y étaient annexés [3]. Quant aux barrières sans nombre, qui, sous le nom de traites, péages, droits de passage, etc., entravaient

1. « Les rois n'admettaient anciennement au service de leurs personnes que des gens de qualité et de naissance ; mais à présent, et depuis la vénalité des offices, il y a de toutes sortes de personnes. » (*État de la France comme elle était gouvernée en l'an* 1648 *et* 1649.)

2. Lorsque la *Dixme royale* fut publiée pour la première fois, la *capitation* était déjà établie en France, et tous les sujets du roi, sans exception, y étaient soumis. Le dauphin payait 2000 livres. Mais l'égalité proportionnelle admise en principe n'était pas observée ; « le préjugé et l'usage s'y opposèrent..... les privilégiés obtinrent des receveurs spéciaux ». (Dareste de la Chavanne, *Histoire de l'administration en France*, t. II, Paris, 1848.) Il en fut de même, quelques années après, de l'impôt *du dixième*.

3. Ici le mot *domaine* s'applique au fonds qui produisait le revenu. Le domaine proprement dit (revenus de l'ancien domaine royal) consistait en terres, forêts, cens et rentes. Le domaine meuble se composait de droits divers : droits d'amortissement et de franc-fief, ventes d'offices et de lettres de maîtrise, droits de contrôle des actes, etc.

L'auteur du mémoire n'entre dans aucun détail au sujet du domaine et des droits domaniaux.

la liberté commerciale à l'intérieur même du royaume, Fabert proposait de les faire disparaître. Il n'admettait de lignes de douanes qu'à la frontière. L'importance du commerce, comme source de richesses pour la France, ne lui échappait point. « Il disait (c'est l'auteur du mémoire qui parle) que la France, outre ses richesses domestiques, quoique infinies, pourrait bien encore s'attirer, un jour, par le commerce, des richesses étrangères qui achèveraient de mettre l'abondance partout, mais qu'il fallait pour cela quelques années de paix. » De plus, il était d'avis « de supprimer tous les impôts qu'on lève sur les choses qui contribuent à l'entretènement des grandes maisons et des petites familles ». C'est la condamnation des *aides*[1] qui est contenue dans ces quelques lignes. Enfin, il regardait comme une nécessité de faire la remise au peuple des tailles arriérées et des dettes anciennes, et de rendre à la liberté tous ceux qui étaient détenus « pour deniers royaux ».

Ce qu'il importe de considérer dans le mémoire dont nous venons d'esquisser les principaux traits, c'est bien moins le mécanisme de telle ou telle imposition et sa portée financière ou son rendement, que le but visé par Fabert et surtout les principes qu'il cherche à faire prévaloir. Il ne s'agit pas ici de combinaisons et d'expédients destinés à faire sortir le plus d'argent possible de la bourse du peuple et à

---

[1]. Les droits d'*aides* se prélevaient sur les boissons, les vins et les liquides; ils étaient nombreux et vexatoires.

enrichir l'État en ruinant les contribuables, mais d'un système d'impôts raisonné où les intérêts du Trésor s'identifient avec ceux des individus. Jusque-là l'inégalité devant le fisc est la règle : Fabert ne l'admet que comme l'exception. Jusque-là les classes pauvres, les moins aptes à supporter les charges publiques, ont été pour ainsi dire les seules sur lesquelles on les ait fait peser : il propose qu'elles n'y participent plus que dans la mesure de leurs ressources. La multiplicité et la diversité des impositions ont produit un véritable chaos à la faveur duquel grandissent chaque jour les iniquités : il en restreindra le nombre et supprimera celles qui compromettent les intérêts de l'agriculture, du commerce et de l'industrie, triple source de la richesse publique. Des légions de maltôtiers, aux ordres d'exploiteurs puissants et habiles, détournent l'argent destiné aux coffres de l'épargne : il déclare la guerre à ces prévaricateurs petits et grands, qui partagent avec le roi la fortune de la France, il veut que désormais l'État fasse lui-même ses affaires.

Tels sont, en résumé, les abus contre lesquels Fabert proteste ; tels sont les remèdes qu'il propose et les vérités qu'il proclame. Ce n'est pas à un élan passager d'humanité qu'il obéit, mais à des idées d'égalité, de justice et d'économie, dont il s'est inspiré, sa vie tout entière, comme administrateur de Sedan, et qu'il a eu le rare bonheur de voir triompher un instant en Champagne. Par le caractère de ses tendances réformatrices, il donne une main à Bodin et à

Froumenteau, l'autre à Boisguillebert et à Vauban.

Le sentiment des intérêts supérieurs de l'État, auxquels Fabert faisait une si large part, n'ôtait rien à l'ardeur de sa sollicitude pour d'autres intérêts dont la Providence lui avait confié la sauvegarde particulière, en les mettant tout à fait à la portée de ses soins dévoués. Ne se devait-il pas à ses chers Sedanais, à ceux d'entre eux, surtout, que la longue guerre qui venait de finir avait peut-être le plus gravement lésés? Grâce à ses efforts, les conséquences désastreuses de l'état de langueur où avait végété l'industrie pendant cette période, ne s'étaient pas fait sentir trop durement à Sedan, mais il n'avait pu empêcher ni la retraite d'un nombre notable d'artisans, ni le désœuvrement qui, pour beaucoup d'autres, tournait fatalement à l'oisiveté. Maintenant que la paix menaçait de ralentir ou de suspendre les travaux des ouvriers employés à la fabrication des canons, des armes et des munitions de guerre, il avait quelque raison de craindre que le mal ne s'aggravât encore. En ce temps où les institutions de crédit et les associations de capitaux n'existaient pas, les chefs d'industrie, limités dans leurs ressources, étaient impuissants à surmonter de tels obstacles. Pour recruter des bras à l'industrie sedanaise, il fallut l'initiative désintéressée, la générosité personnelle de Fabert : le maréchal de France ne crut pas déroger en offrant aux patrons dans la détresse d'être leur bailleur de fonds. Moyennant un prêt gratuit qu'il leur faisait, les fabricants s'engageaient à fournir du travail à un certain nombre d'ouvriers sans ouvrage, et à les rétribuer convenablement. Les manufactures d'armes et celles de draps et serges bénéficièrent immédiatement de cette mesure. En même temps furent repris les travaux de fortification de l'enceinte de la ville. Enfin, avec l'autorisation du roi, des ouvriers se remirent à la fabrication des projectiles, outils, etc., destinés à combler les vides qui s'étaient produits, les dernières années de la guerre, dans les magasins de Sedan.

Ce mouvement général d'activité n'eut pas seulement pour effet d'accroître le bien-être matériel des classes ouvrières et de leur inculquer les saines habitudes de travail, d'où découlent l'ordre et les bonnes mœurs, il contribua aussi à faire disparaître peu à peu, dans la masse du peuple, les dispositions à la malveillance et les causes d'irritation, et, par conséquent, à augmenter l'ascendant nécessaire à Fabert pour rétablir l'unité religieuse parmi les Sedanais. C'était un pas de plus qui acheminait le gouverneur de Sedan vers la réalisation de son grand dessein de ramener les calvinistes par la persuasion dans le giron de l'Église romaine[1]. Quoiqu'il ne visât la réconciliation des protestants avec les catholiques qu'à l'intérieur de son gouvernement, il ne devait avoir aucun doute sur les progrès qu'elle serait appelée à faire dans le reste du royaume, le jour où l'Académie

1. Les moyens de douceur à l'égard des réformés étaient aussi, à cette époque, dans les idées du roi. (*Œuvres de Louis XIV*, t. Ier, *Mémoires historiques et instructions pour le Dauphin*, année 1661.)

sedanaise, représentée par d'éminents théologiens connus de toute la France, en donnerait le signal. Une conversion générale pouvait s'en suivre, telle que Richelieu avait songé un instant à la provoquer, dix-huit à dix-neuf ans auparavant, mais par d'autres moyens; en effet, tandis que pour vaincre la résistance des réformés les moins dociles, au nombre desquels se trouvaient précisément ceux de Sedan, le cardinal s'était montré disposé à des concessions assez importantes sur des points de doctrine, et même sur la question de l'autorité du pape, Fabert maintenait intacts les principes de foi catholique sur lesquels il voulait asseoir l'unité de croyance, et réclamait une soumission absolue à la puissance exercée, d'après les canons, par le chef souverain de l'Église [1].

1. Simon (Richard), oratorien, professeur de philosophie au collège de Juilly (1638-1712). *Lettres choisies*, 1702, Rotterdam, t. Ier, lettres 1 et 32. — Benoît, *Histoire de l'Edit de Nantes*, Delft, 1695, t. III. — Bayle, *Dictionnaire* aux mots *Amyraut, Beaulieu, Ferri*.

Le projet de conversion pacifique des protestants fut repris, quelques années après, par Turenne.

Fabert comptait au nombre de ses correspondants un pasteur protestant bien connu pour sa modération et ses idées de tolérance religieuse, et qui devait, quelques années plus tard, entrer en relations avec Bossuet au sujet d'un projet de fusion des Eglises réformée et catholique (*Œuvres de Bossuet*, édition de Versailles, t. XXV). Nous voulons parler de Paul Ferry, ministre à Metz depuis 1610, « l'homme de sa province le plus éloquent, dit Bayle, et dont les discours touchaient le plus ». Il paraît prouvé aujourd'hui que le cardinal de Richelieu l'avait gagné à la cause de la réconciliation des deux communions.

Dans les quelques lettres adressées à Ferry, que nous avons sous les yeux, Fabert ne fait aucune allusion à son dessein de ramener les calvinistes au catholicisme; toutefois, nous croyons devoir en

Mais, sur le terrain de la réunion des deux Églises, tout n'était pas encore suffisamment préparé pour le triomphe prochain des espérances de Fabert. Les instructions des prêtres lazaristes et des capucins hibernois avaient ébranlé les convictions sans les déraciner. Habitués aux conférences familières du ministère local, les protestants sedanais avaient peut-être besoin d'entendre exposer par une voix nouvelle et autorisée, venant à la fois du dehors et de plus haut, les doctrines auxquelles on s'efforçait de les ramener. Ainsi dut penser Fabert quand il de-

citer ici quelques passages, pour montrer l'estime, particulièrement déférente, qu'ils professaient l'un pour l'autre.

La première en date de ces lettres est du 19 juillet 1645. « M. Rambour, notre commun ami, dit Fabert, s'est chargé de répondre à tant de civilité et de courtoisie avec quoi vous m'avez voulu traiter dans la lettre que vous m'avez fait l'honneur de m'écrire, n'osant moi-même l'entreprendre, non seulement par la connaissance que j'ai de ne m'en pouvoir pas bien acquitter, mais encore par la crainte que je dois avoir, en m'y arrêtant, que l'on ne croie que je prends plaisir à recevoir des louanges qui ne me sont pas dues, je vous en veux demander une, qui est que vous reconnaissiez qu'en votre personne j'honore la vertu même ; pour toutes les autres, je ne dois rien prétendre.... » (Aut., *Collection* de M. Rattier, à Saint-Laurent-du-Pape, Ardèche.)

M. Chartener, à Lessy, a bien voulu nous communiquer deux lettres autographes de Fabert à Ferry, l'une du 10 février 1655, l'autre du 4 juin 1659. La première débute ainsi : « Vous commencez la lettre que vous m'avez fait l'honneur de m'écrire par un mot qui ne m'appartient pas, et je vous supplie très humblement, à l'avenir, de me traiter en cela ainsi qu'on doit traiter une simple personne que la bonté du feu roi et défunt Son Éminence [Richelieu] ont élevée au-dessus de son mérite, mais laissée fort au-dessous de ceux auxquels l'on doit parler aux termes dont vous vous servez pour moi. » Dans la seconde, Fabert fait l'éloge de M. du Vivier (ministre à la Haye), gendre de Ferry, qui était venu à Sedan.

Entre les deux lettres précédentes se place la réponse de Fabert (du 30 août 1658) aux félicitations que lui avait adressées Ferry sur

manda, en 1659, à la reine mère l'envoi à Sedan d'un prédicateur extraordinaire. Le Père Adam, de la compagnie de Jésus [1], déjà connu par des ouvrages de controverse dirigés contre les jansénistes et des sermons de carême prononcés devant la cour, à Saint-Germain l'Auxerrois, en 1655, et au Louvre en 1656, fut désigné pour se rendre au milieu des Sedanais. Sa mission, commencée à la fin de 1659, se poursuivit dans les premiers mois de 1660. La ferme recommandation, renouvelée à plusieurs reprises par le

sa promotion au maréchalat. Nous ne connaissons de cette réponse que le passage suivant, reproduit dans l'*Amateur d'autographes* (n° 89, du 1er septembre 1865), publié par M. Charavay : « Monsieur, il me serait bien plus avantageux d'être tel que l'amitié que vous avez pour moi vous fait me représenter, que d'être ce que Son Éminence a obtenu du roi de me faire. J'ai tant de honte de valoir si peu et de me voir tant louer, que je puis vous assurer n'avoir depuis longtemps été dans une si grande confusion.... J'espère que vous jugerez plus sainement de moi. Vous me considérerez comme un homme qui a servi longtemps dans de petites charges avec affection et soin, mais peu d'utilité, et qui étant élevé en de plus grandes, n'y a rendu que des services fort communs.... C'est là, sincèrement, ce que je crois de moi... »

Nous nous bornerons à citer la lettre (aut., *Collection* de M. Rattier) que Fabert adressa à Ferry, le 5 mars 1661, en réponse aux condoléances qu'il en avait reçues à la mort de la marquise.

1. Adam (Jean), né à Limoges en 1608, entra à quatorze ans chez les jésuites, devint recteur du collège catholique fondé par le roi, Sedan, en 1663, et mourut, en 1684, supérieur de la maison professe de Bordeaux.

Le Père Adam était le premier prédicateur en renom appelé à Sedan, mais d'autres religieux venus du dehors y avaient prêché, antérieurement à 1659, l'avent et le carême, par exemple, le Père Basile, gardien des capucins de Reims, et le Père Royer, de la compagnie de Jésus, en 1653 et 1654. Nous avons trouvé dans les *Archives du tribunal* de Sedan les reçus des sommes versées aux habitants par le receveur de l'Académie pour prix du logement et de l'entretien de ces prédicateurs.

gouverneur, d'éviter « la dispute » et de s'attacher surtout « à convaincre les esprits et à gagner les cœurs [1] », contint dans de justes limites le zèle parfois exagéré du Père Adam [2]. Dès que Fabert constata les heureux effets des nouvelles prédications, il ne ménagea pas au missionnaire les témoignages recon-

---

1. Vers la fin de 1659, Fabert écrivait à Godeau, évêque de Vence et de Grasse, et membre de l'Académie française : « Ce n'est pas assez d'avoir raison, il faut la faire goûter, et ne pas la proposer d'une manière choquante qui en éloigne ceux que l'on entreprend de convaincre. » (*P. Barre.*)

Soit dit en passant, Godeau était l'ami de d'Andilly dont il avait traduit en vers latins les *Stances françaises sur diverses vérités chrétiennes.*

2. Benoît, théologien calviniste (1640-1728), représente le Père Adam comme un prédicateur « ignorant, malin, emporté, sans pudeur et un peu étourdi pour un jésuite ».

« Jamais homme, dit Bayle, ne fut plus propre à être détaché contre le parti [protestant] en aventurier téméraire. Il était hardi et bouillant, et avait toutes les parties nécessaires à un grand déclamateur. »

Le Père Barre s'appuie, dans l'éloge qu'il fait de la modération du Père Adam, sur les lettres où Fabert vante à ce dernier cette précieuse qualité. Avec un peu d'attention il aurait reconnu qu'il y avait là, assez souvent, de la part du maréchal, à l'adresse du Père Adam, une adroite invitation à observer une retenue de langage qui n'était pas dans les habitudes du jésuite.

Tout en louant la conduite du Père Adam au milieu des Sedanais, ainsi que la clarté, la solidité et la grâce de ses instructions, l'abbé Pregnon (*Histoire de Sedan*) ne dissimule pas que l'ardeur de son tempérament nuisait quelquefois à sa prudence et à sa sagesse.

Le talent d'orateur du Père Adam est exalté sans réserve dans la lettre suivante que lui écrivit Balzac, le 15 janvier 1643, pour le remercier de l'envoi de ses sermons : « Ils [les sermons] seraient dignes des oreilles de la cour; ils sont à l'épreuve de ma chicane du côté même de la diction et des particules ; ils n'ont guère moins de force sur le papier que quand vous les animiez de l'éloquence du corps, et qu'ils nous laissaient dans l'esprit tant d'émotion et tant d'aiguillon. Continuez à vous signaler en cette noble carrière où vous avez déjà acquis beaucoup de réputation. Vos commencements ont été très éclatants, votre progrès l'est encore davantage. » (*Lettres de Balzac*, Amsterdam, 1678, édition elzévirienne.)

naissants de sa satisfaction. De son côté, le Père Adam donnant libre cours aux sentiments d'admiration que lui inspiraient la conduite et les actes de Fabert dans son gouvernement, écrivit, le 18 février, à Mazarin :

« J'ai trouvé ici M. le maréchal de Fabert, l'homme véritablement du roi et de Votre Éminence, qui tient tous les esprits dans une soumission générale et avec un empire si aimable, que je dois avouer que les choses que je vois sont infiniment au-dessus de ce que j'en avais ouï dire. Il a fait publier aujourd'hui la paix[1] avec toutes les marques de joie, et j'ai eu ordre de prendre cet agréable fait pour celui de mon sermon, où ce que j'ai dit de Leurs Majestés et de Votre Éminence a été très bien reçu de tout le monde...[2]. »

A l'influence que le Père Adam exerçait par son talent et sa science, s'ajouta bientôt celle que lui acquirent des services particuliers rendus aux ministres protestants eux-mêmes[3]. On vit les réformés les plus

---

1. Cette publication est constatée dans le *registre du greffe du Conseil souverain*.

2. Lettre (aut.) du Père Adam à Mazarin, du 18 février 1660. (Arch. nat., K, 118, B.)

3. « Fabert employa le Père Adam lui-même pour faire rendre à l'Académie la totalité de la pension dont elle jouissait. On en avait retranché deux mille livres en faveur du *Bureau de charité* catholique et quatre cents en faveur des capucins.... Le maréchal fit là-dessus les plus fortes représentations, et lorsque le Père Adam retourna à Paris, ce jésuite exposa au roi la docilité des protestants de Sedan.... Le roi ordonna que les revenus de l'Académie fussent rétablis sur le pied de douze mille livres. » (*Histoire de la principauté de Sedan et lieux circonvoisins*, par un citoyen de Sedan, 1778, Ms. in-4°, à la *Bibliothèque de Sedan*.)

hostiles aux croyances catholiques se relâcher peu à peu de leur opposition, et un professeur de l'Académie, Louis Le Blanc de Beaulieu, dont Fabert appréciait l'esprit de tolérance, travailler de bonne foi à renverser la barrière qui séparait les deux religions[1]. Une deuxième mission du Père Adam paraissant indispensable à Fabert pour compléter les fruits de la première, le jésuite fut redemandé à ses supérieurs vers la fin de 1660. L'intervention de la reine mère le rendit aux Sedanais dans les derniers jours de novembre.

Quand le Père Adam arriva à Sedan pour y prêcher une seconde station, Fabert était absent de son gouvernement. Il suivait un traitement aux eaux de Bourbonne, à la suite d'une grave maladie qui avait mis sa vie en danger, pendant le séjour qu'il était venu faire à Paris, au mois de juillet, pour féliciter le roi sur son prochain mariage[2]. A cette époque, le roi et la reine mère lui envoyèrent leurs médecins, et le prince de Condé, le maréchal de Turenne, les secré-

---

1. Voyez la notice sur Le Blanc de Beaulieu, vol. 1er, p. 246.
Cet esprit de tolérance valut à Le Blanc de Beaulieu d'être classé par un grand nombre de ses coreligionnaires dans la secte des *Latitudinaires*, et le fit passer pour un partisan déguisé du retour des réformés à la communion romaine. Le bruit qui courut, quelques années plus tard, qu'il s'était engagé à seconder le maréchal de Turenne dans son projet de fusion des deux Églises, fortifia chez les protestants rigides les soupçons qui pesaient sur son orthodoxie.
Bayle essaye de défendre Beaulieu d'avoir voulu faciliter le rapprochement des catholiques et des protestants. Il n'est pas douteux, cependant, que le savant professeur n'ait mis au service de Fabert et de Turenne les ressources de son éclectisme religieux.
2. Le roi se tenait à Vincennes.

taires d'État et un grand nombre d'autres personnages allèrent le visiter. Il était encore convalescent, lorsqu'il prit place, parmi les maréchaux de France, dans le brillant cortège avec lequel la jeune reine Marie-Thérèse et son royal époux firent leur entrée à Paris (26 août). Ce fut principalement d'après son avis que le pas fut donné, dans cette circonstance, aux maréchaux de France sur les ambassadeurs; ceux-ci protestèrent d'ailleurs contre la décision royale par leur absence. Le 5 septembre, il rentrait à Sedan, d'où nous venons de voir qu'il sortit de nouveau, à la fin de novembre, pour se rendre à Bourbonne.

Lorsqu'il revint à Paris, ce fut pour assister aux dernières phases de la maladie qui emporta la marquise de Fabert, le 13 février 1661[1]. Il s'était, en quelque sorte, dédoublé dans le cœur de cette femme de bien, pieuse et charitable sans ostentation, pleine d'une sollicitude tendre et éclairée pour ses enfants, bienfaisante pour tous, qui avait dignement partagé près de trente années de son existence[2]. Après un instant de trouble douloureux,

1. Dans une lettre, déjà citée, du 23 décembre 1657, Fabert rapporte à d'Andilly que sa femme a été frappée d'une attaque d'apoplexie qui a amené une paralysie momentanée du côté gauche.
Le corps de la défunte fut déposé d'abord dans une chapelle de Saint-Nicolas des Champs, puis transporté à Sedan, dans l'église Saint-Laurent, en attendant l'achèvement d'un caveau de famille que Fabert faisait préparer dans l'église des capucins.
Un portrait de la marquise, acheté, il y a quelques années, à un habitant du village de Saint-Menges, orne actuellement une des salles de la mairie de Sedan.
2. La marquise de Fabert avait, au dire du Père Barre, la passion

pendant lequel il envisagea avec effroi le vide qui se faisait autour de lui[1], la résignation chrétienne commençant à reprendre le dessus, l'arma contre toute défaillance. L'heure avait sonné pour lui où les agitations du monde cédaient la place au recueillement intime.

C'était aux mains prudentes et sûres de Mme de Fabert que Mazarin avait confié, pendant les plus mauvais jours qu'eût traversés sa fortune, la garde de ses nièces. Un grand nombre de ses lettres à Fabert prouvent qu'il la tenait en haute estime. Cependant, la marquise eut un jour à se défendre contre le cardinal lui-même d'avoir poussé Fabert à se ranger du côté de ses ennemis. On doit se rappeler cette accusation et l'énergie avec laquelle elle la repoussa en défendant son mari. Les Sedanais lui étaient profondément attachés et l'auraient volontiers

---

du jeu, défaut dont elle eut le courageux mérite de se corriger sur les observations de son mari.

C'est probablement à Mme de Fabert que se rapporte le passage suivant d'une lettre de Fabert à d'Andilly, du 11 janvier 1660 : « Ce n'est pas seulement la race qui fait jouer la personne que vous savez, c'est la mode qui peut tout sur les femmes. Il y en a d'autres que celles-là qui s'en mêlent et qui protestent d'y renoncer. Cela est ainsi à la frontière, mais dans Paris il n'en est pas de même. » (Aut., Bibl. Ars., Corresp. des Arnauld, t. II.)

1. Lettre (aut.) de Fabert à Pomponne, du 27 février. (Bibl. Ars., Corresp. des Arnauld, t. III.)

« .... Je ne puis demander à Dieu de consolation, mais seulement qu'il lui plaise me faire la grâce que je tourne à mon salut ce qu'il me fait souffrir. » (Lettre (aut.) de Fabert au comte de Béthune; Bibl. de l'Institut, Collection Godefroy, 275.)

Les Archives de Condé (Recueil de lettres, n° 223) renferment une lettre (aut.) de Fabert à Condé, du 23 février, qui paraît être la réponse aux compliments de condoléance du prince.

comblée de cadeaux, s'ils n'eussent tenu à respecter les scrupules de délicatesse qui empêchaient Fabert d'accepter, pour lui ou pour les siens, des présents quels qu'ils fussent.

Ils lui étaient redevables de l'introduction dans leur ville d'une nouvelle branche d'industrie, la fabrication des dentelles, source de revenus assez importante en raison du prix relativement élevé de ce produit et de son usage de plus en plus étendu. Les ouvrières auxquelles elle avait appris elle-même les procédés du point de Venise, les communiquèrent à d'autres, et bientôt se forma un noyau de dentellières qui permit l'établissement (1662) d'une manufacture [1]. Telle est l'origine du *point de Sedan* [2].

---

1. P. Norbert.
2. L'usage des dentelles, entravé sous Louis XIII par des édits sévères, était toléré sous Louis XIV. Faute de pouvoir empêcher l'abus qu'en faisaient le clergé, la noblesse et la finance, le mieux était de propager la fabrication indigène. On diminuait ainsi la quantité de numéraire qui passait à l'étranger par suite de l'achat des dentelles de Gênes, de Venise et de Flandre. A ce point de vue, le service rendu par la marquise de Fabert aux Sedanais touchait aux intérêts de l'industrie nationale, partant à ceux du Trésor.
En 1666, les dentelles de fabrication sedanaise étaient déjà assez estimées pour que Colbert invitât le comte de la Bourlie, commandant à Sedan, à les faire vendre aux entrepreneurs de la manufacture créée, l'année précédente, dans son château de Lonray, près d'Alençon. (*Lettres, instructions et mémoires* publiés par P. Clément, t. II.) Son but était de forcer les marchands forains qui d'ordinaire colportaient les dentelles dans les villes, les châteaux et les foires, à recourir à cet établissement pour s'approvisionner. A la fin du dix-septième siècle, Sedan, Charleville et Donchery occupaient environ cinq mille ouvrières, dont les produits se vendaient en grande partie à Paris; le reste s'exportait en Hollande, en Allemagne et jusqu'en Pologne. Les dernières années du siècle suivant virent la décadence de cette industrie dans la cité sedanaise.

Le jour même de la mort de la marquise de Fabert, la cour avait quitté Saint-Germain pour se retirer au château de Vincennes, auprès de Mazarin, dont l'état de santé, languissant depuis quelques mois[1], venait tout à coup de s'aggraver. De son lit de souffrances, le cardinal envoya ses condoléances à Fabert sur la mort de sa femme, dans une lettre qui doit être une des dernières qu'il ait écrites[2]; environ trois semaines après, le curé Joly, de Saint-Nicolas des Champs[3], le même qui avait assisté la maréchale à ses derniers moments, lui fermait les yeux dans la nuit du 8 au 9 mars 1661. « On n'avait jamais gardé la toute-puissance plus avant dans la mort[4]. »

La France perdait dans Mazarin un des plus grands ministres qui l'eussent jamais gouvernée[5].

---

1. Lettre (min.) de Le Tellier au maréchal de Gramont, du 20 août 1660. (*Arch.*, *D. G.*, t. CLXII.)

2. Nous n'avons pas retrouvé cette lettre; Fabert la reçut à Sedan où il était rentré le 20 février. Celles qu'écrivit (18 février) le Tellier à Fabert et au marquis de Vervins à l'occasion de la mort de la maréchale, existent en minute aux *Archives du Dépôt de la Guerre*, t. CLXVIII. D'après Courtilz de Sandras, Mazarin aurait témoigné à un envoyé de Fabert, introduit auprès de lui la veille de sa mort, le regret qu'il éprouvait de n'avoir rien fait pour reconnaître les peines qu'il avait prises et les dangers qu'il avait courus depuis plusieurs années.

3. Joly (Claude), né en Lorraine (1610), nommé de la cure de Saint-Nicolas des Champs à l'évêché de Saint-Pol de Léon, puis à celui d'Agen (1664), meurt en 1678. Vers la fin de 1661, le surintendant Fouquet, de sa prison du château d'Angers, demanda à Le Tellier, dans une lettre touchante, qu'on lui envoyât pour confesseur le curé Joly.

4. Lettre du marquis de Pomponne à d'Andilly, du 4 février, à la suite des *Mémoires de Coulanges*.

5. « Cette perte est très grande pour l'État, au delà même de ce qui se peut prévoir. » (Lettre (min.) de Le Tellier à M. de Bezons, intendant en Provence, du 11 mars, *Arch.*, *D. G*, t. CLXVIII.)

Neuf années auparavant, au plus fort de la crise où sa fortune avait failli sombrer, il écrivait à Zongo Ondedei : « Quelque disgrâce qui m'atteigne, l'histoire n'aura que du bien à dire de moi si elle veut être vraie[1]. » L'histoire à laquelle il en appelait a ratifié ce jugement sous certaines réserves. Elle a reconnu que dans la lutte engagée contre les ennemis de l'intérieur et dont le dénouement assura la prééminence incontestée du pouvoir royal, le cardinal montra plus de persévérance que de fermeté, plus de souplesse et de ruse que de force, et qu'au dehors il continua par la guerre résolument conduite, et couronna glorieusement par la diplomatie l'œuvre de Richelieu ; mais elle lui reproche son esprit d'intrigue, ses habitudes d'irrésolution calculée, les expédients par lesquels il cherchait à remédier au désordre des finances, et enfin sa fortune acquise par des moyens illicites.

Sans prétendre rien changer à cette appréciation d'ensemble, à ces traits généraux sous lesquels de graves historiens ont représenté Mazarin[2], nous voudrions mettre en lumière quelques côtés plus particulièrement saillants de l'homme et du ministre, tels qu'ils ressortent de sa correspondance et de ses rapports avec Fabert.

---

1. « Qualcunque disgratia mi arrivi, l'historia non parlerà che beni di me, se vorrà dire il vero. » (Chéruel, *Lettres du Cardinal Mazarin*, t. Ier, *Introduction*.)

2. Voir entre autres portraits de Mazarin, ceux qui ont été tracés par M. Mignet dans son *Histoire des négociations relatives à la succession d'Espagne*, et par M. Henri Martin dans son *Histoire de France*.

A nos yeux, un des grands mérites de Mazarin, un de ceux qui lui assurent un titre impérissable à notre reconnaissance, c'est d'avoir aimé passionnément la France, sa patrie adoptive. Loin d'affaiblir ce sentiment, la disgrâce et l'exil lui donnèrent plus de force. Fabert fit écho aux confidences du proscrit. Parmi les fidèles serviteurs de l'État, aucun peut-être n'apprécia plus tôt et ne pénétra mieux que le gouverneur de Sedan le caractère éminemment français de la politique du cardinal; aucun, assurément, ne le seconda avec plus de constance et d'abnégation dans son œuvre de restauration de l'autorité royale.

Les témoignages d'estime sans cesse renouvelés, dont nous avons vu Mazarin récompenser le dévouement de Fabert, l'intérêt affectueux qu'il portait à ses affaires et les bienfaits qu'il répandait sur sa famille, tendent à prouver, quoi qu'on ait pu dire, qu'il était capable d'amitié. Il est vrai que le cardinal méconnaissait trop souvent les services qu'on lui rendait, mais nous ne saurions oublier que c'est à son initiative que Fabert dut son élévation, en dépit des préjugés du temps, à la dignité militaire suprême. Par cet acte de courage et de justice tout à la fois, n'a-t-il pas suffisamment racheté quelques moments d'égoïsme ou d'indifférence ?

Grâce à la confiance que lui inspirait le patriotisme éclairé de Fabert, Mazarin se prêta volontiers à l'exécution des projets de taille réelle et d'établissement des quartiers d'hiver qui, combinée avec d'autres réformes, devait modifier profondément la situation financière du royaume. Désormais, en présence des mesures charitables appliquées aux populations de la Champagne, on n'est plus autorisé à prétendre qu'il soit resté insensible au sort des pauvres et particulièrement à celui des classes agricoles [1].

Nous croyons nous être suffisamment étendus sur les actes du ministère de Mazarin auxquels Fabert fut associé, pour n'avoir pas à y revenir à cette place. Il suffira de faire remarquer, et c'est par là que nous voulons clore nos observations sur le caractère et la politique du cardinal, que ses rapports avec les Sedanais contribuèrent notablement à l'affermir dans son attachement aux idées de tolérance religieuse que Henri IV et Richelieu lui avaient léguées [2].

On connaît le testament dicté par Mazarin à son lit de mort. La clause qui interdisait de procéder à un inventaire de ses biens ayant été observée par ses héritiers comme par ses exécuteurs testamentaires, aucune évaluation précise de sa fortune n'a été possible à cette époque ni depuis [3]. Au dire du Père Barre, Fabert aurait connu, par les confidences du cardinal, la valeur totale de son opulente suc-

---

[1]. « ..... Son Éminence se trouve encore obligée de dire que rien ne lui a donné tant de déplaisir dans le cours de sa maladie, que de n'avoir pu travailler à un soulagement considérable des surcharges qu'ont souffertes les peuples. » (*Testament du défunct Cardinal Juli Mazarini*, Paris, 1663.)

[2]. Un grand nombre de lettres de Mazarin prouvent que, dès son arrivée au ministère, il se montra tolérant à l'égard des calvinistes (Lettres publiées par M. Chéruel).

[3]. La somme dont Mazarin disposa par testament serait de 50 millions, d'après l'abbé de Choisy, et de 40 à 50 millions selon Fouquet.

cession, et celle des différents legs et donations. Mais il ne nous a pas livré son secret. On voit, cependant, par l'extrait du testament trouvé dans les papiers du maréchal et reproduit par le génovéfain, que le cardinal laissa en mourant 13 440 000 livres d'argent monnayé [1]. Sur cette somme, un million était en dépôt dans le château de Sedan ; Fabert le remit à Colbert pour être réparti entre les héritiers du cardinal [2].

Quatre jours après la mort de l'illustre homme d'État, Fabert écrivit à d'Andilly : « Nous avons su la mort de Son Éminence, et hier (12 mars) on lui fit un service. L'on parle de ses richesses comme d'une chose qui va mettre ses héritiers en grande division. Si cela arrivait qu'elles lui auraient été pernicieuses,

---

[1]. L'abbé de Choisy parle de 15 millions. Il rapporte qu'aussitôt que Mazarin eut rendu le dernier soupir, Colbert alla trouver Louis XIV et le persuada qu'il fallait prendre sur cette somme, dont lui seul connaissait l'existence, la dot des demoiselles Mancini (Marie et Anne-Marie), telle qu'elle avait été fixée par le cardinal, et remplir avec le surplus les coffres de l'épargne qui étaient vides. Cette offre, acceptée par le roi, aurait été l'origine de la faveur de Colbert.

[2]. Le 23 mars 1660, Colbert écrivait à Mazarin : « Pour dire le vrai à votre Éminence, non seulement je suis en état d'acquitter toutes les dépenses qui m'ont été ordonnées, mais même je prétends mettre à Vincennes 420 000 livres que votre Éminence sait, et *dans une autre réserve un million de livres.* » (*Lettres, instructions et mémoires de Colbert* publiés par P. Clément, t. Ier). S'agit-il ici du million déposé à Sedan ? L'abbé de Choisy prétend qu'après la mort de Mazarin on trouva 5 millions d'argent comptant à Sedan chez le maréchal de Fabert, 2 millions à Brisach, 6 à la Fère, et 5 ou 6 à Vincennes, et que le duc Mazarin, légataire universel du cardinal, mit la main sur les millions de la Fère et de Brisach. Il ne s'aperçoit pas que la somme de toutes ces réserves partielles est sensiblement supérieure au chiffre de 15 millions qu'il a donné, en premier lieu, comme représentant la fortune de Mazarin en numéraire.

car ayant beaucoup plus qu'il n'avait de besoin pendant sa vie, elles ne lui ont de rien servi, et peut-être après sa mort le compte en est rude, plût à Dieu qu'il en eût peu laissé ! Ceux qui en jouiront lui en sauront bien moins de gré qu'on ne peut croire, et Dieu veuille qu'ils ne prennent pas par elle sujet de parler contre sa mémoire.

» Ce doute me fait avoir pitié de la condition humaine. Ce grand homme qui semblait être l'âme des États qui font le christianisme, s'être vu mourir six ou sept mois durant sans pouvoir trouver aucun remède et peut-être, et je le crois quasi, que d'en avoir cherché est cause qu'il ne vit plus. S'il est en paradis, comme j'en prie Dieu, que je le tiens heureux ! Il y a déjà plus de dix ans que je considère le monde avec un désir d'en sortir qui fait que penser à la mort est le seul repos que j'ai trouvé [1]. »

Dans la même lettre, Fabert répondait en ces termes aux condoléances que d'Andilly lui avait adressées à l'occasion de la mort de sa femme : « L'esprit ne peut être plus soumis qu'il l'est, le corps n'est pas de même. Je sens mon cœur serré et dedans l'estomac des choses que je ne saurais dire, qui me font bien connaître que la volonté ne saurait les chasser, non plus que d'empêcher la faim ou le sommeil. Je ne demande à Dieu ni consolation ni qu'il finisse ma douleur ; je veux bien la souffrir autant qu'il lui plaira et même qu'il l'augmente, si cela peut servir

---

1. Lettre (aut.) du 13 mars, *Collection* de M. Benjamin Fillon. Au dos de cette lettre, d'Andilly a écrit : « M. le mareschal de Fabert. »

à ôter de la peine à ce que souffre peut-être la personne que j'ai perdue. Voilà, Monsieur, le véritable état auquel je suis. Les gens de cour attribueront à faiblesse d'esprit l'affliction où mon cœur se tient; moi je crois que cela procède d'un naturel tendre et qui peut se lier à un autre, mais, quoi que l'on croie, je ne m'en soucie guère. Je veux conduire ma volonté selon vos bons avis, dont je vous rends mille grâces, et, quant au corps, le laisser comme s'il avait la fièvre ou une autre maladie à laquelle mon esprit ne saurait apporter de remède, par résignation ou autrement. Pardonnez-moi, Monsieur, s'il vous plaît, mes faiblesses. Je devrais par respect vous les cacher, et je me sens forcé à vous ouvrir mon cœur aussitôt que je commence à vous parler. Par l'aveu de mes défauts, j'espère vous faire changer l'opinion que vous avez de moi. Ma misère vous doit faire pitié, comme elle me fait connaître que je ne suis propre à rien. »

La lettre d'où sont extraites ces lignes d'une tristesse si touchante, marque la reprise de la correspondance de Fabert et de d'Andilly, interrompue, ainsi que nous l'avons déjà constaté, au commencement de 1660. Quelques mois auparavant, le maréchal avait demandé à la cour un prédicateur.

Les rapports tangibles de Fabert avec les jésuites remontent à une époque antérieure à l'arrivée du Père Adam au milieu des Sedanais. On voit par une lettre du Père Henri Geoffroy, de Charleville, adressée, à Paris, au Père Blaize Janot, de la maison professe de

Saint-Louis, le 8 novembre 1655, que, dès lors, Mazarin songeait à créer à Sedan un collège dont la direction devait être confiée aux jésuites, et à l'entretien duquel il s'engageait à consacrer les revenus du prieuré de Donchery [1]. Au mois de juillet 1658, Mazarin n'avait pas encore donné suite à ses intentions, mais il en entretint Fabert, pendant le séjour de la cour à Calais ; il lui annonça la remise prochaine de vingt mille livres destinées à l'édification à Sedan, d'une église pour les jésuites, et son dessein de faire servir le prieuré de Donchery à la fondation du collège. Dans son désir de voir s'exécuter ce projet le plus promptement possible, Fabert recommanda au Père Annat, confesseur du roi, de saisir l'occasion où un bénéfice propre à être substitué au prieuré de Donchery deviendrait vacant, pour rappeler au cardinal ses bonnes dispositions et ses promesses [2]. Déjà Fabert devait être en relations avec le Père Henry Bacio, recteur du collège des jésuites de Châlons. Dans une lettre du 24 octobre 1659, ce religieux faisait appel à la bienveillance dont il était l'objet de la part du maréchal, pour le prier d'employer son crédit auprès du roi, afin d'obtenir les fonds nécessaires à l'achèvement d'une église [3]. Le Père Bacio

---

1. Aut., *Collection* de M. Cunin-Gridaine. Ce collège ne fut établi à Sedan qu'après la mort de Fabert ; des lettres patentes d'octobre 1663 en confièrent la direction aux jésuites de la province de Champagne ; il eut le Père Adam pour recteur.
2. Aut. du 18 juillet, *Collection* de M. Cunin-Gridaine.
3. Aut., *Arch. nat.*, KK, 1074. C'était sur la foi des promesses réitérées du cardinal de contribuer à l'édification de cette église, que les

ne lui demandait rien moins que de solliciter pour son second fils une abbaye ou un prieuré dont les revenus seraient momentanément affectés à cet objet.

Non seulement Fabert correspondait avec les jésuites, mais il faisait élever son fils aîné [1] dans leur collège de Reims. Comment l'ami de d'Andilly, comment l'admirateur enthousiaste des *Provinciales* en était-il arrivé à donner les mains à la création, dans Sedan, d'un véritable apostolat en faveur d'un adversaire déclaré des doctrines de Jansénius, qui n'avait pas craint d'appeler saint Augustin l'*Africain échauffé* et le *docteur bouillant* [2] ? Que s'était-il donc passé pour que ceux-là même dont il avait dénoncé les maximes comme dangereuses devinssent les éducateurs de son fils ? Le secret de ce changement est dans l'âpreté de zèle intolérant des jansénistes et dans la modération dont ses nouveaux correspondants lui paraissaient animés. Après les avoir étudiés les uns et les autres, la comparai-

---

fondements en avaient été jetés. Le Père Bacio devait seconder le Père Adam, par ses prédications, dans l'œuvre de la conversion des Sedanais.

1. Louis de Fabert, né en 1651. Les deux autres fils de Fabert sont nés, Nicolas en 1653 et Abraham en 1659. Nicolas mourut en 1656. (Voir la généalogie à l'*Appendice* (II)). Le Père Barre commet donc une erreur en annonçant que Fabert fit élever *ses fils* chez les jésuites. Du vivant du maréchal, l'aîné était le seul qui fût en âge d'être envoyé au collège de Reims.

2. Lettre de Gui Patin à Charles Spon, du 12 avril 1650. (Lettres de Gui Patin, édition Reveillé-Parise, Paris, 1846.) — *Biographie ardennaise* de Bouillot, Paris, 1830, t. Ier.

Le Père Adam avait publié des *Heures catholiques* pour les opposer aux *Heures de Port-Royal*.

son avait tourné, en définitive, à l'avantage des premiers.

A partir de ce moment, non seulement l'enthousiasme de Fabert pour les jansénistes se calma singulièrement, mais il fit place à la méfiance. Le maréchal était perdu pour Port-Royal. D'Andilly n'avait pas su garder sa conquête. Parfois encore, Fabert s'éleva avec vivacité contre les doctrines qui, selon lui, faussaient l'esprit du christianisme et compromettaient les intérêts de la religion et de la morale, mais non sans de prudentes restrictions. Les lettres et les mémoires de d'Andilly, ainsi que les écrits jansénistes que celui-ci continuait à lui envoyer pour ranimer son prosélytisme défaillant, furent désormais donnés en lecture au Père Adam [1].

La voie des concessions, dans laquelle Fabert entrait vis-à-vis des jésuites, est très bien marquée par le passage suivant d'une lettre à d'Andilly, du 22 juin 1661 : « L'on me mande que la congrégation des jésuites à Rome y a résolu qu'on repurgera leurs auteurs des propositions qui ont fait tant de bruit et pourraient blesser la morale chrétienne, et qu'à l'avenir il ne suffira pas, pour soutenir une opinion, d'alléguer qu'elle a été enseignée par d'autres, mais qu'on pèsera les raisons plus que l'autorité, la lais-

___
[1]. Dans une lettre du 27 mars 1661 (*Bibl. Ars., Corresp. des Arnauld*, t. III), Fabert disait à d'Andilly : « Il y a ici le Père Adam qui prêche le carême et qui sait l'amitié que vous avez pour moi. Je veux lire les écrits avec lui. Il est homme sincère. »

Voir aussi les lettres à d'Andilly, du 30 mars, et celles des 8 et 10 mai (même source).

sant tout entière dans les mystères de la foi. Le Père Duneau [1], de mes amis, est l'un de ceux qui doivent travailler à cela, et la personne dont je vous ai écrit depuis quelque temps [2] en a fait l'ouverture par des lettres. Les jansénistes ont opéré cela. Il serait à souhaiter que les jésuites leur en sussent gré, et que cela les portât envers eux à plus de modération. Il y en a de ceux que je connais qui sont de cette opinion [3]. »

Fabert revint sur ce sujet dans une lettre du 10 juillet qui n'est pas une des moins curieuses qu'il ait écrites à d'Andilly : « Si, comme l'on me l'avait mandé, disait-il, l'on fait ôter des livres des jésuites les choses qui ont donné le scandale qui a tant fait d'éclat, ce sera un grand bonheur pour eux, si l'on peut de leur cœur ôter l'aigreur avec laquelle vous me faites paraître qu'ils agissent dans l'affaire que vous croyiez terminée et que je croyais finie aussi [4]. Il y a parmi eux de fort honnêtes gens capables de goûter ce qu'on leur dit contre cette manière d'agir de tout leur ordre, hautaine et fière plus que la religion ne semble pouvoir permettre. Mais je crois que les hommes ne sauraient composer un grand corps où les choses aillent bien, allant au plus

---

1. Duneau (François), jésuite, professeur de philosophie, de théologie scolastique et de mathématiques, né vers 1597 à Châtillon, diocèse de Langres, mort à Rome en 1682.
2. Probablement le Père Adam.
3. Aut., *Bibl. Ars.*, *Corresp. des Arnauld*, t. III.
4. Pierre Varin pense qu'il s'agit ici de l'affaire du *formulaire*, qui avait été reprise vers la fin de 1660.

de voix. C'est le malheur de ceux qui vivent dans les communautés où l'on n'a nul égard à la vertu de ceux qui pourraient les mener sagement, et où un emporté met son contentement à faire paraître qu'il a autant d'autorité qu'un plus sage que lui. Ailleurs, où l'on se met sous le commandement, ceux-là qui l'ont en main en usent avec un empire insolent, et ceux qui sont soumis gémissent sous des extravagants. Les saints qui fondent les ordres ne laissent pas leur esprit avec leur règle, et l'infirmité de ceux qui leur succèdent a bientôt corrompu ce qu'ils croyaient devoir toujours durer. Dieu qui souffre cela sait mieux que nous pourquoi [1]. »

Une sortie chagrine contre les jésuites [2] suivit de fort près la lettre que l'on vient de lire. Peut-être consola-t-elle d'Andilly de la froideur que Fabert montrait depuis quelque temps pour Port-Royal. En tout cas, la satisfaction du solitaire ne dut pas être de longue durée. Dans une nouvelle lettre (31 juillet) où Fabert prenait à partie assez sévèrement les théologiens, le jansénisme, lui aussi, pouvait se reconnaître :

« Je sais bien, écrivait-il à d'Andilly, que de tous les hommes les théologiens sont les plus violents dans leurs passions, soit qu'ils croient que prétextant leurs emportements d'un saint zèle, ils puissent en tirer autant d'honneur que les autres craignent de honte en ne se modérant pas, ou que des gens qui pensent

---

1. Aut., *Bibl. Ars., Corresp. des Arnauld*, t. III.
2. Lettre (aut.) du 26 juillet, *Bibl. Ars., Corresp. des Arnauld*, t. III.

continuellement et travaillent à prêcher pour persuader ce qu'ils se sont persuadé ne soient pas capables de supporter qu'ils ne soient pas suivis avec applaudissement, ou soit qu'avec la science l'orgueil se glisse dans l'esprit de beaucoup de gens. Tant y a que j'ai remarqué aux gens d'Église savants et aux ministres parmi les huguenots beaucoup plus de penchant au sang et à la cruauté que parmi les gens de guerre qui sont nourris dans le carnage, et dans l'opinion que non seulement ils sont obligés par devoir à tuer, qu'il y a de l'honneur pour eux à le faire et souvent nécessité pour conserver leur vie. Je vous avoue que considérant cela, j'ai été très étonné, et comparant les sentiments qu'on fait paraître avec éclat aux commandements de Dieu, je n'ai pu comprendre comment des gens qui veulent qu'on les croie les parfaits des chrétiens, paraissent si éloignés de ce qu'ils devraient être. Mais il y a encore tant d'autres choses à s'étonner dans la religion, qu'à mon avis il faut plutôt admirer que Dieu les souffre que d'en parler.

» Lorsque la charité qui en est bannie y sera revenue, tout ira bien, car avec elle reviendra l'humilité qui en a été chassée par ceux qui devaient l'y retenir. Un soldat a tort de parler de cette sorte ; mais la profession des hommes ne leur ôte pas les sentiments que la nature leur donne pour la gloire de Dieu[1]. »

Cette lettre, véritable boutade qui révèle, dit Pierre Varin, « les angoisses où se plongeait parfois l'esprit

---

1. Aut., *Bibl. Ars., Corresp. des Arnauld*, t. III.

de Fabert sous l'effet combiné des doctrines de Genève et de Port-Royal, » est datée de Barricourt[1], où le maréchal s'était retiré avec ses enfants depuis le mois de juillet 1661, et où il séjourna jusqu'à la fin d'octobre[2].

Celles qu'il écrivit à d'Andilly à la fin de cette période et au delà, trouveront leur place plus loin. Nous avons maintenant à reprendre cette étude au point où nous l'avons interrompue d'autre part, c'est-à-dire à la mort de Mazarin.

---

1. Aujourd'hui commune de l'arrondissement de Vouziers, canton de Buzancy (Ardennes).
2. Nous verrons plus loin que Fabert s'éloigna momentanément de Barricourt, au commencement d'octobre, pour se rendre à Fontainebleau.

CHAPITRE IV

(Avril 1661 — Avril 1662.)

L'opinion publique donne Fabert pour successeur à Mazarin. — Estime particulière dont il jouit à la cour; vues de Louis XIV sur lui. — Fabert refuse de profiter des bonnes dispositions dont il est l'objet en haut lieu. — Édit de suppression du conseil souverain et de création d'un bailliage avec siège présidial. — Fabert fait valoir les suites désastreuses du changement apporté à la constitution sedanaise. — Le roi lui offre d'attacher à sa charge de gouverneur celle de Grand Sénéchal; Fabert la refuse; il obtient la disposition des offices de judicature dans le présidial et la suppression du droit de finance. — Édit de substitution du présidial au conseil souverain; extension du ressort de la juridiction nouvelle. — Disgrâce de Fouquet; ses relations d'amitié avec Fabert. — Confiance du surintendant dans l'appui de Fabert pour l'aider dans l'exécution de son plan de guerre civile; concours qu'il en attendait en cas d'arrestation. — Fabert craint d'être mal jugé; le roi et la reine le rassurent. — Il est question de Fabert pour remplacer le surintendant. — Lettre de Fabert à d'Andilly. — Le comte de Noailles annonce à Fabert l'intention du roi de lui accorder le cordon du Saint-Esprit; réponse de Fabert; il refuse de produire des preuves de noblesse fictives. — Mémoire de Fabert relatif à l'offre du cordon qui lui a été faite par Mazarin. — Les statuts de l'ordre du Saint-Esprit. — Le roi est disposé à fermer les yeux sur les preuves que Fabert voudra fournir, quelles qu'elles soient. — Fabert ne consent à se prêter à aucun subterfuge. — Il est proclamé chevalier de l'ordre. — Écrit à Le Tellier qu'il ne peut accepter le cordon; décline cet honneur dans une lettre à Louis XIV. — Le roi redouble de considération pour Fabert. — L'attitude de Fabert est louée par Noailles et Le Tellier ; jugement qu'elle appelle de la part de Bussy-Rabutin. — Lettre du roi à Fabert sur son refus de recevoir le cordon. — Recrudescence de bruits au sujet de la prétendue connivence de Fabert avec Fouquet (1662). — Nouveaux témoignages de confiance du roi. — Fabert offre de se constituer prisonnier et demande une enquête sur ses actes. — Ne craint pas d'avouer hautement ses anciennes relations avec Fouquet. — Le Tellier tente de calmer les alarmes de Fabert. — Réponse de Fabert à Le Tellier. — Conflit entre le conseil souverain et le parlement de Metz. — Membres du parlement de Metz envoyés à Sedan pour signifier l'arrêt de suppression du conseil souverain ; résistance que leur oppose Fabert. — Arrêt du conseil souverain en réponse à celui du parlement ; il est remis au roi par une députation sedanaise. — Fabert demande l'admission des protestants dans le présidial. — Il obtient gain de cause contre le parlement de Metz. — Est accusé d'irréligion. — Est dénoncé comme sorcier ; certaines apparences aident à l'imposture. — L'ardente imagination de Fabert l'expose à d'étranges illusions. — Ses rapports avec l'alchimiste Montluisant. — Sa réponse à ceux qui cherchent à le faire passer pour sorcier.

La résolution de Louis XIV de ne pas donner de successeur à Mazarin, comme premier ministre, ne fut pas, d'abord, prise au sérieux par tout le monde. A la cour, on crut que cette haute situation était réservée à Fabert. L'opinion publique elle-même désigna le maréchal au choix du roi, comme digne de recueillir l'héritage politique du cardinal. On aura une idée exacte du sentiment général qui se faisait jour, de toute part, en faveur de la promotion de Fabert au ministère, d'après la lettre suivante que lui écrivit le Père Adam : « Vous devez être assuré que le roi et la reine mère vous honorent et vous estiment d'une manière qu'on ne peut assez exprimer. Dans une audience que leurs Majestés m'ont fait l'honneur de m'accorder, la reine fit, devant le roi, votre éloge en peu de paroles, mais si portantes que j'en fus réellement touché, et le roi confirma tout ce que la reine avait dit. Presque toute la cour m'a demandé l'état de votre santé; presque tous vous destinent à un autre emploi que celui que vous remplissez à Sedan; pour vous dire la vérité, on souhaiterait vous voir à la tête des affaires, c'est la voix des grands et du peuple.

» M. le maréchal de Turenne m'a longtemps entretenu sur votre santé et sur les grands services que vous avez rendus à l'État; il m'a parlé de vous avec estime, j'ose dire avec vénération; la reine mère est absolument à vous, elle croit qu'il n'y a pas en France un plus homme de bien, un plus grand serviteur du roi et plus capable de manier les affaires [1]. » Cependant, malgré sa confiance dans l'expérience et la sagesse de Fabert, Louis XIV n'alla pas jusqu'à renoncer à son dessein d'exercer à lui seul le pouvoir. C'était bien assez de faire participer le maréchal à l'exécution de sa volonté, en lui accordant un siège dans le Conseil d'en haut [2], à côté des trois hommes

---

1. *Père Barre*, lettre non datée.

« Cette intervention du Père Adam, dit Pierre Varin, quoique moins pressante et plus détournée que celle de d'Andilly, ne nous paraît guère plus excusable. »

2. Le *Conseil d'en haut* ou *Conseil privé*, où se traitaient les affaires d'État les plus importantes et surtout les affaires politiques, était placé au-dessus du *Conseil d'État* dont il jugeait les appels. Sous le ministère de Mazarin, il comprenait : le roi, la reine, le premier ministre, les secrétaires d'État, le chancelier, les surintendants des finances et les personnages que le roi jugeait à propos d'y admettre. Peu après la mort de Richelieu, le prince de Condé en fit partie. Les membres du Conseil d'en haut avaient rang et titre de ministre d'État.

dont il l'avait composé le lendemain de la mort de Mazarin : Le Tellier, de Lionne et Fouquet. Telle fut du moins son intention, et il paraît que la reine mère l'encouragea à y donner suite. Fort préoccupé du tort que menaçait de causer à un grand nombre d'officiers le licenciement des troupes, rendu nécessaire par la paix[1], le roi ne voyait personne plus capable que Fabert d'appliquer avec discernement cette mesure, de manière à concilier l'intérêt général avec les intérêts particuliers. Déjà il jetait les yeux, en maître, sur les abus les plus criants de l'organisation militaire. Comment n'aurait-il pas songé à Fabert pour y porter la main? Le maréchal avait approfondi, dans de nombreux mémoires, les questions de discipline, de solde, de subsistance, d'étapes, de logement, etc., et mis à l'épreuve avec succès, à Sedan et en Champagne, la plupart des théories qu'il y exposait.

Plus d'une fois ses simples projets avaient été convertis par Richelieu et Mazarin en règlements définitifs exécutoires dans tout le royaume. A quel chef plus familiarisé avec la pratique de l'administration militaire Louis XIV pouvait-il s'adresser pour les réformes à introduire dans l'armée[2]? Enfin Fabert, comme Le Tellier, Fouquet et de Lionne, n'était-il pas, lui aussi, un parvenu tel que le roi en voulait à la

---

1. *Œuvres de Louis XIV*, t. Ier, *Mémoires historiques et instructions pour le Dauphin*, année 1662.
2. Le Père Barre parle de l'uniformité de l'habillement des troupes comme d'une des innovations projetées à cette époque par Louis XIV.

tête des affaires, afin que chacun sût bien, d'après le rang où il prenait ses ministres, qu'il n'entendait point partager avec eux son autorité souveraine [1].

Au lieu de seconder les vues que le roi et la reine mère avaient sur lui, Fabert déclara à ses amis qu'il n'accepterait jamais une situation qui l'obligerait à vivre au milieu des courtisans [2]. Ce sentiment n'était pas nouveau chez lui. Il l'avait traduit, en ces termes, dans une lettre à Mazarin du 18 février 1657 : « J'ai toute ma vie appréhendé la cour. J'ai su des choses par feu Monseigneur le cardinal de la Valette, qui m'ont confirmé mon appréhension. L'on y est condamné sur des apparences ajustées de manière que ceux que l'on accuse y seraient quasi trompés eux-mêmes [3]. » Dans une autre lettre du 28 janvier 1660, adressée à l'intendant Voisin, il disait avec non moins de conviction, en faisant allusion à la hâte avec laquelle il rejoignait son gouvernement au retour de Paris ou de Vincennes, de Compiègne ou de Fontainebleau : « Quand un homme comme moi est sorti de la cour, le retour en est si difficile que c'est presqu'un

---

1. *Mémoires de Louis XIV*, t. Ier, année 1661.
2. Dès le 27 mars 1661, c'est-à-dire dix-sept à dix-huit jours après la mort de Mazarin, Fabert écrivait à d'Andilly : « De la sorte qu'on m'écrit que le roi reprend dans les affaires, il est à espérer qu'il s'en fera le maître, et vous saurez quel bonheur est à un royaume quand un roi le gouverne. » (Lettre déjà citée, *Bibl. Ars.*, *Corresp. des Arnauld*, tome III.) C'était clairement faire entendre qu'il approuvait le dessein du roi de se passer de premier ministre. Il exprime de nouveau cette opinion dans une lettre à d'Andilly du 1er juin (même source).
3. Aut., *Arch. nat.*, KK, 1074.

miracle d'y rentrer[1]. » Aussi fut-ce en vain que le marquis de Vervins, son gendre, et le comte de Beringhen, un de ses amis, le pressèrent de venir mettre à profit, en haut lieu, les bonnes dispositions dont il l'était l'objet. A M. de Beringhen[2], il répondit (1er juin 1661), plus ferme que jamais dans sa détermination : « Je suis peu propre à la cour ; un caractère ouvert comme le mien y donne trop d'avantage contre lui-même. J'ai d'ailleurs tant de raisons qui me persuadent que je n'y réussirai pas, que vous seriez de mon avis si je vous en avais entretenu. Je souhaiterais pouvoir vous les écrire, vous sauriez que mes scrupules ne sont pas sans fondement, et que j'ai de bonnes raisons pour ne pas me rendre à celles que vous m'écrivez[3]. » Ainsi il voulait rester lui-même. Son esprit d'indépendance et sa franchise de soldat, mêlée de quelque susceptibilité, répugnaient à s'accommoder des condescendances et des détours du métier de courtisan.

S'il avait dû se démettre de son gouvernement, c'eût été pour mettre à exécution les idées de retraite qu'il nourrissait depuis la mort de la marquise de Fabert. Il resta à son poste ; le moment eût été d'autant plus mal choisi pour l'abandonner, qu'il entrevoyait, comme un péril imminent, le remaniement

---

1. Père Barre.
2. Louis, comte de Beringhen, hollandais d'origine, premier écuyer de la petite écurie, gouverneur de la citadelle de Marseille. Comme Fabert, il avait été en relations d'amitié avec le comte de Chavigny. (Arch. aff. étr., France, t. CXLVII et passim.)
3. Père Barre.

de la constitution sedanaise dans un sens défavorable à son autorité de gouverneur et aux privilèges des habitants. Le parlement de Metz venait de protester, à la fois contre l'aliénation des droits de la couronne, résultant du don fait au prince de Condé du Clermontois, de Stenay, Dun et Jametz, et contre le préjudice que lui causait l'attribution récente de ces pays à la juridiction du parlement de Paris[1]. La crainte de Fabert était que la principauté n'entrât bientôt en ligne de compte dans ce que l'on offrirait à titre de dédommagement à la cour messine pour étendre son ressort[2]. Elle n'était que trop justifiée. Un édit de mai 1661 supprima le conseil souverain de Sedan et lui substitua un nouveau bailliage avec siège présidial ressortissant au parlement de Metz. C'était revenir, selon Fabert, de quatorze années en arrière, à l'époque incertaine et troublée où l'appréhension d'un soulèvement excité par le duc de Bouillon parmi ses anciens sujets poussait Mazarin à recourir aux mesures extrêmes ; c'était oublier le dévouement sans réserve de la population sedanaise à ses nouveaux maîtres pendant les périodes de crise les plus dangereuses qu'eût traversées le pouvoir royal, et fouler aux pieds les promesses, si souvent répétées, de ne toucher jamais à ses antiques privilèges ; enfin, c'était exposer à un redoutable ébranlement l'édifice de dix-neuf années d'administration féconde en heureux

---

1. Michel, *Histoire du parlement de Metz.*
2. Lettre (portant des additions et corrections de la main de Le Tellier) de Le Tellier à Fabert, du 28 avril 1661, *Arch. D. G.*, t. CLXVIII.

résultats, au moment où la réconciliation des cultes dissidents était près d'en amener le couronnement.

Fabert n'eut pas de peine à montrer au roi que la reconnaissance et son intérêt lui conseillaient d'attendre, pour accomplir un changement de cette importance, que la génération actuelle, habituée aux anciennes formes de justice, eût cédé la place à une autre. On répondit à ses représentations en lui offrant de donner à la juridiction du présidial plus d'étendue que n'en avait celle du conseil souverain, de créer une charge de Grand Sénéchal avec gages, attachée à celle de gouverneur, et d'assurer aux fils aînés de ses descendants un siège de conseiller honoraire avec séance au parlement de Metz [1]. Il eut bientôt vu, à ce compromis, que l'arrêt de mort prononcé contre le conseil souverain était irrévocable et que le mieux serait d'obtenir, pour les protestants éminents qui y siégeaient, des places équivalentes dans le présidial. Telle était sa confiance en eux pour le succès de ses vues de réunion des Sedanais dans une foi commune, qu'il n'hésita pas à sacrifier les avantages personnels qu'on lui proposait, à la condition d'obtenir la disposition des charges de judicature. Un arrêt du conseil d'État du 25 août lui donna satisfaction sous ce rap-

1. « On offrit à Fabert d'ajouter à sa dignité celle de *Grand Sénéchal*, sans doute pour distinguer cette dignité, réservée à la noblesse, d'avec les offices de *sénéchal de longue robe*, comme on appelle *Grands Baillis* les baillis d'épée, pour qu'ils ne soient pas confondus avec les *baillis* de justices subalternes ou seigneuriales. » (*Histoire* (manuscrite) de la *principauté de Sedan et lieux circonvoisins*, par un citoyen de Sedan, 1778, in-4°, à la *Bibliothèque de Sedan*.)

port, mais en laissant subsister, pour les nouveaux titulaires, l'obligation de payer la finance de leurs offices. On sait combien cet abus de la vénalité des offices en général et de ceux de judicature en particulier, profondément enraciné dans les mœurs, avait pris d'extension sous le ministère de Mazarin; depuis longtemps, il n'était plus tempéré par les conditions de capacité que l'ordonnance de Moulins avait imposées, près d'un siècle auparavant, à ceux qui achetaient des charges. Richelieu l'avait très bien caractérisé en disant qu'il « ôtait le prix à la vertu et le moyen de récompenser, choisir et employer les sujets qui ont rendu le plus de services [1] ». Fabert ne pensait pas autrement. Aussi demanda-t-il la suppression, dans l'arrêt intervenu en sa faveur, de la disposition qui consacrait l'abus dont il s'agit. Colbert, prenant la défense des intérêts de l'État, s'opposa à ce que l'on donnât suite à cette requête [2]. L'on vit alors des partisans offrir d'avancer le montant de la vente des offices. Aussitôt, Fabert déclara être prêt, de son côté, à acheter à ses frais les charges qu'il destinait dans le présidial aux magistrats de son choix. Cette généreuse proposition finit par déterminer le roi à abandonner son droit de finance.

---

1. « Règlement pour toutes les affaires du royaume [1625]. » (*Lettres, instructions diplomatiques*, etc., du cardinal de Richelieu, collection Avenel, tome II.)

2. A cette époque, Colbert venait d'être nommé membre du Conseil royal des finances. Il n'avait pas encore commencé à appliquer les moyens dont il fit usage plus tard pour développer les ressources du Trésor, et ne pouvait que s'en tenir à ceux dont on s'était servi jusque-là.

Les questions qu'avait soulevées l'établissement d'un présidial à Sedan n'étaient pas encore toutes résolues, quand un édit rendu en novembre et confirmatif de celui de mai prononça la substitution définitive de ce tribunal au conseil souverain. Le nouveau siège de justice devait connaître, en première instance, de toute matière civile et criminelle, dans la principauté et ses dépendances, et servir en outre de cour d'appel (c'est en cela que l'édit de novembre étendait le ressort de la juridiction du présidial, tel qu'il avait été fixé d'abord par celui de mai) « pour les cas présidiaux » à quinze bailliages et prévôtés, au nombre desquels se trouvaient Yvoy, Montmédy, Marville, le Quesnoy, Landrecies, Avesnes, Philippeville et toutes leurs dépendances. Il ne restait plus qu'à mettre à exécution l'édit de création du présidial. Avant de décrire les péripéties de la lutte qui s'engagea, à cette occasion, entre Fabert et le parlement de Metz, revenons un peu en arrière, afin de n'avoir pas ensuite à remonter trop haut pour ressaisir le fil chronologique.

Trois à quatre mois s'étaient écoulés depuis la mort de Mazarin. Louis XIV affirmait décidément par des actes sa volonté de gouverner sans premier ministre. Il avait commencé par mettre la main aux finances, et n'était pas resté longtemps sans reconnaître que l'homme auquel il en avait laissé la haute direction ne méritait pas sa confiance. Bien qu'il eût « pris ses sûretés » avec le surintendant Fouquet en lui donnant Colbert « pour contrôleur », il constata que l'épuisemeut du Trésor allait en augmentant et menaçait d'une ruine complète « le grand corps de la monarchie [1] ».

Quand il acquit, un peu plus tard, la preuve certaine que le concussionnaire était doublé d'un redoutable ambitieux, il n'hésita pas à le frapper. Fouquet fut arrêté et emprisonné ; une commission composée de maîtres de requêtes eut ordre de lui faire son procès [2]. Parmi les charges qui pesaient sur le surintendant, la plus grave était tirée des instructions écrites de sa main en 1657, découvertes dans le cabinet secret de sa maison de Saint-Mandé, et où il indiquait les mesures qu'auraient à prendre ses amis dans le cas où la défaveur viendrait à l'atteindre : c'était un plan complet de guerre civile [3]. En apprenant la nouvelle de la disgrâce de Fouquet, Fabert conçut aussitôt la crainte qu'on ne lui fît un crime

1. *Œuvres de Louis XIV*, t. Ier, année 1661.
2. Le 10 décembre 1660, Gui Patin (*Lettres*, édition Reveillé-Parise, t. III) écrivait de Paris à son ami Falconnet : « On dit que le maréchal de Fabert va être fait surintendant avec M. Fouquet; d'autres disent que celui-ci est haï et qu'il sera disgracié et dépouillé » ; et le 19 décembre : « On dit ici que M. le maréchal Fabert va être surintendant des finances, ce qui fait trembler beaucoup de partisans; c'est un fort homme de bien et fort entendu ; mais, néanmoins, peut-être qu'il fera comme les autres quand il y sera parvenu. » Malgré ses libéralités, Fouquet avait des ennemis. Les dispositions hostiles de Mazarin à son égard, entretenues par le contrôleur général Hervart et surtout par Colbert, étaient bien connues ; dès la fin de 1659, le cardinal songeait à mettre un terme aux dilapidations reprochées au surintendant. On s'explique par là le bruit rapporté par Gui Patin.
3. Le texte du projet, trouvé à Saint-Mandé, a été reproduit (d'après un manuscrit des Cinq-Cents Colbert) par M. Chéruel, dans l'appendice du tome Ier des *Mémoires sur la vie publique et privée de Fouquet*. — Voir aussi les *Mémoires de Gourville* et d'*Olivier d'Ormesson*.

des relations d'amitié qu'il avait eues avec le surintendant.

Il se hâta donc de quitter Barricourt pour se rendre à Fontainebleau, où séjournait la cour. Là, il sut de la bouche de Le Tellier (7 octobre) qu'il était au nombre des gouverneurs auprès desquels Fouquet avait compté trouver un appui pour soulever les provinces, dans le cas où Mazarin le ferait arrêter et juger. Le surintendant avait écrit, en effet, dans son projet de résistance : « Il faudrait voir tous ceux que l'alliance, l'amitié et la reconnaissance obligent d'être dans nos intérêts, pour s'en assurer et les engager de plus en plus à savoir d'eux jusqu'où ils voudraient aller » ; ensuite, avec une audace pleine d'illusions, il avait fait appel, à ces divers titres, au dévouement de tous les personnages dont le crédit pouvait le soutenir. C'est ainsi que Fabert figurait au nombre des auxiliaires dont il escomptait les services et l'influence, à côté du comte de Charost, gouverneur de Calais, du marquis de Créqui, du maréchal de Schulemberg, gouverneur d'Arras, de M. de Bar, gouverneur d'Amiens, de M. d'Estrades, gouverneur de Gravelines, du marquis de Feuquières, gouverneur de Verdun, etc.[1]. Le

---

1. Parmi les gouverneurs de place le plus gravement compromis par le projet de Saint-Mandé, se trouvait un capitaine nommé Deslandes, commandant dans Concarneau. Un ordre du roi, à la suite de l'arrestation de Fouquet, l'avait relevé de sa charge. Fabert ayant écrit à la cour en sa faveur, évidemment sans connaître au juste les motifs de la mesure qui le frappait, Le Tellier lui avait répondu (4 octobre) : « Sa Majesté n'a rien à faire savoir au sieur Deslandes, qui peut bien croire qu'on ne le remettra pas dans Concarneau, principalement après l'écrit qui s'est trouvé dans les papiers de M. Fou-

concours de Fabert était réclamé en ces termes :
« M. le marquis de Créqui pourrait faire souvenir
M. de Fabert des paroles formelles qu'il m'a données
et à lui par écrit, d'être dans mes intérêts, et la
marque qu'il faudrait lui en demander, s'il persistait en cette volonté, serait que lui et M. de Fabert
écrivissent à Son Éminence en ma faveur, fort pressamment, pour obtenir ma liberté, qu'il promît d'être
ma caution de ne rien entreprendre, et, s'il ne pouvait rien obtenir, qu'il insinuât que tous les gouverneurs ci-dessus nommés donneraient aussi leur
parole pour moi. Et, en cas que M. de Fabert ne
voulût pas pousser l'affaire et s'engager si avant,
M. le marquis de Créqui pourrait agir et faire des
efforts en son nom et de tous lesdits gouverneurs, par
lettres et se tenant dans leurs places [1]. »

On pense bien que Le Tellier qui, de longue date,

quet, par lequel il s'était obligé à garder la place pour lui seul et à ne la remettre à quelque autre que ce fût. » (*Arch. D. G.*, lettre (min.) de Le Tellier à Fabert, t. CLXX.) L'engagement du sieur Deslandes de servir Fouquet envers et contre tous, auquel il est fait allusion ici, est rapporté par Pierre Clément dans son introduction du tome II aux *Lettres, Instructions et Mémoires de Colbert*.

1. A la nouvelle de l'accusation qui pesait sur Fabert, le duc de Noirmoutier lui écrivit : « Comme vous avez été celui que j'ai considéré le premier selon mon affection, dans la disgrâce de M. le surintendant, je puis vous assurer aussi que j'ai plaint infiniment votre malheur par mille raisons que vous pouvez vous imaginer. Les choses me paraissent encore dans une si grande confusion qu'on ne saurait en bien juger ; je veux pourtant espérer, Monsieur, sur votre sujet, qu'elles ne passeront pas plus loin. Quoi qu'il en arrive, je vous conjure de faire état de moi comme de l'homme du monde qui vous est le plus fidèlement acquis. » (Aut. du 6 octobre, *Bibl. Ars., Corresp. des Arnauld*, t. III.) — Fabert remercia Noirmoutier par une lettre du 13 octobre, datée de la Ferté-sous-Jouarre (même source).

et mieux que tout autre peut-être, avait vu à l'épreuve la fidélité de Fabert, lui épargna l'humiliation de se défendre d'avoir participé aux coupables projets de Fouquet. Il s'empressa de le tranquilliser et l'engagea à voir le roi. Sans laisser au maréchal le temps de présenter sa justification, Louis XIV se hâta de le rassurer par ces paroles : « Ne craignez rien. La disgrâce du surintendant ne vous regarde pas : c'est un fou; il ne faut pas prendre garde à ce qu'il a écrit. » A quoi la reine ajouta : « Monsieur le maréchal, je veux être votre caution, si vous en avez besoin. » Peu après, Fabert apprit, dans un entretien avec le comte de Noailles [1], un de ses meilleurs amis, qu'il était question de l'appeler à la surintendance des finances. Il le pria aussitôt de détourner de lui le choix du roi, son âge et sa santé, allégua-t-il, ne lui permettant pas de répondre aux obligations de cette charge [2]. Il se disposa ensuite à rentrer dans son gouvernement. Louis XIV, en le congédiant, l'invita de nouveau à chasser toute crainte d'être mal jugé sur ce que Fouquet avait écrit à son sujet.

Lorsque Fabert fut de retour à Sedan (à la fin de la deuxième quinzaine d'octobre), il écrivit à d'Andilly : « Je suis revenu à la ville avec mes enfants, après avoir

---

1. Noailles (Anne, comte de), maréchal de camp en 1643, sénéchal et gouverneur du Rouergue en 1644, gouverneur de Perpignan en 1646, lieutenant général en 1650, capitaine des gardes du corps en 1653, gouverneur du Roussillon en 1660. Il s'était montré très attaché à Mazarin.

2. On est en droit de s'étonner qu'après avoir supprimé la commission de surintendant et institué le conseil royal des finances (15 septembre), Louis XIV ait songé à donner un successeur à Fou-

été quatre mois au village [à Barricourt], hors le voyage que j'ai fait à la cour, comme vous avez su. L'on ne m'y avait pas traité, avant mon arrivée, avec la bonté de laquelle vous usez envers moi: Au contraire, plusieurs croyaient m'avoir fort obligé en disant qu'on est souvent trompé aux hommes, et qu'ils n'eussent jamais cru que j'eusse été capable de faire la faute que j'avais faite. A leur avis, c'était fort doucement traiter un homme qu'ils croyaient criminel par le plaisir qu'ont beaucoup de courtisans de voir ôter l'honneur à ceux qu'ils croient en avoir[1]. »

Quelques jours après, une lettre écrite au nom de la reine mère par le marquis de Louvois vint lui confirmer, une fois de plus, l'assurance de sa protection. Remise au courrier qui apportait la nouvelle de la naissance du Dauphin, cette lettre précéda, de quelques jours seulement, celle où le comte de Noailles lui annonçait (10 novembre) le dessein de Louis XIV de le comprendre au nombre des chevaliers de l'ordre du Saint-Esprit qu'il se proposait de créer prochainement[2].

---

quet. D'autre part, comment le Père Barre, toujours exact et véridique, aurait-il pu, sans aucun fondement, prêter au roi ce dessein ? Il importe de remarquer que c'est aux *Mémoires* de M. de Termes, à la fois l'ami particulier et le factotum de Fabert, que le Père Barre emprunte la conversation où le comte de Noailles fait part au maréchal de l'intention du roi de le nommer surintendant.

1. Aut., du 2 novembre, *Bibl. Ars., Corresp. des Arnauld*, t. III.
2. Pour trouver dans les temps antérieurs une promotion importante de chevaliers de l'ordre du Saint-Esprit, il faut remonter jusqu'à 1633; Louis XIII en créa alors quarante-trois. La dernière promotion de son règne date de 1642, et ne porta que sur le prince de Monaco. La première promotion du règne de Louis XIV (qui était la vingt-

Tout ce qu'il y avait alors de distingué dans le royaume par la naissance et les services briguait l'honneur de recevoir cette marque éclatante de la faveur royale. Le Tellier s'était employé auprès d'Anne d'Autriche afin que Fabert ne fût pas oublié lors de cette promotion ; de son côté, la reine mère l'avait recommandé au roi ; celui-ci, à son tour, avait témoigné qu'avant même de connaître la démarche dont le maréchal devait être l'objet de la part de sa mère, son intention était de lui accorder cette haute distinction.

Fabert répondit de Sedan, le 20 novembre, au comte de Noailles[1] :

« Je ne reçus qu'avant-hier le billet du 10 que je devais recevoir par le précédent ordinaire. Il est si plein des marques d'une bonté soigneuse de mon avantage que, quand je ne vous aurais nulle autre obligation que celle-là, je ne laisserais d'être l'homme du monde qui vous serait le plus obligé.

» Si, en montrant le *mémoire* à M. Le Tellier, il est d'avis que l'on le donne au roi, je serai bien aise qu'on parle de cette affaire en histoire, et non en demandant la chose. Je n'ai jamais rien demandé

---

deuxième depuis l'institution de l'ordre, en 1578, par Henri III) est de 1654 : le roi, le lendemain de son sacre, reçut des mains de l'archevêque de Reims le collier de l'ordre et le conféra ensuite à son frère. (Anselme, *Histoire des grands officiers de la couronne* t. IX, au *Catalogue des chevaliers du Saint-Esprit*. — Saint-Foix, *Histoire de l'ordre du Saint-Esprit*, Paris, 1766.)

1. Pièces détachées à la suite des *Mémoires du duc de Noailles* (collection Michaud et Poujoulat).

pour moi, je crois ne rien mériter du roi et que, quand j'aurais servi cent fois plus que je n'ai servi, je n'aurais pas encore satisfait à ce que je dois à Sa Majesté. De plus, il n'y a rien au monde que je craigne à l'égal d'un refus. Je n'oserais venir de ma vie chez le roi s'il m'avait témoigné, en ne m'accordant pas ce que je lui aurais demandé, qu'il ne m'en croirait pas digne.

» Quant aux preuves qu'il faudrait pour être chevalier par la voie ordinaire, j'aimerais mieux la mort que d'y donner mon consentement. Je n'ai fait de ma vie faussetés, et, pour porter une marque d'honneur sur mon manteau, je ne rendrai jamais ma personne aussi infâme qu'elle le serait si je m'étais porté à mentir à mon roi.

» Depuis mes jeunes ans, j'ai servi le plus utilement qu'il m'a été possible et avec une fidélité et sincérité entières. Cela a dépendu de moi, et j'ai suivi exactement mon devoir, et je continuerai jusqu'à l'heure de ma mort. Mais ma naissance dépendait du hasard. Si elle fait que le roi, après une fort longue guerre, honorant de son ordre ceux qu'il voudra qu'on croie l'avoir utilement servi, me laisse seul sans cette marque d'honneur et veut que, dans l'élévation où Sa Majesté m'a mis, ce me soit une marque d'un défaut que je ne pouvais corriger, il faudra prendre cela comme un châtiment de mes péchés et remercier Dieu qu'en ce monde il me fasse souffrir un peu, en me garantissant de faire une faute qui me précipiterait dans la rigueur de sa justice après ma mort, et qui, durant le reste de ma vie, me tiendrait la conscience bourrelée. »

Il nous paraît indispensable, pour l'intelligence de la lettre précédente, de reproduire ici le *mémoire*[1] qui l'accompagnait et auquel nous venons de voir que Fabert fait allusion :

« Il y a déjà plusieurs années que feu Son Éminence me fit l'honneur de me dire que, le roi voulant faire des chevaliers du Saint-Esprit et les brevets se donnant pour cela, il voulait en faire expédier un en ma faveur. Je reçus avec respect ce témoignage de bonté, mais je dis à Son Éminence que, mon père n'ayant été que le premier gentilhomme de ma race, pour être reçu au nombre des chevaliers, il faudrait que je fisse des faussetés si honteuses qu'elles terniraient l'honneur que le roi croirait me faire et me bourrelleraient la conscience le reste de ma vie[2]. Son Éminence me répartit à cela qu'il était vrai queles statuts de l'ordre obligeaient à des preuves, mais que l'autorité du roi pouvait en dispenser, et les chevaliers mêmes pouvaient le demander en ma faveur, qu'on pouvait le faire demander par le pape et trouver d'autres voies, qu'il se chargeait d'accommoder la chose et la faire réussir, ne voulant pas souffrir qu'en l'action qui fait le plus paraître l'estime que Sa Majesté fait des hommes, je demeurasse exclus de l'honneur qui s'y donne, et lui, avoir le déplaisir de me

---

1. *Mémoires du duc de Noailles.*
2. Voir, à l'année 1653, les lettres de Fabert à Mazarin, du 21 février, *Arch. nat.*, KK, 1072.

voir reculer autant que je reculerais, si tant de gens se mettaient devant moi.

» Depuis que j'ai l'honneur d'être maréchal de France, Son Éminence m'a dit que la difficulté était comme levée par la qualité d'officier de la couronne que j'avais, à quoi je ne répondis rien, et jamais je ne lui ai parlé de cette affaire. Ce mémoire est dressé pour dire la vérité de ce qui s'est passé, contre le bruit qu'on m'a écrit qui court que cela est fait d'autre manière. »

D'après les statuts de l'ordre du Saint-Esprit, nul ne pouvait être fait chevalier « s'il n'était gentilhomme de nom et d'armes de trois races paternelles pour le moins[1] ». Or, nous avons vu que Fabert considérait son père comme le premier gentilhomme de sa famille[2]. S'il acceptait d'être mis sur les rangs pour chevalier de l'ordre, il avait donc à choisir entre l'un des deux partis suivants: produire des preuves de noblesse fictives, ou demander au roi son assentiment pour n'en produire aucune; sa conscience

---

1. Art. 15.
2. Dans les lettres royales d'anoblissement octroyées, en 1603, à Abraham Fabert, seigneur de Moulins (voir à l'*Appendice* du 1er volume), il est fait allusion, en ces termes, à la noblesse que son père, Mangin Fabert, tenait du duc de Lorraine Charles III : « .... Et pour autres justes et raisonnables considérations à ce nous mouvans, avons ledit Fabert, *réputé issu de noble race...*, anobli et anoblissons, faisons et déclarons gentilhomme. » En supposant qu'on induise des quelques mots que nous soulignons la reconnaissance formelle, explicite, et par conséquent la confirmation de la noblesse conférée par le duc de Lorraine à Mangin Fabert, le maréchal de France ne serait encore gentilhomme que de deux races paternelles et non de trois. En tout cas, pour son propre compte, il ne l'entendait pas ainsi : le titre de noblesse conféré par Henri IV était le seul qu'il revendiquât.

parfaitement droite réprouvait le premier ; en suivant l'autre, il redoutait de s'exposer à un refus mortifiant. Aussi préférait-il que, sans intervention de sa part, l'entremise de Le Tellier et du comte de Noailles auprès du roi levât les difficultés qui s'opposaient à son admission dans l'ordre : c'est ce dont témoignent, en termes non équivoques, la lettre et le mémoire précédents. Mais Louis XIV était décidé à n'enfreindre en faveur de qui que ce fût les statuts imposés par son bisaïeul aux chevaliers du Saint-Esprit. Tout ce que l'on put obtenir de lui, ce fut qu'il fermerait les yeux sur les preuves de noblesse que Fabert lui soumettrait[1].

Dès qu'il apprit cet acte de condescendance, Fabert fit savoir au comte de Noailles, qui avait contribué à le provoquer par ses démarches, son intention de ne pas en tirer profit. A aucun prix il ne voulait se prévaloir de titres auxquels il ne se reconnaissait pas de droit ; engager la conscience des amis auxquels il demanderait de les certifier légitimes lui semblait aussi méprisable que de forfaire à la sienne ; s'il avait autrefois refusé ceux qu'un gentilhomme, d'une très ancienne noblesse, mais pauvre, et s'appelant Fabert comme lui, était venu lui offrir par pure flatterie, en cherchant à le persuader qu'il était de la même famille, ce n'était certainement pas pour s'en attri-

---

1. Voltaire (*Siècle de Louis XIV*, notices biographiques sur les maréchaux de France morts sous Louis XIV ou qui ont servi sous lui) commet donc une erreur quand il avance que Fabert « refusa le cordon de l'ordre, quoiqu'on le dispensât de faire des preuves ».

buer, plus tard, d'autres qu'il aurait forgés. Il n'avait nulle envie d'imiter les gens qui s'aveuglent sur leurs aïeux au point de se composer une généalogie toute d'imagination, à laquelle ils finissent par croire à force de s'en repaître. « Jamais, dit-il à de Termes, je ne souffrirai que mon manteau soit honoré d'une croix et que mon âme, en même temps, soit déshonorée par une imposture. J'ai été élevé aux charges militaires jusqu'à celle de maréchal de France, sans avoir importuné le roi ; je ne commencerai pas, à mon âge, à flétrir tout l'honneur que j'en ai reçu[1]. » L'unique solution qu'il se montrait disposé à accepter était la dispense de preuves, sans conditions. Vainement le marquis de Vervins s'efforça-t-il de lui démontrer par des exemples que nombre de gentilshommes n'avaient rien perdu, sous le dernier règne, de leur réputation d'honneur et d'intégrité, en se montrant, au sujet des preuves, beaucoup moins scrupuleux que lui. Il lui répondit que l'usage n'était pas une excuse à invoquer pour justifier des expédients comme ceux auxquels on l'engageait à recourir ; « qu'il n'y avait qu'une justice, qu'une vérité, qu'une raison, et que ceux qu'elles condamnent sont bien condamnés, fussent-ils absous par tous les politiques ». Aucune considération, aucune instance ne put vaincre sa répugnance à se prêter au subterfuge à l'aide duquel le roi voulait lui accorder le cordon sans déroger aux statuts de l'ordre.

---

1. Ces belles paroles sont rapportées par le P. Barre, d'après les *Observations sur les Mémoires de M. de Termes*.

Un instant l'on put croire Fabert disposé à attendre la réponse à une requête qu'un de ses amis était dans l'intention d'adresser à Louis XIV, par l'intermédiaire de la reine mère, afin d'en obtenir la dispense de preuves qui devait aplanir tous les obstacles. Mais la crainte d'un refus du roi continuait à le dominer, et bientôt l'on ne douta plus qu'il renonçait définitivement à subordonner sa détermination aux résultats de cette démarche. Le 3 décembre, le héraut roi d'armes des ordres de Sa Majesté proclamait, à Fontainebleau, dans une réunion du chapitre de l'ordre, les noms des soixante et onze prélats, princes et seigneurs qu'elle voulait récompenser du cordon du Saint-Esprit[1]. Les évêques et archevêques étant mis à part, Fabert occupait, sur la liste des soixante-trois autres personnages nommés, le trente-cinquième rang, entre le maréchal de Schulemberg, gouverneur d'Arras, son ancien compétiteur au maréchalat, et le comte de Comminges, capitaine des gardes du corps de la reine mère et gouverneur en survivance de Saumur[2]. Aussitôt qu'il eut connaissance de sa nomination, il fit savoir en ces termes (7 décembre),

---

1. *Bibl. nat., imp.; Recueil Thoisy, matières historiques*, t. XXVII, *Pièces historiques concernant l'ordre du Saint-Esprit, et particulièrement la promotion de* 1661.

2. On trouve sur cette liste les noms des princes de Condé et de Conti, du duc d'Enghien, des ducs de Verneuil, de Mercœur, de Chaulnes, d'Uzès, de la Rochefoucauld, de Luynes, de Gramont, de Beaufort, des maréchaux du Plessis-Praslin, d'Estampes, de la Ferté, de Grancey, d'Albret et de Clérembault. Ceux des comtes de Noailles et de Beringhen, qui nous sont déjà connus par leurs rapports d'amitié avec Fabert, y figurent également.

à Le Tellier, qu'il ne pouvait accepter le cordon bleu[1] :

« Je n'aurais pas reçu l'honneur que Sa Majesté vient de me faire si vous ne me l'eussiez procuré, et cela me donne lieu de vous demander une seconde obligation qui est celle de lui faire agréer que, demeurant sans recevoir l'ordre du Saint-Esprit, je sois envers Sa Majesté tout de même obligé que si je l'avais reçu. On dit partout et jusque dans Rome que je suis dans le crime, et qu'on attendait de me voir puni[2]; le roi fait voir, par la grâce qu'il me fait, qu'il me croit innocent et digne de l'honneur qu'il fait à ceux qu'il distingue des autres. C'est, Monsieur, l'avantage que je puis retirer de ma nomination, car, pour recevoir l'ordre, il faudrait faire des faussetés dont je suis incapable, qui me rendraient indigne, me mettraient dans le mépris du roi, et rabattraient l'opinion que vous avez de moi que je suis véritable.

---

1. Le P. Barre s'est borné à analyser cette lettre, à laquelle il attribue la date du 7 décembre. Une copie de la même lettre, datée du 2 décembre, se trouve à la *Bibliothèque nationale*, Ms., F. FR., 4606. La date du 2 décembre paraîtra inadmissible, si l'on considère que la nomination de Fabert étant du 3, il ne pouvait, avant qu'elle fût un fait accompli, remercier Le Tellier d'y avoir participé. Il suffira d'ailleurs, pour trancher la question en faveur de la date du 7 décembre, de rapprocher de la lettre de Fabert à Le Tellier le passage suivant de la réponse (21 décembre) du secrétaire d'État : « J'ai reçu des mains de M. le comte de Noailles la lettre que vous m'avez fait l'honneur de m'écrire en créance sur lui, et *j'ai reçu, du depuis, de M. de Termes, celle du 7 de ce mois qu'il m'a rendue de votre part.* Ce dernier a présenté au roi la lettre que vous avez écrite à Sa Majesté. » (Min., *Arch. D. G.*, t. CLXX.)

2. Fabert fait allusion ici aux bruits qui le représentaient comme compromis dans l'affaire de Fouquet.

» Il m'est extrêmement fâcheux de renoncer à la grâce du roi et de le lui écrire ainsi qu'à vous, Monsieur, à qui je m'en tiens obligé ; mais je vous confesse que l'horreur que me donne la pensée de faire une fausseté, et celle du repentir qui bourrellerait ma conscience le reste de ma vie, m'empêchent en ce rencontre de prendre d'autre parti. J'estime que vous approuverez cette résolution, et qu'en continuant de m'obliger comme vous avez toujours fait, vous aurez la bonté de faire connaître au roi que je ne pouvais prendre que celui-là sans devenir méchant.

» La lettre que je me donne l'honneur d'écrire à Sa Majesté sur cela ne lui sera rendue qu'après que vous l'aurez ordonné à M. de Termes, qui se donnera l'honneur de vous voir de ma part pour se conduire comme vous le jugerez à propos, et pour vous assurer de la reconnaissance que j'aurai, jusqu'au dernier soupir, de tant d'obligations que je vous ai, et qu'homme du monde n'est plus fidèlement que je suis, etc. »

Selon les instructions qu'il avait reçues, M. de Termes prit l'avis de Le Tellier avant de présenter au roi (13 décembre) la lettre suivante, que le maréchal lui avait écrite quelques jours auparavant (7 décembre[1]) :

---

1. Cette lettre est rapportée dans le P. Barre, avec la date du 7 décembre. Dans les *Œuvres de Louis XIV* (t. V, *Lettres particulières*, année 1661) et dans Saint-Foix, elle est datée du 11. Une copie de la même lettre, tirée de la Bibliothèque nationale (Ms. F. Fr., 4606), porte la date du 1er décembre.
Il ressort du rapprochement que nous avons fait plus haut (voir

« Sire,

» Je sais qu'un sujet ne peut être obligé à son roi au delà de ce que je suis à Votre Majesté, et néanmoins elle a voulu encore me combler de ses grâces en me nommant pour être chevalier de son ordre, dans un temps où le plaisir que l'on prend de médire fait dire à bien des gens que je suis en état de craindre la justice. Un traitement semblable ne peut produire en moi qu'un extrême regret de ne pouvoir m'en rendre digne, comme j'aurais pu le faire si la guerre eût duré et qu'il eût plu à Votre Majesté m'employer en campagne, ainsi que feu M. le cardinal m'avait dit qu'elle pourrait bien faire. J'aurais servi avec tant de zèle, que cela eût fait voir ce qu'en un sujet fidèle peuvent produire les bienfaits d'un bon roi. Mais, Sire, par la paix, je me trouve éloigné de tout cela, qui est pour moi un extrême malheur, lequel s'accroît par la difficulté insurmontable que je trouve

---

page 308, note 1), de la lettre de remerciement de Fabert à Le Tellier au sujet de sa nomination, et d'un passage d'une lettre de Le Tellier, du 21 décembre, que la date du 7 décembre est commune à la première de ces lettres et à celle que le maréchal adressa au roi. Le doute à cet égard n'est pas possible. On remarquera que la date du 7 décembre, suivant à quatre jours d'intervalle celle de la nomination de Fabert et précédant de six jours celle de la remise de la lettre à Louis XIV (d'après le P. Barre, M. de Termes eut audience du roi le 13 décembre), se concilie très bien avec la durée normale du trajet entre Sedan et Paris ou Fontainebleau.

Nous n'avons pas à en dire davantage pour prouver que les dates des 1er et 11 décembre sont à rejeter absolument. On peut observer, cependant, que l'une et l'autre sont inacceptables *à priori*: la première comme antérieure à la date de nomination de Fabert, la seconde comme trop rapprochée de la date de présentation au roi de la lettre du maréchal.

à recevoir l'honneur que Votre Majesté veut me faire.

» De deux mauvais partis, Sire, agréez que je prenne celui de renoncer à la grâce que Votre Majesté a la bonté de vouloir me faire. On ne saurait sans peine refuser un honneur présenté par son roi ; mais, Sire, pour recevoir celui-ci, il faudrait que je fusse un faussaire à Votre Majesté, dont la seule pensée me donne de l'horreur. Si par quelque service on pouvait suppléer à cet empêchement, j'entreprendrais tout ce qui se peut faire, et les efforts que je ferais feraient voir combien j'estime l'honneur qui m'est offert, et combien ma vie m'est peu considérable à comparaison de me rendre digne des grâces dont Votre Majesté a la bonté de vouloir honorer la personne qui en aura plus de reconnaissance, de fidélité et de zèle.... »

A cet acte de courageuse intégrité, Louis XIV répondit, dans sa grandeur d'âme vraiment royale, par un redoublement de considération affectueuse. La reine mère s'associa à ce sentiment, dont le comte de Noailles, Le Tellier et M. de Termes furent les interprètes autorisés. Dans une lettre du 13 décembre, après avoir fait connaître au maréchal les excellentes dispositions dont le roi était animé à son égard, de Noailles ajouta : « Pour moi, je suis persuadé que tout le monde admirera une vertu si rare, et que cette action qui abaisserait un autre vous élèvera. » Le 21 décembre, Le Tellier lui écrivit, à son tour, la lettre suivante[1] : « Je crois être obligé de vous faire

---

1. Lettre citée plus haut

savoir que, si par la nomination que Sa Majesté a faite de votre personne, elle a répondu à l'estime très particulière qu'elle a toujours eue de votre mérite, vous avez aussi, par l'exclusion que vous vous êtes donnée, dignement répondu à la grandeur du courage que vous avez fait paraître en toutes les occasions qui se sont présentées, et vous avez témoigné, en ce rencontre, que vous étiez digne des plus grands honneurs. Tous les honnêtes gens de la cour et du royaume louent entièrement votre conduite, et ils conviennent qu'elle vous est beaucoup plus honorable que l'honneur même qui vous avait été destiné. Je suis de leur sentiment, et je suis, de plus, aussi passionnément qu'on peut être, etc. »

Ceux que n'aveuglaient pas l'envie ou les préjugés de cour louèrent Fabert sans réserve de son attitude vis-à-vis du roi. Les autres ne se firent pas faute de le décrier; ils le dénoncèrent comme n'ayant pris conseil que de son orgueil, et aspirant à se mettre au-dessus de tous les honneurs. Un lieutenant général des armées du roi, que son esprit et ses aventures romanesques ont rendu beaucoup plus célèbre que ses services militaires, le comte de Bussy-Rabutin[1], a trouvé, pour défendre Fabert contre ses détracteurs, un langage plein de noblesse. « Cette action, dit-il

---

1. Comte de Bussy-Rabutin, mestre de camp général de la cavalerie en 1643, lieutenant général en 1654.

En 1661, Bussy-Rabutin brigua sans succès l'honneur du cordon bleu. Plus tard, il prit à partie, dans ses *Mémoires* (Paris, 1696) et dans son *Histoire du règne de Louis le Grand* (Paris, 1699), ceux de ses rivaux, plus heureux que lui, qui avaient été faits chevaliers.

dans ses *Mémoires*, me parut belle, et je l'admirai comme venant d'un homme qui se trouvait assez paré de sa vertu, sans vouloir acheter d'autres ornements de la moindre tache à son honneur; cependant, la plupart des courtisans dirent, les uns, qu'elle venait de vanité, et les autres de bassesse; mais la vérité fut qu'ils la blâmèrent parce qu'ils ne se sentaient pas le cœur assez bien fait pour l'imiter[1]. »

Heureusement, le caractère de modestie et de loyauté dont la conduite de Fabert portait l'empreinte

---

1. On lit dans les *Mémoires inédits du comte de Brienne*, publiés par *Barrière*, 1828, Paris, tome II, au sujet du refus de Fabert : « Toute la cour loua son action, et MM. d'Estrades et de Beringhen, dont la noblesse (à ce qu'on disait alors) n'était guère plus certaine, ne purent s'empêcher de louer en M. de Fabert ce qu'ils n'avaient pas cru devoir pratiquer. »

Le marquis de Dangeau raconte dans son *Journal* (éd. Didot, Paris, 1856, avec les additions inédites du duc de Saint-Simon, tome VIII), à la date du 1ᵉʳ mai 1701, que l'archevêque de Sens ayant été désigné pour recevoir le cordon du Saint-Esprit, pria le roi d'honorer un autre prélat de cette faveur. Il manquait à l'archevêque un degré de noblesse pour remplir les conditions exigées par les statuts de l'ordre. Le duc de Saint-Simon ajoute sur le même sujet : « Le roi insista sur l'éclat de ce refus et de sa cause, après avoir été nommé au chapitre, et promit de donner du temps pour les preuves dont il ne se parlerait plus; mais M. de Sens répliqua que cela était contre les statuts et ne le voulut jamais. *Il imita en cela le maréchal de Fabert, et ce sont les deux seuls.* »

Environ quatre ans plus tard, en 1705, le maréchal de Catinat déclina à son tour l'honneur de recevoir le collier, mais ce ne fut pas faute de pouvoir justifier du nombre de degrés de noblesse requis. Il ne s'est jamais expliqué sur les motifs de son refus. « Les uns disent que, ne pouvant plus servir le roi, il ne voulait pas enlever à ceux qui le servaient cette récompense. D'autres conjecturent que le maréchal ayant lieu de se plaindre de la cour, n'en voulait point recevoir de grâce. » (*Mémoires pour servir à la vie de Nicolas de Catinat*, Paris, 1775.)

aux yeux « des honnêtes gens de la cour et du royaume » ne fut pas dénaturé longtemps par les rumeurs de la médisance. Quand la voix de Louis XIV s'éleva pour rendre au désintéressement du maréchal un hommage mérité, ceux des courtisans qui avaient manqué de jugement ou de cœur durent faire silence et s'incliner. Il était déjà le grand roi, ce monarque de vingt-trois ans qui savait que ce n'était pas déchoir, mais se grandir, que d'écrire à un de ses sujets (29 décembre)[1] :

« Mon cousin,

» Je ne saurais dire si c'est avec plus d'estime ou bien avec plus de plaisir que j'ai vu, par votre lettre du 7 de ce mois, l'exclusion que vous vous donnez vous-même pour le cordon bleu, dont j'avais résolu de vous honorer. Ce rare exemple de probité me paraît si admirable, que je vous avoue que je le regarde comme un ornement de mon règne. Mais j'ai un regret extrême de voir qu'un homme qui, par sa valeur et sa fidélité, est parvenu si dignement aux

---

1. Cette lettre est rapportée dans la *Vie de Fabert* par le P. Barre ; dans l'*Histoire de Fabert*, par Courtilz de Sandras ; dans l'*Histoire de l'ordre du Saint-Esprit*, par Saint-Foix ; dans les *Œuvres de Louis XIV* ; dans le *Recueil manuscrit* (Bibliothèque de l'Arsenal), *des lettres de Louis XIV, depuis le 9 mars 1661 jusqu'au 31 octobre 1662*, et dans les *Mémoires de Bussy*. Elle porte, dans les quatre premiers de ces ouvrages ou recueils, la date du 29 décembre, et dans les deux autres celle du 30.

Nous avons adopté le texte du P. Barre (avec la date du 29 décembre) ; cet écrivain dit l'avoir empruntée à la *lettre originale*. Quant aux divers textes, ils diffèrent peu sensiblement les uns des autres.

premières charges de ma couronne, se prive lui-même de cette nouvelle marque d'honneur par un obstacle qui me lie les mains. Ne pouvant faire davantage pour rendre justice à votre vertu, je vous assurerai au moins par ces lignes que jamais il n'y eut dispense accordée avec plus de joie que celle que je vous enverrais de mon propre mouvement, si je le pouvais sans renverser le fondement de mes ordres, et que ceux à qui j'en vais distribuer le collier ne sauraient jamais en recevoir plus de lustre dans le monde, que le refus que vous en faites par un principe si généreux vous en donne auprès de moi.

» Je prie Dieu, au surplus, qu'il vous ait, mon cousin, en sa sainte et digne garde.

» Louis.

» A Paris, le 29 décembre 1661. »

Cette lettre arriva à Fabert le 2 janvier 1662, pendant que Louis XIV présidait solennellement, dans l'église des Augustins, la cérémonie de réception des chevaliers nommés le 3 décembre précédent.

Quand le refus du cordon cessa de servir de prétexte aux ennemis de Fabert pour exercer leur malignité, ils ne trouvèrent rien de mieux que de remettre en circulation les bruits qui avaient déjà couru au sujet de sa prétendue connivence avec Fouquet. Le maréchal s'en montra fort troublé. Il se crut sérieusement menacé dans l'intégrité de sa réputation et associa à son émotion l'évêque de Rodez[1], un de ses amis. Prévenu de ce qui se passait par le prélat, le roi daigna se défendre d'avoir prêté l'oreille aux mensonges qui se débitaient sur le compte de Fabert, et déclara être prêt à en punir les auteurs s'il les connaissait. Mais ce n'était pas encore assez, paraît-il, de cette marque de confiance, pour satisfaire l'amour-propre du maréchal. Singulièrement froissé des soupçons qui pesaient sur lui, il tenait, plus qu'on ne saurait l'imaginer, à s'en laver lui-même, et à confondre avec éclat ses accusateurs ; en conséquence, il demandait à être enfermé à la Bastille jusqu'à ce que son innocence ressortît, aux yeux de tous, d'une enquête faite sur ses propres actes et des débats du procès intenté à Fouquet. Du reste, il avouait hautement ses anciens rapports d'amitié avec le surintendant. « Je serais criminel, disait-il à M. de Termes (10 janvier)[2], si dans sa conduite j'avais remarqué quelque malversation ou quelque infidélité préjudiciable à l'État, et si je n'en avais pas averti le roi ; mais si j'ai ignoré que cet homme, qui est mon ami, ait malversé, où est mon crime ? Et si, aujourd'hui, je condamne sa mauvaise administration des finances, ne puis-je pas, en conscience, le soulager dans son infortune sans manquer au respect et à la fidélité que je dois au roi[2] ? »

---

1. Péréfixe (Hardouin de Beaumont de), nommé précepteur de Louis XIV en 1644, promu en 1648 à l'évêché de Rodez, ensuite confesseur de son ancien élève, avait remplacé Balzac, en 1654, à l'Académie française.
2. *P. Barre*

Le Tellier ne crut pouvoir mieux faire, pour calmer les alarmes de Fabert, que de lui montrer la source où l'opinion publique puisait ses imputations calomnieuses. Il lui écrivit le 21 janvier : « Je crois être obligé de vous expliquer que les bruits qui se sont depuis quelque temps répandus dans Paris sur votre sujet n'ont autre fondement que le discours que M. Fouquet a fait à ceux qui le gardent : que s'il plaisait au roi de lui accorder sa liberté, il se persuadait que vous voudriez bien être caution envers Sa Majesté de la conduite qu'il tiendrait. Vous jugez bien que ces sortes de discours ne sont pas de ceux qui doivent donner aucune peine ; j'en aurais beaucoup si vous doutiez de la véritable passion avec laquelle je vous honore [1]. » Le Tellier voulait dire par là que les propos de Fouquet étaient de ceux dont il n'y avait pas lieu de se préoccuper outre mesure. Propos de fou, semblait-il insinuer. Ce ne fut pourtant pas ainsi que Fabert les envisagea. Il prit, au contraire, fort au sérieux l'appel fait à son dévouement, et, dans cet appel même, sut trouver, pour se justifier, de victorieux arguments. Sa réponse à Le Tellier est des plus significatives : « Pouvait-il méconnaître les services que Fouquet lui avait rendus ? N'était-ce pas à son amitié qu'il devait d'avoir vu régler récemment, d'une manière aussi conforme que possible à ses intérêts, l'affaire du présidial de Sedan ? Si le surintendant avait jamais cherché à le

---

1. Min., *Arch. D. G.*, t. CLXXII.

compromettre dans ses projets de guerre civile, eût-il songé plus tard à le choisir pour caution? etc.[1] »

En continuant à lutter à outrance contre l'envie et le mensonge, et en les traitant comme on ferait d'adversaires qui doivent bientôt, de guerre lasse, se reconnaître vaincus, Fabert s'exposait à mécontenter le roi, qui ne pouvait lui renouveler indéfiniment, sur le même sujet, les témoignages de sa confiance. L'intendant Voisin lui signala, sans le moindre détour, le côté dangereux de son obstination ; mais il est probable que les graves préoccupations qui renaissaient alors, pour le maréchal, de la question de l'établissement d'un présidial à Sedan, contribuèrent, au moins autant que les conseils de l'amitié, à le détourner de tenir tête plus longtemps à ses ennemis.

On n'a pas oublié que, vers la fin de 1661, Fabert avait obtenu du roi l'autorisation de disposer à son gré des offices du présidial, sans que les nouveaux titulaires fussent tenus d'acquitter la finance qui y était attachée. Fort de cette décision, le maréchal jeta son dévolu sur le calviniste de Moranvillé pour remplir, dans le nouveau tribunal, la charge de procureur du roi. Aussitôt, le parlement de Metz, jaloux de profiter sans retard de l'accroissement d'autorité qu'il devait à l'édit de novembre 1661, et de plus assez mal disposé, par tradition, à l'égard des religionnaires, chargea deux de ses conseillers,

---

1. *P. Barre*, lettres à Le Tellier et à M. de Civri.

MM. Foës et Chapenay, d'aller signifier au gouverneur de Sedan la suppression du conseil souverain, et de procéder à la nomination des juges appelés à rendre la justice jusqu'à l'établissement définitif du présidial [1]. Ces députés n'étaient pourvus d'aucune commission royale, et agissaient seulement au nom de leur compagnie. Fabert leur déclara qu'il ne déférerait pas à leur injonction, le roi n'ayant jamais eu recours à ses parlements pour lui faire connaître sa volonté. Ils virent qu'ils ne triompheraient pas de sa résistance et prirent le parti de se retirer. Mais le Parlement n'entendait pas céder au maréchal ; il renvoya peu après à Sedan les mêmes délégués, porteurs cette fois d'un arrêt en forme qui cassait l'assemblée souveraine, à laquelle le présidial devait être substitué sans aucun délai.

A cet arrêt, le conseil souverain riposta sur-le-champ par le suivant (du 27 avril) [2], où éclate contre les magistrats messins la plus vive animosité : « Sur ce qui nous a été remontré par l'avocat pour le procureur général, qui a été averti que le parlement de Metz envoie en cette ville les sieurs Foës et Chapenay, prétendant qu'ils y exécutent un arrêt qu'il a rendu, portant que le conseil souverain de Sedan sera cassé et des juges établis pour y rendre la justice

---

1. L'édit dont il s'agit avait été enregistré et vérifié le 6 février 1662. Depuis sa création, le parlement de Metz travaillait à la compression des protestants. (Michel, *Histoire du parlement de Metz*.)

2. « Minute (Ms.) ou formulaire pour un arrêt contre le parlement de Metz, donné par le conseil souverain de Sedan, au mois d'avril 1662. » (*Bibliothèque Sainte-Geneviève, liasses des armoires.*)
Le titre de cette pièce est écrit en partie de la main du P. Barre.

en première instance; que cet arrêt est un attentat à l'autorité royale, puisque l'édit sur lequel il est prétexté, fait pour l'établissement d'une nouvelle forme de rendre la justice ès pays de nouvelles conquêtes, n'a pas été envoyé à Sedan, et porte que le conseil souverain y sera supprimé par un présidial, lequel Sa Majesté n'a pas encore jugé à propos d'établir; que si l'avidité du gain que le Parlement fait si scandaleusement paraître avoir au préjudice de tant de pauvres plaideurs le jette dans l'impatience de l'exécution dudit édit, qu'il devait la demander au roi, qui seul a le pouvoir de destituer les officiers par lui institués; que le parlement de Metz n'a eu, jusqu'à présent, aucun autre avantage sur le conseil souverain de Sedan que celui de l'étendue du ressort, si ce n'est qu'il le fonde sur l'arrêt qu'il donna, dans la minorité, contre le premier ministre; et qu'il est dangereux que des gens qui achètent des charges établies pour rendre la justice suivant le pouvoir contenu dans leurs commissions se méconnaissent au point de présumer pouvoir établir des juges et d'en déposséder qui sont égaux à eux; que ses attentats contre l'autorité royale ne peuvent être soufferts, notamment dans un lieu auquel la fidélité, l'obéissance et le zèle pour le service du roi paraissent avec autant d'éclat que l'avarice, l'ambition, l'orgueil et la faiblesse se font voir en ceux qui n'ont pas le respect que chacun doit au roi; partant, requiert que lesdits sieurs Foës et Chapenay soient arrêtés prisonniers en arrivant ici.

» Le conseil considérant avec respect l'édit du roi qui a servi de prétexte au parlement de Metz pour donner ce prétendu arrêt, et qu'il ne peut arriver aucun inconvénient d'user de douceur, ordonne que lesdits sieurs Foës et Chapenay seront mis hors de cette ville et souveraineté aussitôt après leur arrivée, avec défense d'y rentrer sous peine d'être châtiés exemplairement comme perturbateurs du repos public, et sera le roi averti de l'attentat fait à l'autorité de Sa Majesté, pour y être pourvu ainsi que sa prudence jugera devoir faire. »

Cet arrêt fut remis au roi, le 5 mai, par une députation composée de M. de Termes, lieutenant de roi de Sedan [1], d'un ecclésiastique, membre du conseil souverain, et d'un représentant du corps de ville ; il était accompagné d'un mémoire où Fabert insistait pour rester libre d'accorder aux protestants du conseil des sièges dans le présidial, demandait en leur faveur, avec l'exemption des épreuves ordinaires d'admission, la dispense de renouveler leur serment, et enfin sollicitait l'envoi à Sedan d'un maître des requêtes pour exécuter l'édit qui instituait le présidial. Les députés sedanais se rencontrèrent à la cour avec ceux que le parlement de Metz y avait dépêchés de son côté, pour se plaindre du préjudice que causerait, suivant eux, aux intérêts catholiques la nomina-

---

1. D'après Norbert, M. de Termes aurait obtenu, par brevet du 6 septembre 1660, la lieutenance de roi de la ville et de la souveraineté. Cependant cette nomination n'est datée que du 11 août 1661 dans le *Registre du greffe du conseil souverain*.

tion des calvinistes de la cour souveraine aux charges les plus importantes du bailliage et du siège présidial.

Quatre protestants avaient été désignés par Fabert pour les offices de nouvelle création : c'étaient MM. d'Ozanne, Le Blanc de Beaulieu, de Chadirac et de Moranvillé. Le maréchal soutenait avec conviction que la religion catholique n'avait rien à redouter de la présence dans le présidial d'hommes modérés, d'un mérite aussi élevé ; il en appelait de son témoignage à ceux du Père Annat, du Père Adam et du Père Bacio. Un instant, Colbert, d'accord avec le chancelier Séguier, parut vouloir adopter la manière de voir des magistrats messins : les explications de M. de Termes le rallièrent à la cause de Fabert, qui était déjà défendue par le secrétaire d'État de Brienne et son fils, et par M. Voisin. A Louis XIV appartenait le dernier mot : il se prononça contre le parlement.

Mais le moment n'était pas éloigné où, chose triste à dire, Fabert, descendu dans la tombe, n'en imposerait plus comme de son vivant... Alors, le roi montrerait, en se déjugeant, que sa première décision avait été inspirée moins par l'esprit de tolérance que par ce qu'il croyait devoir au grand caractère et aux services éclatants du maréchal [1].

---

[1]. Un arrêt du conseil royal des finances, du 23 août 1662, déclara nul l'arrêt du 27 avril du conseil souverain, comme ayant été rendu « par des personnes privées et sans pouvoir », comme attentatoire à l'autorité royale et comme injurieux pour les magistrats messins ; il mettait en demeure le gouverneur de Sedan qui avait succédé à Fabert de se soumettre absolument aux ordres du parlement relatifs

On comprend l'importance que Fabert attachait au dénouement du conflit engagé avec le parlement de Metz. Il n'y allait rien moins que de son influence sur les notables calvinistes sedanais, dont l'aide lui était indispensable pour réaliser son projet de réunion des deux Églises.

La décision royale qui lui donnait gain de cause le délivra de la crainte qu'il avait eue un instant de voir s'évanouir pour toujours une de ses plus chères et de ses plus anciennes espérances. Il est vrai que son ardeur à défendre les calvinistes avait mécontenté un certain nombre de catholiques.

Du reproche de tiédeur dans sa foi, ses ennemis en étaient venus à l'accusation d'irréligion. Plusieurs membres catholiques du conseil souverain avaient osé adresser au roi, à la reine et au Père Adam des placets où il était représenté comme « un destructeur des choses saintes et un fauteur d'hérésie ».

Ces imputations étant restées sans grand effet, les calomniateurs se rabattirent sur une invention dont ils s'étaient déjà efforcés, en d'autres temps, de le rendre victime. Ils publièrent qu'il était sorcier. Suivant eux, le sang-froid du maréchal en face de l'ennemi s'expliquait par la certitude où il était d'échapper à la mort, et sa haute fortune par des ressorts

à l'établissement du présidial (*Arch. aff. étr., France*, t. CLXXII). Cependant, quand eut lieu la substitution définitive du présidial au conseil souverain (décembre 1662), les sieurs d'Ozanne, de Moranville, Le Blanc et de Chadirac firent partie du nouveau bailliage. (Voir, ci-après, le récit des événements qui suivirent la mort de Fabert.)

occultes dont il avait seul le secret. Ils soutenaient qu'il devait au diable la connaissance des moyens de s'élever au-dessus des autres hommes et la vue de l'avenir, grâce à laquelle on brave impunément tous les dangers. Certaines apparences, il faut le reconnaître, aidaient à l'imposture. Les amis de Fabert, les personnes de son entourage et ses anciens compagnons d'armes n'étaient pas sans savoir à quelles illusions étranges l'exposait son ardente imagination. Or il était impossible qu'il n'en transpirât pas quelque chose au dehors. Comment, par exemple, la simplicité crédule de la foule n'aurait-elle pas interprété contre lui les hallucinations qui lui faisaient voir et entendre, pendant son sommeil, des génies révélateurs[1]? Là où le peuple mettait le diable, c'était rare-

---

1. Fabert s'est complu à faire le récit, dans ses *Mémoires*, de quelques-uns de ses songes. Il raconte, par exemple, que, le lendemain du jour où avait été publié un édit sur les duels, il lui fut révélé, pendant son sommeil, qu'il devait se battre le jour même, ce qui arriva en effet : il croisa l'épée au faubourg Montmartre contre un gentilhomme du duc de la Valette. Au blocus de la Rochelle, qui suivit le siège de Saint-Jean d'Angély, se trouvant au village de la Jarrie, il avait entendu en songe sonner à cheval par un trompette et s'était levé; quelques heures après, les assiégés tentaient une sortie. Une autre fois, sans ouvrir un livre, il en avait lu et compris, toujours en songe, un passage latin, bien qu'il ne connût pas cette langue.

» Il inférait de cela que l'âme agissait d'elle-même et sans aucun organe; elle n'en pouvait avoir besoin pour produire en lui ses effets. Il avait plusieurs fois pensé de toute sa force à des choses importantes et d'honneur, à la guerre et ailleurs, que son esprit ne lui avait rien fourni par lequel il pût, en façon quelconque, deviner ce qui lui devait arriver, et quand la nuit le corps était assoupi, l'âme seule l'avertissait de ce qui lui arrivait le jour suivant. Il était étonné pourquoi, joignant à l'âme tout ce qui dépendait du corps, elle agissait bien moins parfaitement. Il a trouvé en dormant des choses en géométrie qu'il n'avait pu trouver en veillant. » (*Mémoires.*)

ment à demi. En définitive, Fabert était incité à rechercher, en dehors des limites du connu et du possible, de quoi satisfaire son esprit curieux et investigateur. Ses rapports avec l'alchimiste Montluisant ne laissent aucun doute à cet égard [1]. Le monde des chimères, tel qu'il le découvrait au fond de son creuset et tel qu'il le hantait en songe, lui ôtait parfois le sens des choses réelles. A cet égard, il te-

---

C'est encore Fabert qui rapporte que, vers 1624 ou 1625, pendant son séjour à Fontenay-en-Brie, il avait été visité par « un esprit » qui s'était assis au chevet de son lit et avec lequel il avait eu un long entretien.

Quelques-unes des personnes mêlées à ces aventures ou celles qui en avaient été les témoins sont citées par leur nom.

1. La correspondance du comte de Chavigny, que nous connaissons déjà (*Archives nationales*), et quelques pièces tirées des *Archives des affaires étrangères*, nous ont fourni des renseignements curieux sur les rapports de Fabert, à différentes époques, avec un alchimiste qui habitait Metz. Celui-ci n'est autre qu'Esprit Gobineau, sieur de Montluisant, poète chartrain, dont Teissier a mentionné les ouvrages (publiés à Metz en 1632, 1633 et 1634, chez Claude Félix) dans son *Essai philologique sur les commencements de la typographie à Metz*.

Un des ouvrages de Montluisant a pour titre : *Le Sacré Mont-Carmel, où se void l'excellence de l'ordre de Notre-Dame des Carmes, son antique Institution; les Merveilles et Miracles opérés en icelui par les Prophètes, Patriarches, Pontifes, Saints Docteurs et Vierges bienheureuses*. Il est dédié à Anne Fabert, sœur du gouverneur de Sedan. L'auteur s'exprime ainsi qu'il suit, en parlant du père, des frères et du mari d'Anne Fabert : « Ils se sont gravés dans le Roch de la Mémoire, avec le burin de leur Intelligence, Science, Prudence, Valeur, Police et Capacité aux affaires d'Estat, de sorte que l'éclat radieux de leur Probité universelle a pénétré jusque dans l'esprit du plus Grand, du plus Valeureux et du plus Juste Monarque de la Terre [Louis XIII]. » D'après Teissier, les productions poétiques de Montluisant portent l'empreinte du plus mauvais goût.

Fabert prononce le nom de Montluisant, pour la première fois, dans une lettre du 20 janvier 1647 (*Arch. nat.*, K, 117 B) adressée à Chanait, si l'on veut, du visionnaire; encore est-ce beaucoup dire. Quant à l'accusation de sorcellerie,

vigny. Nous lisons dans une autre du 13 février (même source) : « J'ai écrit au sieur de Montluisant de venir ici, et au major du château de Sedan de l'y amener en revenant de Metz où il est allé. » (*Arch. nat.*, K, 117 B). Le 16 mars suivant, Fabert écrivait au même personnage : « Je suis bien aise que le sieur de Montluisant vous donne quelque espérance de satisfaction. Dès avant-hier, l'homme qui a fait marché pour toutes les choses que l'on doit faire à Clermont les devait amener; je l'attends à toute heure pour tout de suite vous les envoyer et lui donner le modèle des petits matras; je n'ai osé l'envoyer à Clermont, parce que le dit marchand est d'ici [de Sedan] et que c'est celui à qui l'alchimiste que j'ai céans s'adresse. » (*Arch. nat.*, K, 117 B.) Et le 15 septembre : « J'avais bien cru que vous seriez satisfait de l'homme et de la capacité du sieur de Montluisant. » (*Arch. nat.*, K, 117 B.)

Et le 1er septembre 1649 : « Je vous envoie une lettre que M. de Montluisant m'a renvoyée, de laquelle vous entendrez bien le jargon. Ce que je lui avais demandé est pour M. de Grateloup, qui se laisse toujours tromper par de nouvelles propositions qu'on lui fait, quand il n'a pu réussir aux premières. Je crains enfin qu'il n'apprenne à ses dépens que cette science n'est guère plus certaine que celle de l'astrologie, dont, grâce à Dieu, les décrets ne sont pas immuables. » (*Arch. nat.*, K, 118 A.) Ces dernières lignes sont à rapprocher du passage suivant du P. Barre, emprunté aux *Remarques sur les Mémoires de M. de Termes* : « On ne put jamais ôter de l'esprit de Fabert qu'il mourrait dans son année climatérique; on dit qu'un certain *Mauluisant*, qui avait dressé son horoscope, le lui avait prédit. On assure qu'il n'avait retenu de l'astrologie que cette persuasion; c'était encore trop. Fabert reconnut la vanité de cette science dans la lecture de l'histoire, qui faisait toujours une de ses principales occupations, parce qu'il la croyait nécessaire à un homme de guerre. » On devine sans peine, sous le nom de *Mauluisant*, celui de Montluisant, légèrement défiguré. Le correspondant de Fabert pratiquait donc l'astrologie concurremment avec la science hermétique.

Dans une lettre du 26 septembre, Fabert disait à Chavigny au sujet de Montluisant : « Je vous avoue que je voudrais avoir vu faire son œuvre, quoique je croie certainement qu'il n'en peut tirer autre avantage que celui du plaisir qu'il y a à s'assurer qu'il y a un *esprit ardant dans l'air, et que cela nous est nécessaire pour vivre.* » (*Arch. nat.*, K, 118 A.) Montluisant aurait-il découvert l'oxygène un siècle avant Scheele et Priestley ?

En 1651, Fabert était encore en correspondance avec Montluisant.

dont ses ennemis le poursuivaient avec tant de passion, elle était si peu fondée qu'il ne crut pas

Voici un passage d'une lettre que celui-ci lui adressait de Metz, le 15 septembre : « Après avoir parachevé la terre vierge feillée (?) que j'ai extraite de l'air, laquelle contient beaucoup de sel de nature, j'ai été obligé de la conserver, parce qu'il n'y en a pas assez pour passer outre, n'y ayant travaillé que selon ma possibilité. Il est pourtant vrai que pour la faire, la matière ne coûte rien ; mais pour en faire quantité, il faut du temps, de la peine et de l'argent.

» Il a plu à Mgr le maréchal de Schomberg, étant à Metz, d'honorer de sa présence mon petit laboratoire, où je lui ai fait voir quelques raretés chimiques, et entre autres ladite terre vierge, dont il témoigna être fort satisfait tant de parole que d'effet.

» Vous savez, Monsieur, que j'ai laissé à M. de Chavigny un livre écrit de ma main, dans lequel la haute théorie chimique est assez bien exprimée, et que l'extraction de la terre vierge y est décrite. » (*Arch. aff. étr., Lorraine*, t. XXXVI). Suivent des explications de Montluisant sur ses expériences de transmutation des métaux. Cette transmutation était le but principal que se proposaient les alchimistes. Dans le tome XLIV des *Archives des affaires étrangères, France*, on trouve une requête (orig.) adressée par un nommé Courtoys, « reçu au service de Sa Majesté (Louis XIII) touchant la transmutation des métaux », pour obtenir au Louvre un laboratoire aussi rapproché que possible de la chambre du roi.

En communiquant à Chavigny, le 25 septembre, la lettre qui précède, Fabert l'accompagna de cette réflexion : « De moi, hors le plaisir qu'il y a de voir en quelque sorte la composition des corps, je ne crois pas qu'il y puisse avoir autre avantage à cette sorte de travail. » (*Arch. nat.*, K, 118 A.)

On aura une idée du langage dont Montluisant faisait usage dans la description de ses opérations, par les détails suivants, tirés d'une lettre adressée à Fabert, le 10 octobre 1651 : « Vous aurez, je crois, remarqué que du vitriol minéral j'ai extrait un esprit mercuriel blanc, une âme ou huile rouge sulfureuse et un corps cristallin et salé ; mais je ne vous ai pas écrit que ce corps cristallin était passé en sel volatil et essentiel avec son esprit blanc et son âme rouge, extrait, par la distillation, du chaos minéral, et que ce sel est un admirable aimant (ainsi que je l'ai expérimenté) qui, par sa vertu magnétique, attire à soi l'esprit contenu dans l'air et le convertit (d'insipide qu'il est) en une liqueur acide, fort agréable......, sans pourtant que ce sel aimantin diminue en rien qui soit de son poids, ni sans qu'il fasse aucun changement de sa propre figure.... et je puis vous assurer, en vérité, que je vois évidemment la terre de pro-

digne de lui de se laisser entraîner à leur suite sur ce terrain. Tandis qu'ils s'épuisaient en mensonges pour noircir sa réputation, il leur opposait le calme méprisant d'une froide ironie : « Je consens, disait-il, à passer pour hypocrite et pour enchanteur.... je veux bien qu'on y ajoute que je suis d'accord avec Belzébuth et Satan, que je me suis donné à eux, que j'ai le diable au corps et que je suis pis qu'un sorcier, pourvu que ma conduite envers ceux de la Religion puisse contribuer à les faire rentrer dans l'Église [1]. »

mission, mais que je n'ai pas assez de puissance pour y entrer. » (*Arch. aff. étr.*, *Lorraine*, t. XXXVI.)
Au-delà de cette date du 10 octobre 1651, nous n'avons plus trouvé trace des relations de Fabert avec Montluisant.
1. *P. Barre*, lettres au Père Adam (1ᵉʳ février 1661) et à M. de Termes (1662).
Le P. Barre rapporte qu'après la mort de Fabert, un jeune homme auquel il avait refusé une lieutenance fit courir le bruit qu'il avait eu des entretiens secrets avec le diable pendant sa vie et à ses derniers moments. Par son faible pour le surnaturel, le maréchal avait dû contribuer à la propagation de cette fable. Les habitants d'Esternay racontaient « qu'on le voyait, toutes les nuits, se promener dans les caves du château, dans la grande salle du commun et sur la chaussée de l'étang de la Hart ». (*Histoire du Château d'Esternay*, par l'abbé Boitel). Du moins, cette croyance servit-elle à préserver, en partie, le château, pendant la tourmente révolutionnaire : l'ombre de Fabert tint à distance les malfaiteurs nocturnes.
M. de Paulmy a consigné dans une note manuscrite placée en tête d'un exemplaire de la *Vie de Fabert*, par le P. Barre, qui appartient à la *Bibliothèque de l'Arsenal* (n° 6840), d'intéressantes observations sur la réputation diabolique que les bruits populaires ont faite au maréchal.

CHAPITRE V

(Avril et mai 1662.)

Fabert poursuit ses vues d'unité religieuse. — Provoque une réunion des calvinistes les plus influents. — Ne se relâche d'aucune de ses obligations de gouverneur. — Tombe gravement malade. — Exhorte le président Morel à cimenter définitivement, avec le Père Adam, l'accord des deux Églises. — Mande auprès de lui les notables calvinistes; discours qu'il leur adresse de son lit de mort. — Plusieurs ministres témoignent des dispositions favorables. — Réponse évasive du colonel Bauda. — Entretien de Fabert avec le président Morel. — Il écrit à M. Voisin. — Recommande ses enfants à M. de Termes. — Ses impressions à l'approche de la mort. — Remet à M. de Termes des instructions écrites au sujet de ses enfants. — La fièvre et l'oppression redoublent. — Derniers moments de Fabert; sa mort; regrets unanimes qu'elle provoque. — Son corps est inhumé dans l'église des capucins irlandais. — Portrait de Fabert. — Fabert homme privé. — Louis de Fabert succède à son père dans le gouvernement de Sedan. — Le comte de la Bourlie commande provisoirement dans la place. — Les promesses de conversion des calvinistes restent sans effet. — Déclaration de la Bourlie aux membres du conseil souverain. — Députation des modérateurs envoyés à la cour. — Le présidial de Sedan est constitué; plusieurs protestants en font partie. — Les Champenois sont les plus à plaindre parmi ceux qu'éprouve la mort de Fabert. — Progrès de la misère en Champagne. — Colbert s'occupe de remédier aux vices de la taille ; il prescrit de substituer la taille réelle à la taille personnelle ; associe, comme Fabert, les idées de cadastre et de taille réelle ; réglemente la taille. — Dernières années du règne de Louis XIV. — Épuisement général. — Vauban, Catinat, Boisguillebert. — Projet d'établissement d'un cadastre des biens-fonds sous Louis XV.

Un instant ralentie dans ses progrès et même menacée dans son existence par les mesures dirigées contre le conseil souverain, l'œuvre de la conversion des réformés, si chère à Fabert, paraissait enfin s'acheminer vers la solution conforme à ses vœux.

Le roi et la reine-mère, grâce à certains avantages dont ils s'étaient engagés, sur les instances du Père Adam, à gratifier les membres de l'Académie et les notables calvinistes les mieux intentionnés, avaient contribué à accentuer le mouvement des esprits en faveur de l'unité religieuse. A la suite des démarches faites par le maréchal, avec l'appui du roi, auprès des vicaires généraux de l'église de Reims, le missionnaire jésuite était revenu à Sedan vers la fin de 1661[1]. Il y avait prêché l'Avent, puis le Carême

---

1. Lettres (min.) de Le Tellier au chapitre de Reims et aux vicaires généraux de l'église de cette ville, des 28 et 30 novembre 1661. (*Arch. D. G.*, t. CLXX.)

* Nous avons trouvé aux *Archives du tribunal de Sedan* deux reçus signés du Père Adam, le premier du 19 avril 1661, le second du 4 janvier 1662, par lesquels ce religieux reconnaît avoir reçu des mains de Jean Trouillard, « receveur et payeur de l'Académie et collége de Sedan », les sommes qui lui ont été allouées pour son logement et sa nourriture pendant le carême et l'avent de 1661.

de 1662, et son éloquence à la fois brillante et incisive, mise au service des idées de tolérance dont il s'inspirait à l'exemple du gouverneur, avait achevé de préparer les voies à l'accord désiré. Le moment semblait venu de demander aux calvinistes de sanctionner leurs promesses par des actes. Ainsi, du moins, pensait Fabert, et il se décida à provoquer une réunion (17 avril) des religionnaires les plus influents, afin d'entraîner définitivement leur adhésion aux croyances catholiques. Assisté du Père Bacio, le Père Adam fit devant cette assemblée le résumé de ses dernières conférences, et se servit habilement des écrits de Luther et des déclarations du synode protestant de 1631, pour prouver l'excellence de la doctrine catholique, particulièrement sur les points controversés. Quelques-uns de ceux qui l'écoutaient, se rendant à sa parole, le prièrent d'annoncer au roi leur résolution de rentrer dans le sein de l'Église romaine et de disposer leurs coreligionnaires à les imiter. Les autres réservèrent leur décision. Parmi ces derniers se trouvait Le Blanc de Beaulieu, que ses sentiments modérés et son esprit de conciliation avaient, cependant, recommandé depuis longtemps à Fabert comme un des hommes les plus capables d'assurer le succès de son projet. Deux autres professeurs des plus distingués de l'Académie, les ministres Josué Le Vasseur[1] et Alphée de Saint-Maurice,

1. Josué Le Vasseur, fils de Philippe Le Vasseur, secrétaire de Henri de la Tour, duc de Bouillon ; né vers 1620, professeur en théologie, avait succédé, en 1658, à Pierre du Moulin, comme membre du conseil des modérateurs de l'Académie de Sedan.

prirent également le parti de conserver leur indépendance[1].

Malgré les préoccupations dont il avait été agité dans la poursuite de son projet de réconciliation des protestants et des catholiques[2], ainsi que pendant la lutte engagée contre la magistrature messine, Fabert ne s'était relâché d'aucune de ses obligations ordinaires comme gouverneur. Nous le voyons, à cette époque, soumettre au roi des modèles de mousquets et passer des marchés avec les armuriers[3]. Il a mission d'évaluer le prix auquel on peut accepter du

---

1. *P. Norbert.*

2. On remarquera que Fabert ne fait allusion à ce projet dans aucune de ses lettres à d'Andilly, du moins dans celles qui sont conservées à la *Bibliothèque de l'Arsenal.*

La dernière lettre du maréchal à son ami est datée du 27 mai 1662. Il y loue l'attitude de l'évêque d'Angers (Henri Arnauld, frère de d'Andilly). Ce prélat avait pris en main la défense des grands vicaires de Paris qui s'étaient déclarés contre le *formulaire.* « Il est bon que l'on voie, dit Fabert, que si, dedans l'Église, il y a quelques gens dans des opinions déréglées, et desquels la passion contre d'autres ne peut être retenue, qu'il se trouve des évêques qui représentent le tort qu'on fait à la religion de lui donner la main par complaisance ou par passion. Mon âge ne peut plus me permettre d'espérer de voir calmer ces choses par le soin que le roi veut prendre de ses affaires; mais, Monsieur, par cela l'on doit croire que tout sera réglé. Il faut du temps pour ôter les erreurs de la corruption glissée dans un grand corps et pour y mettre l'ordre et la discipline. Le roi est jeune, et il commence jeune à se donner au soin de son État; d'une affaire l'on passe à l'autre, et celle qu'on néglige dans un temps est connue en un autre comme pire que celles que l'on croyait les plus pernicieuses. » (*Bibl. Ars., Corresp. des Arnauld,* t. III).

3. Lettres (min.) de Le Tellier à Fabert, des 18 novembre 1661, 22 février et 6 mai 1662. (*Arch. D. G.*, t. CLXX, CLXXII et CLXXIII.)

Le roi cherchait à faire établir des modèles de mousquet réglementaires, afin d'empêcher l'acquisition à vil prix, par les capitaines, d'armes de mauvaise qualité.

prince de Condé la cession des munitions de guerre et des canons provenant des places de Rocroi, Linchamps et le Câtelet[1]. Le roi ayant décidé, sur sa proposition, que les mortes-payes[2] n'auront plus la garde du château, où des logements seront préparés pour les troupes d'armée appelées à les remplacer, il règle les détails d'exécution de cette mesure[3]. Enfin les prescriptions qu'il édicte pour empêcher les capitaines de spéculer sur les soldats déserteurs sont approuvées en haut lieu.[4]

Quoique la réunion des calvinistes n'eût pas produit tout le fruit qu'il en attendait, Fabert n'en conservait pas moins l'espoir de faire triompher à bref délai ses idées de paix et de concorde. Mais au moment où il s'apprêtait à redoubler d'efforts pour mener définitivement à bonne fin son œuvre de prédilection, une grave maladie vint le surprendre. Son organisation physique, minée depuis longtemps par l'excès d'activité auquel sa vie entière avait été livrée, n'offrait plus de ressorts suffisants pour réagir contre le mal. Ce n'était pas le corps seul qui était atteint. Du jour où Dieu lui avait ravi sa chère compagne,

---

1. Lettre (min.) de Le Tellier à Fabert, du 4 février 1662. (*Arch. D. G.*, vol. CLXXII.)
2. Les mortes-payes étaient des vétérans préposés à la garde des citadelles. On lit dans les *Mémoires historiques de Louis XIV* (année 1661) : « Je licenciai les mortes-payes, qui n'étaient qu'une dépense inutile. »
3. Lettres (min.) de Le Tellier à Fabert, du 1er mars et du 8 avril 1662. (*Arch. D. G.*, t. CLXXII et CLXXIII.)
4. Lettre (min.) de Le Tellier au président Colbert, du 19 mai 1662. (*Arch. D. G.*, t.. CLXXIII.)

la souffrance s'était glissée, subtile comme un poison, au plus profond de son âme. A un de ses amis, M. de Lambert, qui l'engageait à rechercher dans une nouvelle union le remède à cette affliction intime, il avait répondu : « ...... Quelle excuse donnerais-je à feu madame de Fabert, si jamais je puis la revoir ? Après l'avoir aimée tendrement, puis-je ne la plus aimer et chercher à en aimer une autre ? Vous-même vous auriez de la peine à vous excuser, si, dans l'autre monde, elle vous demandait pourquoi vous vous êtes porté à me proposer une chose si dangereuse pour mes enfants, si contraire à l'amour conjugal que nous avions l'un pour l'autre, et si éloignée de la prière qu'elle vous a faite d'avoir soin de ses enfants après sa mort[1]. »

Comment la fièvre n'aurait-elle pas eu facilement prise sur ce corps affaibli qui enveloppait un cœur brisé ? En trois jours (du 10 au 13 mai), le mal fit de rapides progrès. Dès lors, Fabert eut le pressentiment de sa fin prochaine et se prépara, avec résignation, à bien mourir. Le dimanche 14 mai, le Père Joseph, de l'ordre des capucins, lui apportait la communion.

La nuit du 15 au 16, entre minuit et une heure, le curé de Sedan lui administra les derniers sacrements, qu'il avait voulu recevoir pendant qu'il jouissait encore de la plénitude de ses facultés. Le reste de la nuit, après avoir embrassé et béni ses serviteurs, il

---

1. Lettre de Fabert à M. de Lambert, du 5 avril 1662, citée par le P. Barre.

s'entretint familièrement et dans un grand calme d'esprit avec le prêtre qui lui avait donné l'extrême-onction, le président Morel[1] et quelques amis qui ne le quittaient plus, de la fin dernière de l'homme, de la grandeur et de la bonté de Dieu et de l'éternité bienheureuse réservée aux justes[2]. Sa parole participait déjà, en quelque sorte, à cette sérénité auguste que la vie emprunte parfois à la mort, au moment du suprême passage.

Un seul regret survivait en lui au détachement des choses terrestres : il allait quitter ce monde sans avoir vu le triomphe de la foi catholique à Sedan. Préoccupé de ce que deviendrait en d'autres mains, lorsqu'il n'y serait plus, ce grand dessein de la réunion des Églises, il exhorta le président Morel à en prendre la conduite de concert avec le Père Adam, tandis qu'il était encore temps de profiter des dispositions favorables des calvinistes. Mais le président, peu rassuré sur le bon vouloir des dissidents sedanais et redoutant même de leur part une opposition insurmontable, crut devoir faire entendre à Fabert qu'il préférait se démettre de sa charge que de s'engager à remplir une semblable mission. A ce refus, le maréchal sembla s'arracher un instant à l'accablement du mal qui

---

1. Le *registre du greffe du Conseil souverain* contient la nomination, à la date du 25 septembre 1659, de M. Morel, « chevalier et vicomte, conseiller d'État et intendant de justice, police et finances dans le Luxembourg », à la charge de « baillif, président au conseil souverain de Sedan », en remplacement de Daniel de Guillon, sieur de Réal, décédé.

2. Lettre manuscrite (cop. du temps) du président Morel au Père Adam, du 18 mai 1662. (*Bibl. de l'Institut, Collection Godefroy*, t. CCCXXX.)

le consumait, et retrouva son énergie et sa vivacité habituelles pour reprocher au magistrat de songer à fuir le poste où lui commandaient de rester les intérêts de la religion et le service du roi. Immédiatement, il l'invita à mander auprès de lui les ministres, les membres du conseil souverain et les notables calvinistes auxquels il voulait adresser quelques paroles en sa présence, pour le disposer à plus de confiance dans leurs intentions de soumission.

Un témoin oculaire de ce qui se passa alors en a laissé le récit suivant : «.... Environ cinq heures du matin, le major du château cria dessus la muraille à celui de la ville d'appeler de la part de Monseigneur le maréchal de Fabert messieurs les ministres, messieurs les Billots[1], qui sont deux frères, monsieur David et monsieur Neaume, tous quatre bourgeois, tous lesquels, excepté deux ministres qui étaient absents, furent conduits en sa chambre, où se trouvaient aussi quelques-uns de messieurs du conseil de Sedan. Et nous ayant, mon dit seigneur, fait passer tous dans la ruelle de son lit et fait ouvrir le rideau du pied, afin de voir et d'être vu, il nous parla environ trois quarts d'heure avec autant d'ordre, de présence d'esprit et grandeur de cœur qu'à l'ordinaire, combien qu'il fût si oppressé que les mouvements de sa poitrine me firent croire plusieurs fois que c'é-

---

1. David Billot, ministre réformé à Givone, et Pierre Billot, professeur à l'Académie.
Dans une lettre (aut.) de Fabert à Chavigny, du 13 avril 1650 (*Arch. nat.*, K, 118 A), il est question d'un sieur Billot, avocat au conseil souverain de Sedan.

taient des accès; aussi fut-il, par deux fois, arrêté pour reprendre un peu haleine. Il ôta son bonnet dans le discours et fit ouvrir une fenêtre qui regardait cette ouverture du lit [1]. »

Voici ce discours [2] :

« Messieurs, je vous ai fait prier de venir ici et ai désiré de vous voir pour vous parler de choses importantes qui concernent votre repos et votre salut. Vous me voyez et je me sens en un état duquel on ne revient pas et auquel on doit parler sans fard. Je vous demande pardon si mon discours est souvent interrompu par l'oppression et la faiblesse. Je suis persuadé que dans cet état vous n'attendez pas de moi

---

[1]. Ces détails sont tirés d'une pièce, sans nom d'auteur, ayant pour titre : « *Dernières paroles de Monseigneur le maréchal de Fabert* », qui existe en manuscrit aux *Archives des affaires étrangères, France*, t. CLXXII, et a été imprimée dans les *Archives curieuses de l'histoire de France*, 2ᵉ série, t. X.

[2]. Nous connaissons trois versions du discours du maréchal. Elles nous sont fournies : la première, par le document mentionné dans la note ci-dessus; la seconde, par une pièce manuscrite intitulée : « *Discours du maréchal de Fabert avant sa mort* », qui se trouve à la *Bibliothèque nationale, Supplément français* 6557, *et Fds. Clairambault*, 1145, *Ordre du Saint-Esprit*, nᵒ 35; la troisième, par la lettre du président Morel au Père Adam, du 18 mai 1662, déjà citée (note 2, page 335). Dans chacune des deux premières, l'auteur (anonyme) donne la parole à Fabert, tandis que dans l'autre il ne fait que rapporter, en s'exprimant à la troisième personne, ce que le maréchal a dit.

La première de ces versions paraît n'être qu'un résumé. Pour le corps du récit, nous avons adopté la seconde, assez semblable à la première quant au fond, mais plus développée qu'elle. Nous rejetons la troisième à l'*Appendice* (V). Celle-ci est d'un style lourd et confus, d'une rédaction très entortillée, mais l'intérêt qui s'attache aux dernières paroles du maréchal, recueillies par le président Morel, nous a engagé à la reproduire également; de plus, elle diffère un peu des deux autres.

des compliments sur l'affection que vous m'avez toujours témoignée ; je vous en remercie de bon cœur. Je vous suis bien obligé des bons conseils que j'ai pris de vous en certaines occasions ; aussi me devez-vous cette justice d'avouer que j'ai vécu avec vous comme avec mes frères.

» Si j'étais maintenant susceptible de quelque regret de mourir, ce serait de laisser imparfaite l'œuvre de la réunion sur le fait de la religion, à laquelle Dieu m'avait inspiré de travailler il y a vingt ans, et dès la première année que le roi défunt m'eut honoré de ce gouvernement ; depuis ce temps, je m'y suis tellement attaché, qu'enfin j'estimais voir de la disposition de part et d'autre pour la conclusion et le succès d'un si pieux dessein. Je vous dis librement qu'en divers rencontres je n'ai pas trouvé grand secours du côté des docteurs, d'une part non plus que de l'autre ; chacun s'étudie à soutenir son parti et à combattre le contraire ; si on lit un livre, celui qui est de la Religion met de côté tout ce qui le peut aider à maintenir son opinion ; il en est de même des catholiques. Pourquoi, Messieurs ? Parce qu'on n'est pas animé de cet esprit de charité qui tend à accommodement ; personne ne veut faire quelques pas à la réconciliation. J'espérais ce secours et que je pourrais être secondé dans ce charitable dessein par personnes qui, pour n'être docteurs en théologie, ne manquent pourtant ni de lumières, ni d'estime, et je ne veux pas désespérer que cela n'advienne.

» Je sais bien qu'un homme né, élevé et instruit

dans les sentiments de ceux de la Religion, les change et les fléchit malaisément pour se ranger à l'Église catholique. Si cela est vrai des particuliers, il l'est encore plus de ceux qui ont passé par les mains des docteurs : plus de science, plus de résistance. Mais, Messieurs, faisons quelque chose pour la gloire de Dieu et pour le repos de nos familles. Nous ne sommes pas si différents en créance qu'on veut le faire croire. Avant que j'eusse toute la connaissance que j'ai voulu prendre de la vôtre, on m'avait fait entendre que vous étiez des déloyaux, des gens sans crainte de Dieu, sans loi, sans foi, ennemis du roi et de l'État. J'avais été nourri et je sortais de la main et de la tutelle d'une mère qui m'avait élevé et confirmé dans ce sentiment touchant vous et votre religion. Dans tout ce temps il ne s'est offert aucune occasion de nuire à ceux qui tenaient votre créance, en laquelle je ne me sois porté avec chaleur comme ennemi de ceux que j'estimais ennemis de Dieu, du roi et de l'État. Je me suis rencontré en divers sièges et places qui tenaient pour les huguenots (c'est ainsi qu'on les appelle); j'y ai reçu diverses blessures; jugez, Messieurs, si dans cet état et dans ce préjugé je pouvais vous aimer.

» Depuis, le roi défunt m'ayant honoré de ce gouvernement, et, par ce moyen, engagé de vivre avec vous, j'ai voulu connaître cette affaire à fond et si ce qu'on m'avait dit de vous était vrai ou supposé. Je me suis instruit, j'ai pris connaissance de votre créance, non par la voie de la dispute, qui ne produit jamais que de mauvais effets, aigrit les esprits et nourrit la haine, mais par celle des entretiens et devis familiers que j'ai eus avec vous. Enfin j'ai trouvé que nous étions d'accord pour le regard des points principaux et qui font l'essence de la religion, que vous croyez comme moi, que je crois comme vous. Vous êtes tous témoins que dans nos conversations et conférences familières, après m'être ouvert et vous avoir expliqué mes sentiments sur les points fondamentaux de la religion, et m'ayant fait entendre les vôtres, vous m'avez dit hautement que vous signeriez tous les points de ma créance, tels que je vous les disais. Je vous ai dit aussi que je souscrirais à la vôtre telle que vous me la disiez. Hé ! messieurs, que reste-t-il plus que vous ne reveniez à nous ?

» Si l'Église a souffert quelque chose dans les mœurs qui ne fût raisonnable, il le faut ôter ; il y faut pourvoir si cela n'est déjà fait. Otons l'aigreur des esprits, considérons sans passion les choses qui se pratiquent en l'une et l'autre des religions, mais que ce soient considérations charitables et qui n'aient pour fin principale que de lever l'empêchement qui nous sépare. Distinguons entre les choses qui sont de l'essence de la religion et articles de foi desquels on ne peut douter sans hérésie, et celles qui ne sont qu'accidentelles et d'indifférence. Si nous nous accordons et convenons des premières, il ne faut pas que les dernières soient cause de notre séparation. Il y a beaucoup de fatras que quelques moines ont dit et fait imprimer, rejetons-les ; mais, de votre part, faut-il aussi que messieurs les ministres agissent de bonne foi et qu'ils travaillent en conscience à désabuser les peuples des impressions que l'on leur a données de plusieurs choses qui ne se sont jamais faites en notre religion. Ces deux pas faits de part et d'autre, passons à un troisième ; examinons l'opinion universelle de l'Église sur chacun article et comme les choses s'y pratiquent, et nous verrons que nous n'avons que peu ou point de sujet d'être séparés.

» Vos pères, Messieurs, se sont soustraits à l'Église sous prétexte du scandale qu'on disait être au gouvernement d'icelle. La chose était ou elle n'était pas ; mais, quoi qu'il en ait été, c'était, à mon sens, un faible sujet pour en sortir et se séparer de sa communion. Il fallait s'en plaindre dans les voies et par des moyens convenables ; peut-être y aurait-on apporté le remède, peut-être aussi que non et, en ce cas, se consoler d'un mal qu'on n'aurait pu empêcher et dont on aurait déchargé sa conscience ; mais il n'en fallait jamais venir à la révolte et au scandale fait à l'Église, en sortant, comme vos pères l'ont fait, de sa communion. Souvenez-vous, Messieurs, que Jésus-Christ a dit qu'il faut que scandale advienne, mais malheur par qui il advient.

» Messieurs, pensez à vous ; je m'en vais à Dieu ; ce qui m'a mû en cette entreprise pour la réunion, n'est pas pour aucun avantage temporel que j'en espère, mais pour la seule gloire de Dieu, votre salut, votre repos et la tranquillité de l'État. Après tout, les exemples des guerres de la religion vous doivent avoir faits sages ; vous savez qu'elles n'ont servi qu'au trouble de l'État et à l'emportement des personnes intéressées en leur particulier. Il faut prévenir les funestes accidents qui en peuvent arriver par un sentiment d'intérêt, de conscience et de charité. La division des opinions au fait de la religion est ordinairement dangereuse ; c'est une matière facile à émouvoir les peuples ; l'intérêt de la conscience les mène bien plus qu'aucun autre ; il y faut pourvoir, il y faut mettre la bonne main. Donnez quelque chose à mes semonces, donnez quelque chose à votre repos. J'en parle et je vous en prie par l'affection que j'ai pour vous et que je vous dois comme à mes amis qui avez coopéré avec moi au service du roi et de l'État, en quoi j'ai reconnu, en tout temps et de toute part, une fidélité tout entière et toujours égale.

» Pensant à cette réunion, je n'ai pensé et ne pense qu'à vous faire du bien. Vos intérêts m'ont touché plus sensiblement, je puis le dire, que celui de mes enfants. Vous savez, par un exemple de fraîche date, que j'ai hasardé toute ma fortune et l'ai mise en compromis pour ne pas vous abandonner, et pour maintenir les officiers de la Religion et leur faire trouver dans le présidial que le roi veut établir en ce lieu l'équivalent de leurs offices et de leurs charges. L'affaire est en bon état, dont je loue Dieu ; M. de Termes y travaille avec zèle et adresse ; c'est une personne, Messieurs, à qui vous et tout le peuple êtes bien obligés.

» Messieurs, pensez, au nom de Dieu, à ce que je

vous dis. J'ai vécu et je meurs dans l'Église, l'Église romaine, l'Église ancienne et catholique, de laquelle vos pères se sont soustraits sans aucun raisonnable prétexte, au moins qui me soit connu. Nous tendons à une même fin, allons-y par les mêmes moyens. Vous êtes un peuple conjoint par un lien d'intérêt, de conservation et d'amitié ; soyez-le par une conformité de sentiments pour le fait de la religion. Le roi souhaite cette réunion, donnez-lui ce contentement ; faisons qu'à Sedan le Dieu qu'on y adore soit servi d'un même culte. Hé! messieurs, mettez la bonne main à cette réunion, n'employez point, pour y parvenir, les subtilités de la science ni les chicanes de l'école ; vous n'y réussirez jamais par cette voie, mais allez-y de bonne foi. S'il faut se relâcher et faire quelque pas de part et d'autre, hé bien! qu'on le fasse. Dieu bénira votre dessein ; vous y trouverez votre salut ; vous ferez, par un si bel exemple, un service notable à l'État ; vous attirerez sur cette ville, sur vous et sur vos familles les bienfaits du roi ; l'Église vous fera part de ses bénédictions temporelles comme à ses enfants. Cette ville et les familles qui la composent ne sont pas en tel état qu'aucune d'elles n'ait besoin de quelques secours. Un père chargé d'enfants pourra y pourvoir, pour peu de chose, par les moyens des bénéfices de l'Église et l'aide des couvents. Vous voyez la difficulté présente d'obtenir des charges en cour pour ceux de la Religion ; cela me me touche, cela me fait mal au cœur. Vous ôtez tout prétexte, vous levez tout empêchement par le moyen de la réunion. Je vous exhorte encore une fois, Messieurs, d'y travailler plus fortement que jamais, principalement vous, Messieurs les ministres; mais que ce soit avec l'esprit de charité et parole sincère, et Dieu l'animera de sa grâce. »

Ce discours, religieusement écouté, souleva parmi les assistants une profonde émotion, qui se traduisit, à la fin, par des larmes et des sanglots. Elle n'était pas encore calmée, que MM. d'Ozanne et de Chadirac prenaient la parole pour rendre hommage, au nom de l'assemblée, à la sincérité des intentions de Fabert, et affirmaient leur désir de servir, selon ses vues, la cause de l'unité religieuse. Après eux, les ministres de Saint-Maurice et Le Vasseur firent une déclaration dans le même sens. Ce dernier ayant rappelé, en quelque façon à titre de garantie des engagements qu'il prenait pour l'avenir, tout ce qu'il avait tenté, depuis vingt années, dans la voie de l'apaisement, afin d'arriver à une entente générale des Sedanais sur le terrain de la religion, Fabert lui pressa la main avec tendresse, en lui disant : « Voilà de bonnes intentions, mais me promettez-vous sincèrement de les exécuter, Monsieur, me le promettez-vous ? » Sur la réponse affirmative du ministre, Fabert reprit avec un accent de joie quelque peu exalté : « Je crois, Monsieur, que vous me tiendrez parole, car je sais que vous êtes un honnête homme. » Il s'adressa ensuite à un membre du Consistoire, le colonel Bauda[1], pour s'assurer de son con-

---

1. Voir la note 5 de la page 389 du 1ᵉʳ volume.

cours, mais, moins heureux cette fois dans sa démarche, il ne put obtenir qu'une réponse évasive dont il se montra froissé. Là-dessus, excédé de fatigue et sentant le besoin de repos, il congédia l'assemblée. « Comme on se retirait, dit un des témoins de cette scène, auquel nous avons déjà fait appel pour d'intéressants détails[1], Billot l'aîné se mit à genoux devant son lit, lui prit et baisa la main et la baigna de ses larmes, priant Dieu qu'il détournât le mal de Monseigneur sur lui. Ensuite de quoi, tous les autres la baisèrent de même à genoux, ce que mon dit seigneur reçut fort bien, car il nous prit à tous la tête dans ses mains, exhortant chacun à remplir son devoir au service du roi. Nous pleurions tous comme des enfants devant lui. »

Resté seul avec le président Morel, Fabert le questionna pour savoir quel jugement il portait sur ce qui venait de se passer. Il eut vite reconnu que son interlocuteur conservait encore des doutes sur le succès du projet de réunion, ce qui parut lui causer quelque dépit. Selon lui, la conversion de MM. d'Ozanne et Chadirac était décidée, et s'ils tardaient à la confesser, c'était dans la crainte qu'on ne les accusât d'avoir embrassé le catholicisme en vue de leur intérêt particulier ; mais, une fois en possession de leurs charges dans le présidial, ils seraient délivrés de cette appréhension, et, alors, leur retour aux croyances catholiques déterminerait un mouvement

---

1. Le président Morel.

général de conversion parmi les Sedanais. Le président Morel comprit que le malade avait besoin de ménagements et renonça à contrarier ses espérances par des objections.

Dans la journée du 16, Fabert dicta une lettre à l'adresse de M. Voisin, où il lui demandait, au nom de leur ancienne amitié, de s'entendre avec M. de Termes, afin que les unions qu'on leur proposerait pour ses enfants ne fissent entrer dans sa famille que des serviteurs fidèles du roi, et que ceux qui rechercheraient ses filles en mariage eussent, « avec de la conduite, des égards pour elles ».

Le même jour, à 9 heures du soir, M. de Termes, mandé en toute hâte de Paris, où il était allé régler l'affaire du présidial, arrivait à Sedan et se rendait au château. A peine remis d'un accès d'oppression pendant lequel il avait perdu connaissance, le maréchal s'informa tout d'abord auprès de lui si les démarches réitérées faites en faveur des protestants n'avaient pas mécontenté le roi. La réponse de M. de Termes l'ayant pleinement rassuré à cet égard, il se mit à l'entretenir de ses idées de réconciliation religieuse et de l'espoir qu'il conservait d'en avoir préparé le triomphe prochain. Puis il lui recommanda ses enfants dans les termes les plus touchants. « J'ai un frère, lui dit-il, et quelques autres parents et alliés; néanmoins, je passe sur leurs têtes pour venir tomber sur la vôtre et vous donner beaucoup de peine et d'embarras ; je vous fais, Monsieur, le père de mes enfants ; je les confie à vos soins. Il est vrai qu'en vous chargeant de ma famille, je trouble votre repos ; mais pourquoi m'avez-vous aimé et pourquoi vous ai-je aimé ? » De Termes, à ces paroles, ne put retenir ses larmes. « Monsieur, continua Fabert, vous me faites de la peine. » Après s'être arrêté un instant, il reprit : « Je laisse deux fils et trois filles ; si mes fils font jamais quelque chose contre le service du roi, je vous conjure de les mettre entre les mains de Sa Majesté, pour les faire punir selon leur faute. Je prie M. le marquis de Vervins de vous donner sur cela tout le secours dont vous avez besoin. J'ai fait la même demande à MM. de Servigny[1] et Tansu[2] et à mes autres amis ; je les ai exhortés à poignarder mes enfants plutôt que de les laisser manquer à ce qu'ils doivent au roi[3]. » Un admirable sentiment de prévoyance paternelle le porta ensuite à éclairer M. de Termes sur le caractère des personnes qui devaient l'assister dans sa mission de tuteur ; ce ne fut que lorsqu'il se sentit délivré de toute préoccupation de ce côté, qu'il l'invita à se retirer.

Le lendemain matin, Fabert eut la force de se lever et d'aller mettre ordre à ses papiers dans son cabinet de travail[4]. Quand M. de Termes le vit se promener

---

1. 2. Le premier, lieutenant, et le second, sous-lieutenant de roi du château de Sedan.

3. *P. Barré.*

4. Voir ci-dessous (page 351), la lettre de M. de Bourlemont à Achille de Harlay, du 21 mai 1662.

Suivant Courtilz de Sandraz, Fabert aurait mis à part, dès le 15 mai, et fait brûler certains papiers. « On sait, dit-il, que le maréchal écrivait l'histoire de son temps, et il n'y a pas de doute qu'un sentiment d'humilité ne le portât alors à priver le public d'un ouvrage qui

seul, dans une galerie, il crut qu'un heureux revirement s'était produit dans son état ; mais le malade se hâta de l'en dissuader : « Je puis vous protester, lui dit-il, que je me considère comme un forçat qui a longtemps ramé dans une galère et qui, ayant trouvé quelque occasion d'en sortir, ne peut penser qu'avec une extrême joie qu'il va bientôt jouir de la liberté. Que si ce forçat, dans le temps qu'il croit échapper, rencontre son officier, qui, après l'avoir reconnu, le prend et le ramène dans sa galère, quel chagrin n'est-ce pas pour ce misérable de se voir condamné avec plus de rigueur que jamais à la peine et au travail ! » Il ajouta : « Ma galère, c'est le monde; il y a longtemps que j'y rame avec beaucoup de peine, et, bien que Dieu ait permis que je me sois élevé à un assez haut degré d'honneur, ce n'a pas été sans grand travail, accompagné des plus cuisants chagrins. Je crois présentement être sur le point de sortir de cette galère, ce qui me donne tant de joie que si quelqu'un pouvait m'assurer du rétablissement de ma santé, je le regarderais comme mon officier, qui, en me remettant à la rame, redoublerait ma peine et mes douleurs[1]. »

n'aurait pas été moins curieux qu'utile et agréable. » Le P. Barre confirme ce renseignement, mais sans indiquer l'époque où le manuscrit fut jeté au feu. Il rapporte que le maréchal avoua à un de ses amis, qui lui reprochait d'anéantir des documents d'un si grand intérêt, que la crainte de susciter dans l'avenir des embarras à ses enfants lui faisait prendre cette détermination.

1. Les paroles que l'on vient de lire sont extraites de l'*Histoire du maréchal de Fabert*, par Courtilz de Sandras; nous les avons empruntées à cet auteur sur la foi du P. Barre. Ce dernier les a rapportées

Quoiqu'il sentît sans faiblir les approches de la mort, Fabert ne pouvait pas encore se résoudre à détacher complètement ses regards de l'avenir de ses enfants. Des instructions écrites, qu'il remit à M. de Termes, leur interdisaient de se marier ou d'acheter des charges sans l'avis préalable du comte de Noailles, du maréchal de Créqui et de M. Voisin. De plus, aucune décision importante intéressant leur sort ne devait être prise avant que les mêmes personnages eussent été consultés par MM. de Termes et de Lambert. Il voulait cependant qu'aucun d'eux ne fût contrarié dans sa vocation. A ce sujet, il jugea à propos d'appeler l'attention de M. de Termes sur le peu d'inclination qu'il savait à la plus jeune de ses filles, Angélique, connue sous le nom de mademoiselle d'Esternay, pour la vie religieuse [1]. Il exprima ensuite le désir que son fils aîné, Louis, appelé à lui succéder dans le gouvernement de Sedan, fît ses premières armes sous le maréchal de Créqui.

Cependant, un redoublement de fièvre et d'oppression ne tarda pas à prendre la place de la surexcitation factice grâce à laquelle il avait surmonté jusque-là les plus grandes souffrances pour s'acquitter de ses derniers devoirs envers ses concitoyens, ses

---

de son côté dans sa *Vie de Fabert*, mais en les résumant. Nous n'avons adopté le texte développé de Courtilz de Sandras, que parce que les termes nous en ont paru plus expressifs.

1. Mademoiselle d'Esternay était la seule des cinq enfants du maréchal qui se trouvât alors auprès de lui ; elle lui prodigua, pendant sa maladie, les soins les plus tendres, avec une intelligence au-dessus de son âge.

amis et ses enfants. Une crise violente survint dans l'après-midi. L'on crut un instant qu'elle serait suivie d'une réaction favorable ; mais lui, à la rapide diminution de ses forces, sentait bien qu'il n'avait plus que quelques heures à vivre. Il pria les parents et les amis qui l'entouraient de s'éloigner, voulant n'être qu'à Dieu au moment de lui rendre son âme. M. de Termes lui-même se retira après avoir donné ses instructions à La Rivière, chirurgien du maréchal, et aux autres serviteurs qu'il laissait auprès de lui. Fabert demanda son livre d'heures, puis ordonna de fermer les rideaux de son lit. La Rivière s'avança doucement à deux reprises vers le malade, qui, chaque fois, lui fit signe de se tenir à distance. Quelques instants après, ayant entendu deux ou trois soupirs, il s'approcha de nouveau de son maître en l'appelant, mais il n'en reçut aucune réponse. Il se pencha alors sur son chevet et lui mit la main sur la poitrine..... Le cœur avait cessé de battre. Il était cinq heures un quart du soir [1]. « Monseigneur est mort ! » s'écria-t-il. Aussitôt MM. de Termes, Morel et de Tansu pénétrèrent dans la chambre. Auprès du corps sans vie du maréchal se trouvait son livre, ouvert au psaume de la pénitence : *Miserere mei Deus*...

Il s'était éteint sans effort, sans agonie, la prière sur les lèvres, dans l'attitude confiante et sereine du chrétien qui sort victorieux de la redoutable épreuve de la vie [2].

---

1. C'est l'heure indiquée par le P. Barre.
2. La lettre suivante (aut.) où M. de Bourlemont, gouverneur de

Le roi ne dissimula pas le vif chagrin que lui causait la mort de Fabert. Les regrets unanimes de la cour firent écho à la douloureuse émotion des Sedanais. De toute part, des lettres de condoléance arrivèrent au fils aîné et aux autres membres de la famille du maréchal.[1]

Le corps de Fabert, après avoir été embaumé et enfermé dans un cercueil de plomb, fut transporté dans la crypte qu'il avait fait construire sous le chœur de l'église des capucins irlandais, puis inhumé sans pompe[2], selon ses dernières volontés, dans le tom-

---

Stenay, annonça, le 21 mai, à Achille de Harlay, procureur général du parlement de Paris, la mort de Fabert, mérite de trouver place ici :

« ..... Vous avez, Monsieur, mercredi dernier, à six heures du soir, fait une perte d'un de vos bons amis, M. le maréchal de Fabert. Je le vis, le même jour, à deux heures après midi. Tout le monde crut qu'il était sauvé, c'était son septième. Il avait, au temps où je le vis, une sueur universelle que l'on jugeait être la crise de son mal. On sortit de sa chambre pour le laisser reposer. A cinq heures et demie du soir, ses gens, l'approchant, le virent mort. Il avait reçu tous ses sacrements, et il n'y avait que huit heures qu'il s'était levé, allant quasi tout seul dans son cabinet mettre ordre à toutes ses affaires avec la plus grande fermeté, et moins d'inquiétude de la mort qu'il comptait assurée. Enfin, il est mort comme il a vécu. Il ne s'est point servi des médecins, il n'y avait pas croyance. Sa maladie était une bile épanchée partout..... » (*Bibl. de l'Institut, Collection Godefroy*, t. CCLXXV.)

1. Le Tellier nous apprend, par celle qu'il écrivit, le 27 mai 1662 (min., *Arch. D. G.*, t. CLXXIII), au jeune marquis de Fabert, qu'il fut de la part du maréchal, à ses derniers moments, l'objet d'un témoignage particulier d'affection.

Voir à l'*Appendice* (VI) les vers que Loret, le gazetier-poète, a consacrés, dans sa *Muse historique*, à la mémoire de Fabert.

2. On lit dans les notes qui accompagnent l'*Éloge du maréchal*, couronné par l'Académie royale de Metz, le 15 mai 1837 : « On para le corps de Fabert de son manteau de maréchal et de ses insignes ; Louis XIV envoya l'ordre de le revêtir du cordon bleu qu'il avait si dignement refusé, et ce fut ainsi décoré qu'il descendit dans le

beau en marbre où reposaient les restes de sa femme depuis le commencement de 1662[1].

Grâce à des renseignements précis, recueillis dans des mémoires laissés par les parents et les amis de

tombeau. » C'est sans doute une grande pensée que celle dont le roi se serait inspiré dans cette circonstance ; mais est-on bien fondé à la lui prêter, et, s'il l'a jamais eue, l'a-t-il réalisée? L'auteur de l'*Eloge* cité aurait dû indiquer la source où il a puisé cette assertion, qui n'est corroborée par aucun des biographes du maréchal.

1. On se rappelle que le corps de la maréchale avait été déposé provisoirement dans un caveau de l'église paroissiale de Sedan. La crypte en pierres de taille et le tombeau en marbre noir de Liège qui a servi de sépulture à Fabert et à sa femme existent encore aujourd'hui ; ils sont situés immédiatement au-dessous de la salle de l'hôpital militaire de Sedan, formée de l'ancienne église des Capucins. La crypte prend jour par deux ouvertures sur la terrasse de l'hôpital ; on y descend par un escalier coudé, de vingt marches, auquel fait face un petit autel en pierre. Le tombeau porte encore l'épitaphe (Voir à l'*Appendice*, VII) qu'il reçut après la mort du maréchal ; mais, depuis, il ne contient plus ses restes ni ceux de Claude de Clevant. Les deux corps ont été exhumés, le 24 août 1793, en présence des commissaires de la municipalité sedanaise. Celui du maréchal, sur lequel on trouva une plaque en cuivre reproduisant à peu près l'inscription du tombeau, était, seul, dans un parfait état de conservation. On croit généralement que l'un et l'autre furent jetés dans une fosse servant de sépulture aux soldats morts à l'ambulance et située dans l'ouvrage à cornes dit des *Capucins*. Le plomb des bières servit à faire des balles.

Les travaux de démolition des fortifications de Sedan, entrepris à la suite de la guerre de 1870-71 contre l'Allemagne, doivent s'étendre prochainement à l'ouvrage des *Capucins*. Nous espérons que des recherches seront faites, par les soins du génie, dans la courtine du front de tête. Si la plaque de cuivre placée sur la poitrine du maréchal n'a pas été enlevée lors de l'exhumation, en 1793, elle pourra servir à retrouver son corps. Nous avons placé à l'*Appendice* (VIII) la mise en adjudication (orig.), à la date du 14 août 1793, des matériaux de la tombe de Fabert. Cette pièce provient des *Archives de la mairie de Sedan*, où elle a été découverte par M. A. Philippoteaux, qui a bien voulu nous la communiquer.

Jusqu'en 1793, les capucins avaient célébré régulièrement, le 17 mai, dans la crypte, un service anniversaire pour le repos des

Fabert, le P. Barré a pu conserver ses traits à l'histoire. « Le maréchal, dit le génovéfain, était d'une taille médiocre, mais libre, dégagée et assez bien prise; il était plus maigre que gras; il avait le teint brun, un peu couperosé, le front grand, élevé, les yeux vifs et perçants, le nez aquilin; il marchait la tête haute, conservant un air grave et sévère; sa parole était ferme et hardie; il s'expliquait en peu de mots, ne sortant jamais de son sujet. Il négligeait cette politesse superficielle dont le monde se contente et qui couvre souvent une grande barbarie; mais sa probité, sa grandeur d'âme, sa religion, lui composaient une autre politesse plus rare, qui était toute dans le cœur[1]. »

âmes de ceux qui y étaient inhumés. Ce service, dont la fondation, prévue par les dispositions testamentaires des époux défunts, avait été réglée par leurs filles, Anne-Dieudonnée, Claude et Angélique, prit fin nécessairement quand les religieux furent contraints de se disperser et d'abandonner leur couvent, transformé en hôpital militaire.

1. Nous énumérons, à l'*Appendice* (IX), les portraits de Fabert gravés, peints et lithographiés.

Parmi les gravures, nous avons remarqué celles d'Edelinck et de Voyez.

Fabert a été dessiné au pastel par Robert Nanteuil, le célèbre artiste rémois. Ce portrait appartient à M. Eud. Marcille; M. Hillemacher l'a gravé à l'eau-forte. Le maréchal est vu des trois quarts, la tête un peu moins grande que nature; le regard est profond; les cheveux sont grisonnants, clair-semés et tombent droit; le vêtement est à peine indiqué.

La sculpture a reproduit aussi les traits de Fabert. Son buste, en marbre blanc, signé *Mansion*, a été acquis par la ville de Metz, en 1824, et fait partie du musée de peinture. Depuis, sur l'initiative patriotique de l'académie de Metz, une statue en bronze, œuvre de M. Étex, a été élevée par souscription à Fabert, dans sa ville natale, à l'extrémité de la place d'Armes, entre la cathédrale et l'hôtel de ville. Le guerrier est représenté debout, la main gauche sur la garde de son épée

« Sa manière de vie, dit encore le P. Barre, était fort réglée..... En été, il se levait à quatre heures du matin, et à six en hiver. Après sa prière, il passait dans son cabinet où il s'occupait à lire et à écrire jusqu'au soleil levé ; alors, accompagné d'officiers et de bourgeois, il faisait le tour des fortifications, visitait les travaux, donnait ses ordres, recevait les placets qu'on lui présentait, revenait au château pour y entendre la messe, donnait ses audiences dans la galerie, et dînait à dix heures et demie du matin..... Deux heures après son dîner, il donnait audience. On entrait librement dans la salle. Comme il connaissait la qualité et le mérite d'un chacun, il avait le secret, même en refusant, de les renvoyer tous contents.

» A quatre heures environ, il se retirait dans son

---

la main droite tenant un rouleau de papier. Sur une plaque de bronze incrustée dans un socle en pierre, sont inscrites les belles paroles que nous avons déjà citées (vol. I*er*, p. 296). Cette statue a été inaugurée le 30 octobre 1842. Vingt-huit ans plus tard, presque jour pour jour, les Messins la recouvraient d'un crêpe. Nous étions là, au pied du monument, lorsque les soldats de l'ennemi vainqueur s'en approchèrent pour la première fois ; nous avons encore sous les yeux la grande figure du héros messin voilée de deuil..... Impérissable, douloureux souvenir !

Le nom de Fabert a été attribué, en 1846, à une rue de Metz ; en 1852, à un jardin de cette ville, planté sur l'emplacement de l'ancien hôtel de sa famille ; en 1864, à une rue de Paris longeant l'esplanade des Invalides. Il a été également donné à une rue du village de Moyeuvre-la-Grande, voisine des forges de ce nom. Un de nos bâtiments de guerre, lancé à Rochefort il y a quelques années, s'appelle *le Fabert*. En 1877, dans sa séance du 15 août, le conseil municipal de Sedan, sur le rapport de M. Henry Vesseron, a décidé, à l'unanimité, d'appeler *boulevard Fabert* une des nouvelles voies de la ville faisant face à la prairie de Torcy.

cabinet; il ne voyait que ceux qui avaient quelque affaire importante à lui communiquer. Après le souper, il s'entretenait avec Mme la maréchale; on lui amenait ses enfants, qu'il interrogeait pour savoir s'ils profitaient des instructions qu'on leur donnait; il les instruisait lui-même et leur donnait des avis convenables à leur âge et à leur condition.....

» ..... Il était doux et humain à l'égard de ses domestiques et ne leur faisait pas sentir la bassesse de leur condition par les caprices d'une humeur inégale; il leur pardonnait volontiers les fautes qu'ils avaient commises; à la vérité, il renvoyait les plus coupables; mais, touché de leur misère, il leur accordait quelque gratification. »

Tout en rendant justice à l'esprit de charité, à la droiture et au désintéressement du maréchal, le P. Barre ne nous dissimule pas ses travers. « Fabert, écrit-il, était naturellement prompt; s'il ne se fût modéré, il aurait été fort emporté, mais il était assez maître de son caractère. Cependant, il faut convenir que quand on lui proposait un dessein de campagne, de marche de troupes, d'attaque ou de siège qu'il ne goûtait pas, il courait un peu trop vite à l'objection et à la difficulté. Cette conduite lui a plusieurs fois attiré le reproche d'opiniâtre, de contradicteur et de brusque. Il est constant, néanmoins, que la raison était souvent du côté de M. de Fabert. Cet attachement qu'on lui reprochait pour son opinion n'était d'ordinaire que la fermeté avec laquelle il soutenait la vérité.

» ..... Il avait un grand jugement et un grand fonds

d'équité ; cependant, on l'aurait poussé à faire un peu de tort, plutôt qu'à rendre justice par force et contre son gré. Il n'y avait ni intérêt, ni raison, ni autorité, ni considération qui pût le toucher dans ces sortes d'occasions. Mais lorsque l'on faisait mine de lui céder, alors la prévention cessait d'offusquer son esprit ; il réfléchissait sur les raisons de ses adversaires, revenait à leurs sentiments, et conservait du souvenir de sa conduite une extrême crainte de se commettre davantage, et une grande circonspection à proposer sa pensée et à la soutenir. » De semblables défauts ne sauraient jeter une ombre, même la plus légère, sur les qualités privées de Fabert, ni sur son mérite éclatant comme homme public. Ce grand citoyen, ce glorieux soldat, fils de ses œuvres, que ses contemporains estimaient comme un modèle de probité politique et d'honneur militaire, est bien digne de servir d'exemple à ceux qui aiment la France et ont le souci de sa grandeur.

Louis de Fabert succéda régulièrement à son père dans le gouvernement de Sedan, dont il avait obtenu la survivance en 1655 ; mais son jeune âge [1] ne lui permettant pas de prendre en main la direction des affaires, le roi fit délivrer, le 25 juillet, des pouvoirs d'une durée de trois ans au comte de la Bourlie, maréchal de camp, pour commander dans la place [2].

---

1. Il avait environ onze ans.
2. De la Bourlie (Georges de Guiscard, comte), né le 9 août 1616, mort le 9 décembre 1693. Avait servi aux sièges d'Arras (1640) et

Dans le courant du mois d'août, les réformés du conseil souverain et du consistoire, qui avaient fait espérer à Fabert leur prochaine conversion, rédigèrent, sous forme de manifeste, deux professions de foi catholiques. Celles-ci furent présentées au roi par le président Morel, M. de Termes et un député du corps de ville [1]. Mais l'opposition que rencontra le projet de réunion des deux Églises auprès d'un grand nombre d'autres calvinistes de Sedan et du dehors

d'Aire (1641), à la bataille de Rocroi, aux sièges de Thionville, Mardick, Courtray, etc. Conseiller d'État en 1649, maréchal de camp le 3 juin 1651.

La commission du comte de la Bourlie, pour commander dans Sedan, figure dans le *Registre du greffe du conseil souverain*; elle fut enregistrée le 28 septembre 1662. De la Bourlie est désigné, dans cette pièce, sous le nom de comte de Neuvy-sur-Loire (aujourd'hui commune de l'arrondissement de Cosne, dans la Nièvre).

Du 17 mai au 25 juillet, Sedan fut administré par M. de Termes, qui avait obtenu, le 11 août 1661, la charge de lieutenant de roi vacante par la résignation de M. de Myon, beau-frère du maréchal. (*Registre du greffe du conseil souverain.*)

1. Nous avons trouvé ces deux professions de foi manuscrites à la *Bibliothèque Sainte-Geneviève*, dans les liasses des armoires, sous la rubrique : *Affaires ecclésiastiques*; les corrections, surcharges et additions que contient la seconde nous portent à croire que c'est une minute originale.

Le P. Norbert a reproduit intégralement les déclarations dogmatiques dont il s'agit. L'une et l'autre sont adressées au président Morel. La première commence ainsi : « Monsieur, après avoir ouï les doctes prédications du révérend Père Adam, jésuite, avoir eu plusieurs conférences particulières avec lui, après avoir ouï tant de belles vérités de la bouche du défunt Monseigneur le maréchal de Fabert, notre gouverneur, et particulièrement l'avant-veille de sa mort, où, en votre présence, quoique incommodé du poumon, Dieu anima si puissamment son zèle qu'il toucha par la grâce de sa parole nos cœurs; et comme, convaincus en nous-mêmes, nous lui promîmes de travailler à notre possible à la réunion, pour laquelle, depuis dix-huit ans, il avait tant pris de peine, une promesse si solennelle tenant les gens de bien obligés en leur honneur, nous y avons fait des ré-

paralysa les dispositions de ceux que l'on appelait les *bien intentionnés*. C'est alors que le comte de la Bourlie rassembla autour de lui (20 septembre) les officiers du bailliage et les membres du conseil souverain et leur déclara, au nom du roi, que les principales charges du présidial ne pourraient être conservées aux protestants qui ne se rallieraient pas à l'Église catholique. Néanmoins, à la suite de l'envoi à la cour d'une députation des modérateurs, le roi consentit à admettre aux charges du nouveau bailliage M. d'Ozanne, comme président-lieutenant criminel[1], et MM. de Moranvillé, Le Blanc, de Chadirac et Rambour comme conseillers. Le 18 décembre, les commissaires royaux et les délégués du parlement de Metz installèrent le nouveau siège de justice.

Au moment où disparaissait la plus importante des anciennes institutions sedanaises protégées par Fabert, la réaction catholique commençait à sortir des limites où il s'était efforcé de la maintenir par sa modération et sa prudence. Dès lors, il n'y eut plus de repos pour les calvinistes sedanais. Dans l'exécution des mesures dirigées contre les dissidents, le comte de la

---

flexions sérieuses. Nous cherchons, Monsieur, la vraie Église pour y manger l'agneau qui ne doit être mangé que dans une même maison..... nous concluons donc pour l'unité de l'Église hors de laquelle on ne peut manger la chair du Christ. »

Dès le 25 juillet 1662, le roi avait fait demander aux vicaires de l'archevêché de Reims l'envoi du Père Adam à Sedan, pour y prêcher l'Avent et le Carême. (Min., *Arch. D. G.*, t. CLXXIV.)

En octobre 1663, le P. Adam devint recteur du collège catholique fondé à Sedan; voir ci-dessus, p. 279, note 1.

1. Le président Morel fut nommé président-lieutenant général civil.

Bourlie se conforma docilement aux ordres de la cour[1].

Parmi ceux qu'éprouva la mort de Fabert, les habitants de la Champagne ne furent pas les moins à plaindre. Si, de son vivant, ils avaient eu beaucoup de peine à tirer profit des améliorations introduites dans le régime militaire et financier de la généralité, qu'allaient-ils devenir, maintenant que son initiative et son crédit leur manquaient ? Pour comble de malheur, Voisin, qui s'était associé dans une si large mesure aux

---

1. Le 9 septembre 1665, Louis de Fabert fut installé comme grand bailli de Sedan. Les provisions sont datées du 10 janvier. (Arch. de la mairie de Sedan.)
En 1669, il prit part, avec le régiment de Lorraine, dont il était colonel, à l'expédition de Candie, commandée par les ducs de Beaufort et de Navailles, et trouva la mort, le 25 juin, dans une sortie contre les Turcs. Sa tête, comme celles du duc de Beaufort, du comte de Rosan, neveu du maréchal de Turenne, du marquis de Lignières, du chevalier de Villarceau et d'un grand nombre d'autres gentilshommes, fut promenée autour de la place. (Daru, *Histoire de la république de Venise*; Des Réaux de la Richardière, *Le voyage de Candie par l'armée de France, en l'année 1669*, Paris, 1671.) Insuffisamment renseignée sur le sort de Louis de Fabert, sa famille conçut, un instant, l'espoir qu'il n'était que prisonnier, et demanda au rhingrave Frédéric de Salm, gouverneur de Maestricht, de faire faire des recherches par les agents diplomatiques des Provinces-Unies en Turquie, particulièrement à Constantinople, pour le retrouver. Au mois de mai 1670, le consul de Chio annonça que Louis de Fabert était vivant, mais aux mains des Turcs, qui le gardaient à vue. A cette nouvelle, transmise au rhingrave par le grand-pensionnaire de Hollande, Jean de Witt, en succéda bientôt une autre qui ne laissait subsister aucun doute sur sa mort. (Lettres de Jean de Witt au rhingrave, des 16 septembre et 8 octobre 1670, dans la *Collection des documents sur l'histoire de France*.)
Le comte de la Bourlie succéda à Louis de Fabert comme grand bailli de Sedan, par provisions du 30 novembre 1669, mais il n'obtint le gouvernement vacant depuis la mort du jeune marquis que le 7 août 1671. Lieutenant général en 1672, il se démit de ce gouvernement en faveur de son fils en 1692.

bienfaits répandus par le maréchal au milieu des populations champenoises, avait quitté en 1662 l'intendance de Châlons pour la prévôté des marchands de Paris [1]. Seul, Téruel était resté en Champagne, mais avec un rôle effacé [2].

Les années qui suivirent la mort de Fabert furent fatalement marquées par des épidémies et des famines dont la Champagne ressentit les désastreuses

1. Voisin recherchait depuis longtemps cette charge importante. Les démarches actives de Fabert auprès de Mazarin n'avaient pas peu contribué à la lui faire obtenir. Voir lettres (aut.) de Fabert à Mazarin : 1° du 13 novembre 1658 (*Arch. nat.*, KK, 1074); 2° du 15 décembre 1658 (*Bibliothèque* de la ville de Nantes, *Collection Labouchère*); 3° du 22 décembre 1658 (*Arch. aff. étr., France*, t. CLXV); 4° du 25 mars 1660 (*Collection* de M. J. B. Brincourt, à Sedan). — Lettre (cop.) de Mazarin à Voisin, du 15 avril 1660. (*Arch. aff. étr., Recueil spécial des lettres de Mazarin*, t. XLV).

2. Les documents que nous avons consultés aux *Archives du Dépôt de la guerre* ne mentionnent pas l'emploi exercé par Téruel ; ils accusent seulement qu'il servait sur la frontière de Champagne et qu'il était payé de ses appointements sur la recette générale des finances de la généralité.

L'ingrat Mazarin était mort sans lui rendre, malgré les instantes sollicitations de Fabert, sa charge de capitaine au régiment de Podeviltz. Mais Turenne, qui avait, de longue date, distingué le mérite de ce brave officier, répara cette injustice. En 1664, il le proposa au roi, qui l'accepta, pour remplir la place de maréchal des logis général du corps de troupes envoyé en Hongrie au secours de l'Empereur menacé par les Turcs. Téruel s'acquitta avec tant d'intelligence et d'activité de la difficile mission de choisir les campements et de former l'ordre de marche journalier de la petite armée expéditionnaire, que le comte de Coligny en parle, dans une de ses lettres à Le Tellier, comme « d'un homme incomparable ». Vers la fin de la campagne, pendant laquelle il donna une preuve éclatante de son intégrité en refusant de la main de quelques princes d'Allemagne de riches présents d'argent, il coopéra aux négociations diplomatiques entamées à Vienne avec les commissaires de l'Empereur pour obtenir à nos soldats d'hiverner en Moravie. De retour en France, il reprit l'emploi qu'il occupait en Champagne avant la guerre. Il fut appelé, en 1667, à l'intendance des contributions de guerre au Quesnoy En 1673, on le trouve

atteintes. En 1667, Caumartin, intendant à Châlons, écrivant à Colbert, après une de ses tournées, constatait les progrès de la misère générale, rendus évidents par le mouvement décroissant du chiffre de la population et par la diminution du bétail. Il signalait au ministre l'injustice « perpétuelle et visible » de la répartition de la taille dans les villes et les villages, et la difficulté de remédier à ce mal, dû en grande partie au relâchement des élus, qui négligeaient de faire leurs chevauchées réglementaires et se dispensaient de visiter les lieux trop éloignés de leurs résidences. Caumartin espérait, il est vrai, obtenir quelque bien de la liquidation des dettes des communautés. Malheureusement, de même qu'en un champ les herbes nuisibles, si l'on cesse de les arracher, étouffent dans leur germe les plantes salutaires, de même en Champagne les abus et les désordres, depuis qu'ils n'étaient plus réprimés par la main ferme et expérimentée de Fabert, paralysaient, dans leur cours naissant, les règles d'ordre et de justice.

Colbert, l'élève de prédilection, le confident de Mazarin, avait vu, jeune encore, s'agiter sous ses yeux les graves questions soulevées par Fabert, et son esprit réfléchi avait dû s'appliquer de bonne heure à les approfondir. Arrivé au ministère, il s'oc-

à Dijon; en 1674, au siège de Gray et sur la frontière de la Franche-Comté, comme intendant des troupes et des contributions. Une lettre de Louvois, du 26 septembre 1674, prouve qu'à la fin de sa carrière, cet infatigable serviteur du roi revint sur la frontière de Champagne avec la commission d'intendant des places de la Meuse (*Arch. D. G.*, t. CLXXXVII, CLXXXIX, CXC, CXCI, CCVIII,, CCCLXXVIII et CCLXXXI).

cupa, avec un zèle opiniâtre, de remettre l'ordre dans les finances, et, dans ce but, songea d'abord à remédier aux vices de la taille. Il rappela aux intendants, dans de remarquables instructions, leurs attributions les plus essentielles, celles dont les avait investis Richelieu en les instituant, et leur prescrivit des enquêtes annuelles des élections de leurs généralités, assez semblables à celles que Téruel avait inaugurées autrefois en Champagne sous la direction de Fabert, et destinées à servir de base à une répartition équitable de la taille. Le crédit des élus ne l'empêcha pas de diminuer le nombre de ces officiers. Les exemptions frauduleuses furent sévèrement recherchées et punies. Il tempéra la rigueur des saisies dirigées contre les habitants insolvables et fit poursuivre activement la vérification des dettes des communautés, ce mal invétéré qu'il appelait « la vermine du peuple ».

Colbert ne se contenta pas de ces mesures. Il s'imposa la tâche de substituer, dans toute la France, la taille réelle à la taille personnelle. De même que Fabert, il associait fort justement les idées d'impôt réel et de cadastre. Ses vues furent mises à l'épreuve avec succès dans la généralité de Montauban. Mais, comme l'a fait observer M. Pierre Clément, le savant historien de Colbert, « au milieu des imperfections sociales, le seul remède praticable était de réformer la législation et de fixer la jurisprudence ». Les opérations cadastrales ne furent donc pas étendues aux autres généralités. Colbert ne s'occupa plus que de réglementer la taille. Encore mourut-il avant d'avoir vu adopter la rédaction d'une ordonnance générale élaborée avec l'aide de d'Aguesseau et de Pussort, et qui devait procurer aux pays de taille réelle les avantages de l'uniformité dans l'assiette et la perception de l'impôt. Environ trois mois avant sa mort, le 8 juin 1683, il avait remis au roi un mémoire renfermant ce triste aveu : « Les intendants visitent les généralités et en rendent compte par toutes leurs lettres, qui sont pleines de la misère des peuples[1]. »

Repris par Chamillard, les projets de Colbert sont ajournés par suite des désastres qui affligent les dernières années du règne de Louis XIV. Alors, l'organisation financière est tout à fait viciée, et ceux-là mêmes qui ont mission du roi pour préserver le peuple de l'oppression donnent l'exemple de l'injustice ; alors, viennent les réformateurs, en grand nombre : hommes de cœur, rêveurs, utopistes, mécontents, disgraciés et ambitieux. Déjà quelques-uns, déclarant la guerre à l'autorité monarchique, déchirent violemment le voile qui enveloppe les misères du peuple, ce voile que Fabert ne soulevait que d'une main discrète, mais sûre. Vauban, Catinat et Boisguillebert sont les premiers en vue parmi les citoyens honnêtes et courageux qui cherchent un remède aux maux croissants. Vains efforts ! la société tourne dans un cercle étroit et fatal d'où les hommes les mieux intentionnés et les esprits les plus ingénieux ne peuvent la faire sortir. L'épuisement est presque complet :

---

1. Pierre Clément, *Correspondance de Colbert.*

on a tari, souvent sans les connaître, les sources de la richesse.

Cependant, un ministre des finances de Louis XV, M. Laverdy, cédant aux vœux unanimes des agriculteurs et d'un certain nombre d'économistes, fait rendre, en 1763, une déclaration dont un article décide la confection d'un cadastre général de tous les biens-fonds du royaume. Entamée sans retard, l'opération se poursuit sous Louis XVI et devient l'objet des préoccupations des assemblées provinciales. Bientôt, l'opinion publique, puissance nouvelle, réclame la prompte réalisation des améliorations projetées. C'est le moment où le tiers état émancipé, aspirant à devenir la nation, proteste contre les institutions qui le régissent, et où le grand corps de la monarchie française, dont Fabert a été pendant près d'un demi-siècle le serviteur dévoué et clairvoyant, reçoit les premières atteintes de la Révolution.

APPENDICE

I

EXTRAIT DES REGISTRES CADASTRAUX DRESSÉS PAR TÉRUEL.

Ces registres sont au nombre de trois : un pour l'élection de Rethel, un pour l'élection de Reims et un pour celle de Sainte-Menehould ; ce sont des cahiers in-folio, manuscrits, originaux. Une notice est consacrée à chaque paroisse.

Le registre de l'élection de Rethel contient 162 notices (en 40 pages); celui de l'élection de Reims, 194 notices (en 50 pages); celui de l'élection de Sainte-Menehould, 72 notices (en 19 pages) : ensemble 428 notices.

Pour chaque élection, nous allons reproduire un certain nombre de ces notices

1. ÉLECTION DE RHETEL

1. — *Vrigne-Meuze* [1], le moulin Rigaud, au curé de Sévigny, et le Mesnil au sieur d'Ambly.

1. Aujourd'hui Vrigne-Meuse, canton de Flize, arrondissement de Mézières (Ardennes).

Autrefois 39 habitants et 13 charrues, sçavoir : 9 charrues à Vrigne, 2 au moulin et 2 au Mesnil.

Terroir médiocre, 325 arpents dont 23 aux habitants, 42 au Mesnil, le reste censes.

Prez 166 arpents, desquels ne revient que 70 au village, dont 7 aux habitants, 20 au Mesnil, le reste censes et le surplus à Donchery et seigneur de Nouvion.

Usances 3 arpents, vendues à présent.

Charrues 5 1/2, une et demy au seigneur du Mesnil tenue par ses mains.

Pleins ménages 18, un cavalier et une vefve.

Payent à Luxembourg 616 livres, cy-devant 88 livres ; à Rocroy 100 livres.

Comptent 14 maisons au village et 3 au moulin Rigaud, bruslées ou démolyes.

445 livres[1].............................. 366 livres[2].

2. — *Les Grandes-Armoises*[3], au sieur de Bourlemont.

Terroir médiocre, 244 arpents dont 39 aux habitants en propre; charrues 4.

Pleins mesnages 28 et 3 demy, charbonniers, pionniers et tailleurs au bois.

Payent à Luxembourg 400 livres.

567 livres............................... 522 livres.

3. — *Brieul-sur-Bar*[4], autrefois bourg à marché.

---

1. Ce nombre indique le montant de la taille imposée par Téruel en 1657.
2. Ce nombre représente la taille antérieure à 1657.
3. Aujourd'hui Armoises-les-Grandes, canton du Chesne, arrondissement de Vouziers (Ardennes).
4. Aujourd'hui Brieulles-sur-Bar, canton du Chesne, arrondissement de Vouziers (Ardennes).

Terroir labourable 696 arpents.

Prez 286 arpents.

Charrues 7 dont 2 propriétaires.

Pleins mesnages 18 et 4 demy.

Payent à Luxembourg 220 livres; à Rocroy 66.

Le lieu est bruslé et l'églize, ne restant qu'environ 26 maisons.

Sont subjets aux passages des troupes.

605 livres. . . . . 784 livres.

4. — *Bayonville*[1], autrefois 100 habitants, au sieur de Verpel partie.

Terroir labourable médiocre, 239 arpents, le tiers aux habitants.

Usages pasturages 54 arpents.

Prés 69 arpents dont 29 aux habitants.

Charrues 5 1/2, laboureurs 12.

Pleins mesnages 24 et 12 demy.

Payent à Luxembourg 300 livres; à Rocroy 110 livres.

Sont subjets aux passages des troupes; ont fourny estappe, au retour de la campagne dernière, à 60 compagnies d'infanterie et 15 de cavalerie.

643 livres. . . . . 300 livres.

5. — *Noirval*[2], autrefois 100 habitants, au sieur de Noirval.

Terroir labourable médiocre et stérile, 194 arpents dont 25 au seigneur, le reste aux habitants.

Prez 69 arpents dont 15 au seigneur, le reste aux habitants.

---

1. Aujourd'hui Bayonville, canton de Buzancy, arrondissement de Vouziers (Ardennes).

2. Aujourd'hui Noirval, canton du Chesne, arrondissement de Vouziers (Ardennes).

Charrue 1 non entière.

Pleins mesnages 15 et 12 demy, pauvres femmes, travaillent aux bois.

Ne payent rien aux ennemys par impuissance.

Le village est réduict à 24 bastiments.

293 livres.. ....262 livres.

6. — *Le Alleux*[1], à M. de Prin, y compris Marcelot, bois de Rain et la Maison-Rouge.

Autrefois 80 habitants.

Terroir médiocre et mauvais fonds, 369 arpents, la plupart en bruyère à présent.

Prez 28 arpents.

Bois au seigneur.

Habitants : un mannouvrier et une vefve mandiant.

Reste encore un habitant reffugié à Vandy ne labourant rien au terroir.

Inhabité depuis 18 ans, nul bastiment habitable.

Le seigneur prétend tous les fonds à luy pour les cens deubs par les propriétaires.

11 livres............................... 104 livres.

7. — *Le Chesne*[2], à l'abbé de Saint-Remy partie, autrefois 400 habitants, bourg à foire et marché.

Terroir, 895 arpents, médiocre et partie mauvais, outre quelque terroir vain ; la moitié aux seigneurs et censes et 'autre aux habitants.

Prez 199 arpents, compris les marais et ce qui est scitué sur

---

1. Aujourd'hui les Alleux, canton du Chesne, arrondissement de Vouziers (Ardennes).

2. Aujourd'hui le Chesne, chef-lieu de canton de l'arrondissement de Vouziers (Ardennes).

les bans de Tannay, Sauville et Bairon, dont le tiers aux habitants en propre.

Bois aux seigneurs.

Usances 12 arpents.

Charrues 11, laboureurs 18.

Pleins mesnages 87 et 26 demy.

Ne payent rien aux ennemys; à Rocroy en eschange.

La moitié du lieu est demolye ou bruslée.

Sont subjets, tous les ans, aux logements et passages des troupes à cause de la scituation du lieu; ont fourny estappe, au retour de la campagne dernière, à plusieurs régiments, par ordre du roy; sont beaucoup endebtez.

1788 livres........................... 1304 livres.

8. — *Vendresse* [1], bourg à foire et marché, autrefois 370 habitants.

Terroir médiocre, 398 arpents dont 186 aux habitants, 40 aux gentilshommes, le reste censes; plus terres vaines et stériles, 200 arpents environ.

Prez 938 arpents, dont 196 aux habitants, 596 au seigneur, le reste censes.

Usances 16 arpents.

Charrues 10 et 2 aux gentilshommes tenues par leurs mains.

Pleins mesnages 110 et 32 demy, pauvres femmes; la moitié cloutiers, forgerons, charbonniers, travaillant aux mines de fer et forges.

Payent au Luxembourg 300 livres; à Rocroy en eschange.

Doivent terrage ou les grosses et menues dixmes et bourgeoisies.

Ont vendu leurs usances et sont endebtez de plusieurs sommes considérables.

2843 livres................3626 livres avec La Cassine.

1. Aujourd'hui Vendresse, canton d'Omont, arrondissement de Mézières (Ardennes).

9. — *Charbogne*[1], à Madame de Richebourt, autrefois 200 habitants et 24 charrues.

Terroir bon fonds. 660 arpents à chaque roye, partie médiocre, dont 36 aux habitants, 85 au seigneur et le reste censes.

Prez 246 arpents, 54 au seigneur, 16 aux habitants, le reste censes.

Usances 56 arpents, la meilleure partie vendue.

Charrues 10 1/2 dont 5 fermiers du seigneur, plus une à un officier d'armée qu'il tient.

Pleins mesnages 84 et 13 demy, la moitié mandient, tisserands, massons, faucilleurs, etc.

Ne payent rien aux ennemys par impuissance, sont endebtez de 7000 livres pour payer les tailles et gens de guerre ; comptent un tiers des maisons bruslées ou fondues faute d'habitants.

1765 livres............................ 3652 livres.

10. — *Saint-Lambert*[2], au s^r de Brosse, autrefois 140 habitants et 16 charrues.

Terroir labourable, bon fonds, 683 arpents, 150 au seigneur, 88 aux habitants, le reste censes.

Prez 198 arpents, 64 au seigneur, 29 aux habitants, le reste censes.

Bois 120 arpents au seigneur.

Charrues 12, laboureurs 19.

Pleins mesnages 98, entre lesquels 22 reffuggiés et 26 demy, les trois quarts pauvres femmes.

Ont payé au Luxembourg, depuis huit ans, 1000 livres; rien de réglé comptant ; 4 maisons bruslées.

---

1. Aujourd'hui Charbogne, canton d'Attigny, arrondissement de Vouziers (Ardennes).
2. Aujourd'hui Saint-Lambert, canton d'Attigny, arrondissement de Vouziers (Ardennes).

Sont endebtez de 10 000 livres empruntez pour payer la subsistance des gens de guerre.

2086 livres.......................... 3130 livres.

11. — *Boulzicourt*[1], à M. de Mantoue, autrefois 82 habitants.

Terroir labourable, 320 arpents dont 60 au gentilhomme demeurant au lieu et 22 aux habitants.

Bois usages 90 arpents, dont 15 livres cens au seigneur.

Prez 71 arpents dont 21 au dit gentilhomme, le reste censes, rien aux habitants.

Usances pasturages vendus.

Charrues 7 et une au gentilhomme tenue par ses mains.

Pleins mesnages 38, dont 2 estropiez et 6 soldats à Mezières, outre 5 demy.

Payent à Luxembourg 132 livres ; à Rocroy en eschange.

Un homme pour la garde par jour à Mézières.

873 livres............................. 1043 livres.

12. — *Francheville*[2], appennage de la reine, partie de Château-Regnault et M. de Bussy. Autrefois, 22 habitants.

Terroir stérile, 89 arpents dont 10 aux habitants, le reste censés.

Prez 36 dont 1 aux habitants.

Bois usages communs avec Villers et Semeuse.

Charrues 2 1/2.

Pleins mesnages 14 et 7 demy, cloutiers et travaillant en fer.

---

1. Aujourd'hui Boulzicourt, canton de Flize, arrondissement de Mézières (Ardennes).
2. Aujourd'hui Francheville, canton et arrondissement de Mézières (Ardennes).

Payent au Haynault 200 livres.

299 livres.................................... 470 livres.

2. ÉLECTION DE REIMS

1. — *Remilly* [1], à M. de Guise, seigneur de Remilly, autrefois 30 habitants.

Terroir labourable, 336 arpents, médiocre, dont 20 au seigneur, le tiers aux habitants.

Prez 79 arpents dont 16 aux habitants, le reste aux seigneur et censes.

Charrues 5 1/2 et une au seigneur qu'il tient par ses mains.
Pleins mesnages 24 et 9 demy.
Payent au Haynault 209 livres avec Beaulemont.
Un homme de garde par jour à Mézières.
Ont été greslés l'année dernière.

910 livres......688 livres avec Beaulemont et Hardoncelles.

2. — Le *Bourg-Fidelle* [2], cy devant 45 habitants, marquisat de Montcornet.

Terroir stérile, 100 arpents environ, à présent en genêts et bruyères.

Prez 94 arpents.

Bois aisances en commun au dit marquisat.

Nulle charrue à présent.

Pleins mesnages 8 dont 2 soldats à Château-Regnaut; travaillent pour leur vie au bois et travaillent la terre à leurs bras.

1. Aujourd'hui Remilly-les-Pothées forme, avec Hardoncelle et Bolmont, une commune du canton de Renwez, arrondissement de Mézières (Ardennes).

2. Aujourd'hui Bourg-Fidèle, canton et arrondissement de Rocroy (Ardennes).

Ne payent rien aux ennemys par impuissance.

N'ont d'autre logement que des huttes depuis le dernier siège de Rocroy.

60 livres.......... ....114 livres.

3. — Le *Val de Morancy* [1], au chapitre de Reims, autrefois 40 habitants.

Terroir stérile 220 arpents.

Prez 39 arpents.

Bois en commun avec Aubigny.

Charrues 3.

Pleins mesnages 9 et 6 demy.

Nourrissaient bestail au bon temps.

Payent à Rocroy contribution ordinaire, d'ustensile 456 livres, quartier d'hyver 100 livres, grains 4 septiers mesure de Paris, foing 10 milliers.

Foulés de corvées.

Le village est réduict à 12 bastiments par le feu.

210 livres............. .....190 livres avec le Tremblay.

4. — *Maubert-Fontaine* [2], cy devant 120 habitants, au chapitre de Reims.

Terroir médiocre et maigre en partie, 364 arpents.

Prez 169 arpents.

Bois, usages pasturages en commun avec Aubigny.

Nulle charrue, nul bastiment ni habitant au lieu.

Restent 8 bourgeois et 2 demy retirez à Estalle, et n'ont autre moyen de travailler la terre qu'à leurs bras.

Ne payent rien aux ennemys.

---

1. Aujourd'hui Laval-Morency, canton et arrondissement de Rocro (Ardennes).
2. Aujourd'hui Maubert-Fontaine, canton et arrondissement de Rocroi (Ardennes).

Le lieu a été achevé de desmolir par les ennemys, l'automne dernier, avec ce qui y restoit de maisons.

12 livres.................................... 760 livres.

5. — *Rocquigny* [1], à M. de Mantoue, compris les censes, autrefois bourg à foire et marché, 160 habitants et 36 charrues.

Terroir médiocre et mauvais, 576 arpents outre quelque vain, dont 188 aux habitants en propre.

Bois au seigneur 800 arpents.

Charrues 3 1/2 et une demy à un gentilhomme qu'il tient par ses mains.

Pleins mesnages 44 et 10 demy.

Payent à Recroy contributions 550 livres, ustensile 90 livres, quartier d'hyver 5 mois 112 livres 1/2, grain (en argent) 15 livres, foin (en argent) 18 livres.

Ont esté contraints de payer 240 livres pour rachepter 2 chevaux et remonter 2 cavaliers du régiment de Grandpré pris dans l'églize par les ennemys, à la vendange dernière, qui leur enlevèrent pour 1000 livres de butin.

605 livres.................................... 760 livres.

6. — *Château Portien* [2] à M. de Mantoue, et Pargny à l'abbaye de Chaumont, cy devant 560 bourgeois et 47 charrues.

Terroir de Pargny bon et médiocre, 120 arpents.

Prez 56 arpents ; à présent nul bastiment.

Terroir du château 992 arpents, bon et médiocre, dont environ 350 arpents appelés les Haut Champs, qui doivent un quartel avoine par arpent à M. de Cotte, estant faict.

---

1. Aujourd'hui Rocquighy, canton de Chaumont-Porcien, arrondissement de Rethel (Ardennes).
2. Aujourd'hui Château-Porcien, chef-lieu de canton, arrondissement de Rethel (Ardennes).

Prez 148 arpents, 49 aux habitants, le reste aux forains et censes.

Vignoble 125 arpents, le tiers en friche, dont les 3 quarts aux habitants.

Usages pasturages 10 arpents.

Charrues 26 dont plusieurs couples.

Habitants 190 et 22 demy outre quelques mandiants, travaillent en laine.

Payent au Haynaut 660 livres ; à Rocroy 726 livres.

Comptent 300 maisons ou granges bruslées ou desmolyes par les ennemys outre le fauxbourg qui a été presque entièrement bruslé ; sont endebtez de 80 000 livres, argent payé par les ordres du roy.

Comptent 20 bourgeois enroollés dans la compagnie du château qui s'exemptent, par ce moyen, de ne rien payer des frais de villes.

Ont obtenu une réduction de la taille du roy jusqu'à 200 livres par an pendant 6 années commençant l'année 1656.

200 livres par ordre exprès du roy............ 1520 livres.

3. ÉLECTION DE SAINTE-MENEHOULD

1. — *Vaux en Diollet* [1], autrefois 110 habitants.
Terroir médiocre, 386 arpents dont 62 aux habitants.
Prez 66 arpents dont 16 aux habitants.
Bois au seigneur.
Charrues 8.
Pleins mesnages 24 et 18 demy.
Payent à Luxembourg 143 livres ; à Rocroy 88 livres.
Sujets aux gardes et corvées à Mouzon.

700 livres............................... 1438 livres.

1. Aujourd'hui Vaux-en-Dieulet, canton de Buzancy, arrondissement de Vouziers (Ardennes).

2. — *Busancy* [1], bourg à foire et marché, à M. de Bourlemont.

Terroir labourable, bon et médiocre, compris Masme (?), 999 arpents.

Prez 689 arpents dont 300 au seigneur et 69 aux habitants.

Charrues 19 1/2 dont 9 propriétaires.

Pleins mesnages 89 et 32 demy.

Payent à Luxembourg et à Rocroy 1500. Pouvoient payer cy devant 12, 13 ou 14 cents livres de taille ; à présent, depuis leur ruyne, leur est imposé 5028 livres (*sic*) nonobstant la grâce que le roy leur a faict de les réduire à 600 livres par an pendant que dureroit cette guerre, considérant leurs pertes.

4000 livres............................... 5028 livres.

3. — *Montfaucon* [2].

Terroir labourable médiocre et partie mauvais fonds, 664 arpents et autant vain dont 260 aux habitants.

Vignobles 34 arpents entiers au chapitre du lieu, le reste aux habitants.

Prez 169 arpents dont 40 aux habitants en propre.

Bois 284 arpents dont 100 à l'usage des habitants.

Charrues 16 1/2.

Pleins mesnages 98 et 29 demy, les 2 tiers manouvriers.

Payent à Luxembourg 246 livres, dont le chapitre le tiers ; à Rocroy 330 livres.

1650 livres............................... 345 livres.

*4. — *Dempnevoux* [3], cy devant bourg à marché, réduict par le feu au tiers.

---

1. Aujourd'hui Buzancy, chef-lieu de canton de l'arrondissement de Vouziers (Ardennes).

2. Aujourd'hui Montfaucon, chef-lieu de canton de l'arrondissement de Montmédy (Meuse).

3. Aujourd'hui Dannevoux, canton de Montfaucon, arrondissement de Montmédy (Meuse).

APPENDICE I. 377

Terroir médiocre, 468 arpents dont 164 aux habitants en propre.

Vignobles 230 arpents dont 49 travaillés seulement, aux habitants.

Prez 180 arpents la plus part ruinez.

Bois en usages 260 arpents.

Charrues 13 1/2.

Pleins mesnages 69 et 13 demy.

Payent à Linchamp 792 livres, rien à Luxembourg ; sont en arrière de 1400 livres de tailles qu'on leur demande.

Endebtez de 4000 livres payez aux ennemis pour se sauver du feu.

1150 livres... 760 livres.

5. — *Boureulle*[1], au sieur de Créanges partie, autrefois 200 habitants.

Terroir médiocre et mauvais fonds 340 arpents, 60 aux habitants.

Prez 154 arpents dont 39 aux habitants.

Vignobles 3 arpents déserts.

Bois 360 arpents au seigneur, dont chaque habitant un bichet d'avoine au seigneur pour le droict de chauffage.

Usances un arpent.

Charrues 5 1/2 dont 4 censiers et 1 1/2 propriétaire.

Pleins mesnages 33 et 12 demy, faiseurs de balais et charbonniers.

Payent à Luxembourg 330 livres ; donnent de chasque beste tirant un septier.

Froment mesure de Han, outre les cens au seigneur ; souffrent tous les ans les rendez-vous des troupes de M. de la Ferté comme estant enclavés dans la Lorraine.

Le village est réduict par le feu à 36 maisons.

600 livres... 883 livres.

1. Aujourd'hui Bourcuilles, canton de Varennes, arrondissement de Verdun (Meuse).

6. — *Binarville*[1], au Sr de Crecquy partie, autrefois 120 habitants.

Terroir stérile et peu médiocre, 388 arpents, la moitié aux habitants.

Prez sur le terroir de Condé, 36 arpents.

Bois usages communs avec Autry, Condé, Lançon et Grandhan, à charge d'entretenir les ponts et chaussées d'Autry sur la rivière d'Aisne.

Charrues 4 1/2 dont une fermière, les autres propriétaires.

Pleins mesnages 39 et 17 demy.

Ne payent rien aux ennemys. Le village est réduict à 46 maisons par le feu.

645 livres.................................... 349 livres.

7. *Termes*[2], au sieur de Termes partie, autrefois 250 habitants.

Terroir labourable médiocre et partie bon, 389 arpents, le quart aux habitants.

Prez 36 arpents.

Vignobles 106 arpents, 62 aux habitants, le reste aux seigneurs et forains.

Bois commun avec Grandpré, Mouron, Olizy et Beaurepaire.

Charrues 5 1/2 dont 3 censiers des seigneurs.

Pleins mesnages 46 et 22 demy.

Payent à Luxembourg 220 livres et rien à Rocroy.

Ce village a esté entièrement bruslé dans un enlèvement des troupes ennemyes par celles du roy, l'année 1653, en considération de quoy Sa Majesté lui accorda diminution de la taille et exemption de toutes charges pendant 6 années, moyennant

---

1. Aujourd'hui Binarville, canton de Ville-sur-Tourbe, arrondissement de Sainte-Menehould (Marne).

2. Aujourd'hui Termes, canton de Grandpré, arrondissement de Vouziers (Ardennes).

la somme de 100 livres par an, donnant au seigneur du terroir labeur, dixme et terrage, et de l'arpent de vignoble 40 pots, mesure du pays, outre la dixme et cens.

8. — *Mouron*[1], à l'abbaye de Mouzon.

Terroir bon et médiocre, 189 arpents dont 48 aux habitants, le reste censes.

Vignobles 26 arpents dont 14 aux habitants.

Prez 45 arpents dont 18 aux habitants.

Usances 10 arpents.

Charrues 6 1/2.

Pleins mesnages 28 et 7 demy.

Payent à Luxembourg 275 livres; à Rocroy 99 livres.

Dans ce que dessus est compris une veuve et un fauconnier du roi que messieurs les élus exemptent, qui tient 15 arpents terre, 6 arpents prez et 2 1/2 arpents vignobles.

1. Aujourd'hui Mouron, canton de Grandpré, arrondissement de Vouziers (Ardennes).

APPENDICE II.

1. — *Abraham de Fabert*, maréchal de France.

« Mes armes sont une croix toute simple de gueule sur un champ d'or. » (Lettre autogr. de Fabert à Godefroy, du 12 février 1659, *Bibliothèque de l'Institut, Collection Godefroy*, t. CCLXXIV).

2. — *Anne-Dieudonnée de Fabert*, l'aînée des filles du maréchal de France, épouse en premières noces, le 3 octobre 1657, à Metz, Louis de Comminges, marquis de Vervins, conseiller et premier maître d'hôtel du roi, mestre de camp d'un régiment d'infanterie, fils de Claude-Roger de Comminges et de Gabrielle-Angélique de Pouilly. Il existe dans l'étude de M⁰ Gibert, notaire à Sedan, la quittance d'une portion de la dot qui lui fut assurée par contrat. Louis de Vervins meurt, le 11 novembre 1663, à trente-deux ans. Anne-Dieudonnée épouse en secondes noces, en 1671, Claude-François de Mérode, marquis de Trélon.

3. — *Claude de Fabert*, née en 1645, mariée, en 1663, à Charles-Henri de Tubières, de Grimoard, de Pestels et de Lévis, marquis de Caylus, qui meurt en 1679, âgé de quarante-quatre ans. Elle meurt le 1ᵉʳ avril 1728.

4. — *Angélique de Fabert*, la plus jeune des filles du maréchal; baptisée, le 22 novembre 1649, à Sedan, par M. Bayart, supérieur de la Mission lazariste de cette ville, connue sous le nom de Mademoiselle d'Esternay. Épouse en premières noces, en mars 1669, Charles Brulard, marquis de Genlis, et en secondes noces, le 19 janvier 1677, François III d'Harcourt, marquis de Beuvron, lieutenant général en Normandie, chevalier des ordres du roi, fils de François II d'Harcourt et de Renée d'Épinay-Saint-Luc. Possède le domaine de Sézanne.

5. — *Louis de Fabert*, baptisé le 31 mars 1651, à Sedan, par M. Coglée, supérieur de la Mission lazariste de cette ville ; a pour parrain Louis de Lambert, conseiller et maître d'hôtel ordinaire du roi. Comte de Sézanne, gouverneur de Sedan en 1662, grand bailli en 1665; tué à Candie, le 25 juin 1669, à la tête du régiment de Lorraine. Sa mort amène l'extinction de la branche masculine du maréchal.

6. — *Nicolas de Fabert*, baptisé à Sedan, le 23 août 1653 ; a pour parrain le comte de Bourlemont, maréchal de camp ; meurt en 1656.

7. — *Abraham de Fabert*, né en 1659.

8. — *Louis-Joseph, marquis de Vervins*, né posthume, le 30 avril 1664; de là des démêlés avec le comte et l'abbé de Grandpré, ses cousins germains. 1704. Meurt en 1725.

9. — *Marie-Thérèse-Apolline de Mérode*, baronne de Kay, épouse, le 1er février 1717, Emmanuel-Marcellin-Ferdinand, comte de Coors-Warenloos.

10. — *Marie-Célestine de Mérode*, épouse Jean-Ernest-Ferdinand, duc de Holstein-Plöen ; morte sans postérité.

11. — *Anne-Marie-Françoise de Mérode* épouse Henry de Guénégaud, marquis de Plancy, mestre de camp de cavalerie, mort en 1672.

12. — *Monique-Mélanie-Joséphine de Mérode* épouse en premières noces, le 11 février 1714, Antoine-Christophe des

Ursins, et en secondes noces, le 24 juin 1741, Henry, comte d'Apremont-Barricourt.

13. — *Marie-Anne-Claude Brulard de Genlis* épouse, le 31 juillet 1687, Henry d'Harcourt-Beuvron, duc d'Harcourt, maréchal de France.

14. — X., marquis de Caylus, grand d'Espagne, mort en 1758.

15. — *Jean-Anne de Caylus*, seigneur d'Esternay, mort en 1704; a un fils, Jean-Claude-Philippe, membre de l'Académie royale de peinture et de sculpture, qui vend la terre d'Esternay, en 1765, au marquis de Lambert.

16. — *Charles-Daniel de Caylus*, évêque d'Auxerre.

17. — *Charlotte de Caylus* épouse Joseph-Robert, marquis de Lignerac, colonel du régiment du Perche, maréchal de camp.

18. — *Louis-François d'Harcourt*, mort sans postérité.

19. — *Charles d'Harcourt*, né en 1652.

20. — *Henriette d'Harcourt* épouse, en mars 1708, Louis-Marie-Victoire, comte de Béthune, mestre de camp d'un régiment de cavalerie de son nom, brigadier des armées du roi, grand chambellan du roi de Pologne, duc de Lorraine; meurt à 33 ans, le 6 août 1714.

21. — *Catherine-Angélique d'Harcourt* épouse, en septembre 1717, le marquis de Talaru ; morte le 18 juin 1718.

22. — *Marie-Casimire-Thérèse-Geneviève-Emmanuelle de Béthune,* épouse en premières noces, le 5 mai 1727, François Rouxel de Médavy-Grancey, et en secondes noces, le 15 octobre 1729, Louis-Charles-Auguste Foucquet, alors comte de Belle-Isle, maréchal de France, prince du Saint-Empire, gouverneur du Pays messin, ministre de la guerre.

23. — *Louis-Marie-Victoire, marquis de Béthune,* mestre de camp d'un régiment de cavalerie de son nom, mort sans postérité en juin 1735.

24. — *César, marquis de Béthune,* mort en 1736, sur le Rhin, à la tête d'un régiment de son nom.

25. — *Louis-Marie, comte de Gisors,* gouverneur du Pays messin, né le 27 mars 1732 ; tué, en 1758, au combat de Créveld.

26. — *Louis-Henry d'Harcourt,* comte de Beuvron, né le 14 septembre 1692, mort sans postérité.

27. — *François d'Harcourt,* maréchal de France, épouse Marie Madeleine Le Tellier-Barbezieux.

28. — *Louis-Abraham d'Harcourt,* né en 1694, chanoine de l'église de Paris ; mort le 27 septembre 1760.

29. — *Anne-Pierre d'Harcourt-Beuvron,* duc d'Harcourt, né le 2 avril 1701, lieutenant général des armées du roi, gou-

verneur de Normandie, épouse, le 7 juin 1725, Thérèse-Eulalie de Beaupoil, fille de Louis, marquis de Saint-Aulaire.

30. — *Henry-Claude d'Harcourt*, né en 1703, lieutenant général, mort sans postérité.

31. — *Angélique-Adélaïde d'Harcourt*, mariée, le 18 février 1741, à Emmanuel, prince de Croy.

32. — *Françoise-Claire d'Harcourt*, née le 12 mai 1718 ; épouse, en 1738, Emmanuel-Dieudonné, marquis d'Hautefort, lieutenant général, ambassadeur de France à Vienne.

33. — *Gabrielle-Lydie d'Harcourt*, née le 21 décembre 1722, mariée, le 3 mai 1740, au comte de Guerchy, lieutenant général, ambassadeur de France en Angleterre.

34. — *François-Henry d'Harcourt*, comte de Lillebonne, lieutenant général, épouse, en 1752, Françoise-Catherine-Scholastique, fille de Hubert, vicomte d'Aubusson, comte de la Feuillade.

35. *Anne-François d'Harcourt*, marquis de Beuvron, lieutenant général, mestre de camp général de la cavalerie, épouse, en 1749, Marie-Catherine, fille de Louis Rouillé, comte de Jouy, ministre des affaires étrangères.

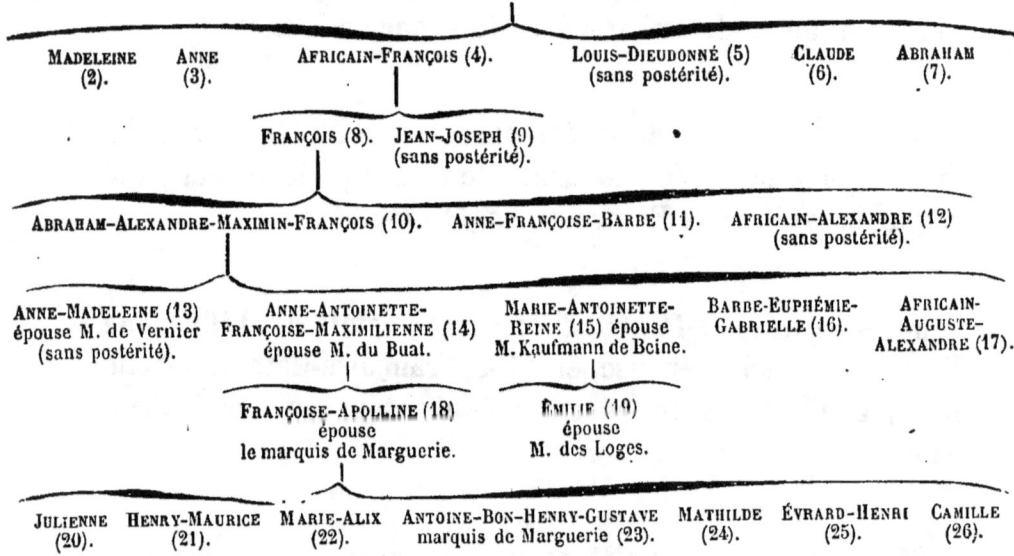

1. — *François de Fabert*, frère aîné d'Abraham de Fabert, contrôleur provincial de l'artillerie au département des Trois-Évêchés, sert en cette qualité aux sièges de la Rochelle, Montauban, Nancy et Trèves ; épouse, le 26 décembre 1625, Suzanne, fille de Philémon L'Espingal, sieur de Loyville, changeur de monnaies à Metz, morte le 7 décembre 1626 ; en secondes noces, le 26 octobre 1636, Madeleine, fille de François Foës, seigneur de la Haute-Bevoye, Chevillon et Chelaincourt, médecin, morte le 14 janvier 1693.

Reçu aux Trois Ordres, comme gentilhomme, le 29 décembre 1657 ; décoré de l'ordre de Saint-Michel, en avril 1658 ; élevé, en 1659, à la dignité de maître-échevin, qu'il exerce pendant quatre ans (de 1659 à 1662, d'après le *Vocabulaire austrasien* de dom François) ; est député par les Trois Ordres, en 1660, avec Bossuet, pour complimenter Louis XIV sur son mariage, et revendique, à cette occasion, le droit de se tenir debout pour haranguer le roi ; meurt le 21 juin 1664. Son testament est daté du 24 mai 1663.

Porte : *De sinople à un pal d'or chargé d'un croissant de sinople.*

2. — *Madeleine de Fabert* épouse, le 8 janvier 1660, Jean-Baptiste d'Apremont, baron de Saint-Loup et seigneur de Laubresle, capitaine de cavalerie, et en secondes noces, Michel de Rousses, marquis d'Alembon, avec qui elle vit en 1693. Du premier mariage est issu Abraham-Louis, comte d'Apremont, seigneur de Laubresle, Vandy et Barricourt, et du second, Henry-Jacques et Claude-Jean-Baptiste.

3. — *Anne de Fabert*, épouse Louis Mallet, seigneur de Luzart-en-Brie et de Noizielle, conseiller au parlement de Paris, avec lequel elle vit en 1668.

4. — *Africain-François de Fabert,* né à Moulins, baptisé, le 8 août 1651, dans l'église de Saint-Livier ; chanoine de la cathédrale de Metz en 1667 ; résigne son canonicat pour aller servir à Candie comme enseigne colonelle, dans le régiment de Lorraine, sous les ordres de son cousin Louis de Fabert ; capitaine au régiment Dauphin en 1672 ; obtient un relief de noblesse le 17 septembre 1674.

Marié le 19 novembre 1704, dans l'église des Carmes, à Anne Flageolet, fille de Robert Flageolet et d'Anne Jacquot ; meurt le 25 octobre 1719 ; est inhumé dans le chœur de l'église de Moulins. Anne Flageolet meurt le 26 novembre 1728.

5. — *Louis-Dieudonné de Fabert,* né à Metz, le 12 mars 1659, baptisé à Saint-Livier, chanoine de la cathédrale en remplacement de son frère Claude de Fabert (voir ci-après) ; lègue par testament du 27 octobre 1702, à la chapelle de la Vierge de la cathédrale de Metz, six mille livres qui doivent être prises « sur le fonds et propriété de trois deniers d'intérêt qui lui appartiennent dans le produit des calèches et carrosses de la ville de Paris » ; meurt à Paris le 1er novembre 1702.

Porte : *D'argent à une barre de sinople chargée d'un annelet d'argent.*

6. — *Claude de Fabert,* chanoine de la cathédrale de Metz, sur la résignation d'Africain-François, son frère, le 7 juillet 1668 ; mort à Pont-à-Mousson en septembre 1671.

7. — *Abraham de Fabert,* né vers 1640, mort dans la guerre de Hollande.

8. — *François de Fabert,* né le 13 décembre 1697, épouse,

II
DESCENDANCE D'ABRAHAM ET DE FRANÇOIS DE FABERT

ABRAHAM DE FABERT (1)
MARÉCHAL DE FRANCE (1599-1662).

- **ANNE-DIEUDONNÉE (2)** épouse : en 1res noces, le marquis de Vervins, en 2es noces, le marquis de Mérode.
- **CLAUDE (3)** épouse le marquis de Caylus.
- **ANGÉLIQUE (4)** épouse : en 1res noces, le marquis de Genlis, en 2es noces, le marquis d'Harcourt.
- **LOUIS (5)** (sans postérité).
- **NICOLAS (6)** (sans postérité).
- **ABRAHAM (7)** (sans postérité).

LOUIS-JOSEPH (8).

- MARIE-THÉRÈSE-PAULINE (9).
- MARIE-CÉLESTINE (10).
- ANNE-MARIE-FRANÇOISE (11).
- MONIQUE-MÉLANIE-JOSÉPHINE (12).

MARIE-ANNE-CLAUDE (13) épouse le duc d'Harcourt.

- X, marquis de Caylus (14).
- JEAN-ANNE (15).
- CHARLES-DANIEL (16).
- CHARLOTTE (17) épouse le marquis de Lignerac.

- LOUIS-FRANÇOIS (18) (sans postérité).
- CHARLES (19) (sans postérité).
- HENRIETTE (20) épouse le comte de Béthune.
- CATHERINE-ANGÉLIQUE (21).

MARIE-CASIMIRE-THÉRÈSE-GENEVIÈVE (22) épouse le cte de Belle-Isle.

LOUIS-MARIE-VICTOIRE (23). CÉSAR (24).

LOUIS-MARIE (25), comte de Gisors.

- LOUIS-HENRY (26).
- FRANÇOIS (27).
- LOUIS-ABRAHAM (28).
- ANNE-PIERRE (29).
- HENRY-CLAUDE (30).

- ANGÉLIQUE-ADÉLAÏDE (31).
- FRANÇOISE-CLAIRE (32).
- GABRIELLE-LYDIE (33).
- FRANÇOIS-HENRI (34).
- ANNE-FRANÇOIS (35).

le 29 janvier 1728, Anne-Madeleine, fille de Pierre Le Fèvre, seigneur de Vulmont, doyen des conseillers au parlement de Metz, et de Françoise-Marthe Pichot ; meurt le 15 janvier 1763.

9. — *Jean-Joseph de Fabert*, né le 20 septembre 1704 ; possède une partie des biens de Moulins ; mort le 6 septembre 1730 ; inhumé, le 7, dans le chœur de l'église de Moulins, en présence de son frère François.

10. — *Abraham-Alexandre-Maximin-François de Fabert*, né à Moulins le 1er janvier 1735 ; sert comme surnuméraire à l'École d'artillerie de Metz, de novembre 1748 à juin 1754. Le roi lui donne, en 1754, la charge de lieutenant de la compagnie de Pontcharost, dans le régiment de Harcourt. Capitaine réformé à la suite du régiment du colonel général de la cavalerie française ; capitaine au régiment de Metz ; chevalier de Saint-Louis ; fait prisonnier de guerre en 1759 ; épouse, le 16 octobre 1760, Anne-Marie-Madeleine, fille de Jean-Mathieu du Balay, conseiller auditeur au parlement et chambre des comptes de Metz, et de Marie-Antoinette Lassalle ; meurt à Metz le 26 octobre 1806.

11. — *Anne-Barbe de Fabert*, née le 17 avril 1739 ; mariée à un capitaine d'infanterie ; morte sans postérité.

12. — *Africain-Alexandre de Fabert*, dit le chevalier de Fabert, né à Moulins le 27 septembre 1741 ; capitaine au régiment de Touraine ; capitaine au régiment de Savoie-Carignan ; est blessé à la bataille de Minden en 1759 ; épouse, en 1771, par contrat passé à Strasbourg, Angélique Fougère de Mortmont ; meurt à Metz, sans postérité, le 4 avril 1812.

13. — *Anne-Madeleine de Fabert*, appelée Mademoiselle de Moulins, épouse M. de Vernier, capitaine d'infanterie; meurt en 1842, à Pont-à-Mousson.

14. — *Anne-Antoinette-Françoise-Maximilienne de Fabert*, née le 7 juin 1766, appelée Mademoiselle de Grignan; mariée, le 31 août 1797, à François Du Buat, ancien officier supérieur d'artillerie, fils d'Augustin Du Buat, conseiller au parlement de Metz, et de Marie-Françoise Villemin; morte à Metz le 2 octobre 1840.

15. — *Marie-Antoinette-Reine de Fabert*, née le 16 décembre 1773; a eu pour parrain Laurent de Lassalle, garde des sceaux à Saarlouis, son bisaïeul maternel; épouse M. Honoré Kaufmann de Beine; meurt à Metz le 28 avril 1817.

16. — *Barbe-Gabrielle-Euphémie*, appelée Mademoiselle de Saint-Martin, morte sans être mariée.

17. — *Africain-Auguste-Alexandre de Fabert*, nommé élève de l'école militaire le 31 décembre 1779; meurt en Allemagne, sans postérité.

18. — *Apolline-Françoise Du Buat*, née à Saint-Epvre le 27 janvier 1798; épouse, en 1819, Henry-Jean-Baptiste, marquis de Marguerie, né à Valogne, maréchal de camp, chevalier de Saint-Louis, commandeur de la Légion d'honneur, décédé à Metz le 21 mai 1841.

19. — *Émilie Kauffmann de Beine* épouse, le 24 octobre 1827,

M. Hyppolyte des Loges, capitaine de cavalerie, maire de Toul en 1862.

20. — *Julienne de Marguerie.*

21. — *Henry-Maurice de Marguerie,* né à Saint-Epvre le 1ᵉʳ juillet 1833.

22. — *Marie-Alix de Marguerie.*

23. — *Antoine-Bon-Henry-Gustave,* marquis de Marguerie, né le 17 janvier 1821, inspecteur général des finances.

Le marquis de Marguerie a hérité des *Archives de la famille* (documents généalogiques et actes de l'état civil); nous le remercions sincèrement d'avoir bien voulu nous les communiquer.

24. — *Mathilde de Marguerie.*

25. — *Évrard-Henry de Marguerie,* né à Metz le 8 août 1830.

26. — *Camille de Marguerie.*

— François et Abraham de Fabert avaient une sœur, *Anne de Fabert,* qui épousa, en premières noces, Nicolas Du Jardin, conseiller du roi, « secrétaire de l'infanterie sous le duc d'Épernon », commissaire ordinaire des guerres ès villes de Metz, Toul et Verdun, mort, le 6 novembre 1635, et en secondes noces, Antoine de Barthon, vicomte de Montbas, seigneur de Buy. Du premier mariage est issue Anne, morte sans postérité, et du second Madeleine, qui épousa, en 1658, Louis de Cugnon, comte d'Alauzy, et mourut aussi sans postérité.

Les renseignements généalogiques qui précèdent ont été puisés principalement aux sources suivantes :

1° *Archives de la famille.* — Fonds divers du *Cabinet des titres à la Bibliothèque nationale,* principalement les *carrés d'Hozier.* — *Archives de la mairie de Sedan.* — Pièces notariées de l'étude de Mᵉ Gibert, à Sedan. — Correspondance de Fabert, *passim.* — P. Anselme. — D'Hozier. — La Chesnaye des Bois. — P. Barre. — *L'impôt du sang,* par Pâris.

III

PROVISIONS DE MARÉCHAL DE FRANCE POUR LE MARQUIS DE FABERT, SIGNÉES A MARDICK, LE 28 JUIN 1658.

(*Bibliothèque nationale*, Ms. *Le Tellier*, Dépêches de l'année 1658, cop., F. FR., 4193.)

Louis, par la grâce de Dieu roi de France et de Navarre, à tous ceux qui ces présentes lettres verront, Salut. Encore que le maintien des États dépend principalement de l'administration des souverains et de l'emploi utile qu'ils font, dans la paix et dans la guerre, de la puissance que Dieu leur a donnée ; néanmoins, comme pour le succès de leurs desseins ils sont obligés de prendre conseil et de se faire soulager par des personnes de capacité et de mérite et de leur donner l'autorité nécessaire pour cette fin, les rois nos prédécesseurs ont établi, entre les premiers officiers de leur couronne, les maréchaux de France, spécialement pour être assistés par eux et leurs conseils, leur donner le commandement sur leurs armées et faire observer dans tout le royaume la discipline militaire, ce qui fait qu'ils ont apporté beaucoup de considération aux choix de ceux qu'ils ont honorés de ces charges, et comme nous sommes obligé de réparer la perte de ceux qui en avaient été pourvus, d'autant même que par la continuation de la guerre ouverte entre cette couronne et celle d'Espagne, depuis vingt-trois années, nous avons besoin de chefs qui soient suffisamment autorisés pour commander les armées que nous tenons sur pied pour opposer à celles de nos ennemis déclarés, nous avons jeté les yeux sur notre cher et bien amé le seigneur marquis de Fabert,

gouverneur de nos ville, château et souveraineté de Sedan et
de Raucourt, pour l'élever à cette dignité, considérant que depuis
longtemps il a rendu au feu roi notre très honoré seigneur
et père de glorieuse mémoire, que Dieu absolve, et à
nous, des services très fidèles et très signalés, qu'il a commandé
nos armées ès qualité de lieutenant général représentant
notre personne, même lorsque nous avons été obligé de
prendre la protection de notre très cher et |très amé cousin
l'électeur de Cologne, prince de Liège, contre les Espagnols
et leurs alliés qui tâchaient d'opprimer les Liégeois par le logement
de leurs troupes, qu'il y a eu, en tout, le bon succès que
nous pouvions désirer, soit dans les traités qu'il a convenu
faire avec eux pour les obliger à se comporter neutralement
avec les Liégeois en toutes choses, et à quitter les quartiers
qu'ils prenaient pendant l'hiver dans leur pays depuis plusieurs
années; qu'ensuite il s'est fort signalé au siège et en la
prise de Stenay, ayant suppléé à tout par son industrie
et par sa conduite, en laquelle ayant une particulière
confiance, nous lui avions fait attaquer cette place qui
est très forte, laquelle était bien munie de toutes choses et défendue
par un grand nombre d'officiers et de soldats, y employant
seulement les troupes qui étaient près de notre personne
pendant que nous tenions les principales forces de nos
armées du côté d'Arras pour y donner secours; ledit marquis
de Fabert ayant, en cette entreprise, ainsi qu'en plusieurs
autres sièges, combats, batailles, commandements de places et
de troupes, négociations, gouvernements des peuples et autres
emplois et occasions de conséquence, donné des preuves considérables
d'une grande capacité pour les affaires politiques et
militaires, d'une connaissance universelle, d'une vigilance extraordinaire,
et pourvoyant à tout, d'une diligence infatigable,
agissant en tous lieux par lui-même, d'une prudence et expérience
consommée, et d'une insigne générosité et valeur, d'une
fidélité et affection inviolables à notre service et pour tout ce
qui est de la gloire et de la grandeur de cet État; qu'il a particulièrement
témoignées durant les derniers troubles du royaume,

et toutes les qualités recommandables qui peuvent être requises pour l'administration des premières charges.

Savoir faisons que pour ces causes et autres bonnes considérations à ce nous mouvant, de l'avis de notre conseil où était la reine notre très honorée dame et mère, notre très cher et bien amé frère le duc d'Anjou, et nous avons, par ces présentes, signées de notre main, fait, constitué, ordonné et établi, faisons, constituons, ordonnons et établissons ledit marquis de Fabert maréchal de France, et le dit état et office que nous avons de nouveau créé et augmenté, créons et augmentons en sa faveur outre et par dessus ceux qui sont à présent, etc.

Donné à Mardick, le 30e jour de juin, l'an de grâce 1658 et de notre règne le seizième.

IV

MÉMOIRE SUR LES FINANCES, PRÉSENTÉ, EN 1679, A LE TELLIER, CHANCELIER DE FRANCE.

(Bibliothèque nationale, Ms., F. FR., 1859.)

Monseigneur,

Pendant le ministère de feu Monseigneur le cardinal de Mazarin, la fortune m'ayant confié, pour un temps, quelques mémoires de M. le maréchal de Fabert qui regardaient les affaires du royaume les plus considérables, j'en tirai un extrait que j'ai conservé très soigneusement, jusqu'à cette heure, par l'estime particulière que méritent des conceptions qui partent de l'esprit d'un si grand homme. Mais, Monseigneur, quelque importantes qu'elles soient au bien du service de Sa Majesté, je suis sûr qu'elles ne peuvent jamais passer, tout au plus, que pour de nobles projets, entre mes mains, et, certainement, il n'appartient qu'aux vôtres d'en former, quand il vous plaira, le plus grand ouvrage de nos jours.

Il est vrai qu'après ce que la France a vu faire de glorieux à Votre Grandeur pour le salut de l'État, il semble que tout serait indigne de ses soins, à moins que d'entreprendre la consommation d'un dessein comme celui-ci, qui embrasse tout à la fois le soulagement de la misère des peuples et l'augmentation de l'opulence du souverain, sans introduire de nouveauté.

Cependant, Monseigneur, comme un projet de cette nature

n'aurait pu me fournir de matière propre à entretenir Votre Grandeur dans un temps de guerre, j'ai cru que je ne devais prendre la liberté de lui en parler qu'après la publication de la paix ; et aujourd'hui l'Europe étant sur le point de jouir tranquillement de la douce loi du repos que notre monarque vient d'imposer à ses ennemis, j'ose espérer que vous me permettrez volontiers d'exposer ici à Votre Grandeur les moyens qu'enseigne, pour le succès de cette entreprise, l'illustre défunt qui en a conçu la première idée.

Comme ce grand politique et fidèle sujet tout ensemble ne pouvait voir, sans douleur, le nombre presque infini d'impôts différents qu'on lève sur le peuple, dont la multiplicité fait cette confusion où les gens d'affaires pêchent en eau trouble les richesses immenses dont on les voit comblés en si peu de temps, ni le nombre effroyable des personnes employées au recouvrement des deniers du Roi, qui en retiennent plus que Sa Majesté n'en reçoit, il souhaitait, pour y remédier, qu'il plût à notre monarque *de réformer tous ces nouveaux impôts et de les fixer aux quatre anciens revenus de la couronne, et de réduire au nombre de sept à huit cents les cent mille hommes qui partagent avec le roi, par égale portion, depuis tant d'années, tout ce qui sort d'argent de la bourse du peuple au nom de Sa Majesté.*

Ce savant homme, Monseigneur, croyait que pour y réussir sans rien innover, l'on ne pouvait pas se servir d'un prétexte plus spécieux qu'est celuy de l'ancien établissement des gabelles, par le moyen duquel il est aisé d'assujettir au sel, par forme de capitation, tout ce qu'il y a de chefs de familles non nobles dans le royaume, et fondait son projet sur les quarante mille paroisses qui se trouvent dans les terres de l'obéissance de Sa Majesté, les paroisses de Paris comprises, et toutes celles des autres villes du royaume, sans exception [1], parce qu'il n'y a point de paroisse où il n'y ait, en chacune,

---

[1]. Hormis celles de la Franche-Comté, de l'Alsace et de la Flandre, nouvellement conquises, aux privilèges desquelles il ne faut pas toucher sitôt.

au moins cinq cents âmes, l'une portant l'autre, qui font vingt millions d'âmes, et que, dans ces vingt millions, il y a au moins trois millions de chefs de familles roturières, à raison de soixante et quinze par paroisse. Voilà, Monseigneur, le principal fondement de son dessein, qu'il regardait comme la source vive où le roi puise toutes ses richesses et d'où il tire toutes ses forces, dont il est très facile de faire un état au vrai par un dénombrement général, paroisse par paroisse, et dont chaque évêque peut rendre compte à Sa Majesté en moins de six mois de temps, par le secours des registres de sexté, des rôles des tailles et des magistrats des villes franches.

Enfin, il divisait ces trois millions de sujets tributaires en trois classes égales, d'un million de sujets chacune, et comme ils ne sont pas tous de même condition, ni également riches, et qu'il ne serait pas juste de leur donner à tous une même mesure de sel, il divisait encore chaque classe en dix rangs, chaque rang composé de cent mille sujets, pour donner du sel aux uns plus et aux autres moins, selon leur rang et leur faculté, de sorte que les cent mille plus pauvres sujets de la basse classe ne porteraient chacun que vingt sous par an[1], et les cent mille plus riches de la haute ne porteraient que deux cents livres.

Voici, Monseigneur, un exemple des divisions et du calcul que faisait Monsieur de Fabert, pour rendre sa pensée claire et nette par une sensible démonstration.

Cependant, Monseigneur, je supplie très humblement Votre Grandeur d'observer qu'il y a aujourd'hui, à la campagne, une infinité de pauvres fermiers du bien des particuliers, qui payent, en taille et en sel, jusqu'à cinq ou six cents livres tous les ans pour Sa Majesté, et qui ne laissent pas, outre cela, d'être sujets à tous les autres impôts, comme le reste du peuple, outre les exactions que font sur eux les financiers ; et, à l'avenir, le plus riche sujet du royaume en serait quitte pour deux cents livres par an, en toutes sortes de subsides.

---

1. Le plus pauvre vigneron du royaume paye aujourd'hui plus de dix écus en sel et en taille.

Plus le Roi aura de revenus, plus il fera de bien aux grands de son royaume ; outre qu'un grand monarque ne peut jamais être trop riche, par la maxime indubitable que quiconque aura le dernier quart d'écu demeurera le maître de tout le monde.

BASSE CLASSE

100 000 sujets à	20 sous chacun font	100 000 livres.
100 000	2 livres	200 000
100 000	3	300 000
100 000	4	400 000
100 000	5	500 000
100 000	6	600 000
100 000	7	700 000
100 000	8	800 000
100 000	9	900 000
100 000	10	1 000 000
1 000 000		Livres 5 500 000

MOYENNE CLASSE

100 000 sujets à	15 livres chacun font	1 500 000 livres.
100 000	20	2 000 000
100 000	30	3 000 000
100 000	40	4 000 000
100 000	50	5 000 000
100 000	60	6 000 000
100 000	70	7 000 000
100 000	80	8 000 000
100 000	90	9 000 000
100 000	100	10 000 000
1 000 000		Livres 55 500 000

HAUTE CLASSE

100 000	sujets à 110	livres chacun font	11 000 000 livres.
100 000	120		12 000 000
100 000	130		13 000 000
100 000	140		14 000 000
100 000	150		15 000 000
100 000	160		16 000 000
100 000	170		17 000 000
100 000	180		18 000 000
100 000	190		19 000 000
100 000	200		20 000 000
1 000 000		Livres	155 000 000

TOTAL

Basse classe	1 000 000 sujets	5 500 000 livres.
Moyenne	1 000 000	55 500 000
Haute	1 000 000	155 000 000
Total des sujets	3 000 000	216 000 000 livres.

Or, Monsieur de Fabert croyait que les seize millions qui excèdent les deux cents du total de ce produit seraient plus que suffisants pour fournir aux frais de l'achat des sels et pour payer les gages des hommes commis à cet effet[1], comme il sera expliqué dans la suite, et regardait le reste de ces seize millions comme un fonds certain pour le payement des rentes de l'hôtel de ville, assignées sur les gabelles, et pour faire subsister les huguenots convertis à la foi catholique, afin de détruire en peu d'années, par la voie des bienfaits, tout ce qui reste dans le parti de la R. P. R.

Aujourd'hui, dans les provinces où la gabelle est établie, le clergé, la noblesse, les commensaux et tous les officiers de robe

---

1. Le sel devenant vénal, le roi épargne les frais des greniers à sel et des officiers, et trouve partout pour dix sols ce qu'il vendra dix écus.

longue et de robe courte y sont assujettis comme les autres, car encore qu'ils achètent le sel volontairement, titron à titron, boisseau à boisseau, ou minot à minot, ils ne laissent pas de le payer aux mêmes prix que les paysans l'achètent; ainsi leur exemption est imaginaire, et il n'y a de véritables privilégiés que ceux qui jouissent du droit de franc-salé, à qui le roi le donne gratuitement.

A l'avenir, le clergé, la noblesse, les commensaux et tous les principaux officiers auraient la liberté d'acheter toute leur provision de sel publiquement, en plein marché, comme le blé, et les roturiers même en pourraient user ainsi, s'ils voulaient avoir du sel au delà de leur impôt.

Il est temps de vous justifier, Monseigneur, qu'il y a présentement plus de cent mille hommes employés à lever les deniers du roi. Pour cela l'on peut hardiment soutenir que comme dans les dix-sept généralités traitables il y a plus de vingt mille paroisses, il se trouvera plus de vingt mille sergents à la foule du peuple, employés au recouvrement des deniers des tailles, parce que les collecteurs ne vont point en recette sans sergent; outre que cette sorte de levée détourne plus de quarante mille habitants de leur travail, n'y ayant point de paroisse où il ne se trouve au moins deux collecteurs, et en beaucoup, trois ou quatre [1].

D'ailleurs, les receveurs généraux et les receveurs particuliers, qui, avec les contrôleurs, font un très grand corps, ont leurs sergents à part; sans compter ceux-là, les partisans qui traitent des restes des tailles en ont encore à leur dévotion, qui, seuls, font plus de mal que tous les autres ensemble.

Les fermiers généraux des gabelles ont sous eux plus de trente mille hommes, sans parler de tous les officiers des greniers à sel du royaume. Combien les fermiers des aides et ceux de la douane n'ont-ils point de commis dans Paris et à la campagne! combien n'y a-t-il point d'autres officiers dans

---

1. En Normandie, les collecteurs ont le pouvoir d'exécuter, mais ils sont trois ou quatre en chaque paroisse, et l'expérience nous apprend qu'ils font autant de mal que des sergents en titre d'office.

ces généralités, sans parler des pays d'états, ni des pays reconquis; et tout cela sous prétexte de lever les deniers du roi et de les envoyer dans son trésor.

M. le premier président de Harlay, l'an 1597, étant à Fontainebleau, dans une harangue qu'il fit à Henri le Grand d'heureuse mémoire, représenta à Sa Majesté que sous le règne de Louis XII, il n'y avait dans tout le royaume que dix-huit ou vingt financiers au plus. Il plaignit ce grand roi et ses sujets de ce que ce petit nombre s'était augmenté jusques à quinze ou seize cents, dès ce temps-là, et que d'un écu qu'on levait sur le peuple, il n'en venait que sept sous à l'épargne.

Sous le règne de Louis le Juste, ce nombre de quinze ou seize cents a monté jusqu'à celui de cent mille. L'on demandait à Monsieur de Fabert ce que deviendraient tous ces gens-là, après cet établissement. Voici, Monseigneur, ce qu'il répondait là-dessus : « Je les considère, disait-il, comme une nouvelle nation de gens si nuisible au royaume, qu'elle le détruira, si le roi n'y apporte quelque réforme. Je les regarde comme une des deux cents parties [1] dont l'État est composé, et j'ai de la peine à concevoir comment on permet que cette partie seule accable toutes les autres et prenne injustement sur le peuple autant de bien que le roi en retire de droit légitime. Enfin, disait-il, un corps particulier ne doit être d'aucune considération quand il s'agit du service du prince et du soulagement de tout un royaume. »

Comme ce merveilleux sujet jouissait d'une profonde sagesse et d'un grand amour pour la justice, il condamnait toutes les nouveautés qui nuisent au public, aussi bien que celles qui préjudicient aux particuliers. C'est pourquoi il conseillait de conserver aux personnes préposées au gouvernement général des finances un plein pouvoir sur tous ceux qui resteraient dans le maniement des deniers du roi; mais aussi jugeait-il absolument nécessaire qu'elles n'y employassent que des catholiques gens de bien, et qu'elles répondissent au roi de leur

---

1. Chaque partie est de cent mille âmes, et les deux cents font vingt millions.

fidélité. Il disait encore que tous ces gens-là, suivant les anciennes et les nouvelles ordonnances du royaume, se devaient contenter de leurs gages, sans qu'ils pussent rien exiger du peuple au delà de ce qui serait arrêté par le roi, sur le sujet des tailles et des gabelles, à peine de la vie, afin que tout ce qui doit sortir d'argent de la bourse du peuple, par tribut, vînt au Trésor, sans qu'on en pût rien détourner qu'on ne le sût, parce qu'aujourd'hui, sous des prétextes frauduleux, l'on fait payer aux paysans une double taille qui ne tourne qu'au seul profit des financiers. Monsieur de Fabert, sur ce propos, rapportait qu'Auguste, par le dénombrement et la capitation où il se mettait le premier au rang des autres, comme s'il eût été une personne privée de l'empire, sans exempter même ses favoris, s'était fait un revenu de quatre cent cinquante millions de livres par an, et qu'il avait régné par ce moyen-là quarante-quatre ans souverain maître de l'univers; que si ce grand personnage avait utilement pratiqué cette maxime dans l'étendue de toute la terre et sur toutes sortes de personnes, rien n'était capable d'empêcher notre monarque de la pratiquer de même dans l'étendue de ses États, sur les roturiers seulement [1].

L'on voit d'ailleurs, Monseigneur, que la république de Venise lève tous les ans douze millions de livres sur les sujets de la Seigneurie, et qu'encore qu'on tire un si grand revenu d'un si petit État, néanmoins il n'en arrive jamais aucune plainte, parce que l'égalité de la contribution y est merveilleusement bien observée, et l'auteur qui le dit remarque que c'est un grand secret à qui le sait pratiquer.

Les cartes de géographie que les États-Généraux des Provinces-Unies ont fait faire à même dessein marquent jusqu'aux arpents de terre forte, faible, infirme de toute leurs commu-

---

1. Il est constant que le roi a toutes les vertus d'Auguste, et il est plus vrai encore qu'il n'en a pas tous les vices. Il ne dit pas un mot et ne fait pas une action qui ne soit digne de la souveraineté du monde.

nautés, et leur dénombrement est fait à l'exemple de celui des Romains.

Les sept provinces que ces États possèdent ne contiennent pas plus de terre que la moitié de la Bretagne, et ils ne laissent pas d'y lever quatorze à quinze millions de livres par an, sans y exciter aucune émotion parmi le peuple, parce qu'il y a beaucoup d'ordre et point de partisans. Le Grand Seigneur, qui puise des richesses immenses dans l'Europe, dans l'Asie et dans l'Afrique, ne lève de tribut que par capitation réglée sur l'étendue de la terre que chaque sujet cultive, et ce sont les bachas qui, sans frais, envoyent à Constantinople le revenu des provinces où l'on ne voit ni fermiers ni partisans.

De tous les États du monde, le mieux gouverné et où la police est le plus exactement observée, est celui de Perse; il a près de sept cents lieues de long et plus de cinq cents de large, qui contiennent dix-sept royaumes très peuplés, réduits aujourd'hui en autant de provinces où on lève des richesses infinies, sans qu'il y soit parlé ni de fermiers, ni de partisans. Le kan de chaque province envoie à Hispahan les tributs de son gouvernement de trois mois en trois mois. Un jour, celui de la province de Com, sous prétexte de quelques frais faits pour le service du roi, leva sur le peuple quelques subsides extraordinaires dont il profita. Le sophy, qui est fidèlement informé de tout, envoya quérir ce kan, et sans autre forme de procès lui fit trancher la tête sur le simple aveu de la concussion. Et comme ce grand monarque est absolu et sévère, il arrive peu de pareils désordres dans ses États.

L'empereur des Maldives est seul héritier de toutes les acquisitions que font ceux qui manient ses revenus, principalement quand elles excèdent la portée de leurs gages et le mérite de leur naissance.

Mais le Grand Mogol, qui est sans contredit le plus puissant et le plus riche monarque de l'Asie, non plus que les autres souverains du Levant, ne se sert ni de partisans ni de fermiers. Les gouverneurs de ses provinces font tenir aux trésoriers de ses finances les tributs du peuple; aussi le Grand Mongol ne voit-il point autour de lui de puissance égale à la sienne. Il est aussi absolu aux frontières de ses États que dans la capitale de son empire, parce que, en un mois de temps, il peut assembler pour la guerre trente mille éléphants, quatre-vingt mille chevaux et deux cent mille hommes de pied, le tout entretenu pendant la paix dans une discipline fort sévère.

Dans l'empire du Turc, les enfants mâles payent le tribut dès l'âge de quinze ans; en Perse et au Mogol, tout paye sans distinction ni d'âge ni de sexe, les uns plus, à la vérité, et les autres moins.

En France, Monseigneur, pour ne pas s'écarter des sentiments de Monsieur de Fabert, Messieurs les Evêques pourraient être utiles à trois choses : la première à faire faire les cartes de géographie de leur diocèse ; la seconde à faire le dénombrement général des sujets du roi, paroisse par paroisse, et la troisième à tirer un état au vrai de tous les deniers qui sont sortis de la bourse du peuple, tant des villes que de la campagne, depuis deux ans seulement, pour et au nom de Sa Majesté, et de tous les frais faits en conséquence. Par ces trois moyens, le roi saurait ce qu'il y a d'argent, de terre bonne et mauvaise dans son royaume, le nombre et les facultés des familles nobles et roturières, le nombre des officiers de robe longue et de robe courte, tout ce que l'Église possède de bien en France, et les forces de ceux qui font profession de la R. P. R.

Enfin le roi apprendrait avec étonnement, je m'assure, le nombre effroyable de ceux qui sont employés au recouvrement de ses deniers, tout ce qu'il s'en lève sur le peuple ; et comme Sa Majesté sait ce qu'il en entre dans son trésor, elle découvrirait ce que devient le reste et connaîtrait ceux qui en profitent à son préjudice.

De quelque étendue que puisse être un diocèse, un receveur sédentaire dans la ville épiscopale, et quatre ambulants, chacun dans son département, suffiraient pour en faire la recette, si les peuples étaient un peu soulagés d'ailleurs. Vous en pouvez savoir vous-même un exemple, Monseigneur, qui prouve cette vérité. Depuis que les Espagnols ont déclaré la guerre au roi et que Sa Majesté s'est vue réduite à la nécessité de faire entrer ses armées dans la Flandre et d'y remplir, pendant l'été, des magasins de fourrages pour y faire la guerre pendant l'hiver, les habitants de la province de Picardie ont si bien vendu leurs denrées, qu'ils sont tous fort accommodés présentement, et les douceurs dont ils jouissent les ont mis dans un état à ne pas souffrir qu'un sergent leur vienne demander l'argent de leur taille, se faisant tous un point d'honneur de porter les derniers qu'ils doivent au roi, par avance, au receveur de leur élection [1].

Votre Grandeur sait bien encore que, l'an passé, une seule lettre de cachet, soutenue d'un très petit nombre de cavalerie dispersée en plusieurs endroits, fit venir plusieurs millions de livres dans le trésor du roi, en trois mois de temps, sans dépense et sans bruit, pour la seule exemption du quartier d'hiver.

Ce sont, Monseigneur, des preuves assez fortes et de la bonne volonté et de la reconnaissance des peuples, qui, en quelque état qu'ils soient, ne laissent pas d'obéir aveuglement au premier ordre de Sa Majesté [2].

Mais venons au moyen dont on se peut servir pour faire la levée à peu de frais et avec sûreté. Il y a six vingt évêchés dans le royaume, les archevêchés compris; que l'on mette en chacun quatre receveurs ambulants, le fort portant le faible, qui apporteront leurs deniers du sel et de la taille (qu'ils lèveraient tout ensemble) au receveur sédentaire, qui, avec deux mille écus de gages, fera les mauvais deniers bons et les enverra au Trésor royal sans autres frais que ceux du transport ou du change. Que l'on donne quatre mille livres de gages à chacun des ambulants, tous les frais de la recette générale

---

1. Ce n'est pas qu'il n'y ait encore, en Picardie, grand nombre de paysans fort incommodés du fréquent passage des troupes; mais la paix les remettra avec le temps.
2. En tout cas, les délinquants peuvent être condamnés au double de leur tribut, et quelques troupes en peuvent assurer le payement.

ensemble n'iront pas encore à trois millions de livres par an.

Les partisans alors ne feraient plus la part au roi; ils n'auraient plus la clef des affaires qui leur donne tant d'autorité sur le peuple. Il n'y aurait plus ni confusion ni obscurité dans les finances, qui produiraient un revenu si considérable que Sa Majesté ne se ferait plus nécessité des financiers qui resteraient dans le royaume, non pas même dans la conjoncture des plus hautes entreprises, ni aux plus pressants besoins de l'État; et là-dessus, Monseigneur, il est aisé de juger que le peuple ne manquerait jamais de rien par son travail, et n'aurait jamais rien de trop par le sel, que Sa Majesté pourrait augmenter ou diminuer selon la force ou la faiblesse de ses sujets ou selon la nécessité des affaires.

Combien d'années a-t-on cru, dans Paris, impossible la réforme des pauvres mendiants, celle des épées aux pages et aux laquais, celle des filous, le nettoiement des rues et l'établissement des lanternes? Cependant tout cela s'est fait de nos jours et sans peine, parce que sous le règne d'un si puissant monarque il n'est plus rien d'impossible en France.

Les financiers ne peuvent pas donner à la consommation de ce dessein le nom de nouveauté, et encore moins celui de bouleversement général, comme ils ont accoutumé de faire quand ils craignent un changement à leur préjudice particulier, puisque ce n'est autre chose qu'achever de rendre les ventes du sel forcées dans le reste des paroisses où elles sont demeurées volontaires jusqu'à cette heure, et ce sur les non-nobles seulement.

C'est finir simplement un ouvrage commencé depuis quatre cents ans [1], et que nos rois ont amené, pied à pied, au terme où nous le voyons aujourd'hui; c'est casser ces légions d'archers de gabelle et de sergents des tailles qui forment ce grand corps d'ennemis domestiques, lesquels font, en paix, tous les maux de la guerre, et qui, toutes les campagnes, ravagent et emportent plus de la moitié de la récolte que devrait

---

1. Philippe le Bel, l'an 1280.

faire notre monarque ; c'est retrancher dans le royaume tous les gabeleurs et tous les faux saulniers qui pourraient servir le roi plus utilement ailleurs. Ce serait, Monseigneur, purger la France d'un nombre effroyable de sangsues qui, de leur côté, font tomber en langueur le corps de l'État, tandis que le roi, du sien, pour guérir par la paix une maladie si dangereuse, fait des choses en guerre que la postérité regardera bien plutôt comme des aventures de roman que comme des vérités de notre histoire. C'est non seulement remédier aux anciens abus qui restent dans les finances, mais encore couper chemin aux nouveaux qu'on y voudrait introduire ; c'est rendre aux peuples l'ancienne félicité de leurs pères. C'est faire adorer le roi de tous ses sujets, hormis des financiers. Et pour comble de satisfaction, Monseigneur, c'est établir le moyen d'augmenter ou de diminuer, avec ordre, le revenu de Sa Majesté, sans qu'on en puisse détourner un sou qui ne vienne à sa connaissance ; de manière que l'on pourrait dire qu'il serait mal aisé à un financier de s'opposer à ce dessein, sans découvrir son infidélité, et sans perdre, en même temps, dans l'esprit d'un prince éclairé qui aime la gloire, les intérêts de la couronne et le soulagement de ses sujets.

Monsieur de Fabert considérait encore, Monseigneur, que l'ordre qu'il proposait entraînait après soi la nécessité de remettre au peuple les restes des tailles et toutes les vieilles dettes, et de tirer des prisons tous les sujets qui y seraient retenus pour deniers royaux ; de supprimer toutes les douanes et droits de passage du dedans du royaume, qui ruinent le commerce et désolent les négociants, et de ne lever ces sortes de droits que sur les frontières seulement.

Il disait que la France, outre ses richesses domestiques, quoique infinies, pourrait bien encore s'attirer, un jour, par le commerce, des richesses étrangères qui achèveraient de mettre l'abondance partout, mais qu'il fallait pour cela quelques années de paix.

Pour conclusion, il était d'avis de supprimer tous les impôts qu'on lève sur les choses qui contribuent à l'entretènement des grandes maisons et des petites familles, et de ne laisser que les gabelles, les tailles, les douanes et le domaine, pour donner à notre monarque une plus commode intelligence de la grandeur de son revenu et de l'immensité de ses forces

Je me suis laissé dire, Monseigneur, que la plupart des grands de la cour ne pouvaient s'imaginer qu'il y n'eût plus rien, en France, de caché aux yeux des financiers qui pût être avantageux aux intérêts de Sa Majesté; mais leur opinion ne saurait, en cela, passer pour une chose constante, puisque le temps a toujours découvert, de siècle en siècle, des nouveautés qu'on n'avait pu prévoir auparavant.

La France ne s'est-elle pas repentie à loisir d'avoir traité Christophe Colomb de visionnaire et de fou à mettre aux Petites Maisons, lorsqu'il proposa la découverte d'un nouveau monde, et n'avons-nous pas, encore aujourd'hui, le dépit de voir que le Portugal, pour avoir écouté favorablement cette proposition, a ajouté des royaumes entiers à sa couronne, et profité seul, pendant cinquante ans, de tout le commerce des Indes avec tant de succès, qu'un seul vice-roi de Goa gagne plus d'un million d'or dans les trois années de sa légation? Du temps de M. de Nouveau, ne croyait-on pas les postes de France à un point d'ordre et de revenu où l'on ne pouvait rien ajouter? Cependant elles n'ont pas plus tôt été mises en d'autres mains, que par la réforme qu'on y a apportée, sans rien augmenter à la foule du peuple, l'on en a doublé et triplé le profit, en faisant pour le roi un revenu légitime de toutes les pilleries qui enrichissaient, en si peu de temps, les officiers, les directeurs et les commis qui y étaient employés.

Il y a vingt ans que la science des finances était une magie noire où l'on ne pouvait rien comprendre à moins que d'être un très savant partisan. Cependant, depuis que le roi a pris le timon de l'État, Sa Majesté a si bien su pénétrer ce mystère, qu'elle a remédié, par des soins surprenants, à la plupart des désordres qui s'y commettaient; et si l'Espagne, secondée du reste des forces de l'Europe, ne lui avait point déclaré la guerre depuis ce temps-là, n'aurait-elle pas, à l'heure qu'il est, achevé de débrouiller le reste de ce chaos [1] ?

Au reste, Monseigneur, le dessein de M. de Fabert n'est pas si surprenant qu'on pourrait bien se l'imaginer, car quand notre monarque doublera son revenu pendant son règne, il ne fera encore qu'une partie de ce qu'a fait Louis le Juste pendant le sien, qui non seulement doubla, mais encore tripla et quadrupla même le revenu que lui avait laissé Henri le Grand.

De peur d'abuser de votre patience, Monseigneur, sur le sujet de notre histoire, que vous savez si parfaitement, je prendrai seulement la liberté de vous rafraîchir la mémoire de ce qu'elle rapporte du revenu de nos précédents rois.

Saint Louis, à l'occasion du voyage de la Terre Sainte, l'an 1227, leva le vingtième denier du revenu de ses sujets.

Charles VII n'avait que deux millions de rente. Louis XI les augmenta jusqu'à trois millions. Philippe de Commines témoigne que s'il eût régné plus longtemps, ce prince aurait levé jusqu'à quatre millions sept cent mille livres ; mais que Charles VIII, son successeur, se contenta de deux millions cinq cent mille livres que les États lui donnèrent.

Louis XII se contenta aussi du vingtième denier de ses sujets.

François Ier fit monter la recette de l'épargne à quatre millions et plus.

L'on ne saurait bien juger du revenu dont Henri II, François II, Charles IX et Henri III ont joui. Les Italiens qu'avait amenés en France Catherine de Médicis inventèrent, durant le règne de ces princes, tant de nouveaux subsides, qu'on ne voyait tous les jours que nouveaux édits à la foule du peuple,

---

1. Depuis l'année 1661 que le roi a réformé tant d'abus dans les finances, dont Sa Majesté se trouve si bien aujourd'hui, elle n'a point appréhendé le changement parce qu'il n'y a rien à craindre à passer du mal au bien, principalement quand il ne s'agit ni de religion, ni de nouveaux impôts, et qu'au contraire le dessein ne tend qu'à la gloire de Dieu, au profit du souverain et au soulagement du peuple.

sans que l'épargne en fût plus remplie pour cela, parce que nos rois, alors, étaient si faibles et si pauvres, et les grands du royaume si puissants et si affamés, qu'il était impossible de rien refuser à la violence de leurs menaces, ni de rassasier le furieux appétit qu'ils avaient pour les richesses. Néanmoins, Henri III porta son revenu jusqu'à huit millions, Henri le Grand l'a fait monter jusqu'à dix-huit, et Louis le Juste a porté le sien à plus de soixante-quinze.

De sorte que, Monseigneur, l'on ne peut pas disconvenir que le revenu de la couronne n'ait augmenté de règne en règne, et qu'autant de rois il y ait eu, autant de manières différentes de gouverner.

Combien de temps s'est-on servi en France de trésoriers de l'épargne et de surintendants des finances, et pourquoi le roi les a-t-il réformés ? Parce qu'ils lui étaient à charge aussi bien qu'à ses sujets.

Mais, Monseigneur, je crois que ce qui a le plus contribué à une si extraordinaire augmentation du revenu de la couronne, depuis six vingt ans, c'est que, sous le règne de François Ier, l'on fit la découverte des Indes, d'où il est venu une infinité d'or et d'argent dans l'Europe, où la France a eu la meilleure part, à cause que nos marchandises font la plus grande partie du commerce de l'Amérique, pour le retour desquelles il faut nécessairement que les Espagnols nous rapportent des lingots, des barres et des piastres ; et comme ces métaux fixes ne peuvent se consumer dans le royaume à mesure qu'il y entrent, comme s'y consument les autres denrées, et qu'il s'en faut beaucoup qu'il n'en sorte pour le commerce, ni pour les secrètes affaires de l'État, autant que les flottes nous en laissent, il faut de nécessité qu'avec le temps il s'entasse en France millions sur millions jusqu'à l'infini, si le commerce continue comme il a commencé ; car il est certain que de ce règne seul il est entré dans le royaume pour plus de deux cents millions de matières d'or et d'argent qui n'y étaient pas du vivant de Louis le Juste.

D'ailleurs, notre monarque est bien autrement riche et bien

plus absolu que n'étaient ses ancêtres, qui n'avaient que l'hommage lige pour tout droit sur quantité de seigneuries et de provinces qui sont présentement aussi étroitement unies à sa couronne que l'Ile-de-France l'a toujours été; et ce grand prince a mis les choses sur un pied qu'aujourd'hui la Bourgogne, le Dauphiné, la Provence, le Languedoc, la Guyenne et la Bretagne lui sont aussi soumis.

Donc, Monseigneur, puisque l'habitant d'Antibes et celui du Conquet sont également sujets de Sa Majesté comme l'est le bourgeois de Paris, pourquoi laisser entre eux, à l'avenir, d'autre différence, à l'égard du tribut, que celle du plus ou du moins réglée par l'inégalité du rang et du bien qu'ils possèdent, sous le même roi et en même royaume, où l'Espagnol, soumis comme il est aujourd'hui par les armes, et occupé chez lui de différentes factions et de sa pauvreté, ne peut fomenter de révolte, parce que le souverain est assuré de l'amour du peuple et que Sa Majesté a la force de se faire obéir également partout.

La dernière chambre de justice a-t-elle causé la moindre rumeur? Au contraire, elle a tout raffermi parmi le peuple, et merveilleusement raccommodé les affaires de notre monarque.

Des personnes qui ont une particulière connaissance des deniers qui se lèvent sur le public m'ont soutenu, Monseigneur, que les finances tiraient présentement plus de deux cents millions de livres par an de la bourse du peuple; et s'il est nécessaire de lever tous ces deniers-là, pourquoi n'iront-ils pas droit aux coffres de Sa Majesté, puisqu'il est possible de les y faire aller, et même plus aisé que de continuer les manières obscures et fatigantes dont l'on se sert, qui causent tant de désordre dans l'État pour le seul profit des financiers?

Pour finir ce discours sans ennuyer davantage Votre Grandeur, je lui observerai seulement, Monseigneur, en peu de mots, qu'encore que le roi n'employât sur le nouvel état des gabelles, ni le clergé, ni la noblesse, ni les commensaux, ni les principaux officiers de robe longue et de robe courte, ni les pauvres, ni les enfants, ni les femmes, ni les vieillards, néanmoins Sa Majesté, nonobstant ce grand nombre d'exempts, ne laisserait pas de mettre, à la fin des derniers baux des fermes générales, son revenu sur le pied de deux cents millions de livres par an, toutes charges faites, parce que les tailles, les douanes et le domaine, ces trois articles seuls, suffiraient pour fournir de quoi satisfaire à toutes les charges de l'État.

Jugez, je vous supplie, Monseigneur, de la félicité des peuples, dont il n'y en aurait de tributaires que la dixième partie; encore serait-elle soulagée de plus de la moitié des subsides qu'elle porte. Elle aurait du sel pour son argent et pourrait même en acheter publiquement comme les autres, si celui de Sa Majesté ne lui suffisait pas [1].

Jugez, s'il vous plaît, Monseigneur, de l'opulence du souverain, et si un grand monarque tel qu'est le nôtre, peut se servir de moyens plus glorieux pour s'assurer l'immortalité. Pour moi, je suis persuadé, Monseigneur, que celui-ci serait une voie infaillible pour arriver un jour au rang de bienheureux où nous voyons aujourd'hui Charlemagne et saint Louis ses prédécesseurs. Et comme je ne puis donner à Sa Majesté que des souhaits, je désire au moins cela, très ardemment, pour sa gloire. Mais, Monseigneur, je ne serais pas encore au comble de mes désirs, si Votre Grandeur, dans ce dessein, ne trouvait aussi matière d'ajouter quelque chose à la sienne, et si elle ne me faisait la grâce de croire qu'on ne peut pas être, avec une plus forte passion, ni avec un plus profond respect que je suis,

      Monseigneur,

Son très humble, très obéissant et très obligé serviteur.

S'il plaisait à Sa Majesté, Monseigneur, je lui apporterais, dans six mois, le dénombrement d'un des diocèses du royaume qui tiennent le milieu entre les grands et les petits, pour servir de modèle aux autres évêques et pour leur donner la facilité d'envoyer, six mois après, leur dénombrement particulier

---

1. La basse classe paie si peu qu'on la compte quasi pour rien.

à Sa Majesté, qui, par ce moyen, aurait, dans un an et sans dépense, le dénombrement général de son royaume, dans un ordre alphabétique et semblable à celui qu'a observé M. le duc Duras dans le dénombrement qu'il a fait faire des sujets du roi dans la Franche-Comté.

Avec ce dénombrement général, Sa Majesté connaîtrait à fond l'immensité de ses forces pour la paix et pour la guerre, et pourrait mettre elle-même, en se jouant, son revenu sur tel pied que bon lui semblerait, et de telle manière qu'elle l'augmenterait ou le diminuerait sans que jamais on pût lui voler un sou, ni à ses sujets, qu'elle n'en eût connaissance.

Quand une fois Sa Majesté aura un dénombrement général, dans la suite elle pourra savoir, tous les ans, avec facilité, si le nombre de ses sujets augmente ou diminue.

V

DISCOURS ADRESSÉ PAR FABERT, LA VEILLE DE SA MORT, AUX NOTABLES CALVINISTES.

(*Extrait d'une lettre (copie) du président Morel au Père Adam, du* 18 *mai* 1662, *Archives des affaires étrangères, France, t.* CLXXII.)

« Après leur avoir dit qu'il n'était pas en état de leur faire des compliments sur l'affection qu'ils lui avaient témoignée, à cause que son mal interrompait sa parole, mais seulement qu'il avait à leur dire que s'il pouvait avoir un regret de mourir, c'était de voir imparfaite l'œuvre de la réunion à laquelle Dieu l'avait inspiré de travailler, il y avait déjà vingt ans et dès la première année qu'il fut fait gouverneur de cette ville, (ce qu'il dit, en vérité, comme une personne qui s'en va devant Dieu); qu'il n'avait prétendu aucun autre avantage en cette entreprise que celui de la gloire de Dieu, le salut de son prochain et le bien de l'État, qui ne peut être que très intéressé en la division des opinions des sujets sur une matière la plus facile à émouvoir les peuples, que l'on mène plutôt par les intérêts de la conscience que par aucun autre ; que les exemples des premières guerres de la religion en France, qui ne servaient que de prétexte à l'emportement des personnes intéressées en leur particulier, et les dernières qui commencèrent en l'an 1621, où il avait servi le roi contre ses sujets rebelles, y avait reçu plusieurs blessures et couru maints dangers, lui avaient donné tant d'horreur pour ses compatriotes de contraire opinion, que songeant aux remèdes pour prévenir les funestes accidents qui en arrivent, il avait cru que la première chose qui était à faire c'était d'ôter l'aigreur des esprits pour les rendre capables de considérer sans passion ce qui se fait en l'une et en l'autre des dites religions, penser charitablement à lever l'empêchement qui nous sépare et qui se trouvera peut-être bien petit, si d'un côté l'on rejette beaucoup de fatras que les moines ont fait imprimer et qui ne sont pas de l'essence de la religion, et si de l'autre les ministres veulent de bonne foi désabuser les peuples des impressions qu'on leur a données des choses qui ne se sont jamais faites en notre religion ; et que ces suppositions étant de faict, il n'y aurait autre question à remuer que de voir l'opinion universelle de l'Église sur chacun article, et comme les choses s'y pratiquent ; que le malheur des uns et des autres était que chacun avait étudié pour soutenir son parti et non pas pour trouver le vérité ; que les religionnaires d'à présent étaient à plaindre de s'être trouvés dans l'emportement de leurs pères, et eux l'étaient aussi d'avoir été empoisonnés par des coquins de moines que l'orgueil avait révoltés de l'Église, et qui ne prétextaient que le scandale qui était au gouvernement d'icelle ; la chose était ou elle n'était point ; mais quand elle l'aurait été, la révolte ne leur aurait pas été permise, Jésus-Christ ayant annoncé le malheur à celui qui prendra le scandale (disait Monseigneur) ; que toutes ces considérations l'avaient porté à commencer et à conduire son entreprise par la voie de la charité chrétienne, d'attirer les esprits à la connaissance de la vérité par la douceur, et, les aidant à son possible, leur faire voir que s'il haïssait l'hérésie, il aimait ses frères dévoyés ; qu'ils savaient bien eux-mêmes que lui n'y avait d'autre profit que celui de leur faire bien, et que même il avait hasardé toute sa fortune plutôt que de les abandonner ; qu'il n'avait point voulu employer la science des docteurs en la controverse pour les convaincre par la raison, n'ayant point vu que les disputes aient abouti à autre chose qu'à aigrir davantage les esprits, nourrir la haine, et faire crier victoire des deux côtés ; qu'il s'était fort bien trouvé de procéder par d'aimables conversations, parler de part et d'autre de bonne foi ; que tous les honnêtes gens de la ville, et ceux qui ont de l'esprit, dont la plupart sont ici présents, à la fin de ces agréables entretiens, ont dit et déclaré hautement qu'ils étaient de sa religion, que leur opinion était la sienne, et qu'ils étaient désabusés de beaucoup de choses qu'on leur avait fait croire ; et qu'aussi lui, quoiqu'il n'ait jamais douté de la religion romaine en laquelle il a toujours vécu et veut mourir moyennant la grâce de Dieu, qu'il soussignera néanmoins leurs articles de foi sur lesquels les deux partis conviennent être d'accord aux points essentiels de la religion ; et qu'il s'est bien aperçu que si l'affaire eût été traitée entre gens de bonne foi sans l'entremise des subtilités de la science et les chicanes de l'école, la réunion serait déjà faite dans cette ville ; qu'outre leur salut qu'ils feraient par le retour dans la vraie Église d'où leurs pères sont mal à propos sortis, ils feraient, par leur exemple, un très grand service à l'État, attireraient sur eux, sur leurs familles et sur la ville les bienfaits du roi ; ils participeraient aux bénédictions temporelles de l'Église, auxquelles les familles trouvent beaucoup de soulagement, et que c'était mal raisonner sur ce dernier point à ceux qui, pour détourner les autres, disent que cette considération seule doit être capable d'empêcher les conversions, afin qu'il ne semble point par là qu'ils aient préféré le bien temporel à leur salut et, par ce moyen, étouffent les bons mouvements de ceux qui pensent sérieusement à se réunir ; au contraire (disait mon dit seigneur), si cette considération était la seule, ils auraient quelque raison ; mais n'étant qu'un produit des deux autres, l'on doit dire et il est vrai que la véritable marque de l'honneur des belles actions est qu'elles soient reconnues par les bienfaits du prince.

» Là-dessus, il continue de leur dire : Messieurs, je n'ai jamais découvert mon dessein de cette réunion au roi et la disposition que vous y aviez, sinon y étant comme forcé pour maintenir les officiers de la religion et l'équivalent de leurs charges au présidial, désirant que vous fissiez ce beau coup de vous-mêmes, et que vous en tirassiez toute la grâce de Sa Majesté.

Vous savez avec combien de passion, mais plutôt de bonté, elle désire la réunion de son peuple dans une même Église, dans la religion de l'État qui est celle de nos pères, l'ancienne et celle de Jésus-Christ.

» Je vous exhorte donc, Messieurs, d'y travailler plus fortement que vous n'avez fait par le passé ; et vous particulièrement Messieurs les ministres, qui pouvez dire et persuader les belles vérités au peuple, faites-leur entendre (s'il vous plaît), mais que ce soit avec l'esprit de charité et parole sincère, et Dieu l'animera de sa grâce. »

» Si la mémoire, mon révérend père, me pouvait fournir, je vous dirais beaucoup d'autres belles choses qu'il leur dit, qui étaient si belles et si convaincantes, dites avec une si belle et si naïve expression, si tendre et si pleine de beau zèle, que V. R. ne s'étonnerait pas que tous les Messieurs de la religion répondirent d'une voix unanime, par la bouche de MM. de Chadirac et d'Ozanes, qu'il y avait déjà longtemps que mon dit seigneur leur avait persuadé que c'était le bien de leur salut, de l'État et de la ville, de faire la dite réunion ; qu'ils y voyaient une disposition très grande, et qu'ils espéraient que Dieu leur ferait miséricorde en le faisant revivre pour parachever un si grand œuvre qu'il avait avec tant de soins, de peine, de bonté et de charité commencé et acheminé aux points où elle était ; et quant à Messieurs les ministres, ils dirent, par la bouche de MM. de Saint-Maurice et Le Vasseur, qu'ils avaient, de leur côté, coopéré à ce dessein si utile, et qu'ils le feraient encore davantage, désormais, avec zèle et sincérité ; ils sortirent, témoignant être bien satisfaits de ce discours, et aucuns d'eux, un moment après, me témoignèrent le désir qu'ils avaient de la dite réunion. Mon dit seigneur m'a chargé sur toute chose d'y travailler et de prier V. R. d'y persévérer, et d'animer plus que jamais la charité..... »

VI

SUR LA MORT DU MARÉCHAL DE FABERT.

(LORET, *Muse historique, lettre du* 20 *mai* 1662, livre XII.

« Ce hardi maréchal de France,
Qui par son cœur, esprit, vaillance
Et services laborieux,
Parvint à ce rang glorieux,
Monsieur Fabert, qu'on pourrait dire
Grand serviteur de notre sire,
Homme d'État, homme d'honneur,
De Sedan digne gouverneur,
Sedan, place de conséquence,
Où l'on admirait sa prudence
En ayant plus que feu Caton,
Est mort depuis peu, ce dit-on.
J'en soupire, car c'est dommage ;
Et n'était que de ce passage,
Nul mortel, tant fut-il huppé,
N'a jamais encore échappé,
Je dirais souvent male-peste
D'Atropos, déesse funeste.
Mais tel est le sort des humains
Qu'aucun n'échappe de ses mains,
Que si (comme plusieurs le disent)
Les vertus nous immortalisent,
Nonobstant son réel trépas,

Monsieur Fabert ne mourra pas,
Car il fut vertueux et sage,
Bon, généreux et davantage
Touchant ce beau gouvernement,
Pour lequel très certainement
Il faut avoir bonne cervelle,
Un grand cœur, une âme fidèle,
Et dans la cour bien du crédit.
On ne m'a point encore dit
Qui de l'avoir aura la gloire..... »

VII

ÉPITAPHE DE FABERT.

Hic jacet Ahrahamus, marchio de Fabert et d'Esternay, comes de Sezanne, Franciæ mareschalcus, dynastiæ Sedanensis regius gubernator primus, et posteris propositus ad exemplum. Urbi Sedano munitiones circum dedit operossimas, vicenis annis excitatas, regio, populare sumptu nullo. Suismet impensis christiana et arce validiora propugnacula templa ædificavit ornavit que. Iis omnibus quibus erat pro rege humanissimum exhibuit planè familiæ patrem. Justis decem preliis octo suprà sexagenas urbium obsidionibus, prudentiam, fortitudinem, constantiam probavit. Solà heroicorum facinorum ac fidei ergà principem palmariæ commendatione, per omnes militiæ gradus ad supremum erectus. Religionis incenso studio et pietate sub ipsam maximè mortem expromptâ, jus immortalitatis adeptus. O! si pugnacissimam vitam cujus in domestico adversùs hæreticos bello tirocinium posuerat, sacrâ in Turcos expeditione, pro votis, coronare licuisset! Multa de divinâ gloriâ reque publicâ meditantem occupavit mors, bonis omnibus luctuosa, Sedani, post secundum et sexagesimum ætatis annum, mense VIII°, die antè kalendas junias XVII[a] anno MDCLXII. Benè precare meritissimo, viator, ac tanto duci stipendia non fortunæ sed virtutis.

Eodem clauditur tumulo illustrissima D. D. Claudia de Clevant, uxor charissima et tanto viro digna. Obiit XV° feb. MDCLXI.

VIII

MISE EN ADJUDICATION DES MATÉRIAUX DE LA TOMBE DE FABERT.

(Pièce originale extraite des Archives de la mairie de Sedan.)

« Aujourd'hui 14 août 1793, l'an deuxième de la République française une et indivisible, les trois heures de relevée jour et heure indiqués par affiches et après publications d'usage, il a été procédé, en la maison commune de Sedan, à l'adjudication au rabais de la descente et cassement des quatre cloches de l'église de la paroisse, de la cloche du collège, de celle des capucins et de celles des religieuses et de la tombe de Fabert; et généralement de toutes les armoiries et autres signes d'ancien régime qui existent dans la maison des ci-devant capucins de cette ville aux charges et conditions suivantes :

» 1° L'adjudicataire, aussitôt la descente et le cassement de chacune cloche, sera tenu de prévenir la municipalité pour qu'en présence d'un de ses membres on procède de suite à la pesée.

» 2° Après la pesée, l'adjudicataire sera tenu de faire transporter les débris des dites cloches à ses frais dans la seconde cour du château.

» 3° *A compter de demain 15 courant*, tout l'ouvrage mis en adjudication *sera fait*, et les débris des cloches transportés au lieu assigné ci-dessous pour la fin du présent mois.

» 4° *Les pierres formant la tombe de Fabert seront sorties du caveau aux frais de l'adjudicataire et enlevées hors de l'église avec les précautions nécessaires pour qu'elles puissent être utiles ;* le plomb de la tombe sera transporté à la maison commune.

» Sous quelles clauses et conditions largement publiées, afin que l'adjudicataire ne puisse par la suite en prétendre cause d'ignorance, la présente adjudication a été mise à prix au rabais ainsi qu'il suit. Le prix de l'adjudication sera payé aussitôt l'ouvrage fini.

Par Paté fils, à.	1500 livres.
Par Duchêne, à	1400
Par Plin-Cardier, à	1350
Par Paté fils, à.	1300
Par . . . . . à.	1250
Par Lambert, à	1200
Par Poncelet, à	1100
Par Vesseron, à	1050
Par Poncelet, à	1000
Par Plin-Cardier, à.	980
Par Duchêne, à	960
Par Plin-Cardier, à	950
Par Vesseron, à	940
Par Godfrin, à.	900
Par Vesseron, à	890
Par Godfrin, à.	880
Par Vesseron, à.	870
Par le Cⁿ Godfrin, à	860
Par Poncelet, à	800
Par Godfrin, à	790
Par Duchêne, à	780

» Sur le quel rabais personne n'ayant plus voulu rien dire, la présente entreprise a été adjugée au citoyen Duchêne pour la somme de 780 livres, lequel Duchêne présent a accepté aux charges, clauses et conditions susdites et a signé avec nous.

» Signé :

» Duchêne. — Paté fils. — Herbulot. — Claude-Girard. — Garet fils.

» S. du p. de la commission. »

Cette adjudication occupe le folio 143, recto et verso, d'un registre de 150 feuillets, cotés et paraphés par Jean-Baptiste Husson, maire de Sedan, et ouvert le 14 novembre 1772, « pour servir à M° Rambourg, greffier secrétaire de l'hôtel de ville du dit Sedan, et à ses successeurs, à inscrire toutes les adjudications et marchés concernant les fermes et affaires de cette dite ville ».

IX

PORTRAITS DE FABERT.

M. Soliman Lieutaud a publié la nomenclature suivante des portraits de Fabert, dans la *Liste alphabétique de portraits de personnages nés dans la Lorraine et le Pays messin, et de ceux qui appartiennent à l'histoire de ces deux provinces.* (Paris, Rapilly, juillet 1862.)

1. *Edelinck* sculps. C. P. R., in-fol. dans *Perrault*.
2. *L. Ferdinand* pinxit, *F. Poilly* sc., ovale, in-fol.
3. Ex. bibl. reg., *Benoist* sc., in-4°.
4. *Sergent* del. 1790, *Mme de Cernel* sc., in-4°.
5. *N. H. Jacob* del., lith., in-4°.
6. Ovale, dirigé à droite, Abraham de Fabert, maréchal de France.
7. *Voyez major* sc., 1785, in-4°, dans *Turpin*, t. II.
8. *Tortebat* pinx., *Huvenne* sc., in-8°.
9. *J. Daullé* sc., in-12, dirigé à gauche.
10. *Etex*, lith. *Étienne*, au trait, in-18.
11. *Edelinck* del., Landon direxit, au trait, in-18.
12. *Michaud* f., gravure, in-18.
13. Lithog. de *Nouvian*, à Metz, in-18.
14. *Ovale*, in-8°; sur la tab. : LE MARÉCHAL DE FABERT.
15. *Ovale*, in-8°; sur la tab. : 2 lig.

FABERT, *portraits en pied*.

16. Dans un carré in-fol.; au bas quatre vers.
17. Peint par *Schnetz*, galerie de Versailles, in-8°.
18. *Hurtaud*, lith. de *Veronais*, Metz, statue, in-8°.

19. *Thorelle* del., lith. *L. Christophe*, Nançy, in-12.

Le portrait du maréchal par Daullé (n° 9, ci-dessus) figure dans la *Vie de Fabert* par le P. Barre.

Le portrait en pied de Fabert peint par Schnetz (n° 17) a été gravé par Geille.

Il existe un portrait de Fabert (sans date) dessiné par Duc et gravé par Couché, qui n'a pas été catalogué par M. Soliman Lieutaud.

Le même auteur cite les trois portraits suivants de Claude de Fabert, marquise de Caylus :

1. Chez H. Bonnart, in-fol., Madame la *marquise de Queylus*.
2. Chez A. Trouvain, 1694, in-fol. : ses mains dans un manchon.
3. A Paris, chez Trouvain, in-fol. : assise.

X

NOTE BIBLIOGRAPHIQUE.

Le développement assez important que nous avons donné aux notes bibliographiques accompagnant le texte de cette étude nous dispense, croyons-nous, d'énumérer ici les travaux dont Fabert a été l'objet, ainsi que nous l'avions annoncé dans la préface de notre premier volume. Nous ne serions conduit, en effet, qu'à répéter des indications qui figurent déjà dans le corps du livre.

Nous nous bornerons à dire quelques mots d'une des sources auxquelles nous avons puisé : nous voulons parler des *Annales ou histoire ecclésiastique de la ville et principauté de Sedan, Raucourt et Saint-Menges, avec anecdotes sur les lieux voisins desdites principautés, à Sedan*, par le P. Norbert, capucin, 1781, augmenté et corrigé par Claude Colin (voir volume Ier, p. 169, note 1). C'est un répertoire renfermant de précieux documents pour l'histoire de Sedan et des localités voisines. L'exemplaire que nous avons consulté appartient à la bibliothèque de Laon ; il est sensiblement plus complet que ceux qui existent à la Bibliothèque nationale et à celle de Sedan. Claude Colin, qui est désigné comme ayant augmenté et corrigé les *Annales*, n'est autre que le P. Norbert lui-même. Ce religieux est né en 1719, à Vauvillers, en Franche-Comté. Il est mort à Sedan, en 1792. (*Annales civiles et religieuses d'Ivois-Carignan et de Mouzon.* — Fontette, *Bibliothèque historique*.)

FIN DU TOME DEUXIÈME.

TABLE DES MATIÈRES

LIVRE III

CHAPITRE PREMIER

(1653 — mai 1654.)

Mazarin propose à Fabert la garde du cardinal de Retz (1653). — Fabert surveille la conduite de deux gouverneurs suspects. — Est sur les rangs pour la surintendance des finances. — Refuse le cordon du Saint-Esprit que Mazarin lui a offert. — Se plaint de n'être pas remboursé de ses avances. — Proteste de son dévouement à Mazarin. — Craint que le cardinal ne méprise ses services. — S'élève contre l'abandon où on le laisse à Sedan. — Mazarin répond à Fabert par des reproches; il fait de nouvelles promesses de remboursement et les élude. — Réplique ironique de Fabert au cardinal; il s'excuse d'avoir cédé à un mouvement d'humeur. — Négocie avec l'électeur de Cologne pour chasser les Espagnols de l'évêché de Liège. — L'électeur temporise. — Turenne s'assure le concours de Fabert. — Activité de Fabert à seconder les généraux dans leurs opérations. — Fabert reçoit un brevet de retenue. — Reprend les négociations avec l'électeur de Cologne (1654). — Coopère au traité conclu entre la France et l'électeur. — Entre dans les États de Liège à la tête des troupes royales. — Écrit à l'électeur pour préciser le but de sa mission politique et militaire. — Le corps expéditionnaire s'achemine vers Liège. — Fabert tente de rallier les Lorrains au service du roi. — Première entrevue de Fabert et de l'électeur. — Les Espagnols traitent avec l'électeur à Tirlemont. — Fabert est chargé de détacher les Lorrains des Espagnols; écrit dans ce but au comte de Ligneville. — Refuse à l'électeur de sortir du Limbourg sans ordre du roi. — Retraite de l'armée qu'il commande.

— Il est félicité par Mazarin. — Se plaint de nouveau de n'être pas remboursé de ses avances ; se laisse désarmer par les prévenances du cardinal pour la marquise de Fabert. 3

CHAPITRE II

(Juin 1654 — mai 1655.)

Préludes du siège de Stenay. — Pouvoir conféré à Fabert pour commander en chef. — Préparatifs du siège. — Entrée du roi et de la reine à Sedan. — Ouverture de la tranchée. — Clerville et Vauban. — Premiers travaux. — L'art de l'attaque perfectionné par Fabert. — Louis XIV visite les lignes et les tranchées. — Sorties des assiégés ; mines et contre-mines. — L'ennemi bat la chamade. — Fabert parlemente avec Colbrand et Chamilly. — Capitulation de Stenay ; ses conséquences. — Sollicitude de Fabert pour l'homme de guerre. — Campagne de Turenne, La Ferté et d'Hocquincourt ; délivrance d'Arras. — Fabert organise les quartiers d'hiver entre Aisne et Meuse. — Traité avec Condé de l'échange des contributions entre Sedan et Rocroi. — Affaire de Mézières et des Bussy-Lamet ; premières démarches de Fabert en vue d'un accommodement avec Mme de Bussy. — Attitude du duc de Noirmoutier vis-à-vis du cardinal de Retz. — Les avis de Fabert à Noirmoutier au sujet de ses rapports avec Condé restent sans grand effet. — Conduite de Noirmoutier à Charleville et Mont-Olympe, en 1650 et 1651. — Noirmoutier est tenu en défiance par Mazarin et surveillé par Fabert. — La duchesse de Chevreuse mêlée à l'affaire de Mézières. — Fabert sonde les dispositions de Noirmoutier à l'égard de Retz ; il s'en inquiète. — Mazarin s'abouche avec la duchesse de Chevreuse ; avances de Noirmoutier à Mazarin ; mission conciliatrice de Laigues ; rôle intéressé de la duchesse. — Mazarin affecte de ne pas se préoccuper de la résolution que prendra Retz (1655). — Noirmoutier offre de restituer Mont-Olympe. — Intervention directe de Fabert dans l'affaire de Mézières ; il entre en pourparlers avec Mmes de Bussy ; a une entrevue avec Noirmoutier. — Mmes de Bussy s'obstinent à ne pas vouloir traiter ; Fabert se retire et rend compte à Mazarin de leur refus. — Commencement d'accord entre Bartet et Noirmoutier. — Rupture entre Bartet et Mmes de Bussy.

— Nouvelle intervention de Fabert; traité entre Bartet et le chevalier de Lamet. — Caractère de la médiation de Fabert...... 39

CHAPITRE III

(Mai 1655 — novembre 1656.)

Services rendus par Fabert dans son gouvernement et au dehors : quartiers d'hiver, arsenal de Sedan, visite et approvisionnement des places fortes, tours sur la Meuse, courses, contributions, recrues. — Fabert à la Fère et à Laon. — Assiste Marolles à l'attaque du château de Mussy. — Apaise à Thionville une révolte de la garnison. — Convention de neutralité entre les Lorrains et les Sedanais. — Mazarin ne tient pas les promesses de remboursement faites à Fabert. — Fabert craint que ses services ne soient méconnus. — Se révolte contre les traitements dont il est l'objet de la part de Mazarin. — La marquise de Fabert plaide la cause de son mari. — Lettre de Fabert à Mazarin pour justifier sa conduite. — Les dissentiments s'apaisent. — Fabert achète Esternay. — Son fils Louis est pourvu de la survivance du gouvernement de Sedan. — Mazarin fait entrevoir à Fabert le bâton de maréchal de France. — Idées de Fabert sur le maréchalat. — L'armée lorraine se livre au roi; part de Fabert dans ce résultat. — Il combat l'influence espagnole dans le pays de Liège. — Motifs de la jalousie des Liégeois contre les Sedanais. — Fabert appelle l'attention de Mazarin sur la situation florissante de Sedan. — Son esprit de tolérance lui suscite des ennemis (1656). — Il est accusé de traiter avec le prince de Condé pour leur livrer Sedan; fait condamner aux galères le dénonciateur. — Demande à Mazarin le bâton de maréchal de France. — Réponse évasive de Mazarin. — Fabert échoue dans ses négociations pour l'achat du duché de Bouillon. — Prospérité des terres souveraines au milieu de la misère générale. — Gentilshommes formés par Fabert au métier des armes. — Origine des relations de Fabert et d'Arnauld d'Andilly. — D'Andilly demande à Fabert de recevoir son fils à Sedan. — Accueil fait par Fabert à M. de Villeneuve. — Remerciements reconnaissants de d'Andilly. — Les jansénistes et Port-Royal. — Débuts de la correspondance de Fabert et d'Andilly. — Opinion de Fabert sur les *Pro-*

vinciales. — Fabert se prononce en faveur des jansénistes contre les jésuites. — Du jansénisme de Fabert. — M. de Villeneuve est pourvu d'une enseigne dans l'infanterie; sa mort....... 75

CHAPITRE IV

(Décembre 1656-1657.)

Fabert envoie à Mazarin un mémoire sur l'établissement du cadastre en Champagne. — L'organisation des quartiers d'hiver des troupes, point de départ de Fabert dans son plan de réformes financières. — Coup d'œil sur l'organisation des finances en France au milieu du dix-septième siècle : taille personnelle, taille réelle, impositions indirectes. — Le régime financier sous Sully, Richelieu et Mazarin. — La Fronde ; désordre des institutions militaires ; impuissance des intendants à réprimer le mal. — Inefficacité des règlements ; licence des troupes en quartiers d'hiver. — Fabert s'applique à rétablir l'ordre et la discipline parmi les gens de guerre. — Du logement militaire qui pèse sur les plus pauvres. — Dispositions de l'ordonnance de novembre 1655 relative aux quartiers d'hiver de la cavalerie ; ses effets en ce qui concerne les rapports des habitants avec les troupes ; Fabert l'applique en Champagne.— Ordonnance d'octobre 1656 sur les quartiers d'hiver de l'infanterie. — Résultats de la visite des quartiers d'hiver en Champagne par Fabert et Voisin. — Fabert s'attaque à la répartition de la taille par les élus. — Propose d'établir en Champagne la taille réelle avec le cadastre. — Mazarin approuve le projet de Fabert. — Rôle effacé pris par Fabert dans l'intérêt de la réalisation de ses vues (1657). — Téruel est appelé à procéder aux enquêtes locales, base de la réforme de la taille ; rend compte à Fabert du début de ses travaux et des moyens d'exécution. — Objets sur lesquels portent les enquêtes locales .— Fabert ne s'émeut pas de l'opposition qu'il rencontre.—Les registres cadastraux des élections de Reims, Rethel et Sainte-Menehould ; données qu'ils fournissent, leur importance. — Chiffre élevé des contributions de guerre payées aux Espagnols et à Condé. — Fabert justifie l'échange des contributions de Rocroi contre celles de Sedan. — Conséquences, pour l'agriculture, des enquêtes de Téruel. — Fabert n'obtient pas de diriger le siège de Montmédy ; assiste le maréchal de la Ferté. — Séjour de Louis XIV à Sedan et à Metz. — Mariage de la fille aînée de Fabert avec le marquis de Vervins. — Extension de la juridiction du conseil souverain de Sedan. — Ajournement du siège de Linchamps. — Fabert tente de faire rentrer dans le devoir les gouverneurs de Linchamps, Rocroi et le Câtelet...................... 119

LIVRE IV

CHAPITRE PREMIER

(1658.)

Résistance de la cour des aides à la réforme de la taille dans l'élection de Troyes. — Ordres du roi pour maintenir aux intendants leur autorité. — Ordonnance royale de novembre 1657 sur les quartiers d'hiver. — Inscription des soldats sur les rôles des tailles (1658). — Arrêt du conseil du roi, du 30 mars, déchargeant les habitants des frontières du payement des arrérages de leurs dettes. — Téruel continue son enquête en Champagne. — Fabert recommande Téruel à Mazarin. — Craint que ses projets ne soient entravés. — Commission délivrée à Téruel pour visiter la généralité de Châlons. — L'autorité des élus n'est qu'amoindrie. — Indécision de Mazarin en ce qui concerne la réforme de la taille. — Fabert objet des bienfaits de Mazarin. — Il est élevé à la dignité de maréchal de France. — Écrit à Mazarin pour obtenir de prendre rang avant le comte de Montdejeux ; lettre de Le Tellier à ce sujet. — Fabert insiste auprès de Mazarin relativement à la prééminence qu'il a demandée sur Montdejeux. — Le chevalier de Montgaillard remet à Fabert les pouvoirs de maréchal de France. — Fabert remercie Mazarin. — Ses services sont rappelés dans ses provisions. — Réflexions sur la promotion de Fabert au maréchalat. — Députation messine à Sedan. — Fabert et Bossuet. — Lettres patentes pour l'agrandissement de Sedan ; desseins de Louis XIV sur cette place, son importance militaire. — Fabert traite avec le prince de Condé pour la cessation des *courses* en Champagne. — Soumet à Mazarin un projet de traité d'échange des contributions de guerre entre la France et les Pays-

Bas. — Doctrines économiques de Fabert en matière de contributions de guerre. — Il fait valoir les avantages du traité proposé. — Abandon des négociations entamées avec les Pays-Bas. — L'œuvre de Fabert et de Téruel est menacée de ruine............ 165

CHAPITRE II

(1659.)

Déclaration du 22 juin 1659 relative à l'aliénation des biens communaux ; son but (1659). — Traité des Pyrénées, suspension des hostilités. — Fabert facilite à Mazarin la conservation de la prévôté d'Yvoy. — Demande la réunion d'Yvoy à son gouvernement. — Expédient qu'il emploie pour acquérir Champneuville à la France. — Son opinion sur la paix conclue avec l'Espagne. — L'inertie de Mazarin est funeste aux réformes fiscales entamées sous l'impulsion de Fabert. — Fabert prend la défense de Téruel. — Un accident met en danger la vie de Fabert. — Suite de la correspondance de Fabert et de d'Andilly. — D'Andilly entretient le prosélytisme de Fabert ; il lui insinue de briguer le pouvoir. — Fabert refuse les ouvertures de d'Andilly ; il accentue son refus de rechercher le ministère. — Offre à Mazarin de conduire contre les Turcs les gens de guerre licenciés à la suite de la paix. — Donne part à d'Andilly de son projet d'expédition et des motifs qui ont dicté sa résolution. — D'Andilly répond à Fabert que la croisade projetée contre les Turcs pourrait se tourner contre les Anglais. — Fabert fait justice des propositions de d'Andilly, et persiste dans son dessein de se croiser contre les Turcs. — Entrevoit les progrès des musulmans en Europe. — Résiste à de nouvelles instances de d'Andilly. — La France assiste Venise contre les Turcs en 1660. — D'Andilly sollicite l'amitié de Fabert pour son fils, M. de Pomponne. — Insuccès des démarches de d'Andilly pour faire obtenir à M. de Pomponne la charge de chancelier du duc d'Anjou. — Fabert recommande Pomponne à Mazarin. — La réponse de Mazarin à Fabert ne donne pas satisfaction à d'Andilly. — Fabert expose à d'Andilly les raisons qui l'empêchent de mettre à exécution ses intentions de retraite. — D'Andilly tente de nouveau d'obtenir de Fabert qu'il se rapproche du pouvoir. — Fabert se délivre des obsessions de d'Andilly par une réponse significative.................. 205

CHAPITRE III

(1660 — mars 1661.)

Fabert réorganise les troupes sous sa charge (1660). — Il fait exécuter en Champagne le traité des contributions. — Reçoit Rocroi et Linchamps des mains des Espagnols. — Négocie avec Condé. — Correspond avec l'électeur de Cologne, le gouverneur de Maestricht et les états de Liège. — Signale à Mazarin une occasion de réunir à la France le duché de Bouillon. — Rédige des mémoires sur divers abus. — Mazarin laisse la haute main à Fabert pour traiter en Champagne les affaires de l'État. — Projet de réforme financière dû à Fabert; ses vues économiques s'étendent à toute la France. — Il est d'avis de maintenir la gabelle; moyens qu'il conseille pour la convertir en impôt direct. — La gabelle transformée équivaut à une capitation graduée par classes, assise sur le revenu. — Mise en régie de la gabelle transformée; son recouvrement et son rendement; elle est favorable aux classes pauvres. — Motifs probables de l'exemption de la gabelle, accordée par Fabert à la noblesse et au clergé. — Répugnance de l'aristocratie à se laisser assujettir à l'impôt; Vauban en tiendra compte plus tard dans sa *Dixme royale*. — Fabert condamne les aides et les douanes intérieures. — Examen de l'ensemble de son projet : abus contre lesquels il proteste, remèdes qu'il propose, vérités qu'il proclame. — Fabert est le précurseur de Boisguillebert et de Vauban. — Il encourage l'industrie sedanaise. — Projette la réunion des Églises catholique et protestante. — Principes sur lesquels il voudrait asseoir l'unité de croyance. — Obtient l'envoi à Sedan du P. Adam, jésuite. — Résultat des prédications du P. Adam; hommage qu'il rend aux actes de Fabert dans son gouvernement. — Services rendus par le P. Adam aux ministres réformés. — Deuxième mission du P. Adam à Sedan. — Le Blanc de Beaulieu. — Maladie de Fabert; intérêt que prend le roi au rétablissement de sa santé. — Fabert assiste à l'entrée du roi et de Marie-Thérèse à Paris. — Mort de la marquise de Fabert (1661). — Origine du *point de Sedan*. — Mort de Mazarin, jugement d'ensemble sur son caractère et sa politique. — Mazarin d'après sa correspondance et ses rapports avec Fabert; son amour pour la France; il était capable d'amitié; il n'est pas resté insensible au sort des pauvres; tolérance religieuse dont il s'est montré animé. — Testament et fortune de Mazarin. — Lettre de Fabert à d'Andilly sur la mort du cardinal. — Il répond aux condoléances de d'Andilly sur la mort de la marquise de Fabert. — Premières relations de Fabert avec les jésuites. — Projet d'érection, à Sedan, d'une église pour les jésuites. — Fabert correspond avec le P. Bacio, de Châlons. — Son fils aîné est élevé au collége des jésuites de Reims. — L'enthousiasme de Fabert pour les jansénistes fait place à la méfiance. — Il entre dans la voie des concessions vis-à-vis des jésuites. — Prend à partie les théologiens. — Fabert dans sa retraite de Barricourt.................................... 243

CHAPITRE IV

(Avril 1661 — Avril 1662.)

L'opinion publique donne Fabert pour successeur à Mazarin. — Estime particulière dont il jouit à la cour; vues de Louis XIV sur lui. — Fabert refuse de profiter des bonnes dispositions dont il est l'objet en haut lieu. — Édit de suppression du conseil souverain et de création d'un bailliage avec siège présidial. — Fabert fait valoir les suites désastreuses du changement apporté à la constitution sedanaise. — Le roi lui offre d'attacher à sa charge de gouverneur celle de grand sénéchal; Fabert la refuse; il obtient la disposition des offices de judicature dans le présidial et la suppression du droit de finance. — Édit de substitution du présidial au conseil souverain; extension du ressort de la juridiction nouvelle. — Disgrâce de Fouquet; ses relations d'amitié avec Fabert. — Confiance du surintendant dans l'appui de Fabert pour l'aider dans l'exécution de son plan de guerre civile; concours qu'il en attendait en cas d'arrestation. — Fabert craint d'être mal jugé; le roi et la reine le rassurent. — Il est question de Fabert pour remplacer le surintendant. — Lettre de Fabert à d'Andilly. — Le comte de Noailles annonce à Fabert l'intention du roi de lui accorder le cordon du Saint-Esprit; réponse de Fabert; il refuse de produire des preuves de noblesse fictives. — Mémoire de Fabert relatif à l'offre du cordon, qui lui a été faite par Mazarin. — Les statuts de l'ordre du Saint-Esprit. — Le roi est disposé à fermer les yeux sur les preuves que Fabert voudra fournir, quelles qu'elles soient.— Fabert ne consent à se prêter à aucun subterfuge.— Il est proclamé chevalier de l'ordre. — Écrit à Le Tellier qu'il ne peut accepter le cordon; décline cet honneur dans une lettre à Louis XIV. — Le roi redouble de considération pour Fabert. — L'attitude de Fabert est louée par Noailles et Le Tellier; jugement qu'elle appelle de la part de Bussy-Rabutin. — Lettre du roi à Fabert sur son refus de recevoir le cordon. — Recrudescence de bruits au sujet de la prétendue connivence de Fabert avec Fouquet (1662). — Nouveaux témoignages de confiance du roi. — Fabert offre de se constituer prisonnier et demande une enquête sur ses actes. — Ne craint pas d'avouer hautement ses anciennes relations avec Fouquet. — Le Tellier tente de calmer les alarmes de Fabert. — Réponse de Fabert à Le Tellier. — Conflit entre le conseil souverain et le parlement de Metz. — Membres du parlement de Metz envoyés à Sedan pour signifier l'arrêt de suppression du conseil souverain; résistance que leur oppose Fabert. — Arrêt du conseil souverain en réponse à celui du parlement; il est remis au roi par une députation sedanaise. — Fabert demande l'admission des protestants dans le présidial. — Il obtient gain de cause contre le parlement de Metz. — Est accusé d'irréligion. — Est dénoncé comme sorcier ; certaines apparences aident à l'imposture. — L'ardente imagination de Fabert l'expose à d'étranges illusions. — Ses rapports avec l'alchimiste Montluisant. — Sa réponse à ceux qui cherchent à le faire passer pour sorcier. 286

CHAPITRE V

(Avril et mai 1662.)

Fabert poursuit ses vues d'unité religieuse. — Provoque une réunion des calvinistes les plus influents. — Ne se relâche d'aucune de ses obligations de gouverneur. — Tombe gravement malade. — Exhorte le président Morel à cimenter définitivement, avec le P. Adam, l'accord des deux Églises. — Mande auprès de lui les notables calvinistes ; discours qu'il leur adresse de son lit de mort. — Plusieurs ministres témoignent des dispositions favorables. — Réponse évasive du colonel Bauda. — Entretien de Fabert avec le président Morel. — Il écrit à M. Voisin. — Recommande ses enfants à M. de Termes. — Ses impressions à l'approche de la mort. — Remet à M. de Termes des instructions écrites au sujet de ses enfants. — La fièvre et l'oppression redoublent. — Derniers moments de Fabert ; sa mort ; regrets unanimes qu'elle provoque. — Son corps est inhumé dans l'église des capucins irlandais. — Portrait de Fabert. — Fabert homme privé. — Louis de Fabert succède à son père dans le gouvernement de Sedan. — Le comte de la Bourlie commande provisoirement dans la place. — Les promesses de conversion des calvinistes restent sans effet. — Déclaration de la Bourlie aux membres du conseil souverain. — Députation des modérateurs envoyée à la cour. — Le présidial de Sedan est constitué ; plusieurs protestants en font partie. — Les Champenois sont les plus à plaindre parmi ceux qu'éprouve la mort de Fabert. — Progrès de la misère en Champagne. — Colbert s'occupe de remédier aux vices de la taille ; il prescrit de substituer la taille réelle à la taille personnelle ; associe, comme Fabert, les idées de cadastre et de taille réelle ; réglemente la taille. — Dernières années du règne de Louis XIV. — Épuisement général. — Vauban, Catinat, Boisguillebert. — Projet d'établissement d'un cadastre des biens-fonds sous Louis XV... 329

FIN DE LA TABLE DES MATIÈRES.

www.ingramcontent.com/pod-product-compliance
Lightning Source LLC
Chambersburg PA
CBHW071112230426
43666CB00009B/1934